华东政法大学2017年度政治学理论学科创新建设团队项目资助

上海青年政治学年度报告 2017

Annual Review of Junior Political Scientists in Shanghai

主编 严海兵 刘乐明

中央编译出版社
Central Compilation & Translation Press

图书在版编目（CIP）数据

上海青年政治学年度报告.2017／严海兵，刘乐明主编.—北京：中央编译出版社，2017.12

ISBN 978-7-5117-3473-0

Ⅰ.①上… Ⅱ.①严… ②刘… Ⅲ.①政治学-文集 Ⅳ.①D0-53

中国版本图书馆 CIP 数据核字（2017）第 315800 号

上海青年政治学年度报告·2017

出 版 人：	葛海彦
出版统筹：	贾宇琰
责任编辑：	盛菊艳
责任印制：	刘　慧
出版发行：	中央编译出版社
地　　址：	北京西城区车公庄大街乙 5 号鸿儒大厦 B 座（100044）
电　　话：	（010）52612345（总编室）　（010）52612335（编辑室）
	（010）52612316（发行部）　（010）52612346（馆配部）
传　　真：	（010）66515838
经　　销：	全国新华书店
印　　刷：	北京紫瑞利印刷有限公司
开　　本：	787 毫米×1092 毫米　1/16
字　　数：	432 千字
印　　张：	27
版　　次：	2017 年 12 月第 1 版
印　　次：	2017 年 12 月第 1 次印刷
定　　价：	85.00 元

网　　址：	www.cctphome.com	邮　箱：	cctp@cctphome.com
新浪微博：	@中央编译出版社	微　信：	中央编译出版社（ID：cctphome）
淘宝店铺：	中央编译出版社直销店（http://shop108367160.taobao.com）　（010）55626985		

本社常年法律顾问：北京市吴栾赵阎律师事务所律师　　闫军　　梁勤
凡有印装质量问题，本社负责调换。电话：（010）55626985

目 录

前辈学人

与青年学者谈生涯焦虑
  李连江 …………………………………………………… 003

学术动态

2017年上海青年学者关于国家治理研究的综述
  何　顿 …………………………………………………… 009

2017年上海青年学者关于全球治理研究的综述
  苏　月 …………………………………………………… 018

2017年上海青年学者关于社会治理研究的综述
  陈媛媛 …………………………………………………… 026

2017年上海青年学者关于城市治理研究的综述
  朱骏豪 …………………………………………………… 033

2017年上海青年学者关于民主化研究的综述
  董丽君 …………………………………………………… 040

2017年上海青年学者关于协商民主研究的综述
  马兴爽 …………………………………………………… 049

2017年上海青年学者政治参与研究的综述
  么萌萌 …………………………………………………… 058

2017 年上海青年学者关于政府改革研究的综述

  郑钦文 ………………………………………………… **066**

2017 年上海青年学者关于政党政治研究的综述

  张卫民 ………………………………………………… **075**

2017 年上海青年学者关于民族主义研究的综述

  王　盼 ………………………………………………… **083**

2017 年上海青年学者关于群体性事件的研究综述

  孙　杨 ………………………………………………… **092**

2017 年上海青年学者关于政治经济交叉研究的综述

  张　强 ………………………………………………… **100**

青年论坛

带回"知识"：不完备知识公共政策制定理论

  王礼鑫 ………………………………………………… **111**

超越韦伯主义国家观

  ——从亨廷顿到米格代尔

  曾　毅 ………………………………………………… **141**

"中产阶级"与社会冲突：有恒产者有恒心？

  田艳芳 ………………………………………………… **156**

调试与变迁：中国共产党民主观的演变（1921—2015）

  ——基于历届党代会报告的词频分析

  郑吉峰 ………………………………………………… **187**

中国共产党执政能力现代化的内在发展逻辑

  ——基于国家治理现代化视角

  韩　慈 ………………………………………………… **210**

政治心理变迁与党的执政合法性资源的新陈代谢

  陈剑岚 ………………………………………………… **227**

政党国家关系问题与国家治理现代化

  严哲文 ………………………………………………… **245**

民主集中制下党内法规审查制度研究
　　徐明强 ·· 258

党治国家中的"枢纽型"社会组织：背景、机制及其逻辑
　　——以上海市为例
　　詹　轶 ·· 274

公共服务供给运作的一种新体制：合作参与模式
　　李　杰 ·· 307

社会资本与当代中国协商民主形态的构建
　　李炜永 ·· 320

基本医疗服务公共财政投入的精准性保障研究
　　凌依依 ·· 335

从意识形态政治到建设性政治
　　——新加坡一党独大体制的演变与博弈模式
　　李新廷 ·· 351

论创造性高位政治背景下反对党的生存空间
　　——以新加坡工人党为例
　　刘　庆 ·· 365

试论瑞典民主党近期的温和化倾向
　　陆屹洲 ·· 377

东非五国的民族融合与国族建构对东非联邦建设的影响分析
　　——语言、宗教与政治的视角
　　周嘉希 ·· 397

方法介绍

实验法的基本逻辑和运用
　　段海燕 ·· 415

前辈学人 ▶▶▶

与青年学者谈生涯焦虑

李连江[*]

我先解题。首先说什么是青年。叔本华说，青年人有个特点，无论你跟他说什么，他都认为生命是个无止境的过程，然后用这样的态度来对待时间。换句话说，青年有个特点，认为个人生命无限，觉得自己永远有时间。

学者是什么意思呢？学者是从事学术活动的人。学术既有用又没用。一方面，学术归根结底是有用的。它的存在，归根结底是一个民族正常的劳动分工，有人谋取基本生存的材料，有人从事智力活动。从事学术活动的，应该是一个民族最聪明的成员。所以，如果一个民族足够聪明，就会为自己最聪明的成员留出足够的时间、空间，创造足够好的生活条件，让他们专心致志地把学术做好，从而在与其他民族竞争时赢得智力优势。另一方面，学术很多时候显得没用。原因之一是学者做的事看起来可能与民族的具体需要无关，原因之二是学者在从事学术创造时似乎不考虑他的研究是否有用。学术的这个二重性，是青年学者生涯焦虑的最主要根源。

什么是生涯？生涯不是简单的生存。如果简单谋生存，只是求有房住、有车开、衣食无忧，没有必要当学者，因为当学者很辛苦。任何时代都有很多谋生方式，经商、从政，作为谋生方式都比学术有效。当然，如果除了读书别的都不会，那也只好以学术谋生，这样，生涯焦虑也是生存焦虑。不过，我觉得学者的生涯焦虑首先可以是生存焦虑，但不应该仅仅

---

[*] 李连江，香港中文大学政治与行政学系教授。

是生存焦虑，原因是学者还有使命。学者有两个使命，都很难。学者一要有创新，没有创新就没有大用。不过，人类的文明有个特点，就是创造非常困难，毁灭非常容易。我记得30年以前在湖北参观过出土的编钟，觉得很奇怪。我们的祖先两千多年前就创造了那么复杂的乐器，但是中华民族的复调音乐一直没发展起来。专家说，编钟已经符合巴赫的十二平均律，但是我国流传下来的民族音乐却没有达到这个程度。所以，学者除了创新以外还有另外一个重要使命，就是传承，我们学前人的创造，一定要达到他们的最高水平，然后把这个最高水平传递给年轻一代，让他们很快就能进入创新的角色。所以，学者不仅仅是面对生存压力，还有一种使命感，学者的生涯焦虑有特殊性，值得谈一谈。

什么是焦虑？焦虑是过度紧张。紧张是不正常的状态。正常的、自然的状态是不紧张，但是人在正常的、自然状态下没有创造力。我们要想进行创造，就得达到自己能力的极限，突破自己，这就一定要紧张，而且要高度紧张。体育运动是紧张的，脑力劳动是紧张的，体力劳动也是紧张的。如果紧张过了头，就变成了焦虑。比如说，写一篇论文，你进入焦虑状态，那你就睡不着了，睡不着整个身体就垮掉了。睡不着不仅是个生理状态，也是个心理状态。

怎样对付生涯焦虑呢？首先得树立一个观念：焦虑是无法克服的。千万不要相信做学者可以没有焦虑，这是不可能的。有的人可能问我，你自己现在还焦虑不焦虑。我当然还焦虑，我焦虑了20多年，现在也焦虑。但是，我不指望克服焦虑，只追求管理焦虑，尽量让它接近高度紧张，不让它有破坏性，更不让它有毁灭性，尽量地让它朝那种创造性的、张力的方向发展。各位如果从管理的角度想问题，生涯焦虑就没那么可怕了。

现在我讲讲怎样管理生涯焦虑。管理焦虑，最重要的是要分析根源，分析焦虑是怎样产生的。有些青年学者的生涯焦虑是出于个人根源，没把自己的位置摆正，说穿了自我迷信。例如，焦虑的最大根源是急于成名成家，但是，一般来说，在社会科学领域，成名成家不是青年人应该享有的东西。年轻本身就很美好，不要奢望锦上添花。成名成家需要资本，社会科学研究成果的特点是需要时间检验。如果年轻人希望马上就成名成家，就会焦虑。这个焦虑就是韩愈讲的："内不足者，急于人知。""急于人知"

这个"急"就是焦虑。我们看学术界，可以看到"急于人知"的基本上都是"内不足者"，心里有根的人不着急。我们从事学术活动可以丰富自己的内心，丰富自己内心就是巨大的收获。我觉得当学者是现代社会最接近马克思理想的工作，一生一世唯一的工作就是充分发挥自己的才能，发挥创造力。从这个角度来看，年轻学者没有必要着急成名成家。多追求自己的个人实现，少追求需要别人肯定的成就感，这样可以有效管理生涯焦虑。

自我迷信的另一面是迷信名人。自己想当名人，自然就把心中的名人神圣化，否则不会有这么大的兴趣成名成家。迷信名人免不了失望，免不了幻灭，于是有兴趣"屠龙"。我觉得犯不上屠龙。无论我们做什么，总是要沿着两个向度思考。首先问值不值，其次问能不能。值得做的，往往做不到；做得到的，往往不值得。众所周知，学术界有大大小小的水泡，有些泡不仅特别大，还金光闪闪。如果我们知道这些金色大气泡的底细，特别是如果这些大气泡对我们的学术发展是个障碍，甚至是大障碍，我们很自然会想把它们捅破。这个时候，我建议年轻人注意点策略。捅破气泡在道义上是对的，对自己和其他年轻人都有利，但具体操作时需要注意两点，一要看吹泡的人是否心存欺瞒，二要看气泡是否已经在自行缩小。即使下定决心去捅破一个恶劣的气泡，最好也是轻描淡写地扫一针。原因很简单，我们不用担心好人动怒，但是务必警惕坏人冒火，好人动怒不会动手，坏人冒火必然报复，必然纠缠不休，我们既惹不起，也躲不及。

生涯焦虑的另一个根源，尤其是我们做政治学、公共行政研究的人，是选题难。有些问题，我们知道它非常重要，但是我们不能去研究，或者觉得研究了不能发表。我觉得可以做个二分法。有些问题是船长问题，就是谁当船长，怎样保证船长头脑清醒，判断正确。不管谁掌舵，船要正常运转都要解决很多问题，比如卫生问题、发动机的运转问题、饮食供应问题等。青年学者如果觉得选题难，不妨考虑多研究后一问题，这样就可以有效管理生涯焦虑。

生涯焦虑的第三个根源是方法论迷信。学术界有个不健康的现象，就是方法论崇拜。比如，有些人会做定量分析，就认为定量方法是唯一科学的方法，这就是方法论迷信。如果我们不做定量分析，也不会定量方法，但是接受这种迷信，我们就会焦虑。要管理这个焦虑，可以树立一个观念，方法归根结底是个工具，我们是用户。用户面对工具，要郑重其事。比如说，我们对待一把菜刀，用它切菜、切肉，当然得郑重其事，否则就会切自己手指头。但是，郑重其事不是迷信，我们不要迷信这把菜刀。有时可能不需要用它，需要用的时候，也不需要明白怎样磨菜刀、怎样做菜刀。换个比喻，定量方法好比是一辆汽车，十分复杂，我们只是开车代步，会开就行，不要操心修车、造车。这样对待计量方法，就可以减少很多焦虑。

　　最后说一点，生涯焦虑归根结底是因为发表难。无论什么时候，无论在什么地方，发表都很难。我没有什么好办法，只能提醒年轻学者注意一个问题，就是关于中国政治的研究有三个学术传统，写文章时要考虑自己的文章适合哪个传统。第一个是美国传统，这个学术传统是批判的、实证的，不过也有个背景，就是美国和中国是竞争对手。既然是竞争对手，这个学术传统就有一些不说出来的假定，年轻学者写文章要注意这些假定。第二个学术传统是欧洲传统。二战后，欧洲人主要把中国当邻居，欧洲学者研究中国采用的路径和英美学者不一样。第三个传统是中国传统，就是我们面向中华民族的历史、现在和未来研究中国政治。这个传统还有待建立，现在一些时髦说法其实只是一厢情愿。年轻学者如果想用英文发表，可以选择美国传统。如果想在欧洲的学术刊物发表论文，可以采用欧洲传统。至于怎样在国内的刊物发文章，我没有资格讨论，因为我自己没有发表过。

学术动态 ▶▶▶

2017年上海青年学者关于国家治理研究的综述

何 頔[*]

自党的十八大三中全会把"推进国家治理体系和治理能力现代化"作为全面深化改革的总目标后,国家治理成为了备受关注的热点词汇。笔者以"国家治理"为关键词对近两年上海青年学者的研究成果在中国知网上进行了检索,共筛选出40多篇符合的文章,研究成果丰富。本文对这些在国家治理领域中的最新研究成果进行了综述,旨在通过总结梳理其研究的内容、特点、价值,把握该领域研究的发展趋势,为以后的研究提供一定的参考价值。

一、研究主要内容

作为近年来的研究热点,国家治理视野成为了政治学研究的一个新视角。尽管概念上尚未达成明确的学术共识,但开拓了更为开阔的研究视野。目前关于国家治理的研究大多是从较为宏观的视角出发,结合历史逻辑或时代特点来探讨其发展进路。其中在上海青年学者关于国家治理的研究中,主要集中于以下几个方面:

---

[*] 何頔,华东政法大学政治学与公共管理学院政治学理论专业硕士研究生。

(一) 国家建设的视角

随着"治理"的概念从企业管理领域引入到国家管理领域,以国家建设为主线的中国政治发展的脉络逐渐向国家治理领域延伸。易承志认为,国家建设包含了民族—国家、民主—国家和民生—国家三个维度,而国家治理作为一个复杂的动态过程,单中心治理、多中心治理和互动式治理三种形态在多个层面中共存的。中国的国家现代化建设逻辑体现为单中心治理与民族—国家、多中心治理与民主—国家、互动式治理与民生—国家之间的对话。由此作者提出协商民主作为治理型民主与民主型治理的统一,是实现国家建设与国家治理共进的有效途径和现实选择。① 而陈毅基于"国家自我反思平衡"的概念,纵观中国国家建设经历的全能型国家的转型、发展型国家的超越和生态型国家的构想三个阶段,认为使国家行为制度化,使人民监督、经济分权和国家自我规约相结合的自主性国家是中国国家治理现代化的出路。②

(二) 马克思主义的视角

马克思主义国家学说作为马克思主义理论的重要组成部分,与现今中国形成的国家治理方式有密不可分的逻辑关联,而与马克思主义国家学说的对话则为国家治理理论的发展提供了一个稳固的理论根基。赵文东对经典马克思主义国家学说的脉络进行了梳理,认为其是一种立足于"国家消亡"框架下的国家批判理论,而中国的国家治理现代化理论则结合了现代社会发展的历史经验,承认并支持国家、市场和社会之间的互动关系,超越了国家与社会二元对立的传统思维模式,是对马克思主义理论的重大突破。③ 王贤卿和刘园园则是从马克思主义的利益观出发对当代中国国家治

---

① 易承志:《协商民主、国家建设与国家治理》,载《学术月刊》,2016年第48卷。
② 陈毅:《国家自我反思平衡:国家治理现代化的关键之所在——基于中国国家建设的考察》,载《学习与探索》,2015年第6期。
③ 赵文东:《国家治理现代化:马克思主义国家理论的重大突破与创新》,载《学术探索》,2016年10月。

理的价值指向进行审视,发现坚持人民利益主体地位是其逻辑起点,改革开放的伟大实践和人民群众的创造性劳动为其提供了实现场域,而中国共产党的领导是其实现的组织保证。[1]

(三) 大数据视角和国家治理指数

大数据视角的国家治理研究是科技现代化的产物。一方面,大数据作为一种新兴的治理资源,在提升国家的智慧决策水平、公共服务能力、防治腐败水平和风险治理能力等方面具有广阔的前景;但另一方面,大数据的一些固有缺陷也成为了目前大数据国家治理发展的瓶颈。郭建锦和郭建平概括出主要有"偏重相关关系的治理缺陷、结果预判对基本伦理横标的冲击、数据独裁和对公民隐私的侵犯、信息网络安全和国家安全、高能耗以及可能的大规模失业"等问题,并针对这些困境提出了改善的思路。[2] 高奇琦和陈建林从大数据公共治理的角度进行讨论,认为可以从政府云服务平台、移动电子政务、数据开放运动以及制度保障构成的大数据公共治理,尽管目前我国的大数据公共治理仍然面临许多问题,但未来大数据治理的前景是无限的。[3] 同时,以高奇琦为代表的学者开展了关于国家治理指数化的研究,并研制了一套新的国家治理指数指标体系。在弥补了西方在国家治理指标研究领域存在价值偏好、指标测定和方法操作上的明显缺陷的同时,对于中国在全球化时代增强国际的制度性话语权和积极参与世界竞争也具有重要意义。[4][5]

---

[1] 王贤卿、刘园园:《从马克思主义的利益观看当代中国国家治理的价值指向》,载《毛泽东邓小平理论研究》,2015 年第 12 期。

[2] 郭建锦、郭建平:《大数据背景下的国家治理能力建设研究》,载《中国行政管理》,2015 年第 6 期。

[3] 高奇琦、陈建林:《大数据公共治理:思维、构成与操作化》,载《人文杂志》,2016 年第 6 期。

[4] 高奇琦、游腾飞:《国家治理的指数化评估及其新指标体系的构建》,载《探索》,2016 年第 6 期。

[5] 汪仕凯:《国家治理评估的指标设计与理论含义》,载《探索》,2016 年第 3 期。

(四) 多维视野的国家治理

在由"统治"到"管理"再到"治理"的现代国家构建逻辑之下，学界就不同的国家治理模式进行研究，并收获了丰硕的成果，形成了多维度的国家治理模式研究体系。

1. 网络与国家治理

随着互联网技术的普及应用，网络空间开始从现实空间中剥离出来，并对政治生活产生了很大的影响。刘淑华通过对江苏启东事件的个案研究，认为网络时代的抗争运动不再具有传统时代中固定的组织结构、意识形态甚至成员的特点。[①] 这对于国家治理而言，意味着新媒体时代下的政治参与机制必然会与传统的治理模式发生激烈碰撞。周蜀秦和宋道雷通过对两个空间中政治生活和国家治理的形态进行研究，认为网络空间与国家治理之间的关键点在于网络中形成共识的可能性会对国家治理产生巨大的挑战，因此国家治理的关键在于培育两种时空平行运行与交互影响时的社会道义与道德力量。[②] 阙天舒则认为，网络空间在国家治理体系和治理能力现代化的战略高度上应该进行一种有计划的、有序的转化，而在转化过程中，国家治理要主动介入网络空间内，引导与规制并举，既要给社会和市场足够的空间，也要发挥国家的主导作用，从而在力量制衡中强化网络国家治理能力。[③]

2. 法治与国家治理

党的十八大四中全会后，依法治国成为中国国家治理现代化的重要理论支撑。法治的一个重要概念是"公正"，张培和胡涵锦认为，公正问题包含了国家治理目标层面的导向、内容层面的标准和实践层面的原

---

① 刘淑华：《大数据时代网络抗争治理——基于江苏启东事件的个案研究》，载《中国行政管理》，2015年第7期。

② 周蜀秦、宋道雷：《现实空间与网络空间的政治生活与国家治理》，载《南京师大学报》(社会科学版)，2015年第6期。

③ 阙天舒：《中国网络空间中的国家治理：结构、资源及有效介入》，载《当代世界与社会主义》，2015年第2期。

则，因此推进国家治理体系和治理能力现代化的根本在于依法治国的国家治理模式。① 高奇琦认为，国家治理的发展必须高度依赖法律的框架效应和整合功能，法治在国家治理中可以发挥调和功能和黏合剂作用。② 喻包庆则从"依法治权"的角度来阐析法治国家治理模式，指出当前中国的国家治理现代化一方面需要强化权力制约，另一方面目前又面临着权力过分集中和失范的困境，因此必须构建"以法治为核心、权力制约为保障、权利制约为根本、道德制约为基础"的"四位一体"的权力制约和监督体系。③

3. 政治文化与国家治理

政治文化作为国家软治理中不可忽视的一个维度，对于民众而言是影响他们政治参与和政治行为的潜在心理暗示；而对于治理的主体国家而言，政治文化是其治理的一个重要的合法性来源和政策方向的根基。任勇和周飞认为现代政治文化对软治理的价值取向有根本影响，且贯穿了政治社会化的全过程，因此构建适应国家治理现代化的新型政治文化对于中国的国家治理现代化进程具有重要的意义。④ 王学荣通过考察中国国家治理思想的文化土壤，发现无论是中国传统的儒家、道家，还是墨家都有许多思想观点与"国家治理"相关联，这为今天中国国家治理的实践奠定了深厚的文化基础。⑤ 唐晓燕独辟蹊径，从意识形态掌控能力的现代化来谈国家治理的现代化，认为意识形态掌控能力现代化对实现国家治理能力现代化具有重要影响。⑥

---

① 张培、胡涵：《公正是国家治理现代化的重要维度》，载《创新》，2015年第5期。
② 高奇琦：《国家治理的法治之维》，载《探索》，2015年第1期。
③ 喻包庆：《依法治权与国家治理现代化》，载《理论月刊》，2016年6月。
④ 任勇、周飞：《国家治理现代化与政治文化重塑》，载《江西师范大学学报》（哲学社会科学版），2015年1月。
⑤ 王学荣：《刍议国家治理现代化的文化土壤及发展进路》，载《衡阳师范学院学报》，2015年1月。
⑥ 唐晓燕：《意识形态掌控能力现代化的基本要素与实践方向》，载《理论界》，2015年第10期。

4. 制度与国家治理

制度性认同是现代国家治理的发展趋势，在这个维度上，社会治理与国家治理互相作用，二者面临的问题也是基本一致的。汪仕凯认为，政治体制的能力强弱从根本上决定了国家治理水平的高低，但二者之间是由国家与社会之间的相互支持关系作为中介机制在发挥作用，间接决定了国家治理。① 丁长艳分析了中国在革命和改革年代的国家治理特定模式，认为中国目前已经具备了制度性认同发展特点，中国从结构性依赖国家治理走向现代国家治理是一种必然趋势，但是目前还需要构建更多的现代性维度和支持性条件，围绕民主治理和复合治理的基本要求塑造一个完善的国家治理体系。② 孙克进则通过对社会治理的历史演进与理论模式进行分析，归纳出目前西方许多国家社会治理的特质是主体的多元化和工具的现代化，相较而言，中国存在社会与国家分工不明确等问题，因此需要充分发挥多元主体的作用，创新社会治理方式，通过制度建设使合作治理常态化。③

（五）国外国家治理的研究

分析国外国家治理模式的成功和失败，从中探究国家治理发展的内在逻辑，对中国的国家治理具有实践层面上的参考和借鉴意义。基于这个角度，一些学者对国外的国家治理模式进行了研究。

郑宇比较了中国和印度经济发展模式的区别，认为制度的不同是导致中印要素和经济发展结果趋同而模式迥异的现象的重要根源。④ 任勇和夏建玲对19世纪末20世纪初美国的"进步改革运动"分析发现，美国"进

---

① 汪仕凯：《论政治体制的能力与国家治理》，载《社会主义研究》，2016年第2期。
② 丁长艳：《国家治理类型与中国国家治理模式的现代化转型》，载《社会科学论坛》，2015年7月。丁长艳：《当代中国国家治理的秩序建构与治理模式的转型研究》，载《江西师范大学学报》（哲学社会科学版），2015年2月。
③ 孙克进：《社会治理体制创新的现实基础与路径选择》，载《安庆师范学院学报》（社会科学版），2015年5月。
④ 郑宇：《从"世界工厂"到"全球办公室"——中印制度与经济发展模式比较》，载《世界经济与政治》，2015年第7期。

步时代"的根源是政治与经济、社会发展失衡的产物,是一种在国家监管缺乏的情况下市场无限竞争的结果,由此国家治理的转型过程需要社会各主体的参与。① 此外,游腾飞对美国的"弱耦合型"国家治理模式进行了研究,认为美国通过多元核心价值体系的统一、复合国家治理权力结构的嵌入优势和多效国家治理主体能力的渗透性发挥形成了国家治理的耦合的背后也存在难以克服的根本矛盾和制度设计悖论,如果不能及时修正,将会导致美国政治的持续衰败。② 严行健则分析了二战至今英国作为国家权力核心枢纽的议会由刚性权力下的统治机构转变为柔性权力下的治理机构,使得权力的平稳运行得到了保障。③ 李威利探讨了拉美国家的结构化改革,总结了拉美国家治理转型过程中的教训,认为国家转型过程中应当强调结构的平衡,而不是结构的偏重。④

二、研究的特点

通过对近两年上海青年学者关于国家治理领域的研究成果进行概括总结,可以发现这些研究成果具备如下鲜明的特点:

一是宏观理论构建过程中与其他理论的对话。国家治理领域的话题热度使其在学界具备了一定的理论根基,但其宏观理论基础仍然需要进一步的构建和完善。在这个过程中,许多学者结合现实实践,开辟新思路,搭建起国家治理理论与其他理论之间的对话桥梁。这些对话表明国家治理宏观理论正在经历一个理论建构所必经的过程,逐步开始体系化,并在研究的深度上进一步拓展,与政治学学科相互融合。

二是国家治理现代化的机遇和挑战。自 2014 年中国开启互联网治理的

---

① 任勇、夏建玲:《美国进步时代国家治理的转型及其启示》,载《江西师范大学学报》(哲学社会科学版),2016 年 3 月。
② 游腾飞:《美国"弱耦合型"国家治理模式研究》,载《社会主义研究》,2015 年第 5 期。
③ 严行健:《英国的国家治理与议会改革及其对中国的借鉴意义》,载《探索》,2015 年第 1 期。
④ 李威利:《结构化改革与拉美的国家治理》,载《江西师范大学学报》(哲学社会科学版),2016 年 3 月。

新元年，大数据所具备的巨大潜力得到广泛关注，但如何将其有效地运用于国家治理中，在实践过程中仍然面临着操作化的现实困境。互联网是国家和社会现代化的产物，对传统社会治理模式的冲击促使中国国家治理模式的进一步转型，不仅是国家治理现代化的必经之路，同时对于国家治理问题的研究而言，也是一种机遇和挑战。

三是多维度的开阔视野。宏观上国家治理是以国家为治理主体行使治理权力的一个过程，但从中观和微观的角度来看，国家治理实际上是各个治理在国家层面上的统一和融合。由此，国家治理研究的视角应从多个维度进行考量，这不仅可以使政治学与其他学科交叉，从而促进政治学学科领域的进一步发展，而且开阔的研究视野有助于国家治理理论的成熟具有重要的价值。

三、研究的价值

新中国成立以后，中国的国家建设同时背负着多重使命，而国家治理是国家建设推进的前提和实现途径，基于此，国家治理的现代化毫无疑问地成为国家建设在当今时代背景下的核心内容。

作为一个崛起中的大国，中国国家治理所取得的成果是显著的，也是不可复制的。在全球化时代下，西方的国家治理理论对于中国的国家治理体系而言既是一种可供参考的方案，但更多的是对中国国家治理的挑战。一方面，基于中国背景下的国家治理理论构建和研究对于中国坚持走独立发展的道路有重要意义。中国的崛起之路需要在中国实践中产生的理论支撑和指导，否则所带来的弊端很可能难以解决，甚至导致国家崩溃的局面。另一方面，对于中国国际话语权的建立也具有多重意义，不仅有利于中国摆脱被西方学界取向所操控的国际定位，而且对于与中国相似的后发国家摆脱西方单向度理论的桎梏的帮助也是巨大的。中国在坚持自身有自我特色的发展道路的同时，要具备支撑制度自信的理论自信基础，而关于国家治理现代化理论的研究无疑是加强中国理论自信的一条光明大道。

四、评价和未来展望

总体而言，近两年上海青年学者关于国家治理领域的研究取得了丰硕的成果，研究视角多样化，研究内容的广度和深度都充分体现了上海作为中国政治学学科发展的前沿的优势地位和上海青年学者的研究能力和研究水平。但在取得成果的同时，我们也应当看到国家治理领域的研究尚且存在一些局限和不足。

主要有缺乏从实践层面出发的中观和微观视野下的研究，定性研究和定量研究的比例不平衡以及部分研究成果的学术性不足，更像是一篇时事报道等。基于此，关于国家治理的研究未来主要围绕以下几个角度展开：在研究视角上，在现有多维度研究的基础上对每个维度进行更深层次的挖掘和分析，以量变引起质变，以微观把握宏观；在研究方法上，引入定性研究与定量研究相结合的方式，结合大数据的时代背景，为国家治理和国家治理现代化提供更为精准和科学的建议；在研究内容上，更多地由政治性向学术性靠拢，把国家治理作为一个学术问题来对待，由此提出更有价值的推进国家治理现代化的建议和发展对策。

2017年上海青年学者关于全球治理研究的综述

苏　月[*]

一、导论

全球治理理论是顺应世界多极化趋势而提出的旨在对全球政治事务进行共同管理的理论。它是通过具有约束力的国际规制解决全球性的冲突、生态、人权、移民、毒品、走私、传染病等问题，以维持正常的国际政治经济秩序。上海作为国际大都市在国家经济与区域空间体系中的地位日益重要，已经成为一个国家、社会、政治、经济、文化等多元空间的载体。上海学者对于全球治理的相关研究有着更多的关注与研究。本文试图对全球治理的相关研究成果作一简要梳理，旨在探究上海地区全球治理研究的进展和不足，以期把握该专题研究的发展趋势。

笔者在中国知网高级检索中，按照"主题"、"篇名"、"摘要"、"关键词"及"全文"五项标准对上海高校机构"全球治理"研究文献进行了检索，并得出相关性较高、具有代表性的文献共10篇。文献聚焦的主要领域有全球治理与国家治理、国家制度性话语权、国际制度、G20转型等多个方面。（见表1）

---

[*] 苏月，华东政法大学政治学与公共管理学院政治学理论专业硕士研究生。

表1 2015—2016年上海地区全球治理研究代表学者以及主要研究议题

年份	文章篇数	代表学者	主要研究议题
2015	7	高奇琦、翁士洪、苏长和、赵庆寺、陈志敏、宋国友、刘宏松	国家治理指数、全球治理与国家治理、国际制度、能源治理、大国外交、经济治理、G20
2016	3	章远、王中美、张海冰	制度性话语权、经济治理的变动趋势、G20转型

通过对以上研究的研读可以发现,对这些有关全球治理的研究大致可以划分为国家治理转型背景下的全球治理研究与多维视角下全球治理困境研究两大类。

二、国家治理转型背景下的全球治理研究

(一) 国家参与和全球治理

从规范意义上讲,全球治理转型的起点是霸权治理,转型的远期目标是真正意义的全球治理,而短期目标则是国家平等参与的全球治理。翁士洪认为国家治理最核心的是涉及权力的来源、权力的行使和权力的制约,国家治理转型就是要实现这样一套体系。[①] 当前全球治理的统一性与治理机构碎片化之间的矛盾十分突出,缺乏兼具合法性和执行力的权威机制,迫切需要类似于G20这种全球性政治经济协调平台来统筹。张海冰提到G20杭州峰会促进了世界经济增长,并且落实了联合国2030年可持续发展议程。[②] 赵庆寺在文中提到G20是中国首次以创始国成员和核心国成员身份参与的全球经济治理机制,为中国提高全球能源治理领导力提供了重要契机和组织形式,除加强国家能源治理外还不断提高G20在全球能源治理中的决策效率与执行力。[③] 作为全球能源治理体系的后来者,中国在融入

---

① 翁士洪:《全球治理中的国家治理转型》,载《南京社会科学》,2015年第4期。
② 张海冰:《G20的转型与2016年杭州峰会展望》,载《国际关系研究》,2016年第3期。
③ 赵庆寺:《中国参与G20全球能源治理的策略选择》,载《当代世界与社会主义》,2015年第6期。

全球化进程中广泛参与多层次、多领域的全球治理,已经成为G20全球经济治理的重要参与者和构建者。在全球治理的大时代背景下,中国走现代化的国家治理之路是必然的趋势。在规范意义的全球治理理论中,去国家化的特征是明显的。这种社会逻辑是希望全球治理朝着强调公民社会的方向发展。但在现实中,国家逻辑目前仍然是全球治理的核心逻辑。高奇琦所强调的全球治理中的国家,并不是说要退回孤立的民族国家治理的时代,而是强调以国家为单元积极地参与全球治理。从目前来看,国家参与全球治理应成为全球治理的核心内容。①

(二) 国际制度和全球治理

章远是从经济与文化的维度来分析中国在"十三五"时期参与全球治理的作用和价值,探讨中国提升制度性话语权的诉求对国际机制发展可能产生的影响,尝试建构性解读中国在国际格局演进中推进全球治理的思路。她主要从国际规范中的认同和制度性话语权空间,中国提升制度性话语权的实现路径,制度性话语权的文化主义前景三方面进行阐述。② 中国提升制度性话语权,参与全球治理应是全方位、多领域的,通过主动承担相应国际责任和义务,积极参与解决问题的谈判,从而推进多领域多层次的复合互利共赢模式。苏长和在文中提到中国与全球治理体系转型中的国际制度的五个方面:中国是主权国际制度的维护者;引导国际社会在共同价值理念上形成一些新的国际规范;中国与国际组织的关系正在从简单的参与者向承担更多责任的管理者角色转变;中国要有战略意识推动中国标准的地区化和国际化;关于参与全球治理进程中的处理。③ 当今世界的国际制度也涉及国际关系最基本的原则性制度,所以很多国际上的规章制度在各个国家制度中也有所体现。

---

① 高奇琦:《国家参与全球治理的理论与指数化》,载《社会科学》,2015年第1期。
② 章远:《中国制度性话语权的经济文化维度解读》,载《探索》,2016年第2期。
③ 苏长和:《全球治理体系转型中的国际制度》,载《当代世界》,2015年第11期。

（三）中国发展道路

中国的政治、经济、社会、文化、生态等体制改革还没有完成，尚处在转型期。碎片化、短期行为、政出多门以及部门主义和地方主义是我国现行治理体制和公共政策的致命弱点，严重削弱了国家的治理能力。① 在全球范围下全球利益、价值和伦理目前也是仍处于生长发育的阶段，国家仍然是人类赖以生存发展的首要政治、经济和文化空间。新中国成立以来的中国经验表明，选择正确的国家发展道路是中国快速发展并能够为全球治理贡献增量治理资源的根本保障。"命运共同体"成为中国特色大国外交的核心话语，意味着中国对全球化世界的现实认知和对全球主义的价值拥抱。同时，中国特色的大国外交虽然具有浓烈的全球主义指向，其外交实践却主要依托国家路径，强调中国大国外交的主动作为。翁士洪认为国家路径特征表现在四个方面：一是对国家主权原则的维护。二是对国家复兴目标的追求。三是对双边国际合作的重视。四是对多边国际制度的改革。② 国家治理能力现代化是转型成功的效能标志。围绕多行为体的目标，通过多层治理结构与过程，并通过有关的掌舵机制，各种平等的主体以合作与相互依赖的方式来提供公共物品。总之，一种向多元秩序发展的趋向将卓有成效地改善这一切，人们将共同推崇具有更大价值的治理，这将强化全球合作秩序。③

三、多维视角下全球治理困境研究

全球治理在带来正向影响效果的同时也伴随着很多方面的困境。尽管中国谋求积极参与全球治理体系，但中国在这一进程中受到全球治理的经济方面、制度方面、G20效能方面等诸多因素的制约。

---

① 翁士洪：《全球治理中的国家治理转型》，载《南京社会科学》，2015年第4期。
② 陈志敏：《全球主义、国家路径和中国特色大国外交》，载《国际政治研究》，2015年第4期。
③ 翁士洪：《全球治理中的国家治理转型》，载《南京社会科学》，2015年第4期。

(一) 制度方面的困境

国际制度是世界各国或者相关国家在涉及共同的政治、安全、经济、社会议题治理领域所形成的一套原则、规范、规则和机制,是维护世界秩序与和平重要框架与规则,它往往通过具体的、正式的职能机构即国际组织来实施和维护。王中美将全球治理在过去70多年的发展分为四个阶段:第一阶段是二战后多边秩序的建立与全球治理理念的形成;石油危机的解决代表着全球治理进入第二阶段;第三阶段,多哈回合延宕无果,国际货币基金组织改革阻滞,各国纷纷转向区域主义,全球治理呈现出更复杂的格局;2008年美国金融危机是第四阶段的源起,其中的变化错综复杂,这一阶段至今尚未结束。[①] 苏长和认为当今国际制度改制、转制进程中存在问题:维护以联合国为核心的主权制度与各种挑战主权制度的实践之间的矛盾;更多的国家在发展道路和发展模式上拥有更多的自由;旧的国际制度改革动力不足导致大量新兴国际制度的涌现;国际制度和国内政治以及全球治理和国内治理的关系。[②] 陈志敏认为,一个国家要想在全球化时代得到发展,它必须成为一个有效的国家,在内部有优质的国家治理,在外部为全球治理提供治理资源和最佳实践。制定合适的制度、选择正确的国家发展道路是中国快速发展并能够为全球治理贡献增量治理资源的根本保障。[③] 国家在制定制度时应该考虑某些制度是否在全球环境下同样适用,有时国家在实施某些制度时与国际大环境是相违背的,如果考量不全面,就会使治理陷入困境。

(二) 经济方面的困境

在全球经济治理过程中出现了很多阻碍治理的不利因素,全球经济治理陷入了较为严重的困境。宋国友提出了如下的措施:跨地区经济治

[①] 王中美:《全球经济治理结构变动趋势三阶段预测与影响分析》,载《世界经济研究》,2016年第3期。

[②] 苏长和:《全球治理体系转型中的国际制度》,载《当代世界》,2015年第11期。

[③] 陈志敏:《全球主义、国家路径和中国特色大国外交》,载《国际政治研究》,2015年第4期。

理；地区内经济治理；双边经济治理；内部经济治理。① 很多国家在经济上是合作关系，所以基于此制定相应的制度来推进多方合作。对于同一地区内部国家地理相近，经济发展水平相似，社会文化交往密切，地区内经济治理是最有潜力的经济治理路径。在各个双边经济治理机制中，主要经济体之间的双边经济治理对于全球经济具有重要作用。对于欧、美、中、日等在全球经济中位居前列的经济体，它们在世界经济中所占份额较高，在贸易、投资、金融和生产等重要经济领域有着不同程度的突出地位。它们内部经济发展情况会对全球经济产生重大影响，此即为经济体内部经济治理的外部性。这些方式都增加了经济治理的现实性和可行性。全球经济增长是衡量全球经济治理的首要指标，没有经济增长的全球经济治理不能被认为是有效的治理。对全球经济机制的评估大致上可以从最具代表性的三大全球经济机制进行观察。宋国友首先介绍了G20的未来前景，其次是WTO的多哈回合谈判，最后是国际货币基金组织的份额改革。G20由金融危机催生，主要经济体被吸纳到这一重生的国际经济机制中，一度被视为后危机时代全球经济治理的典范。WTO是全球贸易体系正常运转的支柱，对全球贸易治理贡献良多。IMF自出现之日便构成全球金融体系及全球金融治理的核心。② G20、WTO和IMF的发展不仅涉及三大国际经济治理体系正常运转的机制，而且分别代表了全球经济治理机制的创设、谈判和改革等重要内容，但它们也陷入不同形式的困难当中。对于三大机制的困境分析初步揭示后危机时代的全球多边合作是难以实质推进的，金融危机的出现扩大了对全球经济治理的需求，全球经济治理迄今未能产生令人满意的效果。

（三）G20效能方面的困境

G20为中国参与全球能源治理提供了重要平台，但由于G20自身制度

---

① 宋国友：《后金融危机时代的全球经济治理：困境及超越》，载《社会科学》，2015年第1期。

② 宋国友：《后金融危机时代的全球经济治理：困境及超越》，载《社会科学》，2015年第1期。

建设的不足,仍然面临着一些约束因素,需要加以克服以期进一步提高全球能源治理的合法性和有效性。G20 非正式论坛的制度特点和行动能力意味着它不可能成为能源领域协作型或同盟型的国际组织,当然也不甘于成为一般性的咨询和对话平台,必须立足自身,应该保持常态化。G20 能源治理行动的认同度有待提高,虽然在全球经济份额、能源供需比重中占有优势,但应根据全球能源治理的现状进行正确的角色定位。全球能源治理中的执行力尚待加强,G20 的优势在于全球能源治理中的协调作用,但其本身并不具有执行各项承诺的组织基础和行动网络,通过一年一次首脑峰会或少数几次部长级会议是不能对全球能源治理中的新问题进行及时回应,也难以确保全球能源治理行动的有效性。G20 的能源治理议题占据优势地位,但 G20 仍属于 G8 扩展而来的少数集团,不仅在 G20 内部存在较大的能源利益冲突,对外而言也无法完全代表全球 190 多个国家的利益。[①] G20 成员国在全球经济稳定、多边贸易体系建设等议题上有着共同的偏好。但在其他诸多议题上,不仅发达国家集团与新兴国家集团有不同的偏好,不同发达国家的偏好也不尽一致。八国集团峰会宣言反映了发达国家的集体偏好,金砖国家领导人联合声明则反映了主要新兴国家的集体偏好,发达国家内部也存在议题偏好的异质性。刘宏松认为不同发达国家为使各自偏好的议题进入 G20 议程,可以采用相互支持策略。[②]

四、评价与展望

上海地区的全球治理研究具有多元化的研究视角和丰富的研究内容。通过对近两年上海地区全球治理研究的整理与分析,我们可以发现,学者们的研究呈现以下特色:

---

① 赵庆寺:《中国参与 G20 全球能源治理的策略选择》,载《当代世界与社会主义》,2015 年第 6 期。
② 刘宏松:《G20 议题的扩展及其对机制有效性的影响》,载《国际论坛》,2015 年 5 月第 17 卷第 3 期。

其一，多维度研究。学者们针对全球治理这一话题能通过不同的维度进行研究，多视角对全球治理进行分析。多角度研究的好处是可以让人们从不同的侧面了解全球治理，很多学者能够在研究该问题的同时发现新的理论创新点，能够结合国际时政加以解析，研究更加关注全球治理的某一具体议题，紧贴时政。

其二，研究领域广。全球化的本质在于把人类作为一个整体来处理全球事务，解决全球问题，认同人类的共同身份和共同利益。世界上的每个国家都有一套自成体系的治理理论，全球治理作为该理论的一部分而存在。在研究层次上，学者能从多个方面对全球治理进行阐述，主要包括经济、制度、能源、结构以及文化等。全球治理涉及的范围很广，学者能紧随社会的变迁、时局的改变，并作出及时的回应。

学者们对于当前该专题研究的局限性也是不可忽视的。在研究方法上，以定性研究为主，定量研究就相对很少。大多数学者只是针对全球治理的现象进行解释却缺乏相关的数据支撑，其主要原因是数据信息不多且收集难度很大。由于该议题针对的是全球治理，包含的国家容量十分庞大，学者只是针对具有代表性的国家或是集团进行研究。不同的国家和集团都有自己特有的治理方式，故对比难度较高，不利于数据的横向对比和分析。

综上所述，笔者认为未来全球治理的研究具有以下趋势：

从研究方法上看，要更加重视对实证研究的运用，定量定性相结合，并形成跨学科多领域的交流互动。在研究全球治理时，可以采用学科上的交叉加以分析。全球治理在当今时代是一个很重要的话题，需要更多的学者去研究分析，把这一方面的相关内容丰富起来。从研究内容上看，学者对于全球治理分别从历史发展、经济、制度、能源等方面作出阐述，针对不同的研究领域能做到较为透彻的分析。当前很多学者把全球治理中出现的各种集团联盟作以比较，分析其优缺点，为我国的治理提供具有建设性的意见。学者们要做到以小见大，不断发展我国对于全球治理方面的研究。

2017年上海青年学者关于社会治理研究的综述

陈嫒嫒[*]

"社会治理"是指特定的治理主体对社会实行管理。西方社会的社会治理理论是其治理理论中的重要组成部分,其治理理论一般奉行着以社会为中心的社会中心主义和以公民为本位的公民个人本位主义,故理性经济人的社会自我治理在理论逻辑上构成了西方治理理论的核心理论内容。

中国的社会治理在多数情况下是指在执政党的领导下,政府组织居主导地位的同时吸纳社会组织等治理主体共同治理社会公共事务。目前,我国正值全新的发展阶段,处于体制和社会"双转轨"的关键时期,中国的社会治理面临重重挑战,中国学界对于社会治理的研究兴趣颇丰且研究成果纷呈迭出,不论是在在理论视角、论题内容或是涉及范围和研究深度等方面都呈现更为创新和大胆的研究趋势。

近两年上海地区围绕社会治理研究成果较多涉及对"社会治理"概念的多维度思考、社会治理面临的困境和挑战、社会治理的路径选择与社会治理的创新模式这几个论题。本文试图对相关研究成果作一简要梳理,旨在探索上海地区社会治理研究的进展和成绩,以期把握该专题研究的发展趋势。

---

[*] 陈嫒嫒,华东政法大学政治学与公共管理学院政治学理论专业硕士研究生。

一、社会治理的内涵

围绕"社会治理"概念内涵的争论由来已久，2015年至2016年部分上海学者的研究深化了对这个问题的理解。杜玉华和沈东认为，对社会治理的实践以及对社会治理理念的研究必须突出其"价值理念"的维度，这不但契合与"全球治理"接轨的目标，同时也符合实现国家治理体系和治理能力现代化的迫切需求。从世界范围内看，"全球化"以及"全球风险社会"的形成，要求构建一个以多元协同治理为特征的全球治理体系；从国内来看，在原有的社会统治和社会管理理念支配下的社会治理方法，在当今社会无法应对社会出现的系列矛盾，必须强调"价值理念"这一维度的重要性，以此逐步过渡到"制度设计"以及"行动策略"维度的社会治理。①

季萍、李晓霞对社会治理的研究是通过将社会治理区分于传统意义上的统治和管制的视角切入的。他们认为，社会治理中的"治理"一词必须区分于传统意义上的"统治"或"管制"，这里的"治理"意味着在一个存在不同利益且各不同利益共同发挥作用的相对领域内，各不同利益主体能够达成一定的共识共同实施某项计划。它更加追求在治理的过程中保持各主体的平等，实现沟通以及协商，其中传达了责任政府、有限政府、法治政府、公众参与、民主、公平与公正等理念。②

郭苏建将社会治理与国家治理进行了比较，认为与国家治理不同，社会治理中"治理"更侧重表达公共利益、沟通及协调各利益主体间的关系，可以说"治理"是实现社会各利益群体、各公共及各私人部门之间的一种协商、合作、管理、决策机制，最后作出集体决定。在郭苏建看来，社会治理中的"治理"并不是传统意义上统治、控制、管控，可以说就其

---

① 杜玉华、沈东：《"社会治理"的三维向度及其当代实践——基于价值理念、制度设计与行动策略的分析》，载《湖南师范大学社会科学学报》，2016年第1期。

② 季萍、李晓霞：《信息公开视域下提升参政党社会治理能力的路径探析》，载《华东理工大学学报》，2016年第2期。

本质而言是一种社会契约,他指出现代意义上的社会治理涵盖了许多主体,其中包括各公共或是各私人部门以及社会治理机构和组织,它们彼此间保持着相对独立且平等的地位,同时保持着横向的互动和沟通,在横向的交流过程中,政府扮演的角色只是其中一个行为者,政府也只承担扮演好自己的角色的责任而不具有其他的功能。①

季萍、李晓霞和郭苏建虽然选用不同的视角对社会治理进行分析,但不论是将"社会治理"与统治、管制进行对比分析,还是将"社会治理"与"国家治理"进行对比分析,都得出了相似的结论:在社会治理的过程中,"治理"追求的目标是实现不同利益主体之间的沟通并达成解决社会问题方法的相对一致。

二、社会治理面临的困境和挑战

中国正值转型时期,中国社会治理体制改革也愈发紧迫。刘中起针对中国社会治理体制在转型时期的改革提出了以下观点:首先,中国社会结构变化推动社会治理体系变革,当前条件下,统筹城乡发展、推进新型城镇化发展格局成了社会治理体制变革的结构性动力;其次,处于转轨时期的中国正遭遇着前所未有的社会风险,群体性突发事件频发、各类公共突发事件逐渐呈现出高频率、多类型、组织化、结构化的新特点,这警告我们目前的中国正经历"风险社会"的挑战,此时加强社会治理体制创新显得更为迫切;最后,社会治理方式的改进和变革还迎合了现今社会价值观念与信息技术日益多变的特征,现代社会中人们思想意识、价值取向和道德观念日益多元性和多变性的特点,以及互联网、物联网、大数据、云计算等现代技术对人们的生活方式、工作状态及思维方式的改变,既对转型时期的社会治理方式带来了重大挑战,也为社会治理改革与创新提供了新

---

① 郭苏建:《中国国家治理现代化视角下的社会治理模式转型》,载《学海》,2016年第4期。

的机遇。①

如若将视角放置于我国基层社会治理，可以发现我国基层社会治理的实践也深陷困境之中。在新中国成立尤其是改革开放以来，我国城市和农村基层社会的治理愈受重视，经过社会组织的培育、多种治理方略的选择、各层级公共权力的协调，以及不同的地域、领域之间实现统筹社会公平框架的搭建，社会矛盾的预防和化解取得了令人瞩目的成绩，但仍然存在着一定的问题。例如，王岩、魏崇辉认为，目前我国基层社会中的困境主要集中在以下几个方面：第一，社会的治理主体的职能定位不准确，权责关系不明晰；第二，基本公共服务均等化失调加剧而导致基层社会治理水平出现较大差距；第三，在对社会治理这一概念进行理解时，由于对基本的价值取向定位缺乏准确性，从而造成社会治理在实践中与其原义和价值追求背道而驰的结果；第四，法治精神缺失程度较高，这将直接导致基层社会治理缺乏有效性。②

三、创新社会治理的新探索

（一）多元化参与的治理模式

很多学者认为社会治理绝非由单一的一元主体所决定，对于社会治理以及社会治理的创新路径而言，尽可能实现社会治理主体的多元化是极为必要的。郭苏建认为，社会治理的主体应该是多元的，在多元主体中当然包括了政府，但政府在其中并不居于领导地位、不具有决定性作用；政府、各类非政府组织、私营部门、居民等治理主体都是平等的"利益攸关者"。③

---

① 刘中起：《转型期社会治理创新及其体制建构：挑战与路径》，载《观察与思考》，2016年第1期。

② 王岩、魏崇辉：《基层社会治理的理性认知与实践路径探究》，载《中国行政管理》，2016年第3期。

③ 郭苏建：《中国国家治理现代化视角下的社会治理模式转型》，载《学海》，2016年第4期。

齐卫平和王可园则从激发社会治理主体活力的角度提出了构建多元化参与治理模式的路径：第一要真正本着"以人为本"的理念，激发个人（社会治理主体之一）的社会活力，尽可能地满足个人的正当利益诉求进而激发人的主动性和创造性；同时对于群众的首创精神我们应当尊重，做到相信群众、依靠群众，将群众纳入具体的社会治理过程中来，真正落实"以人为本"的治理理念，让群众参与到社会治理过程中来。第二是完善相关的法律法规，明确社会组织的法律地位，优化社会组织的人员结构，激发各类社会组织作为治理主体的活力和积极性。第三是强化社区建设，进一步推动基层群众自治，通过开放自主的参与式自治来激发基层社区的活力。①

（二）精细化的社会治理模式

吴新叶认为社会治理的创新路径离不开实现社会治理的精细化，社会治理精细化框架的构建主要包括三个方面：第一，社会治理精细化的实质是增量式治理，这是对当前粗放式治理经验反思后得出的结论，实现精细化治理不是完全摒弃过去成果的颠覆性的体制革命，而是将改进机制和改良策略方法等作为创新和突破的落脚点；第二，社会治理精细化的大致框架围绕着价值取向、主体能动性和目标达成程度而展开，其中精细化治理的核心在于价值取向，即最终是回归于"人"的生活世界；第三，精细化治理的实现对技术有较高层次的要求，例如一些城市在"网络化管理"的过程中，运用数理分析使网络规划更具科学性和合理性，另一些城市借用企业精细化管理的经验也取得了一定的成果。②

（三）提升参政党的社会治理能力

季萍和李晓霞认为，社会治理的创新应该以提升参政党的社会治理能

---

① 齐卫平、王可园：《新中国成立以来：中国社会治理模式变迁》，载《理论探索》，2016年第4期。

② 吴新叶：《社会治理精细化的框架及其实现》，载《华南农业大学学报》（社会科学版），2016年第4期。

力为落脚点和出发点。① 他们指出，构建新型社会治理体系必须突破党政包揽的传统模式，尽可能为参政党参与社会治理提供可能性，让参政党成为社会治理主体之一。参政党参与社会治理的核心价值在于疏通多元利益表达渠道、改善政府与民众之间的关系，让社会和政府的关系达到一个较为平衡的和谐状态，从而实现善治。在社会治理的创新过程中，应当鼓励、支持与引导参政党投入到社会治理中来，激发参政党在社会治理中的活力，发挥其创新性、积极性，这不仅是共产党领导的多党合作和政治协商的重要表现，同时也是促进社会治理的多元化、提升国家综合治理能力、优化治理理念目标的重要举措。

四、评价与展望

（一）研究局限性

通过对近两年上海地区社会治理研究的整理和分析可以发现，目前学者在这一专题研究领域中还存在较多的局限性，主要有以下几个方面：

第一，研究方法较为单一。就近两年的研究成果来看，大多数的学者都采用定性研究的方法。

第二，研究思路较为局限。大多学者对于社会治理的研究较多停留在中国自身的社会治理，从中国社会治理的观察角度出发的研究成果较多，但涉及外国社会治理或是单纯研究外国社会治理的研究成果却很少。事实上，不同国家的社会治理模式都有较大差异，目前在世界范围内也有很多国家在社会治理的理论和实践方面都取得了较大的成就，这为中国目前的社会治理改革和创新都能提供很多非常好的经验并值得中国社会治理体制改革借鉴，当然前提是要对这些国家的社会治理模式进行深入的研究。

第三，研究内容不够全面、深入。关于该专题的研究，大多学者都从

---

① 季萍、李晓霞：《信息公开视域下提升参政党社会治理能力的路径探析》，载《华东理工大学学报》，2016年第2期。

目前社会治理现状的问题出发寻找改革和创新社会治理模式的路径。但是大多学者切入的角度往往还停留在浅层次的问题，事实上社会治理的对象应该适当地作出区分，针对社会治理这一理论我们不能从单一的研究对象出发，例如北上广这些一线城市和边远地区或不发达地区存在巨大差异，无论是在社会治理理论的研究层面还是实践层面都应该作出区分。另外，中国目前社会治理存在的种种问题其出现的原因绝不是表层的，很多关于政治体制的设计和法律法规完善等问题都值得我们进一步深入研究。

(二) 趋势展望

社会治理是国家治理体系和治理能力现代化的重要组成部分，而对社会治理的创新和改革在实践中不但具有必要性而且具有一定的紧迫性。关于现实必要性和紧迫性不仅由社会领域改革空间大、复杂情况多、可操作性强等现实原因所决定，更是基于以"创新社会治理"倒逼政治、经济、文化等其他领域治理的政策考量。而社会治理不仅仅是"社会"子领域内单一的治理，社会治理牵涉政治、经济、文化、生态等方方面面。对于社会治理的研究，其研究思路和就研究内容应得到扩宽，可以从政治、经济、文化以及生态等多维度的视角出发。

当前中国社会治理以及社会治理模式的创新最大的难点莫过于我们的"社会"尚未完全发育，并且，当前中国的社会受到政治权力的强力管控、经济资本的严重侵蚀、文化传统的羁绊以及环境破坏的拖累。相比于西方国家的社会治理，当前中国的社会治理被寄予重重期盼的同时也负重甚多。实现社会发展和完成现代化建设需要成功的社会治理，但是解决"社会治理"这一个领域是远远不够的，在实现社会发展的过程中一个国家的政治、经济、文化、生态等多领域应协同共进，只有统筹多领域的共同发展才能实现我们的终极目标。理论研究也是同样道理，社会治理研究要与其他领域的研究协同推进，才能够构建出成熟完善的国家治理体系。

2017年上海青年学者关于城市治理研究的综述

朱骏豪*

随着我国城市化进程的不断推进,城市、城市化与城市治理将越来越成为中国问题的关键。根据国家统计局公布的数据,2014年我国城市化率已达到56.1%,但这一水平离发达国家80%左右的城市化率仍有较大的差距。城市治理不仅关系城市自身的发展,还影响区域的综合竞争力以及大多数人的生活福祉。近年来,伴随着城市化的快速推进和治理理论的广泛运用,国内有关城市治理的研究可谓汗牛充栋。

本文主要在中国知网上用高级检索方式以"城市治理"按照"篇名"、"关键词"、"主题"、"摘要"四项标注进行检索,并对2015年以来上海青年学者在城市治理领域内的最新成果加以梳理。我们发现,2015年以来,上海青年学者关于城市治理的研究重点突出表现在以下三个方面:一是多视角的城市治理研究,二是大都市治理研究,三是城市治理的新趋势。

一、多视角的城市治理研究

(一) 国家与城市关系的视角

姚尚建对城市政治结构的形成进行了有益的探索和研究。他认为:

---

* 朱骏豪,华东政法大学政治学与公共管理学院政治学理论专业硕士研究生。

"城市的发展有一个从城市国家到国家城市的变迁过程,在这一过程中,国家、市场与社会之间的互动分别赋予了城市以国家属性、市场属性与社会属性,从而形成复杂的城市政治结构。"① 在集权制度下,城市的国家属性可以克服其他地方属性;在分权制度下,城市的社会属性和市场属性则有助于阻击其国家属性。因此,城市的政治结构是国家、市场与社会形态的综合作用的结果与体现。此外,姚尚建在另一篇论文中也强调:"现代城市的发展在很大程度上仍然是一个国家与城市权力关系调整的过程,国家无法吞噬城市,城市也无法侵蚀国家,城市与国家在双向的政治吸纳中实现城市主体的独立性,也维护着国家的整体性。"②

(二) 权利视角

姚尚建还以政治学中的权利为视角,研究了城市化进程中的权利冲突及权利平衡问题。他发现在城市化进程中的权利冲突表现为城市移民的权利焦虑,城市移民的权利紧张和城市族群的权利冲突。在城市政治学的视野中,社会权利的内容仍然要回归政治权利的思考;在中国快速城市化的进程中,尤其要关注不同利益主体的权利平衡。由于当今中国的区域经济社会不平衡的存在,大城市作为稀缺资源,永远面临新移民与原住民的权利冲突,以及隐藏在这权利冲突背后的族群权利冲突。面对冲突,以无形的制度高墙来保障城市原居民的权利高地并不符合政治学的一般原则,而是要"充分保障民众进入城市的权利,实现城市向公民的回归"③。

(三) 跨国比较的视角

叶敏以比较视角的角度分析了中国与印度大城市摊贩治理这一具体现

---

① 姚尚建:《城市政治结构的形成——国家、市场与社会的对话》,载《甘肃社会科学》,2015 年第 4 期。
② 姚尚建:《城市变迁中的双重吸纳——基于国家与城市关系的历史视角》,载《理论探讨》,2015 年第 3 期。
③ 姚尚建:《城市化进程中的权利冲突及权利平衡——基于族群与移民的分析视角》,载《江苏行政学院学报》,2015 年第 4 期。

象。① 他认为,中国和印度的大城市都存在规模可观的摊贩经济:一方面中印大城市在摊贩治理上存在明显的相异之处,比如摊贩的弱组织与强组织,摊贩治理的去政治化与政治化,司法机构的弱卷入与强卷入,以及规制强度的高与低;另一方面,中印大城市在摊贩治理上又存在着相似性,比如正式制度对摊贩经济存在排斥取向、城市的"形象政治"和阶层利益冲突导致城市政府容易对摊贩经济执行"不欢迎"政策,同时两国大城市在摊贩治理过程中都存在明显的寻租和贿赂行为。比较而言,中国和印度大城市在摊贩治理上分别走上了行政化排斥和政治性接纳的治理路径。中国和印度之间的经济结构与政治体制上的差异有助于解释两国大城市政府在摊贩治理上的趋异性,而两国大城市政府对摊贩治理的趋同性则似乎根源于发展中国家大城市的增长体制和阶层利益冲突。

易承志和李利文通过比较的视角对美国城市治理的实践及其对中国的启示进行了研究。他们以业主协会参与实践为主要研究对象,首先,介绍了美国业主协会发展的历程;其次,以 HOAs 为例,展示了美国城市治理中业主协会的运作模式;再次通过 HOAs 与政府的运作比较,表明了其对美国城市治理的作用;最后结合了我国的实际情况提出了美国城市治理中的业主协会参与给我们带来的启示,业主协会"解决了美国历史上分区制和集体财产流动的两大难题,并在业主、政府和开发商三元利益推动下向美国其他地区不断蔓延"②。

二、大都市治理研究

易承志对此作了较多的探索和研究,并取得了一些学术成果。本年度其发表的论文主要围绕大都市治理协同化、大都市政府治理绩效、大都市区整体性治理等主题而展开。

---

① 叶敏:《中印大城市摊贩治理》,载《华东理工大学学报》,2016 年第 3 期。
② 李利文、易承志:《业主协会参与美国城市治理的实践及其对中国的启示》,载《行政论坛》,2016 年第 1 期。

易承志提出了大都市治理协同化的分析框架。① 首先，他界定了在城市治理过程中两个常用但又容易混淆的概念，即政府协同治理和协同政府的概念。从政府协同治理与协同政府的关系来看，协同政府强调的是政府内外协同治理的目标及其达成，更多的是一种静态的分析，而政府协同治理强调的是政府系统内外进行协同合作的动态过程。在梳理清了概念和分析了大都市社会转型与政府治理协同化的逻辑之后，他指出制约当前大都市政府治理协同化的障碍因素主要有三个方面：一是政府系统的内部协调不足；二是政府系统的外部协同不足；三是政府系统的内外结构性协同不足。最后，他认为要推进政府治理的协同化，要从理念塑造、组织再造、利益平衡驱动和制度建设保障这四个方面着手。

易承志非常关注大都市政府治理的绩效问题。他注意到随着改革开放的日益深化和城市化的不断推进，中国大都市政府治理绩效虽然普遍取得了较为显著的成就，但同时也存在如下问题：（1）大都市政府治理绩效价值结构问题：重视效率、忽略公平；（2）大都市政府治理绩效内容结构问题：横向类别与纵向层次缺失；（3）大都市治理绩效驱动结构问题：外延、权力与管制动力因素占主导。总结当前学界对政府治理绩效问题的归因，包括公共价值基础缺乏、公共参与不足和静态套用西方绩效管理理论和经验。然而，当前这三种归因存在着一定的局限性，没有看到"当前大都市政府治理绩效问题的出现主要是由于大都市政府治理绩效的价值结构、内容结构和驱动结构之间缺乏合理衔接"②。

易承志特别提出了大都市区整体性治理。③ 他认为，随着中国大都市区的成长，需要对大都市区的公共事务进行整体性治理。大都市区存在着行政边界与功能边界不一致的张力，需要冲破大都市区内部碎片化行政边界对区域整体性治理功能的制约，而传统单中心政府治理模式在本质上受

---

① 易承志：《大都市社会转型与政府治理协同化——一个分析框架》，载《中国行政管理》，2016年第4期。

② 易承志：《中国大都市政府治理绩效：问题、根源与路径》，载《湖北行政学院学报》，2016年第6期。

③ 易承志：《超越行政边界：城市化、大都市区整体性治理与政府治理模式创新》，载《南京社会科学》，2016年第5期。

制于行政边界，无法突破行政边界对大都市区整体性功能边界的制约。与政府不同，市场和社会主体能够跨越行政的边界，在不同行政辖区同时发挥参与治理的重要作用。因此，要冲破行政边界对大都市区公共事务治理功能的制约，推进大都市区的整体性治理，就需要推进政府治理模式创新，切实发挥市场和社会主体在公共事务治理中的作用。而要充分发挥和增强市场和社会主体的作用，政府应积极鼓励和自觉吸纳市场和社会主体参与大都市区公共事务治理，并增强市场和社会主体参与大都市区合作治理的能力。

此外，易承志还以伦敦为案例对国外大都市治理的情况进行了研究和探索。① 他分析了伦敦大都市政府治理机制运行实践的特征，认为伦敦大都市政府治理机制的变迁是一个从分散到集中的过程。在伦敦大都市政府治理机制运行实践过程中，英国当地的政治因素、经济因素和文化因素起到了非常重要的作用。在对伦敦大都市治理运行机制研究的基础上，他总结了伦敦大都市政府治理机制运行实践中正反两方面的经验和教训，认为适应国情是大都市政府治理机制有效运行的重要前提，适时调整是大都市政府治理机制有效运行的内在要求，相对集中治理是大都市政府治理机制运行的一般趋势，提升治理能力是大都市政府治理机制调整的主要目的，这四方面对于当前转型深化期中国大都市政府治理机制的运行和创新具有重要的启示价值。

三、城市治理研究的新趋势

首先，大都市治理的研究方面。随着全球化的不断推进，我国的城市发展逐步由单一城市向大都市区的方向演变，这就给城市治理提出新的挑战和机遇，大都市治理研究就是针对这一发展趋势而兴起的。在上海学者方面，易承志对我国大都市治理的情况进行了较多的研究和探索。他认为，大都市的治理需要超越行政边界，采用大都市区整体性治理，注重大

---

① 易承志：《从分散到集中：伦敦大都市政府治理机制的变迁》，载《社会主义研究》，2015年第1期。

都市政府治理绩效的构成分析与取向调适，强调社会转型和政府治理的协同化等。

其次，城市综合治理"大联动"方面。陈慧荣以上海市A区为例进行了相关方面的调研。他认为，克服权威碎片化、构建整体政府对于提高我国社会治理能力至关重要，在我国城市基层综合治理的协同困境尤为突出，探索基层社会协同治理的体制机制是实现国家治理能力现代化的重要步骤。他对A区"大联动"协同机制引入前后的对比分析表明，利用信息技术进行制度创新确实缓解了信息孤岛困境，进一步整合了各部门分割化的信息资源，凭借信息化平台改造了工作流程，进一步统一了信息流、工作流和责任流。协同技术创新通过重塑利益偏好、改变力量对比、降低变革成本和开辟协同问责新途径促进了协同制度或模式的变迁。①

四、评价

纵观2015年以来上海青年学者对于城市治理问题的研究，我们可以总结出以下特点：

第一，研究视角的多样化。通过对前面的系统梳理可以发现，上海青年学者以多样化的视角对城市问题进行了深入的探讨，从国家与城市关系、权利视角冲突与平衡、大都市治理等不同角度的关注点给城市治理研究带来了新思维、新思路。这种更多角度多样化的研究也使得城市治理的理论框架更清晰、更立体。

第二，本土意识浓厚。上海学者对城市治理的研究有着得天独厚的案例资源，这种优势与上海作为中国最先进最重要的城市之一是相对应的。对上海这一典型城市的分析使得学者们的研究带有务实的色彩。在城市治理尤其是社区治理，政府治理协同化，城市综合治理"大联动"等方面，学者们对上海的深入研究将会给其他迅速发展的城市提供相关的理论和实践经验，因此，无论从理论还是现实层面，这种立足本土的研究都具有超

---

① 陈慧荣：《基层社会协同治理的技术与制度：以上海市A区城市综合治理"大联动"为例》，载《公共行政评论》，2015年第1期。

越本土的价值。

第三，实证性的研究居多。城市治理本身就是基于实际问题，对问题的分析、解释、回答都是需要回归案例加以验证。上海青年学者在对城市治理的研究上充分体现了案例研究的特点，在大量的数据支撑下，对问题的分析、研究和探索都更具有现实意义和说服力。

虽然关于城市治理的研究有很多亮点，但是也不乏一些不足之处：首先，缺乏整体性的理论研究。青年学者的多样化研究并没有带来理论框架的进一步充实，关于城市治理的研究缺乏宏观的研究视野，众多的研究并未实现建构理论体系的突破。其次，研究的视野较为狭窄。这一不足主要集中在社区治理领域，关于社区治理的研究几乎都主要集中在社区自治、公民参与的讨论。针对当前社区治理所面临的困境和问题，还可以从社区医疗、社区养老、社区服务等更加具体的问题进行调查和研究，所以上海的青年学者对社区治理的多元化研究还需进一步深化。最后，新趋势的研究领域相对较少。许多研究关注的重点都集中于传统治理领域，即使需要解决的问题是面向未来的，但对于城市治理的新背景、新趋势，现有研究没有给出足够的回应。

2017年上海青年学者关于民主化研究的综述

董丽君[*]

所谓民主化就是指一个国家从非民主政体走向民主政体的过程。广义上的民主化指的是亨廷顿所划分的非民主政权的终结、民主政权的登台和民主体制的巩固，这已成为学界的共识。民主化研究一直是学界持续关注的重点。

中国学界关于民主化的研究兴起于20世纪90年代，由于民主化的研究理论自西方引进，经过十多年的发展，基础的理论构架已具雏形，但是学者关于民主化理论在许多问题上还没有达成共识，上海青年学者也投入到理论探索中，作出许多有益的探索。近两年上海市青年政治学者关于民主化这一主题于以往相比有很大变化：由中国民主化研究转向国外尤其是东亚国家民主化研究、由民主化理论构建转向民主化理论反思。本文对于近两年来上海青年学者的主要研究成果进行简要的总结和分析，旨在探索民主化理论发展的新动态，以期把握民主化研究的整体发展趋势。

一、研究概况

民主化研究一直是国内外学者比较关注的主题，关于民主化的文献在近两年也有增无减，上海市青年学者发表的文章也数量颇丰，笔者按照"主题"、"篇名"、"摘要"、"关键词"四项标准，对2015—2016年上海

---

[*] 董丽君，华东政法大学政治学与公共管理学院政治学理论专业硕士研究生。

青年学者关于"民主化"研究文献进行检索，数量多达 17 篇。学者们研究大致分为三个方向：一是从民主化的概念和理论模式入手，从民主化理论解构到民主化路径探索，以期完善民主化理论架构以便服务于中国的民主化。陈尧通过近年来出现的民主崩溃和民主恶化的现象的研究，定义了民主衰落的概念和内涵，对新兴民主国家如何从结构变量和过程变量两个方面来理解影响民主衰落的因素提出了非常重要的观点。① 王建新采用系统论和信息流的研究方法，结合近年新兴民主国家的案例将民主化的途径划分为五种类型，为研究民主化的途径提供了新方式和新思路。② 二是从其他国家或地区的民主化进程入手，探索影响民主化进程的因素以期对我国的民主化作出借鉴作用和指导意义。凌海通对二战后马来西亚政治民主化进程与东亚其他国家进行比较后，认为马来西亚在一党长期执政的威权体制内将民主发展到了较高的水平，是因为政治制度的包容性和较高的制度化水平。③ 三是对新兴的民主国家出现的无效民主和民主衰落现象进行探索和反思。张飞岸、陈尧都认为当前的西方民主化研究都不能解决新兴民主国家出现的无效民主和民主衰落等现象，西方民主化主流理论在认识论、立场乃至方法论方面均存在根本缺陷。④

民主化理论在近两年的发展沿袭着这样的一条主线：在民主化不同的发展阶段需要不同的政治民主化理论，由于侧重因素不同进而衍生出不同的路径选择。方法论上，关于民主化不同的研究途径不断拓展民主化的研究方法。理论上对于西方民主化研究的反思也对国内和国际民主化理论提供了借鉴，更为中国在未来的民主化进程中规避了风险。

总的来说，这两年上海学者的民主化研究偏向于国外研究，探究他国或地区民主化发展的动因，比较研究多且集中在东亚地区；研究内容上增加了对西方民主化研究的反思。

---

① 陈尧：《民主衰落研究的兴起》，载《江海学刊》，2016 年第 2 期。
② 王建新：《民主和民主化途径研究——基于系统论和信息流的阐释》，载《南阳理工学院学报》，2016 年第 8 卷第 1 期。
③ 凌海：《马来西亚民主化的特点及其成因》，上海师范大学硕士学位论文，2015 年。
④ 陈尧：《西方民主化研究的认识论反思》，载《天津社会科学》，2016 年第 5 期。

二、民主化的理论模式

(一) 民主化的不同发展阶段

前文提到广义上的民主化来自于亨廷顿的非民主政权的终结、民主政权的登台和民主体制的巩固三个方面,相应地,西方关于民主化的不同发展阶段的研究大体上也形成了民主政权的崩溃、民主转型和民主巩固这三个领域,代表的学者有林茨、斯泰潘和普沃斯基等。而近两年来上海的学者大多重点关注民主转型。高艳芳侧重点在于社会运动在转型中的作用,认为台湾社会运动与政治转型相伴而行,政治诉求也从政党、经济诉求转向执政正当性和社会公平正义上来,表明了社会运动在推进民主化进程、促进社会发展的重要作用。[①] 史田一重点研究宗教组织在民主化转型中的角色和作用,宗教组织因为宗教教义的特殊性在监督政府与官员行为表达民众呼声方面往往敢为人先。[②]

由于近年来新兴的民主国家出现了民主发展停滞、民主质量下降的情况,老牌的西方民主国家也出现了民主信任危机,"民主逆转"、"民主崩溃"、"民主失败"等术语在学界流行,上海的青年政治学者也不例外,陈尧将此类术语称为"民主衰落"。他将"民主衰落"定义为两种不同的现象:一是民主逆转,国际社会民主发展出现方向性的逆转,形成与民主化相反的趋势;另一种是民主回落,即全球民主质量出现净减损,但是民主的趋势不变。并说明全球并没有出现大范围的民主逆转,只是转型和危机期出现的问题,这是国家能力和治理水平低下的反映。[③]

[①] 高艳芳:《台湾地区政治转型下的社会运动分析》,华东师范大学硕士论文学位,2015年。
[②] 史田一:《天主教会推动菲律宾民主化转型的意愿与优势》,载《武汉科技大学学报》,2015年第17卷第6期。
[③] 陈尧:《理解全球民主衰落》,载《复旦学报》,2015年第2期。

(二) 民主化的研究途径

学界关于民主化的研究途径众说纷纭,比较认可的主要有结构主义研究途径、政治转型研究途径、政治过程的动态分析途径以及新制度主义分析途径四种。王建新另辟蹊径,在民主与民主化途径的研究中引入系统论和信息流的研究方法,结合相关的东亚民主化转型的案例来探究政治民主化过程中政治系统间的相互作用,得出由于政治系统的要素及结构的复杂性与特殊性以及要素结合方式的多样性使得民主化出现多元路径,不同的国情必然会导致对民主的理解存在差异,各国在民主化议题上应采取多元化的态度。[1]

(三) 民主化的作用因素

当代的西方民主化研究存在着精英决定论的认知缺陷,忽略了转型国家的经济水平、政治历史、制度遗产、部族构成、社会结构等具体的要素。[2] 此前我国民主化研究也受其影响,但这两年学者也关注了社会经济文化制度等要素。

青年、政治参与。苏颂兴对 2016 年台湾地区大选中青年一改以前"首投族"的形象,成为影响台湾大选历史的主角的现象进行研究,揭示了在民主化进程中青年群体是一个不如忽视的力量,且青年人政治倾向和政治选择易受影响。[3] 高艳芳认为台湾民主化进程与社会运动相伴而行,民众借助社会运动对政府的诉求也不断发生变化,彰显了台湾地区现状的不稳定性和复杂性,推动了民主转型。[4]

宗教组织。史田一重点研究宗教组织在民主化转型中的角色和作用,认为宗教组织在民主化转型中发挥何种角色,取决于它能否具有推翻专制

---

[1] 王建新:《民主和民主化途径研究——基于系统论和信息流的阐释》,载《南阳理工学院学报》,2016 年第 8 卷第 1 期。
[2] 陈尧:《西方民主化研究的认识论反思》,载《天津社会科学》,2016 年第 5 期。
[3] 苏颂兴:《民主化进程中台湾青年选举行为检视》,载《青年学报》,2016 年第 2 期。
[4] 高艳芳:《台湾地区政治转型下的社会运动分析》,华东师范大学硕士论文学位,2015 年。

统治的政治意愿与相对于独裁政权的政治优势。①

种姓制度。学者陈波研究了印度的种姓制度对于印度政治民主化的影响，认为在现阶段的印度社会中种姓与印度的政治、政党、政治民主化以及斗争密不可分，种姓制度既有提升参政意识、增强种姓政党的作用、种姓组织作为参政工具等积极的作用，还发挥着阻碍国家整合、不利于政局稳定、加剧阶级冲突的消极影响。②

三、民主化的路径选择

中国学界关于民主化的路径探索一直是近年来讨论的热点话题。学界无论从宏观的转型方向还是微观具体的实践形式都作出了有益的探索，提出了建设性的意见。近两年上海青年学者对民主化实现路径的热情依然不减，对此都作出了颇为具体和细致的研究。

党内民主与党政分开。民主化的路径主要是中国共产党推动党内民主和党政分开从而形成制度动力。李路曲认为民主化进程是精英民主向大众民主拓展的过程，同时也是"民主特权"的获得者与大众博弈的过程，不健全的民主机制会成为特权者的工具并阻碍民主发展。所以民主化需要制度上的内生动力，在中国主要来源于党内民主和党政分开。他认为党政分开保证政治参与和政治绩效都发挥有效的作用，而党内民主由政治精英主导因而具有前瞻性和稳定性，避免激进的政治转型使政治失序。③ 凌海重视制度的包容性和高度的制度化的作用，他发现马来西亚能够在一党长期执政的政治环境下和平的实现政治民主化转型便是来源于此，为中国和平实现民主化转型提供借鉴。④

---

① 史田一：《天主教会推动菲律宾民主化转型的意愿与优势》，载《武汉科技大学学报》，2015 年第 17 卷第 6 期。

② 陈波：《种姓制度对当代印度政治民主化进程的影响》，上海师范大学硕士学位论文，2015 年。

③ 李路曲：《中国民主化的路径选择、制度动力与转型模式》，载《社会主义研究》，2016 年第 1 期。

④ 凌海：《马来西亚民主化的特点及其成因》，上海师范大学硕士学位论文，2015 年。

民族国家建设和民主国家建设相结合。这是基于国家建设理论，将民主化建设纳入国家建设之中。马彦银认为国家建设包括民族国家和民主国家两个维度，前者以主权为核心，后者以主权在民为核心；中国的民主化实现路径应该与西方国家不同，先进行民族国家建设，再培育公民意识和公民权利意识，中国的民主化建设路径决定了中国的国家建设应该走制度建设、法治建设与民主实践三元协同共同推进的模式。①

还有学者利用新的研究方法，将民主化发展进程的多元因素纳入研究，对民主化实现途径进行分类。王建新认为民主化是一个复杂的不确定的过程，各种因素相互作用各种信息在作用时不断交流，运用系统论和信息流的方法将民主化实现途径划分为领导型自下而上内生民主化模型、集体性自下而上内生民主化模型、自上而下的内生型民主化模型、互动型内生民主化模型、外力作用型民主化模型五种类型。②

四、西方民主化研究反思

随着理论在学界达成广泛共识被不断引用，近年来中国学者也借鉴西方的民主化研究理论并将西方民主化转型成功国家作为范例，以西方国家体制和成功经验来衡量转型国家，但是对于西方民主化研究理论是否适用于中国的国情，将西方民主化作为衡量其他国家转型的标准是否准确的反思较少。相对而言，近两年上海青年学者对于西方民主化研究的众多反思是中国民主化研究的有一个新的变化。上海青年学者对于西方民主化研究的反思主要集中在两个方面。

一方面，对西方民主化研究的认识论反思。袁超主要对西方民主化研究中存在的"民主化范式"予以警惕与批判。他认为西方学者是民主化理论的建构者与话语的塑造者，"民主化范式"存在着以偏概全、认识狭隘、

---

① 马彦银：《现代国家建设理论与中国的民主化建设和路径》，载《贵州省党校学报》，2016年第4期。

② 王建新：《民主和民主化途径研究——基于系统论和信息流的阐释》，载《南阳理工学院学报》，2016年第8卷第1期。

认知僵化的认识论缺陷,学者在简单套用民主化范式来认识复杂历史政治过程的研究路径时应保持审慎。① 陈尧也发现了"民主化范式"的问题,对其认识论方面的缺陷进行了批驳:一是西方的民主化理论将政治转型等同于民主转型;二是西方的民主化研究试图将西方社会的特殊价值普遍化;三是反对西方民主化研究的直接民主转型,认为民主化需要前提条件。②

另一方面,对西方民主化理论的目的取向和代表的国家利益进行剖析。张飞岸认为第三波民主化国家爆发的治理危机实质是其民主化转型受西方自由民主理论的指导。自由民主理论实质上将财富集中于少数人手中,其所倡导民主赋予穷人更多政治力量,二者冲突引发社会动乱,摆脱的方法便是由自由民主转向社会民主。③ 她指出西方自由民主理论的特点是合法性优先于有效性,将民主范式本身的问题转换成发展中国家不符合民主化范式的问题。这种民主化研究背后的根本原因是美国国家利益和"意识形态操控",发展中国家如果想实现民主应该跳出美国主导的民主化范式。④

五、评价与展望

(一) 研究局限性

通过对近两年上海地区青年学者民主化研究的整理与分析可以发现,虽然关于民主化的研究不断扩展,但是我国民主化研究的时间较短,民主化理论本身十分宏大,所以存在的明显不足。

---

① 袁超:《警惕"民主化范式"的认识论缺陷》,载《中国社会科学报》,2016 年 12 月 14 日。
② 陈尧:《西方民主化研究的认识论反思》,载《天津社会科学》,2016 年第 5 期。
③ 张飞岸:《走出民主危机:从自由民主向社会民主的回归》,载《探索》,2016 年第 6 期。
④ 张飞岸:《无效民主与民主化研究背后的美国国家利益》,载《马克思主义研究》,2015 年第 5 期。

第一，在理论架构上，目前国内的研究受国外研究影响较大，反思较少；研究还停留在不断拓展政治转型和民主化理论边界的阶段，在一些具体的领域没有达成共识。比如对于民主化的实现路径选择上，学者各执一词。国内研究还存在一些概念和逻辑上的混乱，将政治转型等同与民主转型，以至于在整个研究问题的逻辑都存在很大的重合。

第二，在研究方法上存在明显的不足。一是研究方法比较单一，学者大都停留在规范研究的阶段，比较的、历史的分析较少，定量分析几乎没有。二是研究方法的使用不规范。三是理论研究视角和路径选择比较单一，关于国内的民主化研究主要集中在民主化路径选择上，在出路的选择上视野狭隘，不能完整的结合我国国情。

第三，在研究视角上，民主化研究主要是理论研究，而没有实地研究和调查研究。国内学者的研究中，国内视野的研究和国际视野的研究还未实现有机的结合，在对他国的经验总结和本国的理论建设上的交互不够。

（二）民主化研究展望

第一，理论体系将会更加完整。对于中国民主化理论的研究，学者们都致力于为我国的民主化建设提供更多、更为丰富的理论和实践经验。学者们一方面学习西方的民主化理论、借鉴新兴民主国家的民主化转型的成功经验，一方面对于理论进行反思、对经验进行整合，必然会不断完善我国的民主化理论体系，构建更加完善的知识架构，以便指导中国特色社会主义民主化建设实践。

第二，研究视角将更加开阔。民主化并不是一个新兴的命题，国外民主化理论体系为国内的民主化研究提供了很好的基础和参照；在第三波民主化的背景下将有更多的发展中国家实现民主化转型，这对进行国际视野下的民主化研究提供了更多更丰富的材和研究对象；学者们把目光更多地锁定在国内，聚焦在中国的复杂的社会环境中，更多关注跨学科、微观的视角。

第三，方法体系更健全，学科交叉更丰富。近年来学者们不断引进国外比较成熟的、被广泛使用的研究方法来完善国内政治学的方法体系。在民主化理论研究中，定量的、历史的、比较的研究方法将被更广泛和规范的使用。在学科交叉上，与民主化密切相关的学科也将会不断地被引入和发展。

2017年上海青年学者关于协商民主研究的综述

马兴爽[*]

协商民主是一种理性的决策形式,概括起来讲,它是一种治理形式,指的是公民在公共协商过程中,提出各种相关理由,说服他人,或者转换自身的偏好,在广泛考虑公共利益的情况下,利用公开过程的理性指导协商,赋予立法和决策以政治合法性。协商民主是以理性为基础、以真理为目标的。它是民主政治发展的一种范式,使公民能够参与政治生活和政治决策,通过对话、辩论等方式,对于涉及公共利益的政策达成共识。作为一种治理形式,协商民主具有合法性与公开性,寻求所有人参与的协商,并且保障所有人参与协商的权利,同时它也使得政策实行的原因公开化,保障了人民对于政策的制定与实施的监督权利。同时,作为一种复兴的民主范式,它能够促进合法决策,控制行政权力的膨胀并且培养公民的政治意识。[①] 协商民主理论在提出之后成为了众多学者专家所研究的焦点,特别是在中国,由于协商民主的实践活动的推行,关于协商民主的研究成果不断涌现,研究的广度和深度也不断扩展。

回顾近两年上海青年学者对协商民主的研究成果,基本内容大致有协商民主的价值取向研究,西方协商民主理论在中国的契合研究,国家、政党与协商民主之间关系研究以及协商民主在中国的实践研究。

---

[*] 马兴爽,华东政法大学政治学与公共管理学院政治学理论专业硕士研究生。
[①] 陈家刚:《协商民主引论》,载《马克思主义与现实》,2004年第3期,第26—34页。

一、协商民主的价值取向研究

协商民主作为一种民主范式,有着超越既有政治模式的意义。它的出现就是为了使决策的过程更加民主、公开透明,使决策的结果更加科学化并且争取得到更多的认同,缓解社会各阶层的矛盾的出现等。上海青年学者对于协商民主的价值取向进行了更深一步的探究。

复旦大学的陈婷对协商民主的价值取向与实践挑战进行了论述。她指出,在当前的全球化与多元化的大背景下,西方国家的自由民主政体的弊端逐渐显现出来,此时就需要通过协商民主来弥补传统民主模式的不足。协商民主在实践中也面临着一系列挑战,面对这些挑战,要不断完善协商制度,拓宽基层协商渠道,以及保障公民参与协商的基本权利。①

华东政法大学的陈毅提出,随着后工业化社会的来临,民主出现回流的趋势,公民对民主工具化进行反思,开始寻求自治,经典民主价值被重新重视起来,协商民主的价值随之凸显。而在民主转型的关键时期,要想使协商在身份不对等的条件下成为可能,就要形成民主共识,给予其制度保障,发展协商主体自身的反思与平衡能力。②

二、西方协商民主理论在中国的契合研究

协商民主理论最初诞生于西方国家,自提出之后也受到了一些学者的批判。但作为一种创新性的民主形式,协商民主在中国得到了很好的发展,如何使其更加契合中国的现实国情也成为了一项重要的研究课题。华东政法大学的陈毅以西方协商民主为参照对中国的协商政治进行了对比性考察,他认为在中国用协商政治这个概念要比协商民主更为贴切,协商民

---

① 陈婷:《协商民主:价值取向与实践挑战》,载《观察与思考》,2015年第10期,第44—48页。

② 陈毅:《后工业化社会对民主价值的回归:自治、参与、协商》,载《上海师范大学学报》(哲学社会科学版),2016年第5期,第45—52页。

主是符合中国国情的，与西方的协商民主相比，中国的协商民主更具有务实性和可操作性，因此应该大力推进中国协商政治，使协商民主在中国真实高效地运转起来。①

华东师范大学的唐庆鹏则对社会主义协商民主话语的若干问题进行了归纳与整理。他指出，我国对于协商民主的认知已经跳出了西方民主的话语框架，展现出了高度的理论自信。②

同济大学的陈安杰也对国内协商民主理论的相关文献作了分析，重新审视这一民主范式。协商民主理论自提出后，备受中国学者关注，社会影响程度也随之增加。根据中国学者对协商民主理论的思考，社会主义民主应当把刚性的与柔性的民主相结合，协商民主是适合中国国情的民主形态。③

三、国家、政党与协商民主研究

协商民主作为实现民主的一种重要形式，对我国推进国家治理体系和治理能力现代化有着重要的作用，它是实现人民当家做主的重要载体，也是完善中国特色社会主义制度的有效途径。上海青年学者指出，在社会转型的背景下，国家建设具有动态性与复杂性，要实现我国国家建设的动态性目标，就要将依法治国与协商民主有效结合起来，切实推进协商民主法治化。与此同时，学者提出要推进政党协商，利用协商民主制度拓宽参政党参与社会治理的限度，促进民众参与政治生活。

（一）国家治理与协商民主

协商民主作为一种治理型民主，是实现国家治理的有效形式，也是实

---

① 陈毅：《基于协商的治理：中国的协商政治研究》，载《探索》，2015年第6期，第74—79页。

② 唐庆鹏：《民主的中国话语：社会主义协商民主研究核心议题评析》，载《社会主义研究》，2016年第6期，第156—164页。

③ 陈安杰：《一种民主范式的审视——国内协商民主理论的文献分析、理论思考与探索实践》，载《聊城大学学报》（社会科学版），2015年第3期，第98—105页。

现我国在转型期建设现代国家的目标的重要路径,它与国家治理、国家建设都是密切相关的。华东政法大学的易承志深入探讨了三者之间的关系。他指出,在中国民主转型的关键时期,协商民主是国家建设与国家治理的共进之道,协商民主的有效运行能够推进国家建设与国家治理。除此之外,他对中国协商民主法治化的诉求与建构逻辑进行了研究。他提出,要健全完善协商民主制度,关键在于推动协商民主的法治化。①

同济大学的陈安杰对协商民主、依法治国与国家治理现代化的内在逻辑作了梳理。他提出,国家治理现代化离不开协商民主和依法治国,依法治国是国家治理现代化的要求和协商民主的保障,协商民主是国家治理现代化的特有的制度安排,依法治国与协商民主统一在国家治理现代化中,三者是高度契合的。②

(二) 政党与协商民主

如何在协商民主中保持各政党之间的团结合作,促进执政党与参政党共同参与国家治理,是我们需要进一步探索的问题。华东理工大学的李晓霞与李琼分析了协商民主视阈下参政党参与社会治理的限度。参政党通过直接或间接的途径参与社会治理,而受现实条件的影响,他们的参与也受一些因素的制约。要拓宽参政党参与社会治理的限度,就要实现参政党成员的理念转变,营造多方协同共治的平台,发展参政党自身的能力,建立法律制度的保障。③

上海市社会主义学院的王俊华对政党协商的基本问题作了相关辨析,她指出,政党协商具有主导型、和谐性和制度性的基本属性,也有着协商民主的基本特征,包括公共性、示范性和可辐射性。接着她分析了政党协

---

① 易承志:《中国协商民主法治化的诉求与建构逻辑》,载《当代世界与社会主义》,2016年第2期,第170—176页。
② 陈安杰:《协商民主、依法治国与国家治理现代化的内在逻辑》,载《中共浙江省委党校学报》,2015年第5期,第65—70页。
③ 李晓霞、李琼:《协商民主视阈下参政党参与社会治理的限度分析》,载《中央社会主义学院学报》,2015年第1期,第37—41页。

商的起源和基本要素，并指出政党协商具有中国特色，必将在实践中更加完善。①

（三）政治参与与协商民主

对于协商民主与政治参与之间的关系，上海青年学者也作出了具有创新性的研究。上海大学陈伟及美国约翰·霍普金斯大学张春满通过对上海的实证研究，提出了一个内生性视角，对抽样调查数据进行次序 logistic 和多元线性回归分析，认为协商民主是基层民主制度的有机组成部分，它对居民的政治参与有极大的影响。②

复旦大学的肖存良提出，中国社会主义协商民主包含的政治参与不仅有自下而上的，也有自上而下的反向政治参与，这也是中国社会主义协商民主的独特之处。反向政治参与是党和政府深入人民群众中间去，与人民群众进行沟通对话，它背后的理论逻辑是人民民主，主要类型有群众路线、调查研究和征集人民意见。在我国，社会主义协商民主就是政治参与两个层面的结合的体现。③

四、协商民主在中国的实践研究

协商民主在中国的实践的发展较理论的发展来说时间更早，发展程度也更高，这是因为协商民主高度契合我国的现实国情。对协商民主实践活动的进一步研究更有助于我国协商民主理论的发展与完善。上海青年学者针对协商民主在我国的一系列实践活动，探索了基层协商民主研究的具体制度和各种开展形式，以及在城区治理中的作用，分析了目前协商民主在我国的实践中的不足，并且提出了一系列完善协商民主实践活动的路径建议。

---

① 王俊华：《政党协商基本问题辨析》，载《上海市社会主义学院学报》，2015 年第 4 期，第 27—31 页。

② 张春满、陈伟：《协商民主、社会资本与政治参与：对上海的实证研究》，载《当代中国政治研究报告》，2016 年第 1 期，第 149—167 页。

③ 肖存良：《社会主义协商民主与中国的反向政治参与》，载《湖南师范大学社会科学学报》，2015 年第 6 期，第 69—75 页。

(一) 基层协商民主的实践研究

基层协商民主在我国的发展是一个逐步完善的过程，它在实践过程中渐渐丰富了其开展形式，更加符合我国民主政治改革的趋势。作为我国协商民主研究的一个重要方面，上海青年学者对基层协商民主的研究也取得了进一步的突破。复旦大学的韩福国、张开平对中国基层协商民主的具体制度与实践作了梳理，分析了当下协商民主开展的理论特征与实践结构。他们提出，中国协商民主的理论有历史与语言上的认同与政治合法性基础，中国协商民主的实践主体是多元的，开展领域也是多层面的。作者也为中国协商民主的未来发展提出了路径，即注重民主部分的发展和采取多元的发展形态。[①]

上海交通大学的付建军通过对温岭个案的比较分析，提出中国本土内生出的民主协商即恳谈协商的内核是政社协商而非公民协商。中国的恳谈协商主要始于温岭模式。根据对话、平等和共识三个指标来考察了温岭恳谈协商实践，认为恳谈协商是协商民主的一种有效形式。作者比较了恳谈协商与西方协商民主的内核，提出二者的主体差异明显但各有优势。恳谈协商是中国本土的实践经验，能够与西方协商民主的理论展开对话。[②]

华东政法大学的任勇与许琼华探讨了基层协商民主中参与式预算的困境与出路。参与式预算作为基层协商民主的一种重要形式，在温岭的实验中体现出了显著的有效性，它促进了公民参与，提升了决策的透明度，促进了新型民主文化的培育。但参与式预算在实践中发挥积极作用的同时，也走入了一些困境。要走出这些困境，就要注重民主技术的运用，推进民主技术改革，扩大参与的广泛性与透明性，强化各地方人大权力。[③]

[①] 韩福国、张开平：《社会治理的"协商"领域与"民主"机制——当下中国基层协商民主的制度特征、实践结构和理论批判》，载《浙江社会科学》，2015年第10期，第48—61页。

[②] 付建军：《政社协商而非公民协商：恳谈协商的模式内核——基于温岭个案的比较分析》，载《社会主义研究》，2015年第1期。

[③] 任勇、许琼华：《基层协商民主中的参与式预算：困境与出路》，载《公共管理与政策评论》，2015年第4期。

(二) 城市社区治理与协商民主研究

城市社区是社会治理和协商民主实践的重要平台。上海青年学者通过对城市社区案例的具体分析,进一步探索了城市社区治理中的协商民主。中共上海市黄浦区委党校的陈海燕以上海市 W 街道为例,探索了协商民主在城市社区中的实践。上海 W 街道在社区治理中运用基层协商民主的成功案例,为探索城市社区协商民主的有效性提供了路径选择。[①]

中共上海市徐汇区委党校的王杉以上海徐汇区为例,探讨了城市社区治理中协商民主的机制创新,并系统分析了城市社区治理中推进协商民主的动力。她提出,要进一步推进徐汇区协商民主发展,就要强化制度建设,激发协商活力,深化协商程度。[②] 但目前城市社区协商民主也面临着发展困境。要破除这些困境,就要加强服务型党组织建设,加强制度规范化程序化法治化建设,以及加大对于协商民主政治价值解析的力度。[③]

(三) 其他协商民主实践研究

协商民主在中国的实践方式丰富多样,一些学者从智库建设的角度、人民政协的角度多方位地对协商民主进行了充分研究。复旦大学的杜欢与郑长忠从万里"民主科学决策论"得到启示,对智库建设与协商民主的发展进行了相关探索。他们认为,万里的"民主科学决策论"在当下的中国社会中有着指导意义。因此,在全面深化改革的新时期,应当更加重视智库在协商民主中的作用。[④]

[①] 陈海燕:《城市社区协商民主有效性的路径选择》,载《新丝路》(下旬),2016 年第 12 期,第 29 页。

[②] 王杉:《简析城市社区治理中协商民主的机制创新——以上海市徐汇区为例》,载《法制与社会》,2015 年第 16 期。

[③] 王杉:《城市社区治理中推进协商民主的动力分析》,载《社科纵横》,2015 年第 30 期,第 101—104 页。

[④] 杜欢、郑长忠:《智库建设与协商民主的发展——来自万里"民主科学决策论"的历史启示》,载《上海党史与党建》,2016 年第 8 期,第 16—18 页。

复旦大学肖存良对人民政协协商民主的实效进行了探究。他指出，人民政协是协商民主的重要渠道，是专门的协商机构，它不同于其他协商民主形式，与其他协商民主形式相比，人民政协协具有着自身独有的形式和功效，所以人民政协也是协商民主的"重要渠道"和"专门机构"。[①]

五、评价与展望

近两年上海青年学者对协商民主的研究成果丰富，研究角度多样，体现出了学者对协商民主的积极思考，也体现出了这一研究领域的发展水平。在党的十八大报告首次提出"社会主义协商民主是我国人民民主的重要形式"后，对于协商民主的研究不断加强，各层次各领域都在不断深入，许多学者都重新审视了协商民主理论，提出协商民主理论是适应中国国情的。

研究成果最突出的特点是理论与实践相结合，从实践中来考察协商民主在中国的发展，例如国家治理、城市治理以及基层协商民主的发展等等，并且大部分的研究目的都与推进协商民主发展有关，体现出了协商民主研究的现实性。另一个突出的特点是研究方法上具有突破性，对于协商民主的研究不仅有对协商民主理论的简单论述，而且有以比较法、实证研究法来丰富协商民主的研究成果。此外，社会主义协商民主的研究成果丰富，我国的协商民主在现实中已有长期实践，社会主义协商民主理论体系的建构实际上较实践活动晚；从这一阶段的研究成果来看，基于社会主义协商民主实践的研究成果不仅丰富多样，质量也比较高。

上海青年学者对于协商民主的研究成果丰富多样，但也存在着一定的不足。首先，实证研究方法已经受到了重视，但是从目前的研究成果看，大部分研究仍然是规范研究，对实证研究法的应用仍然比较欠缺。其次，在研究内容上，社会主义协商民主的协商渠道有待创新，人民政协是发挥

---

① 肖存良：《人民政协协商民主实效研究》，载《中国政协理论研究》，2016年第2期。

社会主义协商民主的重要渠道，但协商民主是多层次的多领域的，其他的协商渠道涉及较少。最后，社会主义协商民主的理论研究有待深化，协商民主理论最初诞生于西方，实践最早在中国产生，相比较下我国协商民主理论的产生晚于实践，进一步的研究方向是要根据实践深化社会主义协商民主的理论研究，达到以理论有效指导实践的目的。

2017年上海青年学者政治参与研究的综述

么萌萌[*]

政治参与是指特定体制框架内普通公民或公民团体试图影响政府人事构成和政府政策制定的各种行为，它是公民沟通政治意愿、制约政府行为，从而实现公民政治权利的重要手段；也是公民或公民团体影响政府活动的方式。作为学界的热门话题之一，政治参与的研究一直受到广大学者的青睐，回顾近两年上海青年学者在政治参与领域的最新研究成果，其关注的议题主要可以概括为三个方面，即政治参与主体的分类、信息化时代下的政治参与以及政治参与的双向维度研究。

一、政治参与主体的梳理

政治（参与）权利，作为最重要的公民权利，规范的是个人与国家间的关系，为公民其他权利（如社会权利、经济权利和文化权利）的实现提供保障。[①] 在对这一年的相关文献进行搜集整理之后，笔者发现，不同的政治参与主体在行使自己的权利时会呈现出不同的特点，可将主体划分为大学生群体、国内其他群体以及国外不同群体的研究。

---

[*] 么萌萌，华东政法大学政治学与公共管理学院政治学理论专业硕士研究生。
[①] 雷开春、杨雄：《互联网时代青年对公民政治参与权的认同》，载《当代青年研究》，2016年第6期。

(一) 大学生的政治参与

所谓高校学生政治参与，是指作为参与主体的高校学生在了解和认识国家政治、社会状况的基础上，通过一定程序参加社会政治生活，表达个人或集体意愿，从而影响政治体系构成、运作方式、规则和政策过程的政治行为。[1] 研究文章多为网络政治参与，这种方式不仅对大学生的参政意识和参政行为具有较大影响，而且符合年轻群体的行为特征。

李书巧等认为，在政治参与的认知方面，大学生还存在一定的认知偏差，加之青年学生的年龄因素，所接触到的信息因其平台的碎片化而具有一定的误导性，导致大学生网络政治参与具有非理性化的明显特征。[2] 李壮认为，在政治参与面前，尤其是网络政治参与，大学生往往呈现出一种民族情绪高涨的爱国情怀；十分关注虚拟网络中的个人言论，比较容易忽视官方信息；对于相关讯息，因缺乏怀疑精神，易导致因缺乏责任意识而造成的不计后果的鲁莽行为。[3]

针对以上特征，一些学者提出了相应的解决措施。法律层面，王武、丁珊认为，要继续完善法律体系，加强对移动互联网络的监管力度；[4] 政府方面，赵萍丽等认为，政府应积极拓宽和创新参与渠道，加强信息反馈机制建设；[5] 学校方面，宋佳认为，应加强高校思想政治教育，端正大学生的思想动机，明确大学生的政治目标。[6] 当然，作为参与主体，大学生

---

[1] 蒋灏：《高校学生政治参与价值和制度化达成》，载《中国青年社会科学》，2015 年第 3 期。

[2] 李书巧、陈双双、李磊：《信息传播碎片化背景下大学生网络政治参与的困境及应对》，载《青少年学刊》，2016 年第 3 期。

[3] 李壮：《大学生网络政治参与行为探析》，载《高教论坛》，2015 年第 7 期。

[4] 王武、丁珊：《移动互联网络对青年政治社会化的影响及对策》，载《中共济南市委党校学报》，2015 年第 4 期。

[5] 赵萍丽、赛米娜·帕尔哈提：《上海大学生网络政治参与现状浅析》，载《时代教育》，2016 年第 21 期。

[6] 宋佳：《高校网络舆论视野下的党员政治参与及其引导策略研究——基于上海高校的实证分析》，载《学术探讨》，2016 年第 12 期。

自身也要提高政治素养,理性看待、参与政治活动,练就甄别网络信息真伪性的能力。

(二) 其他主体的政治参与

在研究国内政治参与的文献中,除大学生这类主体外,还有非公经济人士、"农民工二代"以及女性等政治参与主体。

就非公经济人士的政治参与而言,主要有加入中国共产党和民主党派、担任各级人大代表、政协委员等。① 焦连志认为,执政党在政治参与层面上通过"行政吸纳政治"模式,在一定程度上化解了此阶层的政治参与压力,并借助于行政民主实现了对新兴社会力量的政治整合。② 肖存良认为,工商联要为民营企业外部环境的健康奔走呼号,督促民营企业转型升级和承担社会责任,提升民营企业家的政治认同和政治参与,培育民营企业家理性的政治预期。③

当前,"农民工二代"政治意识虽然较低,但随着自由、民主等观念的发展,群体政治行为越来越成为可能。因此,曾艳波认为,要加大对农二代移民倾向、城市化中的社会矛盾、农二代政治诉求对社会稳定的影响及政府制度化参政道路建设等方面的研究。④ 汪超、姚德超认为,农村进城务工女性因政治参与受阻,导致利益诉求无法在政策过程中得以表达,基于可持续生计理论的要求,尝试性设计出"各司其职"而又"同心协力"的政治参与制度体系,力图将进城务工群体尤其是女性的利益诉求纳入政策过程。⑤ 只有这样,才能从制度层面帮助她们在城镇化过程中更加

---

① 肖存良:《结构、空间与文化——"两个健康"的政治学考察》,载《上海市社会主义学院学报》,2015年第2期。
② 焦连志:《"行政吸纳政治"模式与中国私营企业主阶层的政治参与》,载《党政视野》,2015年第7期。
③ 肖存良:《结构、空间与文化——"两个健康"的政治学考察》,载《上海市社会主义学院学报》,2015年第2期。
④ 曾艳波:《"农民工二代"政治价值观研究》,载《当代青年研究》,2015年第2期。
⑤ 汪超、姚德超:《新型城镇化下农村进城务工女性生计脆弱性治理》,载《新疆社会科学》,2015年第1期。

体面地劳动，更有尊严地活着，并促进务工群体融入城镇当中，成为真正的市民。

（三）国外研究新视野

"在人口老龄化背景下，美国老年人通过选举投票、参加老年人组织、网络参政等方式积极参与美国政治。"① 通过政治参与，美国老年人不仅影响了政府决策，为自身谋得了多方面利益，而且对美国民主制度的维系、积极老龄化社会的建构等内容有重大意义。相比之下，我国老年人群体的政治参与发展仍有较大提升空间。

英国穆斯林群体试图通过自身的政治参与来影响政府处理中东地区事务的政策，而参与方式主要分为通过支持政党和选举政治来表达政治诉求、组建穆斯林组织和社团来参与政治、媒体传播和公众舆论来影响政府决策。② 多年来，其政治参与丰富了这一概念的内涵，并且取得了一定成效。而韩国的女性政治参与境况则不容乐观，即使是朴槿惠执政，韩国女性参政的"玻璃门"也只是缓慢打开，社会文化对女性参政的接纳度、女性自身政治参与意识和性别比例制度等负面作用依然是影响女性参政的最大障碍。③

二、信息化时代下的政治参与

"早期《申报》的政治参与功能就显出得风气之先的可贵，虽然它对朝政和地方政务的影响实属有限，但却以信息的有效广泛传播确立了报纸

---

① 李胜：《当代美国老年人政治参与方式及特点》，载《人口与社会》，2015 年第 3 期。
② 汪波、李立：《英国穆斯林政治参与对英国中东政策的影响》，载《同济大学学报》（社会科学版），2016 年第 2 期。
③ 李宁：《浅析朴槿惠执政以来韩国女性参政现状》，载《中华女子学院学报》，2015 年第 2 期。

对政治、社会、民众的意义所在,并在漫长年代里熏染影响了一代人的成长。"① 到了信息爆炸的现代社会,政治参与有了更多的媒介作为信息载体。

高奇琦、陈建林认为,网络政治参与不仅开创了舆论监督的新形式,同时也成为治理腐败的有效路径。② "网络虚拟社群通过削弱主流意识形态和政治合法性对政治参与和政治民主进行违法或者非法引导"③,曹月柱经分析后总结认为:网民及议题的分散化可能影响网络民主的深度;网民的非理性化易导致网络民主群体极化;数字鸿沟和网民结构导致参与主体不平等;公共管理者的冷漠态度会挫伤网民的参与热情。④

以政务微博为例,"从内容上做到更贴近用户,管理上做到更优质的服务"⑤,既要从法律角度规范网络空间的各种行为,也要从技术和实际操作层面完善电子政务平台的建设,当然,"公民在利用自由言论权利的同时,也应时刻承担起相应的社会义务,进一步推动社会经济向好的方向发展"⑥。

三、政治参与的双向维度

上文中提到,官民之间的互动对于政治参与有很大影响,在现实生活中,这种双向维度的政治参与表现得更为明显。单向度的政治生活难以形成健康的政治循环生态,还必须要有政府的参与及回应。

---

① 卢宁、李振荣:《早期〈申报〉(1872—1895)政治参与功能刍议》,载《华南理工大学学报》(社会科学版),2015 年第 2 期。
② 高奇琦、陈建林:《网络政治参与对治理腐败的意义及其影响路径》,载《电子政务》,2015 年第 2 期。
③ 杨嵘均:《论网络虚拟社群对政治参与和政治民主的误导与疏导及其协同治理策略》,载《东岳论丛》,2015 年第 9 期。
④ 曹月柱:《信息化时代的网络民主:文献分析与发展趋向》,载《电子政务》,2015 年第 1 期。
⑤ 周杰:《浅议政务微博开设的意义和作用》,载《新闻传播》,2015 年第 24 期。
⑥ 李玉美:《基于重庆微发布的政务微博受众影响研究》,载《新闻传播》,2016 年第 21 期。

（一）自下而上的公民政治参与

在城市，由于城镇化加速，农业人口向城镇的迁移速度也随之加快，进而导致社区异质性的增强。王甫勤以城镇化为背景，研究了社区异质性对中国民众村居委选举参与的影响，发现异质性的增加会降低村居委选举投票的概率，这就需要针对积极性较低的群体开展差异化的宣传和动员策略，提升民众的内在政治效能感。[①] 在农村，这种异质性也因村庄合并形成大村的现实而凸显。刘行玉认为，传统的宗族观念根深蒂固，合法的选举程序以及村里各个派系之间竞争的均势性，一同构成了支撑村民积极政治参与的重要因素。当然，这也启示着我们，要继续规范村委会的选举程序，使之变得更加科学化、民主化、制度化，以推进村民政治参与的广度和深度。[②]

（二）自上而下的政府政治参与

此前，我们一直把关注点放在基层，实际上，"中国的政治参与具有两个层面，既有自下而上的政治参与，也有自上而下的反向政治参与。反向政治参与体现在群众路线、调查研究和征集人民意见等方面"[③]。为理顺政府在政治参与过程中与民众的互动关系，汤啸天认为，政府决策应当在公开化、程序化、民主化方面有所突破、创新，主动公开具体的决策意向，坦诚征求、征询群众的意见；[④] 闫彩霞、刘涛认为，健全政治参与渠

[①] 王甫勤：《社区异质性与中国民众村居委选举参与研究》，载《同济大学学报》（社会科学版），2016年第3期。

[②] 刘行玉：《宗族观念、选举程序与均势竞争：夏村村民选举观察与反思》，载《中共福建省委党校学报》，2015年第4期。

[③] 肖存良：《社会主义协商民主与中国的反向政治参与》，载《湖南师范大学社会科学学报》，2015年第6期。

[④] 汤啸天：《用人民建议征集制度推进政府科学民主决策》，载《信访与社会矛盾问题研究》，2015年第1期。

道，同时优化政治参与责任机制，加强政府信息公开建设，塑造透明政府形象①。公民只有对政府充满信心，才能以主人翁的身份积极投身于政治事务当中，而这种政治效能感，很大程度上取决于政治体系政治参与的主动表现。

四、评价

纵观2015年以来上海青年学者对于政治参与问题的研究，可总结出以下几点：

第一，研究主体多元化。通过文献梳理，笔者发现，上海学者对于大学生的政治参与研究与其他主体的研究相比，在数量上占绝对优势。除此之外，从横向方面来说，国内非公经济人士、"农民工二代"、女性以及国外不同主体也被纳入了研究体系当中；而且，纵向方面也具体表现为时间跨度上的比较，从民国时代到建国后，再到当今社会，无不体现出学者们的研究范围之广。

第二，研究成果丰富。从现实生活到网络虚拟空间，从投票选举到信息公开，相关研究领域的研究已较为完善，也取得了阶段性的成果。虽面临着我国民众的总体参与水平不高，且政治参与离成熟期还有一段距离，但学者们从多方说理，拉近群众与政治体系之间的关系，以期改变部分国民的冷漠心理，提升广大民众参政议政的热情，将为政治参与的良性发展打下坚实的基础。

第三，与现实联系紧密，针对性更强。在政治参与过程中存在的各种问题面前，学者们在经过详细的调研和缜密的思考之后，以现实生活为基础，提出了具有建设性的建议以及具有可操作性的相关对策，这些对策涵盖了法律、制度、经济、文化等多个领域，分为政府、社会、公民等不同主体。在多方的共同努力下，兼具原则性和灵活性的政治参与将会更好地

---

① 闫彩霞、刘涛：《国家治理转型中非制度化政治参与困境及超越》，载《甘肃社会科学》，2015年第2期。

为民众的政治生活保驾护航。

　　虽然关于政治参与内容的研究较为丰富，但也存在一些不足：一是大部分学者采用的都是侧重定性的研究方法，如比较和历史分析的方法，运用定量研究方法的不多；二是研究视角虽然广阔，但研究内容较为分散，一些文献因单独涉及研究领域，因此本文没有进行讨论。未来的政治参与，需要我们转变研究思路，加强理论与实践的创新，发掘更多值得研究的新视角和新领域，这样，迎接我们的，将会是一个不断完善的政治参与体系和更加健康的政治民主生态。

2017年上海青年学者关于政府改革研究的综述

郑钦文*

在不同的时代和不同的理论影响下,有关政府改革的研究通常有着不同的称谓和切入点,如政府改革、公共部门改革、政府治理、再造政府等,但其目标都是十分明确的——有限政府与服务型政府,其中前者是为后者服务的,因此其最终目标是使政府在经济和社会发展中始终发挥积极作用,提高政府的公信力和公众满意度,建设服务型政府,以维护政府的合法性。

一、研究概况

回顾近两年上海青年学者有关政府改革的研究成果,可以发现其关注的视角和研究论域非常丰富(见表1)。

表1　2015—2016年上海地区政府改革研究代表学者以及主要研究议题

年份	文章篇数	代表作者	主要研究议题
2015	13	张冬冬、张攀、刘杰、候志伟、蒋硕亮、胡春萍、张攀、王颖迪、王礼鑫、许凌飞、彭勃、张振洋、钟慧澜、章晓懿、马天航、杨秋菊、王奎明	公共管理、发展型政府、政府职能转变、政府绩效、公共政策
2016	9	赵红军、季丹、郭政、胡品洁、鲁迎春、陈奇星、段雪辉	政府治理模式、公共服务、政府公信力

* 郑钦文,华东政法大学政治学与公共管理学院政治学理论专业硕士研究生。

从表1可见，2015—2016年上海地区学者关于政府改革的研究主要聚焦于政府职能转变、公共政策、政府治理模式、政府效能（政府绩效）、政府公信力、政府与市场、政府创新、电子政务。结合数量优势和价值取向，笔者将这些研究归纳分类为"原则阐释"和"变量分析"两个论域。

二、原则阐释

（一）从"全能政府"到"有限政府"

从历史发展的经验看，政府经济发展战略的选择直接影响了经济体制和政府职能模式的形成与发展，而这又直接催生了全能主义式政府。由于中国的市场经济是建构的而非演进的，又加之中国的市场经济是从计划经济转轨过来的，这造成了中国市场经济与政府之间的独特关系，也产生了中国政府"包揽一切"的全能型经济管理行为。但是这种传统管理模式的缺点在于政府权力过大且边界模糊、权责界限模糊，造成现实中政府权力的越界、傲慢和滥用，对于这一现实问题的回答以"全能政府"到"有限政府"的原则转变为主。

具体而言，"有限政府"就是通过对政府横向和纵向的权力与职能进行合理科学地界定，从而构建"层级合理、职能融合"的政府管理体系。张冬冬以上海市的"两级政府、三级管理"体制为研究对象，重点分析了其发展现状和弊端，并对"两级政府、三级管理"体制的变革与调整提出了一些建议。[①] 不管是宏观分析还是案例研究，"有限政府"的实现都意味着在减少政府层级的基础上明晰各级政府的职责和功能，强化条块之间的协调合作，从而保证政府工作效益与社会满意度的双重实现。

---

① 张冬冬：《中国城市政府管理体制的结构性突破——以上海市"两级政府、三级管理"体制作为研究对象》，载《杭州师范大学学报》（社会科学版），2015年第1期。

(二) 从"发展型政府"到"服务型政府"

公共服务是政府存在的理由,发展型政府和服务型政府都向社会提供不同程度和类型的公共服务。① 但相比之下,以经济增长为首要目标的发展型政府往往通过直接的政策干预提供一种非均质化的公共服务,而服务型政府则是通过间接的市场化手段为全体公民提供相对均质的公共服务。在信息化和后工业化的社会大背景下,公共服务主义不断扩张,城市尤其是大型城市的治理模式只能立足于服务型政府这一核心原则,已然成为中国政府改革的发展方向。②

值得注意的是,构建合格的服务型政府不仅要求政府提供公共产品和服务,还要求政府以公众需求为导向,注重公众满意度对政府绩效和社会建设能力的影响,树立正确的政绩观。

(三) 从"政府主导"到"多元互动"

在政府与市场的互动上,理论界一直存在着争辩,但是,不论是研究凯恩斯的政府干预市场还是哈耶克的自由放任的市场经济,都需要把握住中国的国情。针对中国现行行政体制的全能主义问题,政府改革必须处理好政府与市场之间的关系,通过进一步推进精简审批事项,减少收费项目,放宽市场准入限制等措施,提高政府行政效率与水平,科学地向市场还权,从而实现资源的合理高效配置,促进经济社会的健康发展。③

政府与公民社会的互动,则受到了学者们更多的关注。侯志伟借鉴私有化策略分析框架,从权力、责任、功能三个角度对上海自贸区的监管制度改革进行了分析,发现现阶段上海自贸区政府职能转变的重点还是放在了职能自转移上,其监管制度的设计架构仍困于"政府—企业"二元困境

---

① 陈玲、王晓丹、赵静:《发展型政府:地方政府转型的过渡态——基于沪、苏、锡的海归创业政策案例调研》,载《公共管理学报》,2010 年第 3 期。
② 陈恭:《上海超大型城市的治理之策》,载《科学发展》第 82 期,2015 年 9 月。
③ 吴建南、张攀、刘杰:《地方政府职能转变综合改革如何推动——某县级市的案例研究》,载《中国行政管理》,2015 年第 4 期。

中，仍需要打破行业协会、中介组织等参与政府职能转变的体制性困境。①蒋硕亮认为，上海自贸试验区的政府职能转变应当积极培育社会力量来参与其政府管理，具体要从搭建社会管理平台、发挥行业组织和专业机构的作用、拓宽社会公众参与三个方面来实施。②

三、变量分析

上海市青年政治学者近两年关于政府改革的研究成果基本可以概括为两大方面：一是政府在履行其社会职能的过程中所表现出的管理能力，如政府效能建设、公共政策的制定和落实、公共服务的供给模式；二是政府在对社会管理中所达到的业绩和效果，如政府公信力，而"政府绩效"涵盖了从政府获得资源、政府运用和配置资源促进经济和社会的发展，再到社会感知政府行政成果的全过程。③ 因此笔者在这里引入"政府绩效"这一多维概念来概括和分析影响政府改革的多种不同的变量，并从中选取了几个代表性较高和现实意义较突出的变量来进行综述。

（一）公共政策与政府改革

公共政策是政府对全社会的价值作权威性的分配，一项公共政策包含着一系列分配价值的决定和行动。④ 从政策运行的不同阶段来看，公共政策分为政策制定、政策执行、政策评估、政策扩散四个阶段，而2015年、2016年两年上海青年学者关于公共政策的研究主要集中于政策评估、政策扩散，以及对公共政策失败等问题的研究。

---

① 候志伟：《政府职能转变的理论框架及其改进路经研究——以上海自贸区监管制度改革为例》，载《兰州大学学报》，2015年第4期。

② 蒋硕亮：《中国（上海）自贸试验区制度创新与政府职能事项方式转变》，载《哈尔滨工业大学学报》（社会科学版），2015年第4期。

③ 吴建南、胡春萍、张攀、王颖迪：《效能建设能改进政府绩效吗？——基于30省面板数据的实证研究》，载《公共管理学报》，2015年第3期。

④ 〔美〕戴维·伊斯顿：《政治体系——政治学状况研究》，马清槐译，北京：商务印书馆1993年版，第123页。

王礼鑫以上海市闵行区的政策评估制度为样本，从评估组织、程序规范、指标体系三个方面总结了上海市闵行区的政策评估的制度化经验，并以上海市闵行区政策评估制度的具体措施和成果为依据，强调了政策评估制度的建立及其实施的重要性。

许凌飞通过将中国和西方公共政策扩散机制的进行对比，发现中国公共政策扩散机制虽然有着类似于西方的发展路径和作用机制，但其更多的是在自上而下行政干预的压力、权力下放的动力、外部的压力和府际间交流的促进下，通过学习、模仿、竞争、行政指令等机制发生的。① 以此为基础，他建议我国公共政策扩散的未来发展应当从竞争动力、社会表达渠道、府际交流平台三方面进行改进和完善。

需要注意的是，与西方国家在理解公共政策失败问题上的国家失败论和政府失败论不同，我国的公共政策失败现象出现在强国家和有效政府的大背景下。这是为什么呢？彭勃、张振洋认为，政策过程中的公众支持度和政府组织内部的利益平衡程度是解释中国政策失败的有效维度，并以此为基础，对当前中国公共政策失败的案例进行了类型学分析。②

（二）公共服务供给与政府改革

作为政府改革的核心，政府职能转变要求政府在选择其行为时，不仅要基于推进经济发展、促进市场效率的要求，更要基于公民的需要和权利保护。③ 公共服务供给机制上的市场化、社会化运作受到了上海市青年学者的重点关注。

季丹、郭政、胡品洁从政府公共服务质量出发，以华东地区的试点应用为例，在国外经典模型基础上建立了独立的评价体系，通过发放调查问

---

① 许凌飞：《中国公共政策扩散动力机制研究》，载《中国公共政策评论》，2015年第9卷。
② 彭勃、张振洋：《公共政策失败问题研究——基于利益平衡和政策支持度的分析》，载《国家行政学院学报》，2015年第1期。
③ 〔美〕珍妮特·登哈特、罗伯特·登哈特：《新公共服务：服务而非掌舵》，丁煌译，中国人民大学出版社2004年版，第40页。

卷、整理民众对公共服务满意度的反馈信息分析了我国公共服务领域的问题,其中较为突出的有养老服务、行政效率、环境治理、医疗服务,并从公共服务测评体系、地区间公共服务均等性、不同人群的差异化需求三个方面提出了具体的意见和建议。①

鲁迎春、陈奇星从上海市养老服务供给的历史传统和社会变化入手,考察了老龄化进程中上海政府养老服务供给责任的变化,并将其概括为从"慈善救济型"到"政府责任型"的转变。②钟慧澜、章晓懿则引入"社会企业"这一公益性经济组织,并依据公私合作伙伴关系理论,对上海市两个社区养老服务中的老年助餐服务供给进行案例分析和比较研究,为政府公共服务供给提供了一种创新性思维。③

(三) 政府公信力与政府改革

政府公信力有政府和民众两个不同的视角,前者关注的是作为政策安排的主体而表现出的政府绩效与政府诚信程度,后者则更多地关注作为政策安排客体的民众对于政府公共政策的过程和结果的满意、认同和信任程度。④

关于从政府主体的视角看待政府公信力问题。桑玉成、马天航通过对现代政府尤其是中国政府所面临的"被质疑"常态化进行分析,提出并重点强调了"受质疑的政府是现代社会的常态政府"这一首要原则,认为"批判性公民"有助于政府公信力的提高,政府应通过话语引领、话语参与和话语融合实现政府与公众的融入与协同,建构政府公信力,从而促进

---

① 季丹、郭政、胡品洁:《公共服务质量第三方评价研究——基于华东地区的试点应用》,载《中国行政管理》,2016年第1期。
② 〔美〕萨瓦斯:《民营化与公私部门的伙伴关系》,周志忍等译,中国人民大学出版社2002年版,第68页。
③ 钟慧澜、章晓懿:《激励相容与共同创业:养老服务中政府与社会企业合作供给模式研究》,载《上海行政学院学报》,2015年第5期。
④ 唐铁汉:《提高政府公信力,建设信用政府》,载《中国行政管理》,2005年第3期。

政府公共政策的落实和合法性建设[①]。杨秋菊则是以"政府诚信"为中心对国外政府诚信研究进行梳理，认为我们政府诚信建设应当从公务员、政府的组织结构设计和基本政治制度这样一个由微观到宏观的层面上为政府诚信提供根本保障。[②]

关于公民主体的视角，近两年的实证研究成果更加突出。段雪辉采用logistic回归模型探讨了中央政府信任与地方政府信任对制度内外政治参与的重要影响。统计结果显示，政府信任对制度内政治参与具有十分明显的正相关关系，而公民对中央政府的政治信任对制度外政治参与没有显著的影响，公民对地方政府的不信任会明显激发制度外政治参与活动的发生。[③] 钟杨、王奎明则基于对全国34个主要城市的随机调研，对基本社会价值观、宗教信仰、社会信任和国际地位四个分析维度与政府信任的关系进行回归分析，发现与世界其他国家相比，中国民众的政府信任度属于中上等水平。

四、评价

纵观2015年以来上海青年学者对于政府改革的研究成果，可以发现以下特点：

第一，研究视角的多样化。研究涉及的领域非常广泛，在对已有基本范式的梳理上，重点对政府改革的具体内容进行了细化研究，由单纯对政府职能转变的研究扩展和细化到政府绩效、公共政策、政府公信力、政府与市场等领域；与之前关于政府改革研究的政府主体意识不同，出现了许多以公民社会或者公民与政府互动的视角来反思政府在改革过程中的不足和经验。

[①] 桑玉成、马天航：《论现代政府的公信力源泉及其价值定位》，载《上海行政学院学报》，2015年第3期。

[②] 杨秋菊：《国外政府诚信研究：现状与启示》，载《上海行政学院学报》，2015年第4期。

[③] 段雪辉：《政府信任与政治参与研究》，载《中共福建省委党校学报》，2016年第3期。

第二，本土意识浓厚，现实性强。上海作为中国改革进程中的领跑城市之一，其政府改革的理念、内容、方法在很大程度上代表了未来中国政府改革的方向，且作为上海市民必然受到了自身现实需求和切身感受的影响，因此上海在政府改革方面的实践经验和出现的问题受到了上海市青年政治学者的极大关注。不管是研究上海自贸试验区政府治理中的工商登记、负面清单管理、海关监管等一系列改善政府职能的创新举措，还是有关上海市奉贤区的政社合作的模式研究，抑或是对上海市养老服务供给模式变迁的研究，都体现了上海市青年政治学者对于上海地区政府改革的现实关怀。

第三，以定性研究为主，有少数定量研究。与以往大多数政府改革研究的理论研究和文本解读不同，近年来的政府研究出现了一些更加倾向于理论与实证相结合、理论与案例分析相结合的研究方法。

第四，研究对象更加具体化。近两年上海市青年政治学者更多的是从现实考虑和社会反馈来选择其研究对象的不同，如从自媒体的大环境出发，研究影响公众的政府满意度的影响因素；从大城市老龄化所导致的养老需求出发，对上海地区政府的养老服务供给和购买机制进行了深入探索。

虽然近两年上海地区学者对政府改革的研究在研究方法和研究视角上有了很大的进步，但仍然存在一些不足之处：

第一，在研究方法上，上海地区学者仍然以定性研究为主，缺乏充分的调查研究和有代表性的案例研究，采用定量方法对政府改革进行分析的文献仍属少数，且需要注重样本大小、研究维度和自变量的解释力度问题。

第二，经验介绍与借鉴多，理论创设少。一方面，部分研究仍然以借鉴和学习西方现代政府的改革思维和方式为主，忽略了中国的基本国情工业化大背景，也有一部分研究虽然立足我国政府改革的现实处境，但是缺乏对于中国政府改革现状和未来趋势的理论创设，当然这与我国政府改革的复杂性有一定关系。

第三，缺乏整体性的研究。近两年上海市青年学者们关于政府改革的多样化研究虽然为未来中国政府改革提供了许多新思路和新方法，但是仍然没有形成一个较高层面的框架结构，无法系统化和组织化地解释政府改革中出现的一些涉及多个方面的复杂问题。

如今，"国家治理体系与治理能力的现代化"受到各界的关注，政府作为国家治理体系中同民众关系最为频繁和密切的公共机构，不仅需要努力追求和学习"服务型政府"的内涵和价值，明确自身合法性的维系之法，更应该通过积极尝试和科学探索，在各项公共服务的具体实践中发挥创造力。

2017年上海青年学者关于政党政治研究的综述

张卫民*

政党政治是现代政治的重要组成部分,也是政治学研究者重点关注的研究对象。据统计,目前全世界200多个国家和地区中,除了20多个最严格的君主制和政教合一的无政党制度之外,绝大多数国家和地区都存在政党。① 回顾近两年上海青年学者对政党研究的成果,其基本内容可以归结为三个方面,即政党基本理论研究、中国政党研究和外国政党研究。

一、政党基本理论研究

对政党基本理论研究主要集中于政党功能、政党认同和政党制度化三个方面。周建勇通过对现代政党基本功能的梳理和演进趋势的观察,认为"代表性功能和程序性功能是相互联系相互补充的,只有代表得当,才能赢得执政权,更好发挥程序性功能;而执政地位的获得和维持,也有利于更好地代表民众,发挥代表功能"②。面对政党的代表性危机,他提出应该

---

* 张卫民,华东政法大学政治学与公共管理学院政治学理论专业硕士研究生。
① 周淑真:《试论21世纪初世界政党发展的新特点》,载《当代世界与社会主义》,2006年第4期。
② 周建勇:《现代社会中的政党:基本功能与演进趋势》,载《中共宁波市委党校学报》,2016年第6期。

理论与实践相结合，突破传统的精英民主与大众民主的二分法去重新理解代表和民主，以期为代表性危机的破解提供新的思路。

孙会岩、唐莲英从互联网的视角来观察当今世界各国的政党认同，认为当下各国的政党认同发生了深刻改变，政党越来越去威权化，组织动员能力进一步遭到弱化，政党领袖的"明星"地位与影响力日益超过政党组织本身。他们分析了互联网与政党认同的相关性，并认为政党应该"主动适应互联网时代的社会变革，不断运用信息技术来推动政党革新，进而增强民众对政党的认同"①。胡小琳则从心理认同的视角研究了政党主导意识形态的传播问题，主张意识形态的心理认同是衡量政党主导意识形态传播有效性的重要指标，也是政党主导意识形态引领和整合社会意识与社会思潮的基点。在厘清相关概念的基础上，作者重点分析了认知、情感、需要、行为四个影响意识形态心理认同的要素。②

高奇琦与张佳威探讨了政党制度化与政治发展的关系。他们以泰国为切入点，运用定量分析的方法，对民主党、泰国党（泰国发展党）以及"他信系"政党③进行制度化程度的测量。在亨廷顿和帕尼比昂科设定的衡量标准的基础之上，他们提出了自主性、系统性和功能性三项标准。他们认为，低政党制度化是导致泰国政治失序，影响泰国政治发展的重要原因；高制度化政党对于处在民主转型和民主巩固中的国家具有重要意义。④

---

① 孙会岩、唐莲英：《互联网时代的政党认同》，载《南京政治学院学报》，2015 年第 3 期。
② 胡小琳：《论心理认同视域下的政党主导意识形态传播机理与策略》，载《南京政治学院学报》，2016 年第 1 期。
③ "他信系"政党是指主要受他信控制且在选举中有较大影响力的政党，包括泰爱泰党、人民力量党和为泰党。
④ 高奇琦、张佳威：《试论政党制度化与政治发展的关系：以泰国为例》，载《南洋问题研究》，2015 年第 4 期。

二、中国政党研究

(一) 中国共产党研究

程熙以政党调适理论为基础,分析了中国共产党集中教育活动的历史演变逻辑。程熙把中国共产党的集中教育活动分为三个阶段:新民主主义革命时期、新中国成立到改革开放前、改革开放以来。通过梳理集中教育活动的历史演变,程熙认为延续、突变和演进构成了中国共产党应对各种变化进行政党调适的三种基本模式,并阐释了这三种调适模式在现实政治世界中的运作机制。[①]

郭建锦探讨了时下热门的"大数据"对中国共产党建设的影响。郭建锦认为,"大数据"是继云计算、物联网之后IT产业又一次颠覆性的技术革命,将引发社会各领域的深刻变革。在这场技术革命中,"利用大数据能够促进数据创新,大幅提升政党执政效果;能促进执政党决策更加科学民主;能促进执政党有效防治腐败,营造社会信任;能促进执政党有效维护信息网络安全"[②]。为此,郭建锦认为我们应该高度重视大数据对政党执政的作用。

郑长忠分析了党的建设和国家治理体系与治理能力现代化的关系。他认为,社会主义原则与"党建国家"的路径使中国共产党在中国现代国家治理体系建构中起到了核心推动作用,这就意味着党的建设决定着国家治理体系和治理能力的发展,推动党的建设制度化以及推动其制度改革对于国家治理体系与治理能力现代化具有重要意义。[③] 郑长忠不仅关注党的建设制度化这一方面,而且还分析了国家治理现代化的政党逻

---

① 程熙:《政党调适与中国共产党集中教育活动的演变逻辑》,载《社会主义研究》,2015年第3期。
② 郭建锦:《"大数据"对政党执政的影响》,载《上海党史与党建》,2016年第8期。
③ 郑长忠:《国家治理体系与治理能力现代化与党的建设制度发展》,载《江西社会科学》,2015年第4期。

辑。他认为,"作为政治建设与国家治理的基础环节,基层党建不仅有社会性诉求,而且还有政治性诉求。基于社会结构的转型与群众生存方式的多元化,基层党建发展必须以巩固党的群众基础与提高党的领导有效性作为根本政治诉求"①。

(二) 港台地区政党政治

陈欣以比较政治的视角研究了香港地区政党政治。② 港英殖民统治后期的代议制改革,使香港地区政党开始萌芽,至香港特别行政区成立,香港地区已经政党林立,但是通过与英美两国的比较研究,从政党与政权的关系这个维度来看,香港地区并不存在政党政治。陈欣引入政党政制这一概念用于分析香港独特的政党政治情况,并通过与俄罗斯政党政治的比较研究得出打破香港政党政制发展瓶颈的两条路径,即培养行政长官的支持性政党和设副行政中心。

2014年台湾地区"九合一"和地方议会选举以及2016年大选的结果,一方面深刻反映了台湾地区经济及社会发展和岛内各群体的力量变化,另一方面也说明近三十年来的中国台湾地区政党政治发展走到了新的历史时期。冯莉、胡晓波从两岸关系出发,认为台湾地区政党政治的新发展有利于两岸关系的和平稳定,短时间内两岸关系不会大起大落,但是也会使两岸和平统一进程陷入迟滞状态;大陆对台政策将愈来愈受限,民众的心理懈怠期将会被无限期拉长,并越来越难以企及政治共识,而两岸关系的解决也正深陷国际关系的漩涡,愈加复杂化。③

三、外国政党研究

对外国政党的研究主要集中于欧美政党和亚洲政党。

---

① 郑长忠:《国家治理现代化的政党微观逻辑》,载《江汉论坛》,2015年第3期。
② 陈欣:《比较政治视野下香港政党政治的现状与展望》,载《理论观察》,2016年第7期。
③ 冯莉、胡晓波:《台湾地区政党政治的发展对两岸关系的影响》,载《政治学研究》,2016年第2期。

（一）欧美政党研究

孙会岩与周敬青从信息技术进步的视角分析美国政党政治的变迁。他们通过考察美国政党历史发现，随着信息技术的进步，美国政党政治呈现出四个阶段性特征。美国自政党诞生之日起就重视对信息技术的运用，19世纪初的邮政信息技术促进了两党制形成，19世纪末的广播技术带来了政党政治发展，20世纪中叶的电视技术导致了传统政党革新，20世纪末以来的互联网信息技术则推动了政党复兴。他们通过系统分析这些阶段特征发现，"信息技术的运用是美国政党发展的重要因素，对其过度依赖是导致政党功能异化的原因"①。这为我们研究美国政党政治提供了新的视角。

潘亚玲重点关注了美国政党重组中的族裔角色。潘亚玲认为美国政党重组很大程度上源于短期的美国经济困难和中长期的美国人口结构变化。而族裔移民是推动美国人口结构变化的重要因素，所以族裔因素成为理解美国政党重组的钥匙。族裔因素从三个方面推动了美国政党重组：一是以族裔群体划界，加剧了美国既有的政治极化；二是通过回流聚居，催生了新的选举人口地理；三是突破传统"政治正确"，加速了"边界战争"的发展。②

郝诗楠通过对英国最近两次大选的观察，认为英国的两党制正在向"两个半党制"转变，英国两大主流政党相对衰落，第三党正在崛起。作者分析了"两个半党制"产生的原因，指出英国特定的制度配置、两大主流政党与社会关系的改变以及苏格兰的强地区/族裔民族主义这三个因素削弱了"迪韦尔热定律"所蕴含的简单多数选举制的"二元化效应"。郝诗楠表达了对英国的"两个半党制"若继续发展对两大政党的转型、政治效率以及政权稳定性的不利影响的担忧。③

---

① 孙会岩、周敬青：《信息技术进步与美国政党政治变迁》，载《当代世界社会主义问题》，2016年第3期。

② 潘亚玲：《从熔炉到战场：美国政党重组中的族裔角色》，载《国际关系研究》，2016年第6期。

③ 郝诗楠：《试析英国两党制向"两个半党制"的转变》，载《国际论坛》，2015年第6期。

高奇琦与张佳威从政党类型学的角度,对卡特尔政党模式在德国的兴起进行了研究,并对其动因作了分析。① 他们认为,从组织结构、社会基础、财政资助、政党竞争等四个维度来看,卡特尔政党模式显然已经在德国兴起,选民代际更替和新社会运动对政党功能的部分替代是德国政党卡特尔化的结构性原因;主要政党为实现自身利益最大化而采取结盟而非竞争的方式进行运作是行动者因素;德国国内治理问题、外部环境压力以及政治文化的改变则是影响德国政党卡特尔化的情境因素。

(二) 亚洲政党研究

高奇琦还探讨了韩国政党模式变迁对民主巩固的影响。20世纪90年代后,韩国主流政党在意识形态整合方面表现出一些构建群众性政党的努力,但在政党认同和组织建设方面的努力仍显不足。按照西方政党模式的分类标准,当今韩国的多数政党仍然表现出精英型政党的特征。高奇琦认为,在民主巩固阶段,精英型政党向群众型政党和全方位政党的转型非常重要,目前韩国民主巩固的关键是对群众型政党和全方位政党的学习。②

周建勇对日本选举制度改革对政党体制的影响进行了探讨,通过对1996年进行选制改革以来的日本选举进行研究发现,实行混合选举制以来,众议院出现了两次政党轮替,最大的两个政党垄断了议会多数席位(2012年稍许例外),小党空间有限,有效议会政党数持续减少。周建勇指出,"如果没有大的政治波动,在混合选举制下,日本将逐步趋于两党体制,而非多党体制,这是日本政党体制走向的不确定性中的最大可能的确定性"③。

此外,张奕天从政党适应性的视角分析了新加坡人民行动党在2015年大选中胜选的原因。首先,人民行动党组织的自我更新为胜选奠定了基

---

① 高奇琦、张佳威:《卡特尔政党模式在德国的兴起及其动因分析》,载《德国研究》,2016年第1期。
② 高奇琦:《韩国政党模式变迁对民主巩固的影响》,载《韩国研究论丛》,2015年第1期。
③ 周建勇:《日本混合选举制改革以来的政党体制变迁及其可能走向》,载《中共浙江省委党校学报》,2016年第4期。

础；其次，人民行动党政策的及时调整为胜选提供了保障；最后，人民行动党积极应对外部环境变化为胜选增添了助推力。①

四、评价

纵观近两年上海青年学者对于政党政治的研究，可以总结出以下特征：

第一，研究成果较为丰富。上海青年学者对于政党政治的研究覆盖范围相当广泛，大部分政党政治的领域都有涉及。从国别来看，既有对中国政党的深入研究，也有对国外政党的研究；从研究领域来看，既有对政党基本理论的再思考，又有对一些具体案例现象的分析；从文献来源来看，主要以期刊文献为主，研究成果不仅数量上比较多，而且总体质量也较高，可以看出，在这一领域的研究水平。

第二，研究方法多种多样。对于政党政治的研究，上海青年学者运用了多种方法，不仅仅局限于对政党理论的简单梳理，对国外政党经验的机械搬运，而是综合运用多种研究方法，有实证研究法、比较研究法以及历史研究法等，为政党政治的研究加码助力。

第三，研究视野开阔。一方面，研究对象不断扩展，由简单的政党基本理论研究，逐步扩展细化到政党认同的心理学，更加注重来自互联网的影响。另一方面，研究的视角也很多元，例如从心理认同的视角研究政党意识形态的传播，从信息技术变革的视角研究美国政党政治的变迁，还有美国政党重组中的族裔角色等。

第四，关注现实，联系实际。上海青年学者无论是对中国政党研究还是对国外政党研究，都紧密联系学科发展的前沿。而且，大部分研究的归宿点都是为推进中国政党政治的完善以及为中国共产党的建设提供理论和经验支持。

虽然上海青年学者对于政党政治的研究成果丰硕，但是也存在一些不

---

① 张奕天：《政党适应性视角下探究新加坡人民行动党胜选原因》，载《上海党史与党建》，2016年第12期。

足之处。具体表现为以下几个方面：首先，在研究方法上，虽然多种多样，但能明显发现，定性研究较多，定量研究还是不足。从最近的研究成果来看，对于政党的研究还是集中在定性层面，很少看到定量与定性相结合的优秀研究。其次，在研究内容上，深度研究不足，重复研究较多。尽管研究对象很多，视角也不乏新颖，但是有很多内容是重复交织的，而且很多研究让人有隔靴搔痒之感，未能深入剖析，多浮于表面。最后，在理论层面上，研究者们大多采用别人的理论进行解释、验证，多数是简单的归纳总结，而对于理论的批判和创新明显不足，这也是今后研究者们应该努力的方向。

2017年上海青年学者关于民族主义研究的综述

王 盼*

民族是人类社会政治生活中的重要行为主体,所谓民族即一种在历史上形成的以特定群体认同为基础的社会共同体,此类群体认同必须根据历史发展的具体情况确定。近代中国,国族意识在内忧外患的强烈压力之下空前发展。时至今日,民族国家的认同问题仍未过时,对当代国家治理有着重要意义,在新时代中焕发着新的活力。

本文主要对近两年上海青年学者在民族主义领域的研究成果进行梳理并加以简要评述。通过梳理后发现,上海青年学者近两年关于民族主义的研究主要集中在三个方面:从中国民族主义的历史发展路径展开,叙述中国民族主义"由乱到稳"、"由窄到宽"的过程;从民族国家视角出发,从民族主义内在情感着手,阐发民族主义在民族国家各阶段的基础性作用;从国别经验出发,各国特殊的内部构建问题都呈现出了与民族主义的密切关系。

一、中国民族主义的历史源流

民族主义经过千年流变,已并非其最原初状态。民族主义和民族一样都非即存,而是在历史中逐渐形成并不断扩大自身外延的结果。中国民族主义的"进化"分多个阶段,大致趋势是变换速度由慢到快,内涵由窄到宽。

---

* 王盼,华东政法大学政治学与公共管理学院政治学理论专业硕士研究生。

(一) 中国狭隘民族主义初源

学界对民族主义一直保持着关注，成果输出亦颇为丰富，但学者们的观点和研究视角存在着很大的差异。郑大华认为"中华民族"意识的出现迟至晚清，在民国的斗争中逐渐被接受。① 申丰铭认为"华夷之辩，汉家天下"现象自明王朝覆灭之后日渐强烈，"这种激进的偏激的民族主义甚至到了同盟会时还存在于部分汉人的心中"。同时也认为清政府自身的腐败无能加剧官民矛盾，积累到清末，狭隘民族主义集中爆发。② 全威铭认民族本身历史是狭隘民族主义根源，"中华民族的源头滥觞期。这是一个漫长而遥远的时期，要追溯到喜马拉雅造山运动"③。中原地区部族冲突强烈且此类壁垒被不断继承。郑晓云认为民族起源于拥有共同血缘的人群，以共同的祖先或血缘亲疏远近为标准来确定"归属"，并发展出外围相对狭窄的集体认同。④

(二) 中华民族：狭隘民族主义转向民族主义

民族主义随着历史前进而不断吸纳文化，向包容性更强的方向发展。全威铭研究发现存在一个"以汉族为核心的民族整合期"，夏、商、西周时期民族主义便已有了萌芽，战国时期消解遗留的民族间障碍，吸收了新的民族因素；秦朝一统进一步加强民族融合。同时认为民族融合自魏晋南北朝起有三次高潮，分别是"五胡乱华"改写民族格局，隋朝包容性极强的民族政策和宋朝后各民族相互渗透交融。

李天星认为中国民族的构成存在天然的复杂性，文化上形成以汉文化为主导，少数民族文化多元并存的局面；交相融合为以文化共同为民族真

---

① 郑大华：《中国近代民族主义与中华民族自我意识的觉醒》，载《民族研究》，2013年第3期。
② 申丰铭：《论民族主义在中国近代的发展》，载《河南教育》，2016年第6期。
③ 全威铭：《历史与现实语境下的"中华民族"》，载《青岛农业大学学报》（社会科学版），2015年第2期。
④ 郑晓云：《中华民族认同与中华民族21世纪的强盛——兼论祖国统一》，载《云南社会科学》，2002年第6期。

正内核的新文化体系。① 以汉族文化强烈同化能力和民族向心力加速了中国共同民族文化构建过程，在不断的碰撞中向更现代化的形态进化。

（三）中华民族凝聚与再造：危机中民族主义的乱与治

学者们不仅从民族主义的源头、国内外视角展开研究，而且从中国民族主义发展中的治乱节点上考察民族主义。李天星认为中华民族不仅从中国内部获益，同样也在和国外其他民族的交流中深受影响，印度佛教和西方文明便是显例。近代中国各族在共同危机及其催生的共同目标的指引下，各民族团结一致，逐步形成了一个统一的认同，民族主义被空前加强。

郑大华从历史视角出发，认为中华民族觉醒自清朝末期，将"国族"的认同基础树立在文化之上，各民族实际上已成命运共同体。民国宪法中"中华民族"观念的形成意义重大；国民党人、早期共产主义者和知识分子都对"中华民族"表现出了自觉性。郑同时认为民族主义只是在一般时间较短的危机时期变得重要，中国的民族主义自"九一八事变"之后就被激起和不断壮大。

二、民族主义：从情感到国家的角色变动

民族主义脱胎于民族情感，但其最终归属却在于民族国家，并且民族主义在连接情感与国家时发展出其自身特点。尤其在当今民族国家发展中，民族主义所扮角色在助推与阻碍之间摆动，增加了世界发展的复杂性。

（一）民族情感：作为政治共同体的凝聚力

苏联解体、东欧剧变以及冷战终结促使各国将民族政治诉求和民族问题推向了政治舞台的前沿，然而自由主义者对民族问题表现出了认可与怀

---

① 全威铭：《历史与现实语境下的"中华民族"》，载《青岛农业大学学报》（社会科学版）2015年第2期。

疑并存的情结。从功能主义视角出发，民族情感在近代的民族主义运动中发挥了重要的基础性作用。政治共同体成员之间强烈且正面的情感联系便是政治共同体稳定性的重要基础，在长久的民族国家历史中扮演着凝聚力角色，将人民对于部落、村庄和团体等特殊的认同扩展至国家层面。[1]

杜赞奇认为诸如宗教信仰、相互情感、亲戚纽带等"文化权利网络"及其人们对这种网络的认可催生人们对乡村社会的认可和责任意识。[2] 这种意识相较于对国家的认可更为强烈，因为人们对乡村社会一方面有更为强烈的情感联系，另一方面与乡村社会有更直接的保护与被保护关系；而国家机器则更多地以一个"外来者"的身份出现，通过纳税体系、代理人等形式不断改写植根于人们心中对乡村社会的认同。

（二）国家构建：空间视域下的民族国家

资本主义城市化与民族国家构建存在共生一致性。民族国家与传统帝国的本质区别在于，"民族国家以精确的领土空间疆界为臬圭，并伴随着强大的暴力工具来执行空间的监控功能，这二者得以成立的前提是行政一体化的形成；而在传统社会，帝国的行政并没有形成一体化，大多停留在碎片化的区域治理"。[3] 城乡共生关系在商品经济中转变为城市支配乡村的结构，支配结构改写原有中央与地方的权利范围，构建更密切的中央与地方关系并确立了民族国家的中心地位。紧接着对民族国家提出整合能力考验，民族认同以及信息处理等行政体系被加强，民族国家得到进一步的发展。

资本主义城市化扩张与民族主义反制。民族主义强调的是情感基础上的认同，而民族国家则旨在行政统一，两者存在天然的互补优势，民族主义被外部因素刺激产生后往往寻求通过建立民族国家以实现自身绵续。社会、文化等被不断地被城市化改写，"这是资本主义社会发展过程的基本

---

[1] 盛文沁：《19世纪英国自由主义者论民族——以约翰·密尔为中心》，载《世界民族》2015年第2期。

[2] 杜赞奇：《文化、权力与国家》，王福明等译，江苏人民出版社2010年第2版，第9页。

[3] 林青：《空间视域下的民族国家》，载《现代哲学》，2015年第5期。

环节,马克思也描述过资本主义发展所导致的城市化、工业化及其对传统诗情文化的摧毁"①。民族主义依托于原本共同生活建立超越狭隘民族认同的新的共同利益情感,为短期内"无意义"的生活赋予意义。

(三) 民族国家:共识与挑战

查尔斯·蒂利总结自中世纪晚期以来欧洲国家的特征,认为国家控制范围广大的领土、中央集权、垄断强制手段、独一无二的政府机构以及统一的行政安排这五点上最为突出。在这些国家特征背后,隐含的是国家诞生所必要的条件。

于春洋认为近年来对国家构建问题再度关注带动了中西方学者对民族国家研究的热潮。在众多的研究中形成了一些稳定的共识,主要包括:"民族国家的建构具有阶段性特征,可以依据不同的标准而把其建构方式进行类型学划分;在民族国家建构过程中,国家认同的重要性无可替代;民族国家建构本身的重要性得到中西方学者的普遍重视;承认民族国家建构与民族主义之间有着极为密切的关联。"② 民族主义起着串联整合各个民族降低内部差异以保证对国家认同的至高地位。在学者们的研究中,认为全球化碎片化的民族主义日益明显,民族主义也会成为破坏民族国家构建的不稳定因素。

同质化并不是指统辖人口在所有方面都展现出完全的一致性,同理,联盟关系也蕴含有中央和地方的差异,如何将平衡保持在合理范围内成为关键。

(四) 重构民族国家:国家权力合法性与国家能力

对民族国家研究,可简单地将这些研究区分为否定民族国家存续能力的一方,以及认为谈论放弃民族国家而依赖"世界政府"还为时尚早的一方。因为民族国家存在的阶级基础以依然存在,民族性依然稳固,民族国

---

① 林青:《空间视域下的民族国家》,载《现代哲学》,2015 年第 5 期。
② 于春洋:《研究进展与学术共识:民族国家及其建构问题简论》,载《东方论坛》,2016 年第 1 期。

家依然是世界政治舞台上的主要角色。

于春洋从国家内外两个角度分析,认为民族国家外部正面临着全球化所带来的强势身份政治,认同界限模糊正积累合法性不确定性;而民族国家内部"由于受到同样原因的影响,民族国家内部的族裔主义正在兴起,族裔阶层的文化特性随之变得张扬,国内亚文化群体的集体认同开始抬头,这些因素也构成了对于民族认同国家的挑战"①。于春洋又从现实视角探索,发现当今世界各国多数依赖刚性措施规范调整这种不定性,此法正加剧合法性流失。

塞缪尔·亨廷顿在分析第三世界国家政治秩序时,认为社会动员和经济发展是现代化进程中必然的结果,社会动员通常提高人们的渴望和需求水准,而经济发展则充当满足这种渴望和需求的角色,但是经济发展一般情况下会与需求之间形成落差,这种差距进一步形成社会的颓丧甚至不满。社会制度在横向和纵向的高效流动有利于舒缓这种紧张状况,但国家在制度能力不能支撑起动员起来的诉求时,国家和社会秩序就会受到挑战。②

三、民族主义的国别差异

民族主义或族裔主义都被其自身特殊的历史源流和现实环境所影响,但不同的历史环境和现实条件必然会造就不同的民族主义现实,或者表现出具有内生性,或者不具有内生性,或者民族主义外围解构,或者内部分裂国家。

(一) 美国与英国:民族主义的内生性

民族情感是否原生于所在国家引起了民族主义的原生问题。林玲通过

---

① 于春洋:《全球化时代时代何以"重构民族国家国家"国家——权力合法性与国家能力建设析论》,载《甘肃社会科学》,2016 年第 1 期。
② 〔美〕塞缪尔·亨廷顿:《变动社会中的政治秩序》,王冠华、刘为等译,生活·读书·新知三联书店 1989 年版,第 30—37 页。

考察美国黑人历史，发现主张黑人积极融入美国主流社会的"融入主义"以及倡导黑人自治的"黑人民族主义"思潮始终贯穿于黑人社会发展进程，并随着美国种族关系与矛盾的变化呈现出此消彼长的态势。[①] 其共同点都在于倡导成立位于主流体制之内或之外的独立的属于黑人的政、经、文机构。对比共性也不难发觉这两种思潮致力于解决的是黑人现实困境，没有尝试在认同层面解决黑人在美国的族裔认同问题。

于春洋在梳理英国历史基础上，认为英国被日耳曼人对英格兰的征服，黑斯廷斯战役促进文化交流学习，百年战争的失利迫使英格兰重新定位自己。于春洋还认为英格兰摆脱罗马教皇影响、海外殖民扩张、对外贸易及资本主义工商业发展等一系列富有成效的措施，不仅强化了中央政府的权威和巩固了王权，也激发了英格兰的爱国主义精神和民族主义情感。[②]

对美国民族主义的研究主要围绕在有色人种的民族认同建立上，进而积极地融入美国社会而展开。对英国的研究更注重历史研究，关注重大历史事件对英国民族主义的影响。这种研究上体现出的差异是由于美国的民族不具有英国的内生性。

（二）俄罗斯与土耳其：民族主义从外围或内部的解构

学者从特殊历史背景造就特殊的民族结构视角出发，探讨国家认同问题。民族政策更新缓慢加深着俄帝国内部矛盾，虽然强力在一定时期带来了民族国家的发展和稳定，但是沙皇俄国迅速转变为负面事件的集中地。这是由于一方面俄帝国在民族国家构建时缺乏包容性政策；另一方面是强制性规划对宗教信仰的挞伐导致不满情绪在归化民族中迅速反弹；再一方面是来自于俄帝国缺乏资源和能力来完成对归化民族的俄化过程。"尽管非俄民族的民族主义抗争遭到帝国的强力镇压，但这无疑强化了帝国西部

[①] 林玲：《美国黑人民族主义思想之源起》，载《云南民族大学学报》（哲学社会科学版），2015年第6期。

[②] 于春洋：《英国民族国家的历史建构与身份认同困境》，载《西北师大学报》（社会科学版），2016年第2期。

边缘非俄民族希求从帝国分离的心理,并鼓舞了这些民族的政治抗争"。①日俄战争爆发为民族抗争提供了新的恰好的空间和契机,俄帝国迅速失去对外围的控制。

在阿塔图克去世后,共和人民党和军队成为了世俗主义的守护者。世俗主义同民族主义的目标密切联系在一起,更重要的是民族主义与世俗主义一道也影响到了一般的民众。从这个意义上讲,民族主义和世俗主义体现了现代土耳其的意识形态和社会文化。"土耳其现代民族主义的一个后果是内部分裂。"② 由于库尔德工人党的恐怖行为,库尔德人演变成了困扰土耳其内政外交的一个重要难题。奥斯曼帝国晚期在中央集权化的艰难尝试,有突破原生部落组织的功效,与此同时也强化了伊斯兰教的共同身份。然而库尔德人内部伊斯兰教派的争斗正加剧着其内部分裂。

四、民族政治研究简评

近两年上海地区学者对民族主义的研究从理论和实证维度进行了深入的研究,取得了丰富的研究成果。在对多篇文章深入阅读、分析和梳理的基础之上,笔者认为学者们的研究表现出了以下的特征:

一是研究领域广泛,但系统性的研究还有可开发的空间。从民族主义的空间视角和时间维度,上海青年学者对国内外的民族主义及其源流展开探讨的同时,存在研究重点突出,但系统理论建设不足的问题,容易出现理论的薄弱环节。

二是研究方法科学严谨,但过于侧重理论研究和实证研究。笔者认为研究者们根据研究主题和内容运用了恰当的研究方法,对于研究过程和研究成果形成重要支撑。但在定量研究方法的应用上有着明显的缺失。

三是理论研究充分,但本土话语构建存在缺失。众多的研究成果中存在一个共性便是路径上遵循西方理论—中国现实—解决方法的基本格式。

---

① 孙超:《俄罗斯帝国民族分离主义的起源》,载《俄罗斯研究》,2016 年第 3 期。
② 刘义:《伊斯兰教、民族国家及世俗主义——土耳其的意识形态与政治文化》,载《世界宗教文化》,2015 年第 1 期。

对这些理论需要用批判眼光加以对待。西方理论独大的现状究其根源在于本土研究的话语体系的成长不足，相信在学者们的共同努力之下，这种状况必将化解。

四是理论与现实结合，但策略可操作性需要加强。学者们从现实出发，通过理论分析与解读，借鉴中西方先进理论与范例，提供现实参考路径。但是研究中的突破路径停留在"指导意见"层面已不鲜见，可操作性急待提升。

2017年上海青年学者关于群体性事件的研究综述

孙　杨[*]

在目前国家治理现代化深入拓展的背景下，我国社会开放程度不断增加，不同群体间的利益关系变得更加复杂，这就导致群体性事件的发生频率也逐渐增高。面临群体性事件的高发趋势，深层探讨群体性事件的理论体系与治理机制就变得十分重要。本文主要是对近两年间上海青年学者在群体性事件领域的最新研究成果进行综述，希望可以更好地掌握有关这一问题的研究内容，并梳理总结出处理社会群体性事件的应对措施，为政府更好处理群体性事件提供良好的理论支撑。

一、概念综述

近两年来上海的青年学者们并没有提出较为新颖的有关群体性事件的概念。上海青年学者张振山论述说，群体性事件在我国学术界多用于描述当代社会发生的冲突现象，多由人民内部矛盾导致。当民众认为自己的权益遭受到他人的侵犯，便会采取围堵或非法聚集等行为向相关部门提出要求以进行意志表达。[①] 学者王瑞山则提出真正决定一个事件能否被称作群体性事件的关键因素是这个事件是否伴随有违反治安管理甚至犯罪的行为，他认为群体性事件是一种群众为了进行意志表达而非法扰乱社会治安

---

[*] 孙杨，华东政法大学政治学与公共管理学院政治学理论专业硕士研究生。
[①] 张振华：《社会冲突研究中的概念分类与量化》，载《人文杂志》，2016年第12期。

秩序的聚众行为。①

二、群体性事件类型

我国学者通常会根据群体性事件参与主体的不同进行分类。近两年上海青年学者对群体性事件的论述主要涉及了涉民族类群体性事件、高校群体性事件、网络群体性事件及微信群体性事件。

（一）涉民族类群体性事件

即冲突主体中至少有一方为少数民族的群体性事件。上海青年学者吴新叶认为我们应该将涉民族类群体性事件与民族问题区分开来。从我国目前的社会实践来看，政府通常会采取政治为主、法治为辅的方式来处理日常生活中发生的涉民族类群体性事件。但真正涉及民族政治问题的涉民族类群体性事件却是极为稀少的，它们中的大多数都可以归到民事纠纷的范围里。②

（二）高校群体性事件

上海青年学者高天则对高校群体性事件展开了论述，他将高校群体性事件定义为在校内与校外多个因素共同作用下，于短时间里像山洪一样有规模的爆发且涉及学生数量较多的临时聚集到一起进行利益表达或情绪宣泄的集体行为。这一行为不会被正常社会规范所束缚但却会对学校乃至社会产生一定程度上的深刻影响。③

（三）网络群体性事件

青年学者许敏认为，网络群体性事件通常是对社会公共领域中发生的一些重大热点问题的关注，参与到网络群体性事件中的人通常是利用网络

---

① 王瑞山：《群体性事件的理论重构与应对机制重建》，载《学术交流》，2015 年第 5 期。
② 吴新叶：《涉民族因素社会冲突治理中的问题及对策》，载《政治学研究》，2015 年第 4 期。
③ 高天：《新媒体时代下应对网络突发群体性事件研究》，载《山东社会科学》，2015 年第 9 期。

的自由、独立、开放、匿名和连通聚合等特征来过度解读网络热点事件中的某些方面。① 但并非所有网络事件都能转化为网络群体性事件,学者江凌就提出,只有当个体事件被曝光到网络上后经过广大网民的评论、转载传播而逐渐引发了很多人的关注,甚至成为跨行业、跨地域的群体性事件时才能算网络群体性事件。②

(四) 微信群体性事件

微信是我国近年来得到迅猛发展的一个社交平台,它便捷、私密、即时与可互动的特性使信息能在很短时间内得到传播,大大缩短群体性事件中从线上发布到线下聚群的时间,也极易引发群体性事件。学者王瑞山、靳澜涛认为微信的信息传播方式就如同原子裂变般具有极强的蔓延性,会在短时间内使信息得到话语权并具有一定规模性,为其进一步扩散奠定基础,且只有当信息扩散到主流媒体平台或直接演化成现实群聚事件时才能真正呈现在相关管理部门的眼前。③

三、群体性事件的发生机制

(一) 经济因素

学者对经济因素的论述主要集中在两个方面:首先,青年学者田艳芳认为,目前我国群体性事件频繁发生的根本原因便是转型期国家利益结构的调整与转型。社会结构的转型与经济利益关系的变革促使国家利益格局的变动与社会阶层的调整,引发了越来越多的群体性事件。④ 其次还有青

---

① 许敏:《网络群体性事件的演进逻辑与生成机理》,载《宁夏社会科学》,2015年第2期。
② 江凌:《大众狂欢语境下的网络群体性事件及其治理》,载《河南大学学报》(社会科学版),2016年第3期。
③ 王瑞山、靳澜涛:《微信时代群体性事件的生成及其应对》,载《大连干部学刊》,2016年第1期。
④ 田艳芳:《"中产阶级"与社会冲突:有恒产者有恒心?》,载《浙江社会科学》,2015年第12期。

年学者许敏提出的观点,即群体性事件的发生是由收入分配不均导致的贫富差距拉大所引发的。悬殊的贫富差距加快了国家两极分化的速度,使公民开始抵触富人并对政府和社会产生不满情绪,也正是此种不平衡社会心态的存在才引起了利益争端的广泛出现。①

(二) 政治因素

学者对群体性事件发生的政治因素的研究同样集中在两个方面。首先,王安熙、谢鹏宇提出我国政府职能转变滞后于经济社会发展的观点。他们认为我国在政治体制尤其是行政管理体制方面的改革较为滞后。我们应在自由市场经济条件下强调市场主体的能动性,减少国家政府的强制干预并激活市场主体的活力。② 其次,学者陈世瑞与曾学龙认为,我国存在贪污腐败、组织涣散的社会现象。他们论述到正是由于政府监督体制不健全且官员欠缺自律意识,才导致官员贪污腐败现象的发生。这些现象不但削弱了政府效能,还严重损害了人民群众的正当权益,降低其对政府的信任。当民众的质疑增加到一定程度时,就会运用一些违背社会体制约束的非常规手段表达不满情绪,以致出现群体性事件。③

(三) 制度因素

多位学者从制度角度对群体性事件进行了分析。青年学者田艳芳认为我国经济社会在改革开放之后取得了较快发展,但是相应的现代政治经济建构却没有得到更好的完善,所以说群体性事件出现的重要制度因素就是没有建立起适当的现代政治经济制度。④ 学者江凌关注政府的维稳心理因素,提出由于地方政府是在处理群体性事件过程中的唯一治理主体,政府

---

① 许敏:《网络群体性事件的演进逻辑与生成机理》,载《宁夏社会科学》,2015 年第 2 期。
② 王安熙、谢鹏宇:《社会转型时期的"群体性事件"探析》,载《法制博览》,2015 年第 5 期。
③ 陈世瑞、曾学龙:《官民矛盾、群体性事件与化解之道》,载《晋阳学刊》,2015 年第 1 期。
④ 田艳芳:《"中产阶级"与社会冲突:有恒产者有恒心?》,载《浙江社会科学》,2015 年第 12 期。

官员通常会以"稳定是经济社会发展的前提"为理念治理发生的群体性事件。①

(四) 社会因素

社会因素也是导致群体性事件发生的重要原因。青年学者郑谦在其文章中提到了"相对剥夺感"这一概念。这种相对剥夺感就是群体性事件发生的主观动机,民众会轻易地被鼓动到参加聚众抗争活动正是因为在这部分民众心中早就存在着"被剥夺"的主观感觉。②学者田艳芳还提到了失业问题对群体性事件的影响。在我国经济体制改革不断深化、产业结构不断升级的情况下,很多经济发展较为先进的地区难免会出现一些结构性失业抑或是对当地劳动力需求减少的现象,导致国民"就业难"。而我国的失业保险金和对失业的补偿水平都偏低,所以当民众没有工作,生活没有希望的时候便极有可能将矛头指向政府。③

(五) 心理因素

学者江界华、赵骞翮认为,我国民众的维权意识在近年来得到了很大的提升,但是其法治意识却依然较为淡薄,大部分民众尤其是生活在社会中下层的人民几乎都不了解法律的性质、功能以及其运作的方式,所以很多人在权益受到侵害时都不知道通过正当法律手段解决问题。而另一方面,许多人怀有侥幸心理认为法不责众,尽管自己行为过激却不会受到惩罚。正是这些错误的心理导致了越来越多的人参与到群体性事件中来。④

---

① 江凌:《大众狂欢语境下的网络群体性事件及其治理》,载《河南大学学报》(社会科学版),2016年第3期。

② 郑谦:《相对剥夺感塑造与资源动员耦合下的社会抗争分析》,载《公共管理学报》,2015年第1期。

③ 田艳芳:《改革历程中的社会冲突演变》,载《行政论坛》,2015年第3期。

④ 江界华、赵骞翮:《民事纠纷引发的群体性事件成因探析》,载《北华大学学报》(社会科学版),2015年第2期。

四、应对措施综述

(一)转变政府职能,实现信息公开,拓宽民意表达渠道

学者王安熙、谢鹏宇提出,我国实行政府信息公开制就是为了确保政府工作的透明度,实现合理行政,依法行政。为了减少群体性事件的发生,政府必须尽快实现职能转变,打破现有的政府垄断状态,服务社会并放权给社会。面对群体性事件时不应封锁消息而要将信息告知民众,防止民众由于不信任政府而运用极端方式宣泄情绪,将原有矛盾变得更加激烈。为了预防群体性事件,政府应为民众提供渠道和平台来监督对涉公共利益问题的决策过程。①

(二)完善立法,保障民意的有效表达

目前我国在处理群体性事件方面可以参照执行的法律法规多是事件发生或矛盾存在后的应对策略,但解决群体性事件的根本方法却是促进矛盾双方的沟通与交流。对此,学者王瑞山论述到,群体性事件的发生通常都是由利益受损一方的表达机制出现问题所导致的。所以我们的当务之急就是促进民众的有效公众表达,但现行法律对公民集会、游行、示威权利所规定的审批许可制实质上是一种对民众意见表达的阻碍,我们必须适当放松这一制度来帮助民众表达诉求,减少社会矛盾。②

(三)建立完备清晰的现代产权规则

学者田艳芳根据自己对产权制度的分析,进一步提出了减少社会矛盾冲突出现的措施,即建立一系列以清晰完备的现代产权规则为核心的现代经济制度。一系列清晰而完备的现代产权规则的建立可以保护中产阶级的权益,使其成为维护我国社会秩序的稳定器,从而减少在社会转型期间出

---

① 王安熙、谢鹏宇:《社会转型时期的"群体性事件"探析》,载《法制博览》,2015年第5期。

② 王瑞山:《群体性事件的理论重构与应对机制重建》,载《学术交流》,2015年第5期。

现的矛盾冲突。这种完备的产权规则对社会矛盾的遏制主要体现在两方面：第一，通过可置信威胁的遏制平息静态社会中的社会矛盾和社会冲突；第二，通过市场交易来平息动态市场社会中的社会矛盾和社会冲突。①

（四）建立专门的回应小组，及时进行回应

为了更好地回应民众的呼声，学者崔雯认为，我们必须尽快建立起一套完备的群体性事件回应机制。因为目前我国在政府回应问题上仍旧受到科层制的影响，对群体性事件的回应多是自上到下进行反馈的，无法及时有效作出答复。但是一套完备的回应机制的建立并不能一蹴而就，目前我们需要做的就是建立出专门针对群体性事件的回应小组，暂时处理一些突发的紧急事件，实现群体性事件发生后的及时有效处理。②

五、总结与展望

综上所述，我国正处于社会转型的关键时期，很多民众由于法律知识匮乏便会采取一些过激方式进行公众表达维权，而政府也存在着回应不及时与处理不当的现象，这些因素直接导致了如今群体性事件的高发，目前看来这个状况还会延续下去。近两年已经有很多上海青年学者对这一热点问题进行了探究，通过对这些有关群体性事件文献的综述，笔者发现目前我国上海青年学者对群体性事件的研究尚存在许多不足之处：

首先，有关群体性事件发生的理论体系还不算完善。我们通常是秉承着务实的态度去思考问题，所以在有关群体性事件的研究中一般会更重视对事件的处理方式，而在深度探究导致群体性事件发生的根本原因方面却有所欠缺，以至于到现在还未形成一套系统的理论机制。其次，近两年来上海青年学者撰写的关于群体性事件的文献所涉及的均是不同事件的不同

---

① 田艳芳：《"中产阶级"与社会冲突：有恒产者有恒心？》，载《浙江社会科学》，2015年第12期。

② 崔雯：《基于SWOT分析的群体性事件地方政府回应策略》，载《管理观察》，2016年第25期。

特征，整体较为零散，缺乏对各个零散的群体性事件进行一个较为系统的梳理与宏观概括。最后，伴随着我国网络技术的快速发展以及网民数量的激增迅猛而来的便是越来越多且复杂的网络群体性事件。国内许多群体性事件就是在网络的传播膨胀下变得愈加难以处理，学者们显然已经认识到了这一问题的重要性。从笔者检索到的文献来看，在我国上海青年学者对群体性事件的研究重心已经开始不断向网络群体性事件转移。但是网络群体性事件中既存在一些被操控的不正常现象，又包含民众正常的意见表达，如何对这些进行正确的区分是目前学者尚未涉及的部分。因此对我国网络群体性事件的研究还需要进一步深入，笔者猜想，这一话题应该是日后有关群体性事件探究的一大趋势。

2017年上海青年学者关于政治经济交叉研究的综述

张 强[*]

纵观当今世界,政治与经济的交融日益密切,关于政治经济交叉领域的研究也愈发重要,这一交叉领域的研究也一直是政治学研究关注的重要议题。本文通过对近些年来上海青年学者在政治经济交叉领域的最新研究成果的综述发现,上海青年学者主要关注政府与市场、政府与社会、地方官员晋升与激励以及腐败与反腐败研究等方面的问题,聚焦于政治经济交叉的热点命题,剖析政治经济交相影响的关系,尤其是在民主与腐败的关系研究上成果突出,研究者通过系统翔实的定量数据分析了民主与腐败感知的关系,研究者还发现民主与一个国家腐败感知的关系亦有规律可循。本文围绕上海青年学者的研究进行简要评析,以便把握该领域研究的未来发展态势。

一、政府、市场与社会关系研究

(一) 政府与市场

政府和市场作为配置资源和协调社会经济活动的两种机制,在促进社会经济发展上都发挥了重要的作用,扮演了举足轻重的角色。在如何更好地认识政府与市场的关系上,上海的青年学者中有两篇文章提出了较为新

---

[*] 张强,华东政法大学政治学与公共管理学院政治学理论专业硕士研究生。

颖的看法。

当前，随着我国的改革进入深水区，如何更有效地发挥政府与市场的作用变得十分重要。上海社会科学院的周婷从国家和医疗机构两个层面，对我国卫生筹资中政府和市场的作用进行了全面研究，认为政府和市场的作用在卫生筹资中充分发挥各自的功能与作用，使卫生筹资的公平性与效率得到有效的发挥与提高。① 上海财经大学的陈瑞丰基于政府和市场"关系"的"胎胞"究竟孕育、产生了什么这个问题，认为社会主义市场经济是对自由市场经济的否定和超越，以及在社会主义条件下，政府与市场"关系"具有社会主义本质。马克思视野中的政府和市场的"关系"具有历史性，产生于"人的独立性"对"人的依赖性"的扬弃；随着"自由个性"对"人的独立性"的扬弃，政府和市场的"关系"扬弃为"社会的人"的自我管理。② 这对于社会主义条件下，更好地认识政府和市场"关系"具有很强的实践意义。

（二）政府与社会

中国正处于社会转型时期，改革进入深水区，重视政府与社会的关系问题，以及实现政府与社会的良性互动显得尤为关键。在对政府与社会的关系研究中，上海地区的青年学者聚焦于政府与社会企业合作的研究，着重于为积极应对人口老龄化带来的挑战，鼓励社会力量参与养老服务业的发展。上海交通大学的钟慧澜认为，在人口老龄化压力、政府养老政策创新推力以及养老市场内在吸力的作用下，社会企业开始在养老服务供给中崭露头角，政府与社会企业合作提供养老服务是破解中国养老难题的新路径，也是提升政府治理能力的有益探索，二者形成了政府自上而下推动的勉力协同型和需求导向催生的互惠共生型合作模式。③ 在现有的社会保障

---

① 周婷：《我国卫生筹资中政府与市场的作用研究》，上海社会科学院博士学位论文，2016年。

② 陈瑞丰：《马克思视野中政府和市场的"关系"》，载《内蒙古大学学报》（哲学社会科学版），2015年第6期。

③ 钟慧澜、章晓懿：《激励相容与共同创业：养老服务中政府与社会企业合作供给模式研究》，载《上海行政学院学报》，2015年第5期。

体制下,让社会企业参与养老服务供给,是具有独特的优势。社会企业与政府之间的良好合作,有助于养老服务社会化的发展。

许源认为把政府购买服务绩效评估视为公共政策绩效评估和公共服务绩效评估的综合体,运用"合法性—有效性"分析框架,对政府购买的绩效维度作出建构和阐释,政府购买绩效合法性维度的"公共性"、"制度化"、"社会化"是社会公众评价政府购买的价值维度,有效性维度的"经济"、"效率"、"效果"是社会公众评价政府购买的工具维度。政府购买服务应在价值理性和工具理性之间维持平衡,实现合法性和有效性的相互促进。① 政府购买的落实,有助于政府逐渐从公共服务直接生产者的角色中淡出,而更多地承担起公共服务规范和制度制定者的责任。

二、地方官员晋升与激励研究

长期以来,地方政府官员的贡献对地区经济增长具有重要的影响。著名的经济学者周黎安在对中国地方官员的晋升锦标赛模式研究中,认为晋升锦标赛作为中国政府官员的激励模式,它是中国经济奇迹的重要根源,但由于晋升锦标赛自身的一些缺陷,尤其是其激励官员的目标与政府职能的合理设计之间存在严重冲突,它目前正面临着重要的转型。② 发挥好现有体制对地方官员的晋升与激励,也是增强国家治理体系和治理能力的重要环节。

(一) 标尺竞争

标尺竞争的研究发轫于 20 世纪 80 年代,其思想最初源于一些学者对企业委托代理关系中相对绩效考评所进行的研究。随着标尺竞争理论传入中国,较多研究学者都进行了有益的探索与研究,并日益呈现出较强的活力。上海财经大学的石慧在探讨了中国农村的民主直选制度对农

---

① 徐家良、许源:《合法性理论下政府购买社会组织服务的绩效评估研究》,载《经济社会体制比较》,2015 年第 6 期。
② 周黎安:《中国地方官员的晋升锦标赛模式研究》,载《经济研究》,2007 年第 7 期。

村公共品供给的影响及其作用机制后,发现竞选压力所形成的标尺竞争是影响农村公共品供给的主要机制,在缺乏对村主任是否尽职的充分信息时,临近地区成为衡量本地村主任绩效的标尺,相邻地区的公共品供给对本地的公共品供给有显著的正向作用,说明村主任能力本身并不显著影响公共品供给,而是村庄直选使得选举出来的村主任更加向村民负责。[1] 农村公共品的供给涉及农村生产和农民生活水平的提高,也是缩小城乡差距的重要内容。

(二) 晋升激励

官员的晋升激励与政府的绩效目标之间的关系的研究,一直存在诸多争议。政府的晋升激励机制,激发了地方官员的积极性,有助于政府绩效目标的实现,但同时另一方面也具有一定的局限性。

华东师范大学的王媛基于1999—2013年地级市面板数据分析,研究发现市委书记任职年数对于市政投资占比存在显著的倒U形效应,在具有短期增长效应的经济性公共品供应上,官员倾向于在晋升关键时点(任职第3年)增加投资;而在具有长期投资属性的社会性公共品供应上,官员倾向于在一上任便集中投资,随后投资水平逐年降低方面。地方官员的晋升预期对公共品投资的推动效应:官员晋升激励推动东部地区更多投资于社会性公共品,而中西部地区更多投资于经济性公共品。[2] 利用官员在任职期间的晋升预期差异以及空间计量模型,研究地方官员面临的政治晋升激励及相对绩效考核方式对城市公共品投资的影响,对于中央加大社会性公共品的专项转移支付以推动地方公共财政转型、由中央统一提供部分公共服务(如基础教育)以确保基本公共服务均等化等提供了较为可能的解决方案。

---

[1] 石慧、孟令杰:《村庄直选背景下的标尺竞争与农村公共品供给》,载《南方经济》,2015年第5期。

[2] 王媛:《官员任期、标尺竞争与公共品投资》,载《财贸经济》,2016年第10期。

三、腐败与反腐研究

随着世界各国对于反腐败的日益关注,究其腐败的出现,不同的分析视角得出不同的原因,为了更好地认清腐败的产生原因,有必要厘清寻租等政府行为产生的影响。基于此,下面梳理了近两年中上海青年学者在寻租和反腐上观点较为鲜明的几篇文章。

(一) 寻租

上海财经大学的颜恩点认为当"八项规定六项禁令"公布后,市场整体存在显著正的收益,企业"八项规定六项禁令"公布之前的寻租活动越多,"八项规定六项禁令"对公司的增值作用越显著,而国有企业不显著;管制行业公司的价值增加更显著,而非管制行业公司不明显。①从公司价值角度对公司的寻租活动进行了分析,可以增进我们对市场寻租行为的了解,同时也有助于进一步深化中国新兴市场的制度变革,提高经济运行的效率和社会财富水平。随着我国改革开放的不断深入,地方政府的招商引资在创造出辉煌奇迹的同时也引发了一些问题。聚焦"招商引资"中的政企互动,来自上海财经大学的陈玮认为中国吸引外资的关键在于地方政府,它们不但不是阻力,还是中国成为外资奇迹的关键,双方互动的过程,被称为"双向寻租",地方政府与外资企业之间的"双向寻租",采用激励行为与互动博弈的方法,尝试提出一个基于"双向寻租"的中国外资奇迹的解释。②从地方政府与外资企业的互动入手,揭示了改革开放过程中,不同社会组成要素和多重面向的社会互动过程。

(二) 反腐

长期以来,在腐败研究领域有一悬而未决的老问题,民主与腐败的关

---

① 颜恩点:《寻租、制度变革与公司价值——基于"八项规定六项禁令"的实证检验》,载《上海财经大学学报》,2016 年第 10 月。
② 耿曙、陈玮:《政企关系、双向寻租与中国的外资奇迹》,载《社会学研究》,2015 年第 5 期。

系如何一直没有定论，民主的提高是否会抑制一个国家腐败蔓延仍值得商榷。

上海财经大学的唐敏认为对以往民主和腐败关系的研究，实际上，在某种程度上可能揭示的就是民主与一个国家国民腐败感知的关系。在对亚洲、非洲和拉美三个舆情表的调查数据进行了合并后，整合出一个包括50个国家在内的跨层次数据，在此基础上使用多层分析法，研究发现民主对于腐败感知的影响具有两面性。在直接效应上，民主程度越高的国家，民众腐败感知的平均水平越高，个体对政府腐败的感知程度在很大程度上确实是"嵌入"在宏观制度环境之中的，在控制一个国家的经济发展水平、腐败控制程度和出版自由程度的情况下，民主程度越高反而会让个体更倾向于认为政府是腐败的。但在调节效应上，民主作为一种宏观制度环境，会增强自我经济评价对腐败感知的负向影响。① 使用多层分析的方法，将国家层面的制度变异与个体层面的影响因素结合起来进行分析，揭示了一些关键性的制度差异是如何影响普通民主的腐败感知具有很强的说服力。

复旦大学的李辉认为强调领导者的政治意志（反腐败的承诺和决心），抑或是独立且有强制能力的反腐败机构和制度设计，这些都依然是在强调国家在腐败治理中的核心作用，它们的共同特征是忽视了地方政府在其中应该发挥的作用；仅仅作为公共产品而存在的反腐败是远远不够的，腐败问题要想较为彻底地解决（完全解决几乎不可能），一定要发挥和利用地方的力量，在腐败治理策略中重新找回地方力量。② 地方政府在廉政建设当中的主体作用不容忽视，地方政府的廉政创新影响着中央的廉政建设策略和反腐败制度建设。

---

① 李辉、呼和那日松、唐敏：《民主、主观经济评价与腐败感知——基于亚洲、非洲与拉美舆情表合并数据的多层分析》，载《经济社会体制比较》，2015年第3期。

② 李辉：《中国廉政建设与改革中的地方创新——基于三个案例的类型学分析》，载《北京航空航天大学学报》（社会科学版），2015年7月。

四、评价与展望

(一) 研究特征

近两年上海青年学者对政治经济交叉领域的研究,深化了对这一研究问题的认识,丰富了此领域的知识积累,呈现出以下三大特征:

第一,研究方法呈现多样化,既有质化研究又有定量研究,且定量研究日趋成为比较受欢迎的研究方法。通过前面简单的梳理可以发现,不同的研究方法能够给我们研究政治经济交叉领域带来不同的思路,随着研究方法的不断更新,以及引入西方先进的理论指导,将更加成为今后进行研究的趋势。

第二,研究内容日益贴合实际的政治和经济交叉的热点命题。上海作为中国的经济金融中心,其各方面的资源十分独特,随着经济社会的快速发展,日益成为研究的热点区域,并发挥其应有的价值。

第三,理论深度日益科学化。众所周知,在没有对一个问题进行彻底的研究与测量后是不能轻易下结论的。学者们通过相关数据的深度测量,进一步认识民主程度对腐败的感知程度,依据可量化的数据统计分析,并结合相关的回归模型,进而得出不能简单的不假思索地对民主和腐败感知的关系下任何简单直接的结论。

(二) 研究的局限性

尽管上海青年学者对于政治经济交叉领域的研究成果颇多,但是也存在一些不足。具体体现在以下两点:

一是具有针对性的深度案例研究较少。在实践的标准来看,案例研究的方法似乎已经拥有不可动摇的地位,甚至变得炙手可热。案例研究是对单一案例的深入细致的研究,目的是为了了解一个范围更大的案例类别(一个总体)。在上海青年学者近期的研究中,在政治经济交叉领域尚缺乏具有深度的案例研究,而案例研究作为非常有效的工具应当充分利用其优势,进行较为深入细致的研究分析。

二是缺乏对政治经济互动新趋势的研究。新近的研究学者关注的重点大多集中在传统研究领域,然而需要解决的问题是面向未来的,但是对于此领域的新趋势,现有的研究尚未给出足够的回应。当代国家、社会和经济的互动是在全球化下进行的,随着全球化的不断深入,全球化作为一股国际力量也可以转化成社会力量参与国家、社会与经济的互动。

(三) 研究展望

综上所述,我国在政治经济交叉领域的研究将呈现更加鲜明的发展趋势,笔者认为未来我国在政治经济交叉领域的研究应具有以下三点:

首先,政治经济交叉领域的热点话题研究仍备受关注,宏观与微观相结合的机制研究将受到更多的关注。随着我国改革开放的不断深入,经济发展进入新常态,面临的问题将会更加突出,在政治经济交叉领域的热点话题,将更加受到研究学者的关注。

其次,基于数据的定量统计分析比纯粹的理论研究将越来越受到学者欢迎,定量研究虽多于质化研究,且质化研究仍会受到一定的青睐。虽然定量研究在数据挖掘和分析上面的科学性很强,但是其也存在相应的不足,就是对所研究的问题的深入原因及逻辑解释不足,相较于严谨的数理回归统计分析,且质化研究仍是学者比较青睐的研究方法之一。

最后,研究层面上将更加兼顾到国际层面。上海的国家化水平日益提高,学界对此的研究应当更趋于国际化,不单单局限于中国本土地区。固然中国本土地区的研究仍很重要,但考虑到对于学术发展和贡献来说,研究的范围应该更加广泛,兼顾国际层面,同时,这也是为了研究借鉴西方先进理论更好的使之为中国的现代化建设服务。

青年论坛 ▶▶▶

带回"知识":不完备知识公共政策制定理论*

王礼鑫**

摘　要：从知识角度看,决策是运用知识的认知活动;公共政策要解决的是政治共同体的"集体困惑";通往优质公共政策的路径之一,是改善政策制定过程以利于各种知识的运用。政策制定的知识途径,即基于"知识不完备"假设来研究公共政策制定。这一途径,不仅需要突破较少关注多个参与者的有限理性决策理论,而且需要突破多元主义、官僚机构竞争等对参与者持利益最大化假设的公共政策制定理论。通过吸收关于"知识"的各种观点,可以分析政策制定过程中不同参与者的知识差异,而基于知识差异可以重新定义政策分歧、政策共识以及政策制定过程。作为一个复杂的知识生产过程,政策制定需要处理各种"知识问题",包括:关于"公共利益"的无知、框架与价值分歧、知识供给不足、知识传播失灵、知识上的自负、代理问题、政府并行处理与连续处理问题能力不足、"政治家"稀缺、学习能力钝化等。促进各种知识问题解决的政策制定过程,将有助于优质公共政策的形成。

关键词：政策制定;知识差异;知识问题;不完备知识假设

---

* 本文是国家社会科学基金青年项目"当代中国政策制定过程中的否决与共识模式研究"(11CZZ020)的主要成果之一,并得到上海师范大学"比较政治学"重点学科、学术工作坊的支持。感谢商红日教授、刘伟教授、张树平副研究员、陈洪杰副教授、陈兆旺副教授、杜运泉编辑、周幼平博士、潘沛博士等对本文的指正。

** 王礼鑫,上海师范大学哲学与法政学院副教授。

一、导言

什么样的政策制定过程可以产生优质公共政策？这个问题表面上指向决策体制、政治选择过程，背后则涉及政体、国家治理体系优劣、治理能力高低等问题。

在检视决策、政策制定等研究文献之后，有一个好消息和一个坏消息。好消息是，管理学、经济学、心理学、政治学等诸多学科都对决策智慧、优良政策、改进决策程序等进行了研究，取得了丰富成果。坏消息是，尽管人类积累了很多决策知识，但仍然无法创造或构造出完美的决策程序、公共政策制定过程。另外，公共政策学研究者近年来似乎在逃避优质公共政策生产问题，其主流政策制定理论如官僚机构竞争、多元主义等则严重脱离实际。主流理论把政府部门、利益相关群体等决策者或参与者的行为动机简化为追求自身经济利益最大化，所以，他们发现的政策分歧的实质是利益冲突，政策形成过程充满了讨价还价。充斥私人利益的公共政策制定过程，产出的是失败公共政策——这正是主流理论制造的悲观论调。

人们作出决策，是基于认知活动并通过一定程序形成方案，在接下来的时间里致力于解决某些问题。决策这一认知活动的基础是信息或知识，决策面向未来——单单有这两点：决策者的知识不完备、未来具有不确定性，人类注定无法创制完美决策程序，也无法生产出十全十美的政策。

但我们仍然有理由对前景保持乐观。完美公共政策并不存在，但优质的公共政策或可欲求。如果说决策是运用知识的认知活动，那么，通往优质公共政策的路径之一，是改善决策程序以利于各种知识的运用。这需要决策研究的知识途径。不过，迄今为止，决策理论尤其是公共政策制定理论尚未形成基于知识视角的合适理论。

本文尝试从知识视角出发，吸收涉及知识话题的决策或公共政策制定理论成果，基于"知识不完备"建立政策制定理论。本文将重新定义政策分歧、政策共识与政策过程，并总结政策过程中的"知识问题"。其间，将论证本文的核心主张，即：促进各种知识运用、有利于知识问题解决的政策制定过程，是通往优质公共政策的一条重要路径。

马奇（James March）、凯尔曼（Steven Kelman）以及最近20年兴起的循证决策（evidence-based policy making）[①] 都曾经致力于寻求智慧决策或优良公共政策，但本文与他们不同。马奇提出"决策工程"议题，帮助决策者试图获得智慧。他承认定义决策智慧即优质决策的难题，然后"在不确定智慧定义的情况下如何提高决策质量"提出了三种建议：增强适应性、利用信息、创造意义。他侧重于给企业决策者提供建议。[②] 凯尔曼聚焦于公共政策制定，明确提出"是否趋向于产生良好的公共政策"是政策制定过程的评价标准之一。他主张，只要是具有高度热心公益精神的决策者参与政策制定，政策制定过程就趋向于产生优质的公共政策。他力求论证：在美国，公共政策过程并未由利己主义支配、公民政治行为如投票常常与个人的状况无关、政治家与官员具有热心公益精神的动机。凯尔曼驳斥了那些将政治活动的参与者视为追求自身利益最大化的人的各种理论（如公共选择），有助于更积极地看待政治及其过程。[③] 但是，凯尔曼的理论是不完善的，因为无法应对这些问题：热心公益的精神也可能产生劣质公共政策，如何确保热心公益精神的人始终参与政策过程？循证决策源于1999年英国布莱尔政府发布的《政府现代化白皮书》、《21世纪的专业政策制定》等，随后成为国际公共政策的热门实践和学界关注的重要领域。[④] 循证决策强调最佳证据在政策制定与执行中的运用，致力于帮助决策者作出更好的决策，因此聚焦证据、证据类型及最佳证据的获得。[⑤] 证据作为信息、知识的一种类型，循证决策理论在作出界定时，强调证据的科学、

[①] 也译"基于证据的决策"、"基于证据的政策制定"等。

[②] 〔美〕詹姆斯·G.马奇：《决策是如何产生的》，王元歌、章爱民译，机械工业出版社2014年版，第6章。

[③] 〔美〕史蒂文·凯尔曼：《制定公共政策》，商正译，商务印书馆1990年版，第9、10、11章。

[④] 周志忍、李乐：《循证决策：国际实践、理论渊源与学术定位》，载《中国行政管理》，2013年第12期。

[⑤] Andrew Wyatt, "Evidence-based Policy Making: The View From A Center", *Public Policy and Administration*, 2002(3)。王哲：《循证决策：当代公共政策制定的新原则》，中山大学硕士学位论文，2009年。

专业、正式等属性，因此被认为是"理性主义决策原则的回归"①。上述三种立场中，若以知识途径来审视，循证决策理论与本文最为接近。②但该理论对知识（证据）的理解并不完整，对于隐性、非正式等类型的知识关注不够。而本文将基于"知识"的完整理解，倡导并寻求一条更清晰更夯实的路径，用于阐释优质公共政策的制定过程。

本文批判性地吸收了涉及知识问题的决策理论与政策制定理论，用于阐明主张，即"不完备知识公共政策制定过程理论"。借鉴的理论主要包括：管理学、经济学等贡献的完全理性与有限理性决策理论，聚焦于知识分配与运用的政策制定理论，以及涉及知识议题但分散的政策过程观点。③如理性与有限理性决策理论，处理了决策者所面对的知识问题，但不涉及多决策者情景，故无法直接适用于公共政策制定过程；公共政策制定中现有的知识理论，尚未明确以不完备知识为基础。另外，本文也从中国政策制定研究领域聚焦于政策过程④、政策共识⑤，尤其是

---

① 郭巍青：《政策制定的方法论：理性主义与反理性主义》，载《中山大学学报》，2003年第2期。

② 在英国，循证决策的起源之一是循证医学。经由医学研究通道，国内循证医学颇为繁荣。国内科技、教育政策研究领域，关注循证决策的文章逐年增加。

③ 笔者目前尚未充分吸收循证决策理论。

④ 胡伟：《政府过程》，浙江人民出版社1998年版；王信贤：《谁统治？论中国的政策制定过程：以〈反垄断法〉为例》，载《中国大陆研究》，2010年第1期；朱亚鹏：《公共政策过程研究：理论与实践》，中央编译出版社2013年版；徐家良：《公共政策制定过程：利益综合与路径选择——全国妇联在〈婚姻法〉修改中的影响力》，载《北京大学学报》，2004年第4期。

⑤ 周超、易洪涛：《政策论证中的共识构建：实践逻辑与方法论工具》，载《武汉大学学报》，2007年第6期；陈玲、赵静、薛澜：《择优还是折衷？——转型期中国政策过程的一个解释框架和共识决策模型》，载《管理世界》，2010年第8期；王绍光、樊鹏：《中国式共识型决策："开门"与"磨合"》，中国人民大学出版社2013年版；马长山：《公共政策合法性供给机制与走向——以医改进程为中心的考察》，载《法学研究》，2012年第2期；李瑞昌：《共识生产：公共治理中的知识民主》，载《学术月刊》，2010年第5期；肖棣文、姜逾婧、朱亚鹏：《如何形成政策共识：社会政策立法过程中的协商政治》，载《政治学研究》，2016年第3期；颜学勇、周美多：《基于共识的治理：后现代情境下政策共识的可能性及其限度》，载《电子科技大学学报》，2011年第4期。

知识视角①的文献中吸取了养分。本文第二节将集中对上述观点加以详述，以说明发展基于不完备知识假设的公共政策制定理论的必要性。

本文的基本立场，还涉及对公共政策、政治等概念的不同理解。本文从知识视角出发，关于公共政策的基本观点是，公共政策要解决的是政治共同体的"集体困惑"。这一主张，与把政治与公共政策视为维护统治以实现统治集团利益的观点以及视民主政体、决策体制满足公民偏好的观点②有所不同；这一主张强调政策制定、政治体制解决问题的功能。这一主张沿袭了政治是关于社会公共事务管理的那种理解。"政治是在共同体中并为共同体的利益而作出决策和将其付诸实施的活动。……政治可以被简要定义为一群在观点或利益方面本来很不一致的人们作出集体决策的过程，这些决策一般被认为对这个群体具有约束力，并作为公共政策加以实施。"③ 因此，政治活动面对的一些问题、公共政策所要解决的问题，是共同体的"集体困惑"，客观原因在于人类的知识不完备。正如赫克洛（Hugh Heclo）所说，政治不仅从权力而且从不确定（人们集体性地对如何行动感到茫然）中找到它自身的来源……政府不仅"行使权力"（power）……而且困惑（puzzle）。政策制定是以社会名义表现出来的一种集体困惑的形式……许多政治互动形成了通过政策表达出来的社会学习过

---

① 鄢一龙：《目标治理：看得见的五年规划之手》，中国人民大学出版社2013年版；鄢一龙、吕捷、胡鞍钢：《整体知识与公共事务治理：理解市场经济条件下的五年规划》，载《管理世界》，2014年第12期；杨立华：《知识困境及其解决方式：以环境治理为例的博弈模型构建》，载《中国行政管理》，2010年第10期；刘建军：《中国现代政治的成长——一项对政治知识基础的研究》，天津人民出版社2003年版；张树平：《从知识结构建构政治共识》，载《学习与探索》，2012年第9期；苗永泉：《现代民主制度所内含的三种知识利用机制》，载《山东师范大学学报》，2016年第3期；王庆华、张海柱：《决策科学化与公众参与：冲突与调和——知识视角的公共决策观念反思与重构》，载《吉林大学社会科学学报》，2013年第3期；朱旭峰：《中国社会政策变迁中的专家参与模式研究》，载《社会学研究》，2011年第2期。

② 〔美〕布赖恩·琼斯：《再思民主政治中的决策制定：注意力、选择和公共政策》，李丹阳译，北京大学出版社2010年版，第15—17页。

③ 〔美〕米勒、波格丹诺：《布莱克维尔政治学百科全书》（修订版），邓正来等译，中国政法大学出版2002年版，第629—631页。

程。① 这也是本文对公共政策持有的基本观点。而且，正如琼斯所言，"问题解决模型同时强调个人和治理机构对信息的处理"②，所以，解决问题与追寻优质公共政策、优化政策制定程序构成逻辑上递进的一组问题。

决策理论的发展，如果以知识不完备为假设来描述、解释公共政策制定过程，就有可能建立在新的起点上。对于长期忽视知识问题的公共政策学、政治学等来说，本文主张把"知识"带回来，提供了一个重新发现政策过程与政治活动中存在并使用各种知识的机会；对于多年以来回避优质公共政策生产过程的研究而言，本文试图通过发展知识途径的政策制定理论予以回应。

二、把"知识"带回来：不完备知识公共政策制定理论的路径

本节主要说明发展基于不完备知识假设的公共政策制定理论的必要性。概括地说，主要原因在于：基于知识不完备假设的决策理论有进展，但未能很好地回应多个行动者参与（如公共政策制定过程）的决策问题；而公共政策制定领域的主流理论，以满足偏好或行动者利益最大化为前提，未能很好地刻画该过程，其知识理论也不完善。政策制定研究的知识途径，需要沟通与融合管理学、经济学与政治学、公共管理学等的决策理论。

（一）决策理论的基本假设与类型

如果仔细审视，我们会发现，所有的决策理论均以关于决策者的行为假设为基石；决策理论之间的不同，最后可归结为基本假设的区别。现代决策理论的鼻祖是完全信息或理性选择理论，其基本假设是"理性人"或"经济人"。这一假设至少包含两重含义：完全信息或完备知识③、自身利

---

① Hugh Heclo, *Social Policy in Britain and Sweden*, New Haven: Yale University Press, 1974.
② 〔美〕布赖恩·琼斯：《再思民主政治中的决策制定：注意力、选择和公共政策》，李丹阳译，北京大学出版社2010年版，第17页。
③ 很多文献区分了信息与知识，如柯武刚、史漫飞认为，信息指一项可以言传、人人都能学的知识；后者则侧重于知识在个人头脑中的储存状态，认为知识由被保留在人脑中的符号和关系构成。本文对这两个概念不作严格区分。

益最大化。决策理论成长史，可视为修正或放弃两个基本假设的历史。图1 说明放弃两个假设的理论上的三种类型，即 B、C、D。

		信息或知识	
		完备知识	不完备知识
行为动机	自利	A	C
	非纯粹自利	B	D

图1 行为假设与决策理论类型

经济学中的新制度经济学流派，因为突破了"经济人"假设，所以其决策观点较之于古典经济学，更加符合现实。它认为：其一，"经济人"即"完备知识"不存在，"我们对制度经济学的分析并不以'完备知识'假设为基础，而是将知识的不足——无知——作为人类存在的必要组成部分。这一点不可能被排除掉，因为它是构造性的"[①]。其二，人类行为的动机机制除了自我利益，还包括爱、命令；人的行为，除了自利行为，还可能有利他行为、机会主义行为。[②] 显然，新制度经济学同时放弃了完全信息、自身利益最大化这两个经济学的传统假设，其决策观点属于 D 型。正是由于其关于人的行为的假设更接近实际，所以新制度经济学被誉为"真实世界的经济学"。尽管新制度经济学关于决策的各种见解值得决策理论吸收，但它并不以发展决策理论为使命，所以缺乏完善的决策理论。

（二）管理学决策研究：多决策者理论发展不足

作为管理学的重要内容，其决策理论有长足发展，既有修正了完全信息假设发展而来的各种有限理性决策理论（C），也有修正了决策者行为假设发展而来的决策理论（B），如基于规则的决策理论；而且，二者都有可能放弃另一个假设而趋近于以不完备知识与非自利动机的决策理论，即更真实的决策理论（D）。不过，管理学的决策研究，通常只处理单一或数量

---

① 〔德〕柯武刚、史漫飞：《制度经济学——社会秩序与公共政策》，韩朝华译，商务印书馆 2000 年版，第 61 页。

② 参阅〔德〕柯武刚、史漫飞：《制度经济学——社会秩序与公共政策》，韩朝华译，商务印书馆 2000 年版，第 70—77 页。

较少的决策者情景，并没有发展出包含数量众多的参与者或决策者的决策理论。当决策过程中存在多个参与者、决策者时，而所有人均具有不完备知识特点，会面临何种问题？——这是公共政策制定过程的真实情况，但管理学决策理论能提供的帮助有限。接下来两段，将详述这一观点。

修正了"完全信息"假设的，大多可归为有限理性决策理论阵营。有限理性决策理论，以市场决策为经验，处理了个人决策时面对信息、知识不完全的情况。如马奇分析了信息约束条件，阐述了"运用各种各样信息和决策策略来应对在信息和信息处理方面所受到的约束"① ——通过编辑、分解、启发法、框架等简化过程，创造了一些方法（如数字）去监控和理解现实的复杂性，且论证了"满意化"的决策规则。另外，琼斯（Brian Jones）等通过引入认知上的"注意力及其分配"问题，为回应"自利"假设并将其纳入知识视角下开辟了道路——在注意力理论看来，偏好长期处于稳定状态，是注意力导致行动主体间的偏好差别。② 不过，有限理性决策理论主要聚焦于私人或市场决策，在处理多个行动者的决策情景时，或者转化为团队与合伙问题即行动者偏好一致（相当于单一决策者），或者把行动者之间的冲突视为利益冲突、权力斗争问题。③ 基于有限理性即知识不完备假设的多重行动者分歧问题，逻辑上可以理解为知识差异、知识分歧问题。但有限理性决策理论实质上背弃了其前提，不讨论知识差异，反而回到利益视角。因此，有限理性决策理论还不完善。

基于规则的决策理论，研究路径中放弃了自利假设。这一路径主张，"行动通过遵循与身份一致的规则而与情境相符合。……决策是由于遵循规则和实现身份而产生的"，属于"适当性逻辑"。④ 在马奇看来，适当性

---

① 〔美〕詹姆斯·G.马奇：《决策是如何产生的》，王元歌、章爱民译，机械工业出版社2014年版，第9页。

② 〔美〕布赖恩·琼斯：《再思民主政治中的决策制定：注意力、选择和公共政策》，李丹阳译，北京大学出版社2010年版，第5页。

③ 参阅〔美〕詹姆斯·G.马奇：《决策是如何产生的》，王元歌、章爱民译，机械工业出版社2014年版，第3、4章。

④ 〔美〕詹姆斯·G.马奇：《决策是如何产生的》，王元歌、章爱民译，机械工业出版社2014年版，第44页。

逻辑与后果的逻辑（完全理性、有限理性决策理论）都属于推理逻辑。正如后果的逻辑鼓励思考、讨论和个人对偏好和期望的判断一样，适当性逻辑也鼓励思考、讨论和个人对情境、身份和规则的判断。两个过程都使个人承诺与社会妥当性之间产生了相互作用。两者的区别在于它们对个体和组织能力的要求不同。后果的逻辑更加强调个体和组织预期未来和形成有效偏好的能力，而适当性逻辑则更强调个体和组织学习过去和形成有效身份的能力。① 有趣的是，马奇发现，双方都认为对方的观点是己方观点的特殊情况。② 首先，本文赞同马奇的立场，即两者都不具有解释真相的绝对权力。按照马奇的观点，如果文化和社会背景中（例如，许多当代经济学、心理学和政治学）支持相因而生的选择和追求偏好的人居多，就需要注意适当性逻辑、身份和规则；如果文化和社会背景中（如许多当代的社会学和人类学）拥护角色、规则和制度的人居多，就需要注意后果的逻辑、偏好和计算。其次，笔者认为，基于规则的决策理论，即适当性逻辑，与理性与有限理性决策理论的区别关键在于：对行动者的假设，即在行动者与制度（能动与结构）的关系上取何种分析路径。理性与有限理性决策理论对行动者的假设，是孤立主义的个人主义③；严格的适当性逻辑，对行动者的假定是一定规则约束下的决策者，具有某种程度的制度决定论色彩。制度、规则对人的约束，促使行动者判断情境、身份、规则，然后行事，本质上是对自利假设的放弃，认为行动者是生活于社会联系中并受制度约束的个人。这一理论的起点是认为行为由规则决定，如果放弃完全信息假设，那么就会趋近于真实决策情景。不过，与前文已述有限理性决策理论类似，囿于管理学决策理论仅仅关注单一或少数决策者的特点，这一理论对多决策者理论贡献有限。

---

① 〔美〕詹姆斯·G.马奇：《决策是如何产生的》，王元歌、章爱民译，机械工业出版社2014年版，第76—77页。

② 〔美〕詹姆斯·G.马奇：《决策是如何产生的》，王元歌、章爱民译，机械工业出版社2014年版，第77页。

③ 孤立主义的个人主义，在分析行为时，不把行动者置于相互交往、社会联系中。参阅〔德〕柯武刚、史漫飞：《制度经济学——社会秩序与公共政策》，韩朝华译，商务印书馆2000年版，第70—71页。

(三) 公共政策制定研究：不完备知识决策理论不完善

研究政治选择或政府决策的政治学、公共管理学，发展出来的公共政策制定理论，主流理论是偏好满足或以行动者利益最大化为诉求的模型，而已有关注知识问题的研究尚未发展出完善的以不完备知识为假设的理论。这一现状表明，基于知识视角的公共政策制定研究途径，有必要成为下一个研究议程。

公共政策制定中的偏好满足模型，主要是一些结构途径的理论，如立足于政治系统论的政府过程、政策阶段论等[1]，有时也叫政策制定的民粹主义模型（the populist model）。其基本分析理路是政治体系如何回应公民的利益或偏好，关注点则是大众偏好如何影响公共政策的发展。[2] 政策制定中更流行的是行动途径的理论，如多元主义模型、精英竞争模型、官僚组织竞争模型等，它们大多以行动者利益最大化为基本假设。这些理论适当地回应了政策制定过程中存在多个参与者、决策者的现实，如政治领导人或精英、机构或官僚组织、政党与利益集团等。这些决策理论通常对决策者、参与者的动机持自身利益最大化假设，官僚机构竞争、利益集团博弈理论在强调行动者自利动机方面尤其明显。由此，政策过程中的政策分歧被视为利益冲突，政策共识则需要通过讨价还价、妥协、让步等方式达成。也许，利益视角揭示了公共政策研究者在处理"行动者众多与行为动机多样"问题上的难处：与其将众多行动者简化为单一行动者，不如将多样行为动机简化为简单动机，因为前一种简化更加脱离公共政策制定过程的实际情况。的确，将行为动机简化为经济利益，决策理论看起来清晰、合理了，却导致了对实际决策活动的扭曲理解。凯尔曼曾经指出，古典经济学家在个人利益支配市场时所见到的良好后果，而作为经济学分支、将行动者视为追求利益最大化的公共选择理论的主张却是"个人利益在政策

---

[1] Michael Howlett and M.Ramesh, *Studying Public Policy: Policy Cycle and Policy Subsystems* (Second edition), Oxford University Press Canada, 2003, pp.9-14.

[2] 〔美〕布赖恩·琼斯：《再思民主政治中的决策制定：注意力、选择和公共政策》，李丹阳译，北京大学出版社2010年版，第1—15页。

制定中的作用产生了不良后果",这"十分有趣"①——私利在市场中导致公益,在政治中导致公共利益失败。而且,强调政治选择过程受个人利益支配的理论,可能产生不良政治后果:政治活动的参与者之间彼此指责"自私自利",互信程度下降,陷入"皮格马利翁效应"——"我们期望人们怎么做,他们就怎么做……我们如以私利为设计机构的先决条件,可能会加重我们的私心。"② 公共政策制定理论的进一步发展,必须打破偏好满足模型尤其是行动者追求利益最大化模型的桎梏。③ 挑战将是,在无法对行动者数量进行简化时,如何更好地处理行动者的行为假设问题?

公共政策制定中关注知识问题的研究,已经有重要进展,但尚未形成以不完备知识为基础的统一理论。(1) 以"政策过程中的政策知识分配与使用"为主题的研究,对知识的类型、领域等进行了探讨,并与参与者连接起来,刻画了知识分布与运用模式图,而且在目标上与本文接近,即强调通过知识运用以改进公共政策、提升决策品质。④ 不过,这一取向对知识的理解并不完整,故其隐含的不完备知识假设本身并不完备。在笔者看来,把知识类型与参与者连接后,有必要讨论知识差异、知识问题等,但这一取向基本未涉及。(2) 强调政府知识、专家知识、民众知识等参与到制定过程必要性和可行性的文献,各自强调了一些观点,但同样未形成更完善的理论。如周超等正确地指出,"增加政策过程中利益相关者和公民参与者的数量,其目的是为政策制定提供相关信息,通过透明的政策论证和协商过程提高政策的可行性和合法性,并为政策的顺利执行在各利益相

---

① 〔美〕史蒂文·凯尔曼:《制定公共政策》,商正译,商务印书馆1990年版,第204页。

② 〔美〕史蒂文·凯尔曼:《制定公共政策》,商正译,商务印书馆1990年版,第189页。

③ 公共政策制定中,另外还有依循马奇所言"基于规则的决策理论"的研究,如结合行动者与制度视角的文献,也有从政策制定实际案例中发展出来的观点(实际隐含着非自利、不完备知识的假设)。不过,限于篇幅,本文未予详述。

④ David J. Webber, "The Distribution and Use of Policy Knowledge in the Policy Process", *Knowledge and Policy: The International Journal of Knowledge Transfer and Utilization*, Winter 1991-1992, Vol.4, No.4, 6-35. 翁兴利:《公共政策:知识应用与政策制订》,台北商鼎文化出版社,1999年第2版。介绍并运用Webber观点的还有李瑞昌:《风险、知识与公共决策》,天津人民出版社2006年版,第249—252页。

关者之间奠定共识的基础"①。由此，在解决政策论证过程中共识构建这个难题时，他们建议，通过探讨实践逻辑在政策论证过程中的应用，分析专家在促成共识方面的辅助作用并阐释实现共识的方法论工具，以探索公民参与中的共识形成机制。但这个观点在突出利益相关者与公民的信息与知识的同时，对其他行动者的信息与知识有所轻视。王锡锌则明确提出重构决策体制的知识论视角，即：要在认识大众、专家、政府各自知识的优势和劣势基础上，突破现有的"知识—权力"垄断性结构，走向"协商民主模式"的公共政策体制。② 这个观点接近于不完备知识政策制定理论，但知识不完备等问题仍旧付诸阙如。

（四）"不完备知识"公共政策制定理论的路径

综上所述，已有管理学与政治学的决策理论，在发展决策理论、公共政策制定理论的同时，也带来一个悬而未决的问题：基于知识不完备的公共政策制定理论。管理学的知识不完备理论未能解决多个参与者、决策者问题，无法运用于公共政策制定这一多个参与者的情景；政治学现有的知识途径的政策制定理论也不完整。所以，所谓把"知识"带回来，即立足于"知识不完备"假设发展公共政策制定理论。知识视角公共政策制定理论，面临的一个基本挑战是处理好不完备知识假设后的行动者动机假设问题。不过，如前文所述，"注意力"概念引入决策理论后，正如琼斯等已经尝试的那样，在假定偏好（各种动机）稳定的基础上，将偏好差异视为注意力差别。

图 2 扼要展示了决策理论的两种基本路径：知识视角与利益视角，意在说明本文所持立场。两种路径源于行为假设的两个维度，一个是知识维度，完备知识或不完备知识；另一个是动机维度，即自身利益最大

---

① 周超、易洪涛：《政策论证中的共识构建：实践逻辑与方法论工具》，载《武汉大学学报》，2007 年第 6 期。

② 王锡锌、章永乐：《专家、大众与知识的运用——行政规则制定过程的一个分析框架》，载《中国社会科学》，2003 年第 3 期。王锡锌：《公共决策中的大众、专家与政府：以中国价格决策听证制度为个案的研究视角》，载《中外法学》，2006 年第 4 期。

化或其他动机。依后一种路径，行动者的动机大多被视为满足偏好、实现自身利益最大化，公共政策主要被视为资源或利益分配，由此政策分歧的实质是行动者间的利益冲突，政策共识的达成，往往依靠投票，并遵循多数人占优的结果，如果要求共识基于更多人同意或一致同意，决策过程也依赖讨价还价、妥协甚至强权、威胁等。当然，文献中阐述任一公共政策制定过程的经验研究，都要比这个过程丰满得多，更接近其真实过程。不过，正如前文所述，由于行为假设的简单化处理，理论上所揭示的过程扭曲了真实过程，从而距离真实过程仍较为遥远。更重要的是：这一理论所界定的政策共识，即基于利益平衡、通过各种手段达成的政策共识，是否是优质公共政策，还需要进一步验证；这一理论提出的改进公共政策制定过程的建议，更有可能使政策过程继续背离通往优质公共政策的正途。

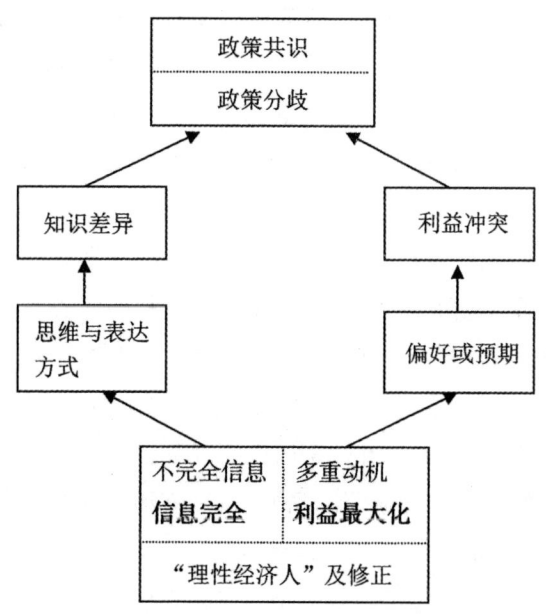

图2　决策理论的两种基本路径

基于知识不完备假设研究公共政策制定，打算遵循另一种路径。行为者被视为知识不完备，而不同行动者由于思维方式表达方式的不同，导致对公共政策过程中涉及问题的认知差异，即"知识差异"。由此，政策分歧被认为源于知识差异。政策共识的形成，主要依赖沟通、交流，其间有宣告、说服、辩论等，最后产出的政策被认为是参与者可接受的方案。这一路径的细节问题，下节将逐一讨论。这一探索的价值在于：基于不完备知识、知识差异，只有通过必要而充分的沟通、交流等形成的政策共识，才更有可能接近"好结果"，即优质公共政策；这一理论提出的改进公共政策制定过程的建议，主要致力于发现并使用与公共问题解决相关的各种知识，所以，改进的政策过程更有可能趋向于产生优质公共政策。

需要说明的是，基于任何假设的理论，都是对现实的简化，本文也不例外。"在建立一种关于复杂现实的理论时，必须作出一些公认的简化假设——恰如一副地图，标示出关于现实的简化图形，并省略许多杂乱无章的细节。但是，在制作这些模型的过程中不允许抽掉构造性准则，如舍弃诸如解释稀缺性和经济现象的知识不足那样的要素。因为，省略构造性准则将导致无意义的模型。"[①] 本文同样基于不完备知识假设。在某些时候，为了简化，理论也许看起来像某种决定论。本文只是知识视角，而不是基于知识的决定论。

三、知识差异：重新定义政策分歧、政策共识与政策过程

图 2 所示知识路径，以知识不完备为前提，接下来要重点讨论的是知识差异。因为在知识视角下，知识差异是政策分歧的实质。这与将政策分歧视为利益冲突的观点相异。而且，知识差异对决策过程及体制解决"知识问题"的能力提出挑战。所谓"知识差异"，指政策过程参与者所具有知识的类型、特点、属性等，在政策诸方面（如：是否构成公共问题、问题界定、解决方案等）存在的不同。根据这一立场，可以重新定义政策分歧、共识以及政策制定过程。

先说明两点：其一，鉴于"知识"定义、类型的复杂性，本节采取结合政策参与者与知识属性二者阐述知识差异等的分析思路，以尽量简化。

[①] 〔德〕柯武刚、史漫飞：《制度经济学——社会秩序与公共政策》，韩朝华译，商务印书馆 2000 年版，第 51—52 页。

这也是讨论政策过程中知识问题的常见方法。① 其二，政策制定中的"知识不完备"，主要包括两种情形：（1）问题的复杂性、棘手程度导致解决问题所需要的知识，超出了当时知识的范围；（2）解决问题的知识已存在，但由于知识分散、隐蔽等原因，未被搜寻到，所以无法加以利用。问题解决过程中，第一种情形对发明、发现等能力提出要求，第二种情形对信息检索、协调等能力提出要求。② 在面对公共问题或集体困惑时，两种情况都可能存在。如果面对前一种情况，我们只好无可奈何，但一般很难容忍后一种情况。公共政策制定过程的复杂性导致现实往往是后一种情况，即未能对既有知识加以充分运用。立足于此类知识不完备，改进决策过程的目的就是更充分地捕捉、利用已有知识，提升公共政策品质。不过，促进发现新知识以解决公共问题的能力，也非常重要，所以本文同时关注两种知识不完备。

（一）政策过程中的参与者、知识类型与知识差异

为便于简化，本文对政策过程中的参与者主要采取基于归纳法的列举，主要指政治家、政府机构（包括行政机关或官僚部门、立法部门等）、政党、利益集团、民众、专家等。后文讨论时，将根据需要增加其他主体，或者使用涉及参与者间关系的概念，如政策子系统、倡导联盟、"铁三角"等。

本文倡导的知识视角，主张全面、完整地理解"知识"，以提醒人们关注各种各样的知识，尤其是它们在政策过程中的运用。本文吸收了迄今为止关于知识的多种典型分类方法，尝试从基本类型、问题解决过程、社会分工三个层面加以说明。在了解知识的各种类型后，对知识"差异"的理解，就不再是个难题。后文将列表扼要说明政策参与者的知识差异。

---

① David J. Webber,"The Distribution and Use of Policy Knowledge in the Policy Process", *Knowledge and Policy*: *The International Journal of Knowledge Transfer and Utilization*, Winter 1991-1992, Vol.4, No.4, 6-35.

② 〔德〕柯武刚、史漫飞：《制度经济学——社会秩序与公共政策》，韩朝华译，商务印书馆 2000 年版，第 52—54 页。

1. 知识的基本类型及其差异

知识是社会科学基础理论的主题之一。此前,不同学科在研究知识时,贡献了五个基本分类标准。限于篇幅,本文仅作扼要介绍。知识的分类标准与基本类型是:(1)对知识的探求应该与价值有涉,还是价值中立?——理论告诉我们应该怎样还是事实怎样?这可以区分为评价性知识、非评价性知识。(2)理论应该适应真实的经验事实和过程呢,还是非经验现实?——知识可区分为经验知识、非经验知识。(3)知识是用于解决物理环境问题,还是解决人文环境问题?——知识可分为自然知识与社会性知识。(4)知识易于通过语言等符号传达,还是难以传达?——依这个标准区分为显性知识(explicit knowledge)、隐性知识(或默会知识,tacit knowledge)。(5)根据表征,知识被区分为"知道是何"(Knowing That)、"知道如何"(Knowing How)。

第一、二种分类,由社会学家帕森斯(Talcott Parsons)提出。① 这种分类标准,把科学、宗教、数学、意识形态等均作为知识,并进行区分。如,特纳作了说明:如果只告诉我们在经验世界中应当存在什么(同时也意味着,什么不应当发生),那就是意识形态;如果只告诉我们应当是什么而不对应于可观察的事件,那就是宗教,或者是另一世界的力量或生灵;如果是既非经验性的、也非价值判断的,那就是规范的逻辑体系,如数学;如果是关于经验性事件的,并且是非价值判断的,那就是科学。实际上,"人们有不同的方式来观察、解释和发展有关世界的知识"。②

第三种分类,沿袭了诺斯(Douglass C.North)的理论。他认为,理解人类经济变迁的三个因素之一即人类的知识存量,而人类知识存量包括两种,即解决物理环境问题的知识与解决人文环境问题的知识;诺斯认为,尤其重要的是,随着人类经济活动向非人格化交换的发展,一个社会"从解决物理环境问题而建立的信念体系转换到解决人文环境问题的信念体系

---

① 转引〔美〕自乔纳森·H.特纳:《社会学理论的结构》(第7版),邱泽奇、张茂元等译,华夏出版社2006年版,第2页注释1。

② 〔美〕乔纳森·H.特纳:《社会学理论的结构》(第7版),邱泽奇、张茂元等译,华夏出版社2006年版,第2—5页。

是很困难的",但这个转换至关重要。①

第四种分类,即显性知识与隐性知识,由波兰尼(Michael Polanyi)提出,②并成为哈耶(Hayek)克"构造性无知"③的基础概念之一。在波兰尼看来,人类知识有两种,通常被描述为知识的,即以书面文字、图表和数学公式加以表述的,只是一种类型的知识;而未被表述的知识,我们在做某事的行动中所拥有的知识,是另一种知识。前者即显性知识,后者即隐性知识。隐性知识在经济学、管理学以及管理科学传统的公共管理等学科得到重点关注。遗憾的是,传统公共政策学、政治学对隐性知识关注不够。

第五种分类,由赖尔(Gilbert Ryle)在《心的概念》④中提出,他认为,"知道如何"是一种倾向或能力,而"知道什么"则是一种命题或事实知识,分别可称为程序性知识、陈述性知识、实践知识、理论知识等。经济学等早已借鉴这一分类讨论相关问题⑤,政治学相关研究还不多见⑥。

上述知识的基本区分标准并未穷尽关于知识的类型。各种知识的属性、特点等,为理解知识差异提供了条件。

2. 问题解决中知识的类型及其差异

在面对和解决问题时,人类的认知和思维方式存在各种类型。这些特点,既然体现于个人决策中,当然也体现在公共决策中。

其一,"框架"及其差异。"框架",即"在对需要解决的问题、必须

---

① Douglass C. North, *Understanding the Process of Economic Change*, Princeton University Press, 2005, p.1, p.76.

② 〔英〕迈克尔·波兰尼:《个人知识——迈向后批判哲学》,许泽民译,贵州人民出版社2000年版。

③ 〔英〕弗里德利希·冯·哈耶克:《自由秩序原理》,邓正来译,生活·读书·新知三联书店1997年版,第19—25页。

④ 〔英〕吉尔伯特·赖尔:《心的概念》,徐大建译,商务印书馆1992年版。

⑤ C.曼特扎维诺斯、C.诺斯、S.沙里克:《学习、制度与经济绩效》,载《经济社会体制比较》,2005年第3期;C.曼特扎维诺斯:《个人、制度与市场》,梁海音、陈雄华、帅中明译,长春出版社2009年版,第24—27页。

⑥ 房宁等学者近年来倡导政治学研究关注此类知识。房宁:《构建国家治理的政治学基础:Knowledge or know-how》,载《中国社会科学报》,2015年8月26日,第7版。

搜集的信息以及评价标准进行定义时所遵循的理念"。① 马奇总结了个体在决策时应对信息与信息处理的策略,包括编辑、分解、启发法、框架等,这些策略均是对所面对问题的简化。认知科学的新成果认为,"大脑是以模式为基础进行推理的,这种推理过程对于解释不确定的世界中的选择行为是不可缺少的……模式认知(pattern recognition)而不是抽象的逻辑推理是人类神经网络运转的最基础的方式"②。故可以认为,框架化是核心策略。框架化时,存在以下可能性:(1)根据所考虑因素在时间和空间上的特征,有时是狭义地为问题设定框架,即从时间和空间上邻近的因素加以考虑,有时广义地设定框架。(2)根据框架的来源,包括:自身的经验和知识,特别是近期使用过的框架更容易被唤起;顾问或朋友的建议;模仿他人。③(3)框架是行动者在社会化中习得的,与一个社会的文化遗产、制度与教育结构等相关。尽管相似的文化、教育等导致框架的相似性,但因个人经验、知识等原因并不意味着同一性,何况,人与人之间文化背景、教育经历等常常不相同。

其二,方案设计时遵循的思维方式及其差异:目的—手段、适应性、"企业家"式思维方式。遇到一个打算去解决的问题时,目的—手段方式,指的是:目的和实现目的的手段是已知的,人们运用可用资源和技能去最充分地实现目标;适应性,指:与追求绝对目标不同,人们逐步地发现什么是他们能够争取的,并以一种适应性方式来合理地驾驭其实现目标的努力;企业家式指打破某种限制以创新性的方式行动。④ 这三种情况在任何行动者身上都可能存在,关键看何种问题和情境。但面对同一个问题时,不同人的思维方式不同。另外,企业家式,把风险规避这一认知问题纳入

---

① 〔美〕詹姆斯·G.马奇:《决策是如何产生的》,王元歌、章爱民译,机械工业出版社2014年版,第11页。

② Douglass C. North, *Understanding the Process of Economic Change*, Princeton University Press, 2005, p.26.

③ 〔美〕詹姆斯·G.马奇:《决策是如何产生的》,王元歌、章爱民译,机械工业出版社2014年版,第11—12页。

④ 〔德〕柯武刚、史漫飞:《制度经济学——社会秩序与公共政策》,韩朝华译,商务印书馆2000年版,第66—70页。

其间。因为,采取这种方式意味着当时不惧风险。

其三,对新知识的敏感度或学习能力强弱。学习理论认为,人类面对环境既可能敏感化,也可能习惯化。前者是使机体对其环境的某些方面更易作出反应的过程,后者是一种使机体变得对环境不敏感的过程。① 由此可知:(1)决策者在遇到新知识的时候,有可能因对其敏感而关注、了解、学习,也可能因对其不敏感而忽视。(2)学习一旦发生,获得的新信息或知识,对决策者意义重大。因为,信息和知识具有建构和设定作用,即重新框架化,可以促使一个人从一个不同的角度来理解,最终发生选择倒转。②

3. 社会分工带来的知识分化及其差异

某个时刻,一个社会的全部知识,在空间上必然呈分散分布状态。知识分散分布的主要原因是分工与专门化,主要机制是注意力及由此导致的信息连续处理机制、信息存储与检索机制等。

知识分化,一方面产生"偏见"问题,即知识持有者"自以为是",而且往往选择性地使用信息与知识。包括以下几种情况。(1)生产、服务等行业或职业分化,形成各行各业的知识。(2)个体性知识与机构性知识——知识除存在于个体身上以外,还存在于机构:人类建立了各种正式非正式的团体、机构,知识在团体、机构中积累。机构性知识往往体现了某种注意力集中后连续处理问题的能力,如:成功的飞机制造公司拥有制造飞机的各种知识,同样的,政府可视为"治国理政"知识的集聚地。(3)学科化知识:专事知识生产的知识共同体建立起来后,以理论知识为诉求,研究问题时的"框架"、思维方法(常常是"目的—手段")等形成特性,与非学科化知识区别开来;另外,学科间知识,显然也不相同。分化、偏见,导致行动者之间分歧。如,马奇以学科知识为例分析说,当经济学与社会学家存在分歧时,"……偏见并非是由于作为一个团体的美

---

① 〔美〕B.R.赫根汉、马修·H. 奥尔森:《学习理论导论》(第七版),郭本禹等译,上海教育出版社 2010 年版,第 4 页。

② 〔美〕布赖恩·琼斯:《再思民主政治中的决策制定:注意力、选择和公共政策》,李丹阳译,北京大学出版社 2010 年版,第 4 页。

国经济学家和作为另一个团体的美国社会学家具有截然不同的政党偏好而产生的。偏见是由于经济和社会这两个知识领域的本质以及它们组织的方式、考虑的因素、对人类的假设、提出的问题和解决问题的方式不同而产生的。……这些差异并不是专业化的标准差异。与其说经济学和社会学看待的是不同事物,还不如说它们对同一事物的看法不一样"[1]。

知识分化,另一方面产生知识不对称或代理问题。在需要合作的一些社会关系中,分工、专门化等导致拥有私人信息的代理方与委托人之间的信息与知识不对称。知识不对称不仅广泛发生在顾客与商家等各种市场交易中,而且普遍存在于上下级、股东与职业经理人、民众与政府等管理或政治关系中。代理人具有的私人信息、知识对委托人有利,因此,委托人通常需要支付代理成本才能促使代理人释放私人信息,并且还需要预防虚假信息。代理问题还有可能陷入某种恶性循环:"决策者对自己缺乏单纯信息这一弱点很敏感,并且对于是否信赖策略上可操纵的证据非常谨慎。大家都知道,销售代表具有夸大自己产品质量的动机。……每个人都知道这样的事情,因此在评价证据时都会进行调整。但是,由于每个人都知道大家同样知道这样的事,所以销售代表、管理人员和员工等陷入了有可能一轮又一轮的偏见和反偏见的循环之中。"[2]

在介绍和分析知识的部分类型之后,如果把政策主要参与者与知识类型结合起来分析,可以想象一幅"知识差异"的图景了。表1扼要地列举了公共政策制定过程中主要参与者的知识类型与特点,有些特点是实然的,有些则带有规范意涵。如,本文所谓"政治家",具有熊彼特意义上的"企业家"特质——国家常常需要打破常规的、高瞻远瞩、远见卓识的领导人,历史上也屡屡出现具有类似特质的政治家;从知识视角看,促使政治家思考国家与民族整体与长远利益的责任感、使命感常常源于其所忠实和虔诚的信仰、价值观、意识形态等。政府机构,对其管辖范围内的事

---

[1] 〔美〕詹姆斯·G.马奇:《决策是如何产生的》,王元歌、章爱民译,机械工业出版社2014年版,第198—199页。

[2] 〔美〕詹姆斯·G.马奇:《决策是如何产生的》,王元歌、章爱民译,机械工业出版社2014年版,第197页。

项，往往具有系统的机构性知识，[①] 行政机关一般对如何实施政策（know how）富有经验。长期执政的政党所具有的知识，与政府机构接近；轮流执政的政党，通常在选择意识形态立场的基础上，形成一整套政策主张。利益集团大多是行业协会或职业联盟组织，因此，具有行业或职业等领域的系统化知识。专家知识，是学科化程度最高的，常常采取目的—手段方式提供政策建议、知识。民众的知识，除了极度分散的特点外，往往富有隐性知识、实践知识，也经常利用评价性知识。由此可见，所谓"知识差异"，可以理解为政策过程参与者所具有知识的类型、特点、属性等在政策诸方面（如：是否构成公共问题、问题定义、解决方案等）存在的不同。很多时候，某个参与者在知识上具有的优势，恰恰是其他参与者的劣势。

表1 公共政策制定政策过程中的参与者、决策者的知识类型与特点[②]

决策参与者	知识类型与特点
政治家	强烈的使命感与责任感往往意味着由意识形态等（评价性知识）主导、"企业家理性"、对自身积累或政府机构积累的知识的运用能力
政府机构	机构性知识、专业化知识、知道如何的知识
政党	意识形态影响下、关于执政的一揽子知识
利益集团	行业或职业知识、机构性知识
专家与智库	学科化知识、目的—手段理性
民众	富有隐性知识、实践知识；经常利用评价性知识；知识分散

（二）再思政策分歧、政策共识与政策过程

深入讨论知识差异的直接目的，是从知识角度重新定义政策分歧、政策共识以及公共政策制定过程。这种再思并非要取代从利益等角度对政策

[①] 王锡锌：《公共决策中的大众、专家与政府：以中国价格决策听证制度为个案的研究视角》，载《中外法学》，2006年第4期。

[②] 本表为作者自制。

分歧、政策共识的定义,而是试图丰富关于公共政策及其过程的认知,找到改进政策制定过程的方法,趋向于产生优质公共政策。

政策分歧,包含了政策过程中各种意见不一致的情形,如:内部会议上的不同意见,决策会议表决中未通过的决定,握有权力的机构公开行使否决权,民众在街头集会进行大规模地抗议等。参与者为何支持或反对?现实中,支持或反对的理由各种各样,但理论家们擅长于简化为"为了维护自身利益"。上述知识差异的讨论启发我们,还有一种可能性:参与者对政策各个方面的认知有别,政策分歧有可能是知识差异造成的。当然,这一观点目前仅仅是原则性的陈述,到底是怎样的知识差异,需要在具体的政策制定中加以剖析。

如以2005—2009年中国医药卫生体制改革的方案制定过程为例,可扼要说明政策分歧背后的知识差异:(1) 2005—2006年,国务院几个部委间存在分歧,卫生部关注基本医疗的提高,主张政府投入用于常见病和多发病;劳动和社会保障部认为应该从大病着手,建立全民医保体系,将政府资金投入到医疗保障中;而财政部对加大政府投入持保留态度。卫生部与劳动和社会保障部之间的分歧,可视为以治疗何种类型疾病为重点的医学知识间的分歧;财政部基于财政平衡这一机构性知识中的惯例考虑,对任何增加支出的政策持反对意见。(2) 2007年,思想库、研究机构提供了9套方案,主要差别是政府主导、市场主导还是社会主导,而政策倾向不同的背后是思想库间理论、学术观点的差别。(3) 征求意见稿公布后,引人注目的是医药行业协会对药品"定点"、"统一定价"、"全部使用基本药物"等规定的激烈反对。这很容易将反对意见解释为维护行业利益。尽管的确跟利益有关,但知识视角的解释也是有力的:上述药品价格等的规定"太过分"(凯尔曼①),被认为不合理,因为与市场原则(更大范围内有共识)相悖,不仅医药行业反对,而且认同市场经济的群体基本上也会不同意。(4) 领导人的意见当然也发挥了重要作用——时任总书记胡锦涛在2006年10月中央政治局集体学习上讲话,第一次明确提出,人人享有基本卫生保健服务,人民群众健康水平不断提高,是全面建设小康社会的主

---

① 〔美〕史蒂文·凯尔曼:《制定公共政策》,商正译,商务印书馆1990年版,第214页。

要目标；要坚持公共医疗的公益性质，建设覆盖城乡居民的基本卫生保健制度，为群众提供安全、有效、方便、价廉的公共卫生和基本医疗服务；2007年10月十七大报告，进一步重申了坚持公共医疗卫生公益性质的重要性。这种高度概括的政策宣示，往往从长期坚持的意识形态（信念、价值观）寻找依据，进而为政策方案确立方向和目标。（5）公众——公众在此前医疗体制下经历的窘况，早已被公共舆论概括为"看病难、看病贵"；由此，公众对新医疗体制下降低个人支付医疗费用比例等有期待，因而对拟定中的政策表达支持或反对。这一典型案例说明，单从利益视角分析方案制定过程中的不同意见及政策分歧是不完整的，知识差异也是不可忽视的重要原因。

政策共识，一种简明的理解是：政策制定过程的参与者形成了一致同意。从表决机制看，即具有表决权的参与者中，无人反对。如果用此标准衡量，采取多数票表决机制等制定出来的公共政策，很难说形成了共识。由此，政策共识还有另一种理解，即政策形成——把政策结果视为共识，而不在乎采取了何种方式、经历了怎样的过程。从知识角度审视政策过程，本文趋向于认同基于一致同意基础上的政策共识概念。因为，尽管存在知识差异即政策分歧，但如前文所述，信息和知识具有构建和设定的功能，新知识可以促使行动者再框架化，并导致重新选择，参与者间最终有可能取得一致同意。不过，这是一个规范性定义，我们仅仅是主张尽可能通过改进政策制定过程以利于信息与知识的交流，从而消除知识差异，并不反对在一些场合使用多数票等投票机制制定政策。

政策过程的传统模型是阶段论或循环论，即将政策过程分解为议程设定、方案规划、决策、执行、评估、终结等。基于公共政策是解决政治共同体的问题这一逻辑，本文从知识视角对政策循环的各个环节进行定义。见表2。对政策过程前三个环节即政策制定过程的重新定义，有助于更完整地把握制定过程的实质内容，并形成改进政策制定过程的设想。（1）"议程设定"。阶段论理论中议程设定基本被界定为一个问题提上政府议事日程的过程。议程设定研究的奠基者科布（Roger W. Cobb）等主张，政体决定了议程设置模式，如民主政体下是外部推动模式、极权政体是动员模式、法团主义意味着内部推动模式。① 金登（John W. Kingdon）后来提出多源流理论②，王绍光则开创了当代中国议程设置模式的先河③。议程设定研究，隐含着一个规范问题：具有良好回应能力的政府将具备适当的议程设置能力。但是，此前，议程设置难以建立评价标准。知识视角下，议程设定是一个公众注意力转化为政府注意力的过程。④ 这意味着，一部分社会公众关注的议题固然重要，也可以通过是否输入到政府过程加以评估，但政府还应该关注社会中不善于表达的群体的意见以及难以引起注意但重要的议题，政府还肩负着引导社会注意力的责任。(2)"方案规划"。传统政策制定教科书热衷于介绍完全理性决策、有限理性决策、综视模型、规范优化方法等，对理解实际政策设计帮助不大。知识视角主要强调框架化，并提醒我们注意框架化之间的差异，这种差异不仅存在于专家之间，而且存在于政府、专家、公众之间。而差异背后，潜伏着各种知识差别。聚焦于框架化等知识话题，有助于政策规划师思考：需要使用或关注哪些知识？哪个框架更合理？(3)"决策"。阶段论理论的政策形成环节，意指按既定制度、规则作出决定，具体往往包括：交由哪个机构、经过哪些程序、哪些人参与、依何种表决方式等。知识视角强调以下观点：政策背后既然存在大量知识问题，所以，把决定权分配给谁、遵循怎样的过程、采取何种表决方式，还需要重新思考——决定权有无必要分配给那些具有知识优势的参与者、是否根据政策涉及知识问题复杂性程度来确定决策程序与表决方式、采纳基于何种知识的政策共识（以及为何）？

在知识以及利益、权力等诸多因素卷入的决策过程中，完美决策体制并不存在，单独依知识视角也不可能另建决策程序，但遵循知识视角，增加信息揭示、交流、辩论、论证等则是自不待言的建议。与始于利益

---

① R. Cobb, J. K. Ross, and M. H. Ross, "Agenda Building as a Comparative Politics Process", *American Political Science Review*, vol.70, No.1(1976), pp.126-138.

② John W. Kingdon, *Agendas, Alternatives, and Public Policies*, Boston: Little, Brown and Company, 1984.

③ 王绍光：《中国公共政策议程设置的模式》，载《中国社会科学》，2006年第5期。

④ 〔美〕布赖恩·琼斯：《再思民主政治中的决策制定：注意力、选择和公共政策》，李丹阳译，北京大学出版社2010年版，第24页。

冲突但倡导政策协商的主张，基于知识差异的协商建议，更具逻辑合理性。

表2　知识视角下的政策过程①

政策循环	解决问题的阶段	知识视角
①议程设定	问题认识	政策"市场"中的注意力聚焦
②方案规划	解决目标	方案设计，即运用各种知识将政策问题框架化，设定目标，选择通往目标的政策工具
③决策	解决方案选择	把决定权给予具有何种知识优势的行动者；采纳基于何种知识的政策共识；政策文本使其成为一种可言传的知识
④政策执行	使方案产生作用	把决策者认知的产物转化为实际效果。转化过程中，人—物、人—人关系调整、调整、改变行动者的行为或行为预期，制造新的信息、知识
⑤政策评估	监控结果	建立标准，形成关于政策各种效果方面的信息与知识
⑥政策变迁	政策调整、修正	通过吸取教训式学习、社会学习等，政策范式变迁或工具及其设置调整

总之，政策制定过程，其起点是基于知识差异的政策分歧，其目标是解决公共问题或集体困惑，其终点是优质公共政策，本质上是一个复杂的知识生产过程。在知识视角看来，这一过程需要处理的问题，均可归为"知识问题"。那么，政策制定过程中有哪些知识问题？这一问题的详细讨论留待下节。

四、公共政策制定过程中的"知识问题"

所谓知识问题，本文沿袭哈耶克的观点。他认为：知识问题，"就是要找到这样一个方法：不仅能够最大限度地利用散布在社会成员之中的知

---

① 本表为作者自制。

识,而且能够最大限度地发挥人们发现和开发新事物的能力"①。知识问题存在于人类活动的各个领域,管理学、经济学聚焦于个体决策中的知识问题,政治学可聚焦于政治活动尤其是政策制定中的知识问题。鉴于这一问题的难度,本文以个体决策中的知识问题为参照,尝试列举出公共政策制定中的一些知识问题。

个体决策中的知识问题,在管理学决策理论中有深入讨论。如马奇写道:"大多数个体决策的研究者认为人类的信息处理都或多或少明显受到生理条件的约束……组织决策的研究者们假定了一些较为明显的信息约束条件,这些约束条件是由组织各种不同个体的方法产生的。"个体决策的知识问题,即信息约束条件包括:(1)注意力问题。注意力集中的时间和能力是有限的。人们不可能同时关注所有的事情。(2)记忆力问题。组织和个体存储信息的能力是有限的。记忆会出错,记录可能未被保存,历史可能未被记录。更为有限的是个体和组织检索已存储信息的能力:无法确保在适当的时候检索出以前学习过的内容,在组织内部某一部门存储的信息难以为另一个部门所使用。(3)理解力问题。决策者的理解力也是有限的。他们很难组织、概括和运用信息来推断事件的因果联系和所处状况的相关特点,他们通常拥有相关的信息,但却不能发现信息直接的相关性,他们或者根据信息得出一些不可靠的论断,或者无法把已获信息的不同部门联系起来得出一致的解释。(4)沟通问题。决策者交流信息、共享复杂的和专业化的信息的能力也是有限的。劳动的分工推进了专业化人才的集中和使用,但是也加大了知识、能力、语言的差异化。不同的文化背景、不同的年代、不同的专业领域之间很难沟通,不同群体的人们用不同的框架来简化这个世界。②

新制度经济学集中讨论了经济活动决策者所面临的知识问题,其基调是知识不完备,并由此确认了知识问题的来源,即"源于这样一个事实,即人类在开发、验证和应用知识上只具备有限的能力。因此,无知是人类

---

① F.Hayek, A., *Law, legislation, and Liberty*, London: Routledge and Kegan Paul, 1979, p.190.
② 〔美〕詹姆斯·G.马奇:《决策是如何产生的》,王元歌、章爱民译,机械工业出版社2014年版,第7—9页。

存在的一个构造性因素。……知识内含于人脑之中,更精确地讲,是内含于所有活在地球上的各种人的大脑中。这些知识中只有很少一部分能被集中于某一个人的头脑里。因此,要想有效地运用知识,只有建立能利用众人所拥有的各种专门知识的机制"[1]。新制度经济学提出的知识问题主要是:(1)理性的无知——人们在面对信息搜寻上的成本和不确定性时不获取某些知识的行为。[2](2)委托代理问题——每当人们按他人要求行动且代理人比委托人更了解运营情况时,即信息不对称,就会产生这一问题。另外,经济学一般知识也为讨论知识问题提供了启发。如根据外部性概念,部分知识可视为公共物品,因而存在供给不足问题;知识的商品属性,意味着将产生交易成本等。关于知识问题的解决,经济学家一般推崇竞争机制。当存在竞争时,从整个市场来看,许多知识问题可以通过竞争机制加以解决。

公共政策制定过程中的知识问题,从个体决策层次上来说,跟市场中的知识问题同样复杂。而且,公共政策的另外两个特点——参与者数量多、政治环境中的竞争程度低于市场环境,所以加剧了公共政策制定过程中知识问题的复杂性。据此,本文提出公共政策制定过程中的知识问题包括:

1. 关于"公共利益"的无知。公共政策以解决公共问题、集体困惑为己任,试图追求公共利益。但共同体的利益是什么?面临的问题是一个怎样的公共问题?——这本身就是一个典型的知识难题。在这些问题上,发现具有合理性的优势知识的机会并不多;而且,这一问题的辩论交织着经验性知识与价值判断。

2. 框架与价值分歧。这其实是关于"公共利益"的观点冲突,根源于决策参与者认知模式差异。前文对框架及其不同已有讨论,此不赘言。公共决策与市场决策的一个主要不同是,前者涉及更多价值问题。在价值

---

[1] 〔德〕柯武刚、史漫飞:《制度经济学——社会秩序与公共政策》,韩朝华译,商务印书馆2000年版,第60页。

[2] 〔德〕柯武刚、史漫飞:《制度经济学——社会秩序与公共政策》,韩朝华译,商务印书馆2000年版,第65页。

问题上，意识形态、信仰、信念、宗教等将卷入其中，从而使得政策问题界定、目标设定等环节充满分歧、争议。

3. 知识供给不足。市场中的信息和知识，大多具私人属性，供给不足问题并不严重。但公共政策中，很多信息和知识具有正外部性，这可能导致公共政策相关知识的供给不足。"由于知识差异性、不对称性、沟通不完整性、稀缺性及集体行动障碍等导致的共同知识短缺是知识困境的最重要表现形式。"①

4. 知识传播失灵。信息与知识具有生产成本和交易成本，在市场中，大多包含在商品或服务的价格中，而价格是一种低成本、快速的信息传播机制。而公共政策过程中，并不存在如价格那样的低成本、迅速传递信息的机制。现实中，大量使用选票、民意调查等手段，以及通过一定渠道获得来自政策受众的各种信号，但这些渠道充满了噪音。在权力不对称的情况下，处于弱势地位的政策受众还常常隐藏关于政策等方面的信息，表达的内容与真实情况背离。传播失灵造成交流、沟通不畅，参与者、决策者重新框架化的机会降低。

5. 知识上的自负更容易导致决策失误。前文已述，基于社会分工的知识分化，导致"偏见"。资深领导人、政府机构、专家，在缺乏竞争时，可能比市场中的企业家更加自负，而且"把成功的决策者提升到具有权力和影响力的地位也会引发系统性样本偏见"②，从而增加了犯错的可能性。

6. 代理问题严重。与市场、企业中的委托代理关系比较而言，政治体系中委托代理的特点是：代理链条长，普遍存在共同代理、多代理人、多重任务等，所以代理问题将更加复杂、严重。这意味着，政治体系中的信息，在自上而下、平行、自下而上等多个渠道中传递时，都可能发生残缺、扭曲、干扰等失真问题。

7. 政府并不都具备高超的在并行处理、连续处理间灵活转换的能力，

---

① 杨立华：《知识困境及其解决方式：以环境治理为例的博弈模型构建》，载《中国行政管理》，2010年第10期。

② 〔美〕詹姆斯·G.马奇：《决策是如何产生的》，王元歌、章爱民译，机械工业出版社2014年版，第187页。

并行处理问题能力不高。这是由注意力引发的一个问题。市场中，单个决策者常常聚焦于某一个问题，培养或具备连续处理问题的知识、能力，而且，在整体层次上看，竞争的决策者处于分散决策状态，整个市场决策是一个并行处理过程。作为政治共同体的主导治理机构——政府，理想状态是兼具连续处理问题和并行处理问题的能力，后者尤其重要。原因在于，政府经常同时面对多个棘手问题，需要同时处理好。而所谓失败国家、国家自主性程度弱的政治体系，陷入的正是并行处理能力低下这一窘境。

8. "政治家"稀缺。如前文所述，本文所言政治家，源于熊彼特（Schumpeter）所言"企业家"，意指具有创新式理性的政治企业家（political entrepreneurs）。在意识到"企业家"对于市场经济的积极作用、学者作出突破性贡献而促进知识发展时，我们当然也可以理解和接受政治领域也需要政治家群体。创新性思维方式固然跟个人特质有关，但也取决于环境、生产机制等。经济生活中，假如市场竞争机制运转正常，可以期待一个企业家层出不穷的结果。相较于市场领域，政治生活或者缺少竞争机制或竞争不公，将导致政治企业家的供给不足。

9. 学习能力钝化。学习能力钝化，源于前文已述"习惯化"概念。习惯化，即一种使机体变得对环境不敏感的过程。学习能力钝化，指决策者对新信息、新知识不敏感，最终导致适应能力下降。这不仅说明个体学习、政治体系学习能力[①]的重要性，而且说明政体开放、环境开放的重要性。因为环境与政体开放，增加了新信息、知识流入的可能性。

五、结语

"什么样的政策制定过程有助于形成优质公共政策"这一问题的答案，从知识视角看来，即：促进各种知识运用、有利于知识问题解决的政策制

---

① 唐世平：《国家的学习能力和中国的赶超战略》，载《战略与管理》，2003 年第 5 期；王绍光：《学习机制与适应能力：中国农村合作医疗体制变迁的启示》，载《中国社会科学》，2008 年第 6 期；王礼鑫：《国家学习能力的建构——以中共中央政治局集体学习制度为个案的研究》，载《复旦政治学评论》，2013 年第 13 辑。

定过程。

这一原则性结论,有可能包含着审视实际公共政策制定体制的一整套评价标准。如果视政治活动的内容之一是解决集体困惑的观点成立,那么,迄今为止,人类社会产生并还在发挥作用的制度,均不同程度地涉及知识问题的解决,且各有优劣势。例如,一个典型的分权政体,多中心的权力格局一方面有可能形成并行处理问题的较强能力,另一方面也可能容易陷入政治僵局而无所作为;竞争程度高,一方面使得信息与知识易于传播、讨论充分、政治家群体层出不穷、政策试错频繁,另一方面也可能忽略表达能力不强群体的信息与知识、充满讨价还价、恶性竞争、分歧极端化等。政治学已出现从政策过程来研究并比较政治制度优劣的理论(如否决者理论①),知识路径的公共政策过程理论也许会开辟一条新的道路。不过,这项研究议程将是一项系统工程。

上述原则性结论,最终指向的将是改进公共政策制定过程的具体建议。建议的价值当然取决于知识途径的更完善研究。本文还无法提供系统的改进建议,因为目前不过是对知识不完备公共政策制定理论作了简单讨论。希望本文具有奠基性。"虽然地基不能遮风避雨,但它还是能让人们对屋顶产生些许想象。"②

---

① George Tsebelis, *Veto Players: How Political Institutions Work*, Princeton, N.J.: Princeton University Press, 2002. 王礼鑫:《政策否决、政体类型与比较政治:一项研究议程》,载《浙江社会科学》,2014年第5期;王礼鑫:《论比较政治制度研究中否决者理论的局限》,载《复旦学报》,2015年第4期。

② 〔美〕詹姆斯·G.马奇:《决策是如何产生的》,王元歌、章爱民译,机械工业出版社2014年版,第209页。

超越韦伯主义国家观

——从亨廷顿到米格代尔

曾 毅*

摘 要：以官僚制、强国家、合法性为基石的韦伯主义国家观是政治学经典的国家理论。然而，国内外学者都有将经验性国家理论哲学化的倾向，却忽略了这样一个事实：韦伯主义国家观不过是基于欧洲绝对主义国家史的"地方经验性知识"。二战后，现代化研究的佼佼者亨廷顿基于后发国家发展的现实，以"普力夺社会"的视角对韦伯式"理想类型"的国家观提出质疑；进一步的，米格代尔的国家理论将重心放在后殖民国家的社会结构上，提出"社会中的国家"的研究路径。这些研究都是对基于欧洲早发经验的韦伯式国家观的大大拓展和完善，是后发国家历史和实践对于政治学理论的补充。

关键词：韦伯式国家观；亨廷顿；米格代尔；强社会—弱国家；国家能力

很多看上去属于政治哲学层面的概念，比如政体，其实是经验性概念：亚里士多德就是在比较研究158个城邦国家的基础上提出其政体类型的。但是，政体研究在中国却更多地属于政治哲学的范畴。与政体理论相比较，国家理论更是一个经验层面的概念，但是在中国学术界，也有将国家理论政治哲学化的趋向。一个典型表现是，不管是分析中国这样的国家，还是分析其他发展中国家，不问青红皂白而使用的就是韦伯的国家概念。国外也不乏这种倾向，比如"回归国家学派"回归的就是韦伯的国家理论。近来福山在谈论国家兴衰秘籍时，也给出"强国家、法治、民主问

---

* 曾毅，中央党校党建部副教授。

责"三要素的药方。然而,问题来了:在很多发展中国家,有国家可"回归"吗?强国家在哪里?国家靠得住吗?

其实,韦伯国家理论的适用性问题,早在20世纪60年代就被亨廷顿的政治发展研究质疑过,80年代米格代尔的政治发展研究更加做实了这种质疑的正当性。在历史社会学那里,韦伯的国家概念也被突破,比如迈克尔·曼在《社会权力的来源》中将国家权力区分为国家专制性权力和国家基础性权力,前者指国家精英可以不经过与市民社会常规、制度化的协商妥协而单独采取行动的权力,它是一种国家精英凌驾于市民社会之上的权力,这相当于韦伯式国家定义;后者指国家渗透到市民社会、在其统治的疆域内执行决定的能力,它是一种国家通过其基础结构渗透和集中协调市民社会活动的权力,这不是韦伯式国家理论的范畴。与此相联系,近来有国外学者从国家—社会关系方法论层面质疑了韦伯式国家观主导的国家—社会关系(即国家对社会的主导),指出事实上很多国家并不如此,换言之是社会影响着国家。[①]

遗憾的是,中国政治学界,乃至社会科学界并没有在意这种反思性研究的价值,还是停留在政治哲学层面引用韦伯的国家理论。本文首先简要叙述韦伯的国家理论,接着以政治发展研究中最有代表性的作者即亨廷顿及其学生米格代尔的代表作作为线索,检验韦伯主义式国家理论的适用性并对其理论进行拓展。

一、韦伯主义式国家观简述

尽管大家对韦伯的国家理论似乎已经非常熟悉了,但是并不意味着没有"重述"的必要。人们在引用韦伯的国家理论时,往往引用的是其著名的概念:国家是在特定疆域内的人类共同体,这个共同体在本疆域内成功地垄断合法的暴力机器;国家被视为应用暴力"权利"的唯一源泉。[②] 而国家暴力准备的目的是为了获得统治别的领土和共同体的政治暴力,因此

[①] 〔美〕杰弗里·塞勒斯:《国际社会科学杂志》(中文版),2014年第3期,第14—33页。
[②] 〔德〕韦伯:《经济与社会》(下卷),林荣远译,商务印书馆1997年版,第731页。

国家具有暴力潜能，享有专制性权力。

我们要问的是，国家的专制性权力从何而来？国家缘何能合理地存续？这都是韦伯所关心的。

在韦伯看来，"理性的国家是建立在专业官员制度和理性的法律基础之上的……作为垄断合法暴力和强制机构的统治团体"①。这段话体现了韦伯式国家理论的三个支点：官僚制、强国家和合法性。其内在的关系是：官僚制是现代国家的基础；有强大的官僚制才有强国家即垄断合法暴力的组织；有强国家才最终导致政治统治的一种合法性状态。

韦伯说现代欧洲国家的基础有两个：军队和官僚制。韦伯眼中的以官僚制为基础的现代国家（即理性化统治）就是"在依照章程进行统治的情况下，服从有合法章程的、事务的、非个人的制度和由它所确定的上司——根据他的指令的正式合法性和在他的指令范围内服从他。"② 现代国家就是理性化统治，理性化的性质是建立在相信统治者的章程所规定的制度和指令权利的合法性之上，他们是合法授命进行统治的（合法型的统治）；而理性化（合法化）的最纯粹类型，"是那种借助官僚体制的行政管理班子进行的统治"③。

这样，不但官僚制和经典国家定义是韦伯的国家理论，"合法性"也是韦伯式国家观的重要组成部分。韦伯将合法性定义为人民"自愿服从"的一种政治统治或国家状态，存在合法性的政权就不需要大规模地使用强制力而使人们服从，也不需要担心不服从或者被颠覆的可能。

问题是，有了理性的官僚制、理性的法律和暴力组织，国家的合法性就能自动实现吗？

韦伯有一个著名的关于类型学的概念即"理想类型"。其实，他所说的政治统治的合法性状态正是一种"理想类型"或者说国家的"理想状态"，而国家的"真实状态"是什么呢？无比熟悉欧洲历史的韦伯必然知道，他所说的"法理型国家"是从上万个城邦式国家、封建制状态走过来

---

① 〔德〕韦伯：《经济与社会》（下卷），林荣远译，商务印书馆1997年版，第730页。
② 〔德〕韦伯：《经济与社会》（上卷），林荣远译，商务印书馆1997年版，第241页。
③ 〔德〕韦伯：《经济与社会》（上卷），林荣远译，商务印书馆1997年版，第241—245页。

的,其间发生了什么？正如吉登斯所言,现代国家是经过暴力与血腥演绎而来;更是梯利总结的"战争制造国家,国家发动战争"。就在标志着现代民族国家体系诞生的威斯特伐利亚条约签订之时,在相当于现代德国的土地上还有上千个封建式城邦国家,最后弱肉强食出一个普鲁士,普鲁士靠军国主义扩张为德国。也就是说,从国家的"真实状态"到国家的理想状态即"合法性",是一个漫长的历史周期。

欧洲国家史告诉我们,经历了漫长的战争而实现了"理性的国家",即基于官僚制和军队而排他性地垄断了暴力机器,国家享有专制性权力,国家组织程度很高,组织得良好。在某种意义上,这种国家观是典型的黑格尔式的,即国家是一种普遍现象,而家庭和社会是个体化的特殊现象,国家是市民社会的真理,国家决定社会。这就是从黑格尔到韦伯的一脉相承的德国式由国家主导的国家—社会关系理论。

这种基于欧洲经验的国家理论能解释其他国家,尤其是后发国家的历史吗？应该看到,韦伯这一看法是典型的地方知识,即基于欧洲绝对主义国家的历史而总结出的一套说法。因为,与欧洲的国家基础不同,在其他国家,比如古代中国,国家的基础并不能简单地说是军队和官僚制,儒家思想一直是中国的文化基石。与欧洲国家比较,古代中国的两个基石则是官僚制和作为官僚制行为准则的儒家思想。这还不是最重要的,更重要的是本文要讨论的,即:韦伯式的强国家理论能解释得了二战之后一系列新兴的民族国家吗？也就是说,在广大的新兴民族国家,有了欧洲式的国家形态,即疆土、人民、政府和主权,但有良好的国家组织吗？或者说作为国家的政府能否把新兴国家有效地组织起来？这是政治发展理论所要致力于回答的。

二、"亨廷顿命题"挑战韦伯式国家观

亨廷顿发现,20世纪50—60年代的美国政治发展理论（或者说现代化研究）只是认为,国家与国家之间的差别主要在于经济发展阶段,只要按照美国式制度扶植了发展中国家,即经济发展了,现代化就实现了。这是典型的韦伯式二分法的社会科学取向,即所谓的"传统与现代"、"落后

与先进"。在亨廷顿看来,西方与非西方国家之间的差别不但体现在经济方面,更体现在政治发展水平上。而如果按照既有的现代化理论文献来看,新兴国家都处于"发展中"或"现代化之中",就意味着有了韦伯式国家的形态吗?这完全是一种"韦伯主义"的移情。"这些论著充满了只能被冠于'韦伯主义'的东西:把属于一个政治体系之假定最高目标的那些特质,误认为是该政治体系在成长过程中和发挥作用时所表现出来的那些特质。"① 也就是说,韦伯关于强国家的理论是国家发展的一种现代性形态,而很多发展中国家根本建立不起来韦伯式国家,即不存在所谓的"政治现代化",真实状态是:

> 对民主的腐蚀、军人专制政体和一党政体比比皆是,而竞争和民主连影子也看不到;政变和叛乱屡屡发生,无国泰民安可言;种族冲突,内战四起,民族一统和国家建设则无人过问;从殖民统治时代继承下来的行政机构日趋衰朽,独立斗争中形成的政治组织羸弱不堪、分崩离析,体制合理化和分权化几乎是空中楼阁。政治现代化概念中,似乎只有动员和参政这两点才广泛适用于"发展中"的国家。相反,权威合理化、国家完整和机构分权化看起来和现实缘分太小。②

基于对发展中国家现状的深刻认识和对西方现代化理论的严重不满,亨廷顿在其著名的《变革社会中的政治秩序》中开篇第一句话就讲道:各国之间最重要的政治分野,不在于它们"统治的形式"(the forms of government),而在于其"统治的程度"(the degree of government)。这句话就是至今也绕不开的"亨廷顿命题"。40多年来,尤其是民主化的第三波以来出现的国家失败、政治衰朽,更彰显了亨廷顿的智慧与洞见,以至于曾以"历史终结论"而名噪一时的福山,不得不回到其老师亨廷顿那里,强调"强国家"的第一位的重要性。在亨廷顿那里,政府的首要职能就是统

---

① 〔美〕亨廷顿:《变革社会中的政治秩序》,王冠华等译,上海人民出版社2008年版,第28页。
② 〔美〕亨廷顿:《变革社会中的政治秩序》,王冠华等译,上海人民出版社2008年版,第28页。

治,不能统治的政府是不道德的。"一个缺乏权威的弱政府是不能履行其职能的,同时它还是一个不道德的政府,就像一个腐败的法官、一个怯懦的士兵或一个无知的教师是不道德的一样。在复杂的社会中,人们需要有道德基石的政治制度。"①

对于发展中国家而言,最需要的明明是能把国家组织起来的那种政治力量或者说政治组织,或者说是能集中权力的力量,但政治发展理论为什么偏偏要反对权威、反对集中而倡导最大限度的"小政府"呢?这是美国人的历史经验所决定的。对此,亨廷顿的观察值得引用和深思,不但对本文有重要价值,也是反思民主化理论的重要线索。

美国人从未为创造一个政府而担忧。这一历史经验的差距特别使他们看不到在处于现代化之中的国家里奠定有效权威方面的问题。当一个美国人在考虑政府建设问题时,他的思路不是如何去创造权威和集中权力,而是去如何限制权威和分散权力。如果要他设计一个政府,他马上会想到要制定一部成文宪法,想到还要有权利法案、三权分立、制约和平衡、联邦制、定期选举、党派竞争——一整套限制政府的绝妙手段。信奉洛克哲学的美国人骨子里便抱有如此强烈的反政府倾向,以至于将政府本身和对政府的限制混为一谈。怎样去设计一个有最大权力和权威的政治体系,美国人没有现成的答案。他的基本公式就是政府应建立在自由和公正的选举之上。②

"在许多——如果不是绝大多数——处于现代化之中的国家里,选举只会加强那些闹分裂的并且常常又是反动的社会势力,瓦解公共权威的结构。"③ 这一观察依然适用于今天的许多发展中国家,菲律宾、乌克兰等都是因为选举而导致治理无效甚至国家失败。

---

① 〔美〕亨廷顿:《变革社会中的政治秩序》,王冠华等译,上海人民出版社2008年版,第22页。

② 〔美〕亨廷顿:《变革社会中的政治秩序》,王冠华等译,上海人民出版社2008年版,第6页。

③ 〔美〕亨廷顿:《变革社会中的政治秩序》,王冠华等译,上海人民出版社2008年版,第6页。

这里，亨廷顿关于现代国家建设的一个重要概念出场了，那就是"社会势力"。政府为什么不能履行其统治职能？就在于"社会势力"。什么是社会势力？"所谓社会势力指的是种族、宗教、地域、经济或者社会地位等方面的集团。现代化在很大程度上会引起社会上各种社会势力的集聚化和多样化"①。"在任何一个社会势力复杂且其利害关系纵横交错的社会里，如果不能创设与各派社会势力既有关联又是独立存在的政治机构的话，那么，就没有哪一种社会势力能够单独统治，更不用说形成共同体了。"② 因此，对于很多发展中国家而言，"复杂社会共同体的发展水平取决于其自身政治机构的力量和广度"，③ 但是，在很多发展中国家，"社会势力强大，政治机构弱小……国家的发展落后于社会的演变"④。至此，"国家能力"概念呼之欲出，同时另一个令人深思的命题出来了，既然没有公共权威而社会势力强大，后来热门的治理理论中强调社会的作用，最终又意味着什么呢？在《民主为什么表现得如此差劲》中，福山反思道，在没有强国家的前提下，治理理论所强调的社会自主性下的公开透明的参与，到底能否达成人们期许中的合法性？⑤

很多发展中国家的"社会势力"是什么性质或者什么状态呢？亨廷顿借用柏拉图的堕落国家、亚里士多德的变态政体即违背了公共利益的宪法和马基雅维利的腐化国家概念，来形容政治机构弱小的堕落社会：被"各种放纵和暴力、财富和权力的极端不平等、和平和正义的毁坏、野心的恶

---

① 〔美〕亨廷顿：《变革社会中的政治秩序》，王冠华等译，上海人民出版社 2008 年版，第 7 页。
② 〔美〕亨廷顿：《变革社会中的政治秩序》，王冠华等译，上海人民出版社 2008 年版，第 8 页。
③ 〔美〕亨廷顿：《变革社会中的政治秩序》，王冠华等译，上海人民出版社 2008 年版，第 9 页。
④ 〔美〕亨廷顿：《变革社会中的政治秩序》，王冠华等译，上海人民出版社 2008 年版，第 10 页。
⑤ Francis Fukuyama, "Why is Democracy Performing so Poorly?" *Journal of Democracy*, Volume 26, Number 1, January 2015, pp.11-20.

性膨胀、分裂、无法无天、欺诈和蔑视宗教"所统治。①

亨廷顿借用"普力夺社会"来形容这样的腐化国家。普力夺是英文"禁卫军"的音译，言外之意就是私家军队，因此普力夺社会就是那些充满着私人利益（或者说立党为私）、奉行丛林规则的国家。在这样的国家，不但有常见的军人干预政治，各种势力都政治化了，都积极干预政治。工会奉行的是"政治工团主义"，知识分子卷入政治漩涡，宗教也不遵守政教分离的原则，所有团体都积极介入政治。"这种介入不单单是军队或其他任何一种社会团体的癖好，而是整个社会的通病。致使军队干预政治的原因同样也就是劳工、商人、学生、牧师卷入政治的原因。这些原因并不存在于这些团体的性质上，而寓于社会结构之中，特别寓于国家有效政治制度的缺乏或软弱之中。"②

更可怕的是，或者说作为一种恶性循环，由于政治制度软弱，卷入政治的各团体之间赤裸裸地对抗，没有公共利益，只有私人利益，对于如何解决其分歧，没有政治共识可言，彼此出卖是普力夺社会的家常便饭，比如在菲律宾的政党政治中改换门庭是常态。

亨廷顿把普力夺社会分为三种类型：寡头型普力夺社会、激进型普力夺社会和群众性普力夺社会。在普力夺寡头统治社会，政治就是个人和家庭集团之间的斗争；在激进的普力夺社会，政治就是各小圈子之间的斗争加上制度性和职业团体之间的斗争；在群众性普力夺社会，各种社会阶级和社会运动主宰一切。现代性政治的到来，即政治参与的范围扩大，更加剧了普力夺社会的不稳定性。这样，"在一个既没有有效的政治机构也没有能力去发展这些政治机构的社会里，社会和经济现代化带来的后果就是政治混乱"③。

在政治混乱的社会里，政治机构（即国家）的制度化程度低，政治机

---

① 〔美〕亨廷顿：《变革社会中的政治秩序》，王冠华等译，上海人民出版社2008年版，第62页。

② 〔美〕亨廷顿：《变革社会中的政治秩序》，王冠华等译，上海人民出版社2008年版，第163页。

③ 〔美〕亨廷顿：《变革社会中的政治秩序》，王冠华等译，上海人民出版社2008年版，第165页。

构不能独立于其他社会势力而存在,也就是说缺乏自主性。"就自主性而言,政治制度化就意味着并非代表某些特定社会团体的政治组织和政治程序的发展……衡量政治机构的自主性,要看他是否有别于其他机构和社会势力的自身利益和价值。""缺乏自主性的政治组织和政治程序就是腐败的。"①亨廷顿所说的政治机构的自主性,就是20世纪80年代以来流行开来的"国家自主性"。需要注意的是,20世纪60年代的美国政治学是一个"祛除国家"的年代,以各种术语比如政治共同体、政治机构来替代国家,其实质都是一样的,即国家。

一个连自主性都没有的国家,如何去统治?更谈不上强有力的国家能力,不能统治的国家或者说政府必然是不道德的。这是发展中国家的普遍现象。在这种条件下,"韦伯主义"的国家在发展中国家有多少价值呢?在亨廷顿看来,韦伯主义的国家是观念中的"理想类型",而现实中的国家则南辕北辙。亨廷顿的洞见被米格代尔进一步拓展开来,成为20世纪80年代政治发展研究的一道风景。

三、"强社会中的弱国家"

米格代尔直接给出了一个不同于韦伯的国家的定义:"国家是一个权力场域,其标志是使用暴力和威胁使用暴力,并为以下两个方面所形塑:(1)一个领土内具有凝聚力和控制力的、代表生活于领土之上的民众的组织的观念;(2)国家各个组成部分的实际实践。"②米格代尔解释道,观念上的国家都是一样的,即起始于绝对主义时期的、20世纪后期席卷了全球的建设现代国家运动,是所有人都追求的一种政治状态,因而是一种"同质性"概念;但是,实践中则是"异质化"的,各个国家的实际情况千差万别。国家的观念来自韦伯,在那里,国家是一个富有统治力的、经过整

---

① 〔美〕亨廷顿:《变革社会中的政治秩序》,王冠华等译,上海人民出版社2008年版,第16、17页。

② 〔美〕米格代尔:《社会中的国家:国家与社会如何相互改变与相互构成》,李杨、郭一聪译,江苏人民出版社2013年版,第16页。

合的、自主的实体，它在一定疆域内控制所有规则的制定，或者直接通过其所设机构或者间接依靠向其他权威组织的授权，而制订某种约束性规则。这种描述大概符合欧洲国家的情形。但是，在很多国家的实践中，国家人员与机构的常规工作，既可能强化，也可能削弱国家的观念，在强社会结构中公与私的界限并不清楚，使得国家的实践呈现碎片化的特征，强国家从何而来？这样，"国家的实践"与"国家的观念"存在着张力，国家是一个与自身相矛盾的实体。①

相比于亨廷顿对于韦伯主义国家观的质疑和挑战，米格代尔的国家理论有了更明确的概念性突破。他说，"要理解不同时空下国家能力的差异，我们必须对国家有更深刻的理解，而不是仅仅满足于国家是一个政治组织、是在特定疆域内政府的基础这一概念的界定。"② 这与当时的学术思潮有密切关系。如前，亨廷顿在20世纪60年代写"统治的程度"时是"祛除国家"的时代，而80年代则是"国家回归"的潮流，回归国家学派由此诞生。但是，回归到什么样的国家？其中的一个核心概念是国家自主性，问题是，有自主性的国家可以回归吗？因此，回归国家学派依然是韦伯主义的国家观。比较而言，米格代尔则是沿着亨廷顿的进路，对国家理论的发展作出了实质性贡献。

米格代尔的突破是建立在亨廷顿的社会结构分析基础之上的，即"普力夺社会"是无法形成自主性政治机构或者说自主性国家的。也正是因为这种社会结构所造就的无权威化政治，亨廷顿才特别呼唤政治权威的重要性。这样一个分析路径对于米格代尔的影响是非常直接的，那就是他提出的"社会中的国家"研究路径，这直接不同于韦伯主义的国家主导型国家—社会关系研究路径。研究路径的突破，即视角的创新，往往意味着观点的创新或者说新发现的出场：

第一，国家并不总像有时被描述的那样，在宏观社会变革是个不受约

---

① 〔美〕米格代尔：《社会中的国家：国家与社会如何相互改变与相互构成》，李杨、郭一聪译，江苏人民出版社2013年版，第17—23页。

② 〔美〕米格代尔：《社会中的国家：国家与社会如何相互改变与相互构成》，李杨、郭一聪译，江苏人民出版社2013年版，第19—20页。

束的原动力，事实上国家时常受到国内社会势力的严重约束，国家自主性、政策倾向、国家领导人的议程，乃至国家的凝聚力，都极大地受到其管理的社会的影响；在国家与社会的互动中，一些隐藏在边远地区的小社会组织的社会控制都会极大地限制国家的行动能力。

第二，社会也同时被国家改变着。社会组织以及社会结构，在整体上被国家带来的机会和障碍改变着，同时也被其他社会组织和世界经济的开放和限制所影响。①

后发国家和早发国家的"国家"不同之处在于，在西方，权力中心控制着现代国家公民的大多数行为，而这一国家是作为一种整体存在于社会之上的；而在未经社会革命的很多后发国家，国家领导人在追求国家强势地位时，面对来自酋长、地主、老板、富农、部落首领等"强人"的势力，他们通过各种社会组织的抵制所形成的难以逾越的障碍，往往使国家显得无能为力。② 结果，"国家正如投入小池塘的巨石，它们在池塘的每个角落都泛起涟漪，却抓不到一条小鱼"③。都被称为"国家"——"国家的外壳可能相像，但内在的东西却惊人地不同。"④

这些结论来自米格代尔对5个国家的案例研究。从塞拉利昂到以色列构成了由弱到强的国家能力光谱的两端，而墨西哥、印度与埃及则处在两个端点的中间。比如，塞拉利昂的碎片化状况被描述为"像由两百个地位相似的、独立的酋长领地组成的。这些领地都自成体系，形成独立王国"⑤。英国统治者自身的分歧也加剧了这种冲突，事实上，身处塞拉利昂

---

① 〔美〕米格代尔：《社会中的国家：国家与社会如何相互改变与相互构成》，李杨、郭一聪译，江苏人民出版社2013年版，第58页。

② 〔美〕米格代尔：《强社会与弱国家：第三世界的国家社会关系及国家能力》，张长东等译，江苏人民出版社2012年版，第32、35页。

③ 〔美〕米格代尔：《强社会与弱国家：第三世界的国家社会关系及国家能力》，张长东等译，江苏人民出版社2012年版，第9页。

④ 〔美〕米格代尔：《强社会与弱国家：第三世界的国家社会关系及国家能力》，张长东等译，江苏人民出版社2012年版，中译版序言，第3页。

⑤ 〔美〕米格代尔：《强社会与弱国家：第三世界的国家社会关系及国家能力》，张长东等译，江苏人民出版社2012年版，第128页。

的英国官员与身处伦敦的英国官员之间、英国官员与商人之间的利益分歧都扩大了殖民地塞拉利昂的碎片化社会。到了1961年塞拉利昂独立时，国民被分为18个不同的种族群体。塞拉利昂这个新国家由此面临着最基本的挑战：认同共识。对独立国家的民众来说，认同哪个部落、认同哪个族群，都是扑朔迷离变动不居的。而这种局面则是由19世纪末20世纪初殖民者对不同部落、语言群体、种族群体进行选择性支持形成的。塞拉利昂国家的脆弱表现在对民众和资源的动员能力，甚至连人民党都需要依赖酋长，而这些都源于其自殖民时期就已有之的高度碎片化社会结构。①

作为发展中国家的研究者，米格代尔特别关注社会结构对于国家的约束力。在很多发展中国家，在传统时期，本来就是部落状或者封建制的割据化，各自为政，而殖民者的进入则加剧了这一碎片化倾向。"殖民者的分而治之政策将大量新的资源引入了地方领导者手中，其中最重要的就是财富和武力，这使得他们强化了提供给其追随者的生存策略。"② 这一描述让我们想到中国北洋军阀时期，各大军阀争相取得不同的帝国主义国家的军事和财政援助，以在军阀割据中拔得头筹。应该说，在这一时期，作为国家符号的"中华民国"只是象征性地存在，中华民国对于各路军阀没有任何约束力。今日之非洲的很多国家，依然处于类似军阀割据状态。一方面，国家领导人时常受到军事政变的威胁；另一方面，在地方，各地的强人继续为其村庄、族群提供多种生存策略，中央政府没有渠道汇集公众的支持，公众也没有任何动力去支持国家。国家因此而陷于矛盾的境地。国家需要军队乃至强人的支持，因而不得不倚重他们并建设这些机构，但这些机构或强人实力的增强又会威胁着统治者。

处于困境中的统治者不得不实行一种被称为"生存政治"的策略，包括任人唯亲、建立自己的禁卫军、谋杀等各种下流手段，用财富收买形成

---

① 〔美〕米格代尔：《强社会与弱国家：第三世界的国家社会关系及国家能力》，张长东等译，江苏人民出版社2012年版，第102—147页。
② 〔美〕米格代尔：《社会中的国家：国家与社会如何相互改变与相互构成》，李杨、郭一聪译，江苏人民出版社2013年版，第69页。

联盟已达成国内权力平衡。与此相对应,在地方政治中,各种势力相互妥协,国家规则被对冲掉,形成了事实上的"俘获型国家"。结果,建造可以有效实施规则和政策的有凝聚力的国家在充斥着碎片化的社会控制的社会结构中并不那么可行。如果国家不能进行动员,那么国家领导者推行改革计划的能力或者协调那些明显独立于其他权力中心的国家机构的能力仍会受到约束。在这种国家,是典型的"强社会"中的"弱国家",社会结构限制了很多发展中国家的行动能力,碎片化社会中的国家更倾向于维持一个妥协的舞台,而不是引导公共变革的资源。①

四、理论与实践启示

在"祛除国家"的20世纪60年代,亨廷顿没有使用"国家"一词。正如戴维·伊斯顿等人使用"政治系统"代替"国家",亨廷顿使用最多的是"政治机构"来代替"国家",然而,他让公共权威重返学术舞台的中央,因此带来了"回归国家"的潮流。在米格代尔看来,"没有哪部著作能超越亨廷顿对比较政治学领域国家研究所产生的影响"②。

沿着亨廷顿的思想,即普力夺社会所导致的不稳定、低制度化事实上的"弱国家",米格代尔的"社会中的国家"路径,发现了"强社会中的弱国家",从而一举改写了西方自黑格尔以来的国家中心主义传统,把西方"学术界从过去那种认为第三世界的未来会重复西方历史进程中的观念中解放了出来"③。

但是,自20世纪90年代以来,以公民社会为核心的治理理论登上历

---

① 〔美〕米格代尔:《社会中的国家:国家与社会如何相互改变与相互构成》,李杨、郭一聪译,江苏人民出版社2013年版,第三章:"强国家,弱国家——权力与妥协",第60—97页。
② 〔美〕米格代尔:《社会中的国家:国家与社会如何相互改变与相互构成》,李杨、郭一聪译,江苏人民出版社2013年版,第253页。
③ 〔美〕米格代尔:《社会中的国家:国家与社会如何相互改变与相互构成》,李杨、郭一聪译,江苏人民出版社2013年版,第228页。

史的舞台,强调"强社会中的弱国家"。这样的设计意味着什么呢? 只能使那些原本就缺乏向心力的后发国家的社会更加碎片化,国家更加弱化。因此,治理理论的适用性需要得到补充,社会有效治理的前提性议题是国家建设,对许多缺乏国家自主性的后发国家尤其如此。如在非洲大陆、大中东地区、中亚,最迫切的问题依然是国家建设而不是民主化。对此,曾经提出"历史终结论"的福山又回到亨廷顿那里,强调最重要的是"统治程度",强调"强国家、法治、民主问责"。然而,与"回归国家学派"背后的问题一样,"强国家"从何而来? 在"强社会"中很难有"强国家"。进而,福山又开始反思,在无强国家的前提下,治理理论中的公民参与到底意味着什么? 他说,国际机构就如何追求良治而达成了一些共识,诸如参与式预算(即社会公众能参与决定部分预算决策的协商机制)、开放的政府伙伴关系(即鼓励透明有效、负责任的治理)以及全球数不胜数的组织所提出的政府透明化计划。这些计划的背后理论是,公民参与会推动政府的透明度和责任制。福山反思道,问题是还没有经验证明历史上或当下的高效政府产生于这种途径,也没有经验证明非政府组织的作用能产生善治的政府;相反,大量的经验是,比如中国、日本、德国、法国以及丹麦,只有强国家的前提下才有高效的政府。①

治理理论强调民间组织的重要性,以公民参与推动国家转型,这是一种美国经验的投射,是另一种"韦伯主义的移情"。然而,对于美国来说的公共政策取向,放之后发国家可能就会成为一种治国方案选项。那么,作为一种治国方案,我们需要严谨的为治理理论所强调的社会中心论加入一个前提——那就是完善的国家建设。毕竟,断章取义、盲人摸象是许多后发国家现代化道路设计上容易犯的战略性失误。

基于欧洲历史发展的韦伯式国家观是一种地方性知识,从亨廷顿到米格代尔的政治发展研究则为国家理论注入了后发国家的新鲜血液。政治学

---

① Francis Fukuyama, "Why is Democracy Performing so Poorly?" *Journal of Democracy*, Volume 26, Number 1, January 2015, pp.11-12.

是国家治理之学问。政治学理论亟须来自发展中国家经验的补充。理论的完善对于实践是至关重要的：对于许多后发国家（特别是殖民地国家），在没有强国家、社会高度碎片化的国情下，国家向何处去？第三波及第四波民主化的事实告诉我们，虽然或许实现了期许中的民主形式，但"不能治理的民主政治"最终会伤害民主的合法性。这也是福山最终回到其老师亨廷顿那里的原因。在大多数发展中国家，政治的发展未能跟上社会的发展；而只有同时具备好的政治发展（即强国家），好的社会发展（比如被动员起来而要求参与政治的社会），才能达成一个相对良善的治理局面。

"中产阶级"与社会冲突：有恒产者有恒心？

田艳芳**

摘　要：关于社会冲突的研究，近来已有各种视角分析其产生的根源和治理之策，大多数研究是依冲突的起因将其分类，少有从其参与者的社会阶层分析。社会学理论认为橄榄型的社会结构最为稳定，因此中产阶级是社会的稳定器。但本文通过使用中国社会综合调查数据分析发现，中产阶级很多时候变成了社会冲突事件的参与者和支持者，偏离了"有恒产者有恒心"这一论点。城镇"中产阶级"在遇到财产纠纷时更多地使用正规性渠道来解决，农村"中产阶级"则更多地涉入非正规性渠道。本文认为，中国经济社会转型过程中，财产权利清晰界定的市场建设仍然不足，这导致了中产阶级偏离"有恒产者有恒心"，甚至部分"中产阶级"成为缺陷性制度的套利者，而这进一步激化了社会矛盾和冲突。

关键词："中产阶级"；社会冲突；"群体性事件"

一、引言

"无恒产者无恒心"语出《孟子·梁惠王章句上》，孟子借回答齐宣王之问阐述了治国之道。"无恒产者而有恒心者，唯士为能。若民，则无恒产，因无恒心。苟无恒心，放辟邪侈，无不为已。"这段话可以释为："没

---

* 本文删节版曾发表于《浙江社会科学》2015年第12期。
** 田艳芳，女，华东政法大学政治学与公共管理学院副教授。

有稳定产业而能守护社会道德规范者,只有那些有修养的人士。对于普通民众来说,如果没有稳定的产业,就会失去其应有的社会道德规范的约束。一旦丧失了社会道德规范的约束,就会无所顾忌地放纵自己的行为,去做一切危害社会的坏事。"要让民众有恒心,遵守道德规范和社会秩序,国家首先必须保障他们拥有足够的恒产。"明君制民之产,必使仰足以事父母,俯足以畜妻子,乐岁终身饱,凶年免於死亡。"但是,孟子并不认为有了足够的恒产保障,民众就会自觉地遵守道德规范和社会秩序,有恒产只是具备了建立稳定有序社会秩序的前提条件,要使有恒产者成为"社会的稳定器",必须施以社会强制,"驱而之善",并且通过教育,"谨庠序之教,申之以孝悌之义,"而民众有了恒产也就比较容易接受和遵守道德规范和社会秩序,"故民之从之也轻"①。

"无恒产者无恒心"或其肯定句式"有恒产者有恒心"近乎作为社会冲突——稳定的法则或中国古典版的"中产阶级是社会的稳定器"理论被人们广泛引用,然而,中外学界的理论研究和实证分析却呈现多种不同的观点和结论。依据西方社会发展研究经验,伴随经济高速增长过程,一个被称为"中产阶级"的社会群体规模和数量必然不断增加,而这个社会群体具有"消费前卫"和"政治保守"的社会特征,中产阶级对社会主流价值观的较强认同感决定了这个群体成为整个社会稳定发展的主体,一个社会中如果中产阶级成为主体力量,那么低收入群体就成为了少数力量,社会因此而稳定。由于低收入群体的社会认同感较差,因此当低收入群体成为社会主体力量时,社会冲突就会更加激烈。②

自埃米尔·莱德勒(Emil Lederer)③首次提出中产阶级是社会"稳定器"以来,许多研究证实了这个观点,尤其是关于东亚的研究。这些研究认为东亚中产阶级在政治方面表现出矛盾性,一方面具有自由主义倾向并

---

① 朱熹:《四书章句集注》,中华书局1983年版。

② 〔美〕赖特·米尔斯(Charles Wright Mills):《白领:美国的中产阶级》,周晓虹译,南京大学出版社2006年版。

③ Emil Lederer, *Die Privatangestellten in der modernen Wirtschaftsentwicklung*, JCB Mohr (P. Siebeck), 1912.

追求民主,另一方面企求安全稳定和依附于国家。① 这些研究发现,东亚中产阶级的兴起往往处于这些社会的高速经济增长时期,国家权力较强并实施经济干预和促进经济增长的政策,中产阶级受益于经济增长和强势国家,因而他们希望维持社会政治稳定,保障自身经济利益,一部分中国学者也持有相同观点。②

与此相反的观点认为:中产阶级非但不是"稳定器",中产阶级的崛起往往伴随着与该阶级有关的社会冲突的蔓延,与工人阶级相比较,反倒是工人阶级在政治上更为保守。③ 中产阶级是自由民主的推动者,中产阶级的行为方式和态度理念往往表现出明显的政治民主特征。④ 在研究发展中国家中产阶级问题时,也有不少学者遵循上述理论思维,这些研究认为,经济社会发展过程中"中产阶级"虽然一方面反对社会动荡,另一方面却不会拒绝甚至积极追求社会变革,追求在稳定的社会秩序下社会的不断进步。⑤ 因此中产阶层并不必然是社会稳定器。国内一部分研究虽然不

---

① David Martin Jones and David Brown, "Singapore and the Myth of the Liberalizing Middle Class", *Pacific Review*, Vol.7, No.1, 2007, pp.79-87; Hsiao, Hsin-Huang Michael, *Exploration of the Middle Classes in Southeast Asia*. Taipei: Program for Southeast Asian Area Studies, Academia Sinica, 2001; Hsiao, Hsin-Huang Michael, *The Changing Faces of the Middle Classes in Asia-Pacific*, Taipei: Center for Asia-Pacific Studies, Academia Sinica, 2006.

② 周晓虹:《中产阶级:何以可能与何以可为?》,载《江苏社会科学》,2002年第6期;李路路、李升:《"殊途异类":当代中国城镇中产阶级的类型化分析》,载《社会学研究》,2007年第6期;李春玲:《寻求变革还是安于现状:中产阶级社会政治态度测量》,载《社会》,2011年第2期。

③ Bruce Nelson, Reeve Vanneman, and Lynn Weber Cannon, "The American Perception of Class", *The Journal of American History*, Vol.75, No.2, 1987, p.585.

④ Seymour Martin Lipset, "Political Man: The Social Bases of Politics", *Contemporary Sociology*, Vol.11, No.6, 1960, p.754; Samuel P. Huntington, "The Third Wave: Democratization in the Late Twentieth Century", *Foreign Affairs*, Vol.7, No.1, 1991.

⑤ Alastair Iain Johnston, "Chinese Middle Class Attitudes Towards International Affairs: Nascent Liberalization", *The China Quarterly*, Vol.179, 2004, pp.603-628; Jie Chen and C.Lu, "Does China's Middle Class Think and Act Democratically? Attitudinal and Behavioral Orientations Toward Urban Self-government", *Journal of Chinese Political Science*, Vol.11, No.2, 2006, pp.1-20; David Goodman, "Middle Class China: Dreams and Aspirations", *Journal of Chinese Political Science*, Vol.19, No.1, 2013, pp.49-67.

认同"稳定器"的说法，但是也不完全赞同民主推动者的理论，只是对中产阶级成为社会"稳定器"的必然性表示怀疑。①

中国经济转型是由执政党主导的深刻而复杂的社会变革，在此历程中诱致性经济制度变迁和强制性经济制度变迁交互作用，产权关系持续调整，推动了经济社会快速发展，同时也伴随着转型期社会矛盾和社会冲突在某些层次上频繁发生。化解社会矛盾和社会冲突，处理好改革与稳定、经济增长与利益分配等方面的关系，使建构与经济社会发展水平和速度相契合的现代国家治理体系的任务愈显迫切。现代国家治理体系建构的具体内容，依据现有政治学和经济学研究，我们认为可概括为以下三个方面：完备清晰的产权制度，公正的社会冲突和纠纷解决机制以及包容互补性的社会意识形态构建。② 依此本文需要论证以下三个问题：第一，经济社会发生的矛盾和冲突与产权制度的关系；第二，在经济社会发生的矛盾和冲突中，中国的中产阶级所充当的角色；第三，将中产阶级由社会冲突的发起者和参与者转变为社会冲突的稳定器，公正的社会冲突、纠纷解决机制和互补性的社会意识形态构建所发挥的作用。

二、理论基础和假说

我国改革开放近40年，经济转型中最重要的是资源配置方式转变，社会转型中最重要的是阶层的调整和分化。改革的本质是利益关系的调整，市场导向的改革，政府对资源控制的放松，给不同的社会群体带来选择空间的变化，打破了原有各个阶层资源占有的格局，或使得一部分人受益，而另一部分人受损，即使是帕累托改善，各阶层受益的相对程度也是不同的，因此，20世纪90年代以来中国的社会冲突并不是西方式的街头民主

---

① 李路路：《中间阶层的社会功能：新的问题取向和多维分析框架》，载《中国人民大学学报》，2008年第4期；张翼：《当前中国中产阶层的政治态度》，载《中国社会科学》，2008年第3期；Min Tang, "The Political Behavior of the Chinese Middle Class", *Journal of Chinese Political Science*, Vol.16, No.4, 2011, pp.373-387.

② 田艳芳：《转型期中国社会冲突的经济制度肇因与风险化解》，载《当代世界与社会主义》，2014年第1期。

示威，也不是要求制度变革的激进行为，而主要是由于发展的不平衡和经济资源的稀缺性，使得各个阶层围绕着稀缺资源的竞争所直接或者间接引发的社会冲突。① 当社会运行良好时，中产阶级对社会稳定的负面影响会控制在一定范围内，一旦某个环节出现问题，其所造成的影响就可能显化，就可能对既有社会的常态运行表示怀疑并力图去改造。

对于中产阶级尚不是主导力量的国家，中产阶级的培育与发展，不仅依赖于经济建设的不断发展，国家和社会的良性互动，更有赖于国家的制度安排②，例如一些研究认为相关制度的缺失，是社会矛盾和社会冲突频发的重要原因。③

综合上述文献，本文认为：在中国经济社会转型发展过程中，完备清晰的产权安排是现代政治经济治理体系的核心建制，通过这种规则的构建，压缩产权的灰色地带所可能导致寻租行为，是引导中产阶级成为社会稳定器，抑制转型期社会冲突的根本。循此思路，本文需要梳理两个理论机理。

第一个理论机理：完备清晰的产权规则是否可以平息和消弭社会矛盾和冲突，实现井然有序的社会利益结构，以及这一过程是如何实现的？

产权制度决定人们的行为方式。产权乃法定的财产权利，是一组通过社会强制使人们普遍认同的、个人或团体所拥有的、排他性的对经济物品的多种用途进行选择的权利。它界定的是由经济物品存在所引起的人与人之间关系。产权安排实际上规定的是人在与他人的相互交往中必须遵守的与物有关的行为规则，违背它就必须为此付出代价。完备的产权总是以复数名词出现的，它包括：占有权、使用权、受益权、决策权、让渡权。产权安排的重要性因罗纳德·科斯（Ronald H. Coase）而重获当代社会科学

---

① 李强：《关于中产阶级的理论与现状》，载《社会》，2005年第1期；阮荣平、郑风田、刘力：《宗教信仰与社会冲突：根源还是工具？》，载《经济学》（季刊），2014年第2期。

② H. C. Chan, "Democracy Evolution and Implementation an Asian Perspective", In: Bartley, R., Chan, H. C., Huntington, S. P. and Ogata, S. (eds.) Democracy and Capitalism: Asian and American Perspectives, Singapore: Institute of Southeast Asian Studies, 1993.

③ 孙立平：《以社会重建推动和谐社会的构建》，载《社会学研究》，2007年第2期；于建嵘：《中国社会风险解析——群体性事件的社会冲突性质》，载《学海》，2009年第1期。

的重视，但在 2000 多年前中国古代的典籍《吕氏春秋》中对此已作了明确地论述。在《吕氏春秋·审分览第五》中引述了春秋时期慎子的产权理论："今一兔走，百人逐之，非一兔足为百人分也，由未定。由未定，尧且屈力，而况众人乎？积兔满市，行者不顾，非不欲兔也，分已定矣。分已定，人虽鄙，不争。故治天下及国，在乎定分而已矣。""今以众地者，公作则迟，有所匿其力也；分地则速，无所匿迟也。"①

慎子的产权理论包含了以下几个重要观点：(1) 社会纷争、冲突起于产权不明晰——由未定；(2) 产权不明晰会导致租金耗散，资源配置的低效率，一兔不足为百人分，而却被百人逐之；(3) 不同的产权安排决定人们不同的行为方式，"由未定，尧且屈力，而况众人乎"，"积兔满市，行者不顾，非不欲兔也，分已定矣"；(4) 产权制度的变革会改变资源配置的效率，"今以众地者，公作则迟，有所匿其力也；分地则速，无所匿迟也"；(5) 明晰的产权界定，是构建稳定有序的社会秩序的前提条件，"分已定，人虽鄙，不争。故治天下及国，在乎定分而已矣"。

产权安排约束人们的选择行为，不同的产权安排产生不同的选择机会空间，明晰的产权使人们对其选择行为的结果所产生的利益归属能够有确定性的预期，而产权灰色地带的存在则意味着相关各方的选择行为的博弈会产生利益分配的多种不确定性的结果。从新制度经济学的视角来看，改革开放其本质就是试图通过产权的重新界定，扩展选择的机会空间，提高资源配置效率的制度变迁。在制度变迁的过程中所出现的各种社会矛盾冲突皆为的利益冲突的表象形式，可概括为三种类型：(1) 新旧产权安排及新产权安排的结构特征，或者说是制度变迁的不同路径引发的利益冲突，产权安排的改变即意味着利益分配关系的重构，即使是预期可实现帕累托改善，会给所有的成员带来共赢的结果，也会引致各成员为获取更多的利益增量（租金）的纷争；(2) 因产权不明晰、不完备所产生的对产权灰色利益地带的争夺；(3) 因侵权行为得不到公正处置所引发的冲突。

---

① 许维通：《吕氏春秋集释》，中华书局 2009 年版。

第二个需要仔细梳理的理论机理：完善的财产权利清晰界定和完整的法律表达机制视角下，"中产阶级"怎样可以转变为社会矛盾和社会冲突的"稳定器"？

理论意义上讲，理想状态的财产权利清晰界定必然会减少甚至消弭社会矛盾和社会冲突现象，人们"各安其分，各守其责"，市场价格机制对社会资源的价格重估和优化配置必然是公平合理的，这已在经济学理论研究中得到充分论证。① 相当令人震惊的是，现实世界的财产权利清晰界定和法律表达机制是严重不够的，这在发展中国家表现得尤其明显。绝大多数发展中国家的产权制度的问题，是在财产权利的清晰界定和法律表述方面存在着较为明显的"双轨制"，一个轨道是边界清晰的现代产权的制度，另一个是相对模糊的产权制度。这种财产权利界定的"双轨制"使得配置社会资源的价格机制也被人为地切割与分离，表现为要素价格市场和资产价格市场的"双轨制"。

较为富裕的"中产阶级"在"双轨制"要素价格市场和资产价格市场的投资策略至少可以区分为两类：第一类投资专注于具有完善的财产权利清晰界定和完整的法律表达机制的市场，由于财产权利得到了清晰界定和完整法律表达。相对而言，这种市场投资行为，在合理合法建立起来的清晰的产权边界的区域内，中产阶级可以更好地在产权规则基础上，维护自己的利益，可以通过交易和投资实现财产的增值。这种投资策略足以抵御各种可能的财产侵害活动，而且这种投资可以将原有投资的改造、更新和再投资所产生的收益予以内化，避免不必要的财产纠纷。以中国城市房地产市场为例，中产阶级可以通过各种合法的途径拥有、维护自己的正规房产，当面临拆迁等问题的时，可以通过市场交易加以完成，或者可以通过正规市场构架进行资产评估，这样就可以减少社会矛盾和社会冲突的发生。因此，如果发展中国家的中产阶级可以利用正规产权制度使其利益诉求得到表达，就可以成为社会冲突的"稳定器"，不容易产生社会矛盾和社会冲突，即使财产权利受到侵害，进入正规的社会冲突和纠纷解决机制

---

① 〔美〕科斯等：《财产权利与制度变迁——产权学派与新制度学派译文集》，刘守英等译，格致出版社出版 2014 年版。

时社会的利益格局结构是可验证的。在这个意义上我们可以说,"中产阶级"是"有恒产者有恒心"的。

第二类投资则专注于在具有完善的财产权利清晰界定和完整的法律表达机制的市场和不具有完善的财产权利清晰界定和完整的法律表达机制的市场之间进行套利。例如在中国"城乡分治"的二元土地制度架构下,由于农村地产、房产的财产权利没有得到了清晰界定和完整法律表达,在急速城市化的进程中,两类市场的巨大的价格差异必然诱导包括政府在内的各种利益主体的寻租博弈,并且财产权利受到侵害方很难得到正规的社会冲突和纠纷解决机制的支持,从而成为社会矛盾和社会冲突的多发地带。因此我们推测,具有天然套利便利的农村"中产阶级"很可能不是"有恒产者有恒心"的。

由此得出本文的第一个假说:**大多数较为富裕的"中产阶级"投资于具有完善的财产权利清晰界定和完整的法律表达机制的市场,因此在财产纠纷方面应该较少受到不公平的对待,会更少参加"群体性事件";而较为富裕的农村"中产阶级"可能更倾向投资于两个市场之间套利活动,因此在财产纠纷方面可能会较多地感受到不公平的对待,在社会利益纠纷正规解决机制存在缺陷的情况下,会更多参加"群体性事件"。**

这个假说的另一面是,非正规市场很难就博弈中的弱势群体投资形成的资产予以合理的估值,使用类比方式或者平均价值很难实体化、个体化非正规投资,因而更容易产生矛盾和冲突,例如同样的鱼塘赔付标准,养殖高价观赏鱼的鱼塘和普通鱼塘的价格差异如何通过非市场价格机制能够得到很好的评估和甄别。

中国转型期的社会矛盾和社会冲突具有非常显著的经济利益诉求,这个特征已经在诸多文献中得到证实。而经济利益争端的解决,在当事人可以自由交易的时候,应该可以通过明晰产权来加以解决,这就是著名的科斯定理。但这里有一个问题,就是产权制度规则是否清晰,如果存在着能够让人们充分利用的产权规则体系那么中产阶级就可能成为社会冲突的稳定器。以中国经济发展中的房地产产权制度架构为例,在城市现代产权制度安排是更加清晰的,大部分城市的住房都被纳入了正规明晰的产权制度体系之内,具有土地使用证和房产证;但是在农村由于土地是集体成员共有，土地的用途有着非常严格的管制，农村居民的住宅属于"小产权"，不能够进入正规房地产市场进行交易，农民僭越在耕地上建设的房产也是得不到法律保护的，甚至还存在着部分农民和企业非法地占据集体土地的情况。当遇到土地用途或权属变动，对既存资产价格重估的时候应该依什么标准，如何补偿原有投资者的利益，显然这其中有着相当大的弹性空间，相关各方的寻租套利冲突难以避免，这就容易让原有资产所有者或占有者产生受到不公平对待的感觉，进而产生社会矛盾和社会冲突。

据此本文提出第二个假说：**在产权制度建设较为完备的城市地区，中产阶级更容易利用完备的产权制度体系保护自己的利益，因此更少感受到不公平对待的情况，而在产权制度建设相对落后和不完善的农村地区，由于中产阶级具有更多的相关投资可能更容易感受到不公平对待。**

当社会群体由于利益受到损害而感受到不公平对待的时候，社会群体仍然可以选择社会正规的冲突解决机制，例如法院、检察院和行政复议等等正规方式和途径，当然也可以采用诉诸新闻媒体、上访等非正规途径。当这些途径都解决不了问题或者社会群体对这些正规和非正规的解决途径不再信任的时候，可能就会演化为以"群体性事件"为主要表现形式的社会矛盾和社会冲突。当感受到不公平对待的社会群体，对于正规和非正规社会冲突解决机制诉诸无门或者不再信任的时候，意味着现代国家治理方式的两个基础层面的制度建设存在着较为根本的缺陷，如田艳芳（2014）研究所显示的那样，首先建立完备的现代产权制度，清晰的现代产权规则是消弭社会矛盾和社会冲突产生机制的核心建制；其次，当这种现代产权制度没有建立的时候，建立较为公平公正的社会矛盾和社会冲突解决机制则是刻不容缓的，这可以一定程度上化解以群体性事件为主要表现形式的社会矛盾和社会冲突。因此，以群体性事件为主要表现形式的社会矛盾和社会冲突是现代国家治理体系根本缺陷的外在体现，所以只是简单地头痛医头脚痛医脚显然是无法根本治愈的。

本文的第三个假说：**中产阶级更加信任正规的社会冲突解决机制。当他们遇到不公平对待的时候，诉诸于正规的社会冲突解决机制的概率更大。**

当然正如假说二所担忧的，在农村由于存在着诸多的现代社会产权制度建设缺陷，农村的正规冲突解决机制可能也是更加不完善的，农村中产阶级对之信任度可能也是更低的，甚至农村中产阶级面临的非正式解决途径也是弊病丛生。所以我们担心，这些可能会导致农村中产阶级变成社会的不稳定因素，成为以群体性事件为主要表现形式的社会矛盾和社会冲突的主要发起者和参与者。因为，农村土地共有产权群体的相关成员往往具有家族宗亲、姻亲等较为密切的传统社会关系，较为富裕的中产阶级的社会威望、受教育水平、社会阅历等相对较高，并且在产权调整中所涉及的自身利益也更多，往往成为群体性社会事件的"带头大哥"。当然这些都需要实证结果的检验。

三、研究设计

基于对现实世界的观察理解与相关研究文献的启示而得出的理论假说，是否能够得到调查数据的实证检验支持呢？实证检验研究的首要难题是获得与待检验理论假说高度相关的、高质量的调查研究数据。十分幸运的是，经过广泛搜寻和研读问卷之后我们发现，由中国人民大学社会学系和香港科技大学社会科学部合作进行的2006年度中国社会综合调查数据［简称CGSS（2006）］非常符合本文的理论假说设置，可以用于实证检验过程。该调查采用分层的四阶段不等概率抽样：区（县）、街道（镇）、居委会、住户和居民，样本涵盖全国28个省、自治区和直辖市，该数据的样本采集过程、问卷设计流程、样本涵盖面规划都十分规范，故而数据质量高、数据信息量大，可使用范围也十分广泛，在近些年的经济学、社会学、政治学等社会科学理论和实证研究中得到了广泛的应用，因此可以说这是一份不可得多的社会调查研究数据。本文实证部分试图采用的研究方法是二值因变量的Logit模型，这种研究方法在计量经济学领域有着十分广泛的应用，而且经过数十年的理论发展，这一研究方法中可能出现的统计学问题已经得到了较为妥善的处理，具有较高的结论可信度，有兴趣的读者可参阅伍德里奇（Jeffrey M.Wooldridge）。①

实证检验部分试图检验的最核心的理论假说是，较为富裕的"中产阶级"是否由于可以投资于具有完善的财产权利清晰界定和完整的法律表达机制的市场而在财产纠纷方面应该较少受到不公平的对待，应该更少参加"群体性事件"。这一核心任务面临的首要难题显然就是"中产阶级"应该从哪一个维度进行测度，而在某一种维度上究竟设置什么样的"客观"标准来界定"中产阶级"和非中产阶级？现有经济学和社会学研究中提供了一些备选测度方式，我们对之进行分析以确定是否可以加以利用。第一种"中产阶级"的备选测度方式显然是收入和财产的视角，使用家庭财产测度"中产阶级"的研究视角在文献中较少采用，我们认为这可能是由于：首先，精确的财产数据极难得到；其次，"中产阶级"的社会特征可能都基于能力和素养，财产数据与之相关性不高。我们使用个体居民收入数据作为"中产阶级"备选测度方式进行检验发现，CGSS（2006）样本数据中，有1066个宣称自己的收入为0，203个认为有关收入的问题不适用，另外还有314个不清楚自己的收入，349个则拒绝回答自己的收入情况，总计1932个样本。②

绝大多数实证检验研究都较为一致地认为调查得到的收入数据是有偏的，我们的数据检验似乎也证明了这一点，而且报告存在收入的数据样本的偏度和峰度也是无从估计的。

第二种"中产阶级"的备选测度方式是职称职位和受教育程度变量，但在CGSS（2006）中很难分离出细致的职称职位数据，而受教育程度变量我们也不拟采用主要是基于如下原因，由于存在"城乡分治"、教育分化等政治经济原因导致中国教育存在着较大的质量变异性，简单地使用受教育年限数据来测度"中产阶级"可能存在较大偏差。

在仔细检阅相关文献和调查问卷基础上，本文认为，使用"家庭每月

---

① 〔美〕杰弗里·伍德里奇：《计量经济学导论》，费建平译，中国人民大学出版社2015年版。

② CGSS（2006）全样本数量为10151个样本，其中城镇样本6013个，农村样本4138个。需要说明的是，城镇样本并没有区分外来务工者和本地户籍人口。

电费支出"指标作为"中产阶级"的备选测度方式可能是比较合理的。这主要基于几个理由：（1）"中产阶级"所具有"消费前卫"和"政治保守"等社会特征可能会很好体现在家庭消费结构上，而家庭消费结构更多地偏向现代工业产品和服务，这些往往与家庭每月电费支出存在着较高的相关度；（2）调查问卷中"家庭每月电费支出"作为一个测度家庭收入支出的变量较为隐蔽，不易引起受访者的警惕而谎报或不报，CGSS（2006）数据中有9830个家庭报告了家庭每月电费支出，而电费为0的样本只有53户。

如前文所言，在我们找出以"家庭每月电费支出"作为"中产阶级"测度维度之后，在这一维度上究竟设置什么样的"客观"标准来区分"中产阶级"和非中产阶级？调查问卷受访者的自我评估是一个值得考察的维度，CGSS（2006）调查问卷中有这样一个问题："如果一定要让您选择的话，您会认为您个人社会经济地位、家庭社会经济地位属于上层、中上层、中层、中下层还是下层？"

本文对相关回答进行了统计分析后发现，仅有0.27%的调查样本受访者认为本人及所在家庭属于上层，2.31%的受访者认为本人及家庭属于中上层，25.77%的受访者认为本人及家庭属于中层，29.25%的受访者认为本人及家庭属于中下层，40.63%的受访者认为本人及家庭属于下层，其余的样本则没有报告本人及所在家庭层次类别的自我评估。

CGSS（2006）调查问卷中还有这样一个问题："有人说社会上的人至少可以划分为下面的四个阶级，您认为您属于其中哪一个？"这四个阶级选项分别是：农民阶级、工人阶级、中产阶级和企业家阶级。45.78%的受访者认为自己属于农民阶级，41.54%的受访者认为属于工人阶级，只有6.95%的受访者认为属于"中产阶级"，0.84%的受访者认为属于企业家阶级，其余的样本要么拒绝回答，要么认为这个问题不适用。依据调查问卷受访者的自我评估结果，我们认为中国较为富裕的"中产阶级"占整体居民的比例可能在7%—28%之间，现有社会学研究也表明这一估计是比较合理的。

李春玲认为，在中国城市总人口中，有条件成为"中产阶级"的人的比例为9.14%，在城市就业人口中的比例为19%。在全国总人口中，有条件成为"中产阶级"的人的相应比例则仅为 6.17%，即接近九千万（约8898万）人可能成为"中产阶级"。① 在这些人当中，大约3%是私营企业主，31%是党政领导干部、经理人员和中高层专业技术人员，19%是工商个体户，47%是普通的白领职员和低层专业技术人员。综合上述调查问卷研究和文献分析过程，本文实证检验过程中较为武断地假设在城镇样本和所有样本中大约10%的家庭可以归结为"中产阶级"，而在农村这一标准可能需要降低到5%。我们十分担心这种较为武断的标准设置可能会影响实证结论的获得，在实证检验过程中我们进行了较为细致的数据测试，发现即使将城镇样本、农村样本和所有样本的"中产阶级"比例放松至25%，本文几乎所有的结论都不会受到太多的挑战，由于篇幅关系这些数据作为正文附录供有兴趣的读者检索。

如前文所言，实证检验部分试图检验的核心理论假说是，较为富裕的"中产阶级"是否由于可以投资于财产权利清晰界定的市场而在财产纠纷方面应该较少受到不公平的对待，应该更少参加"群体性事件"。这个实证检验过程的核心任务面临的第二组测度问题显然是如何测度"中产阶级"和非中产阶级是否"在财产纠纷方面受到不公平的对待"和是否参加了"群体性事件"。CGSS（2006）调查问卷中有这样一个问题："在过去的五年中，您是否在以下各方面的事情中遭受过不公平对待？"这个问题的答案选项包括：房产纠纷、土地征用、城市拆迁、企业改制、失业保障、宅基地分配、基层选举、债务纠纷和其他。

我们注意到，这些社会参与者可能面临的受到不公平对待的选项既有财产纠纷相关选项，也有非财产纠纷相关选项。但我们认为由于存在五年内这样的时间区间设置和不同家庭的财产活动周期存在着差异，社会参与者没有受到财产纠纷相关不公平对待不代表能够很好保护自己的财产权利，而这种财产纠纷相关侵害也可能表现为非财产纠纷相关侵害，故而本文将非财产纠纷相关不公平对待也纳入考查范围。本文实证检验研究设置了这样一个虚拟变量："在过去五年内，在财产纠纷相关领域和非财产纠纷相关领域是否受到不公平对待"，如果回答"是"则该数据设置为1，

---

① 李春玲：《中产阶级的消费水平和消费方式》，载《广东社会科学》，2011年第4期。

否则为0。我们也检验了如果只关注财产纠纷相关领域受到不公平对待虚拟变量设置，二者具有极高的相关系数，这与理论推测显然也是一致的。

对相关数据进行统计分析发现，全部样本中，受到不公平对待的类型有以下几种，其样本数据分布如下图所示。

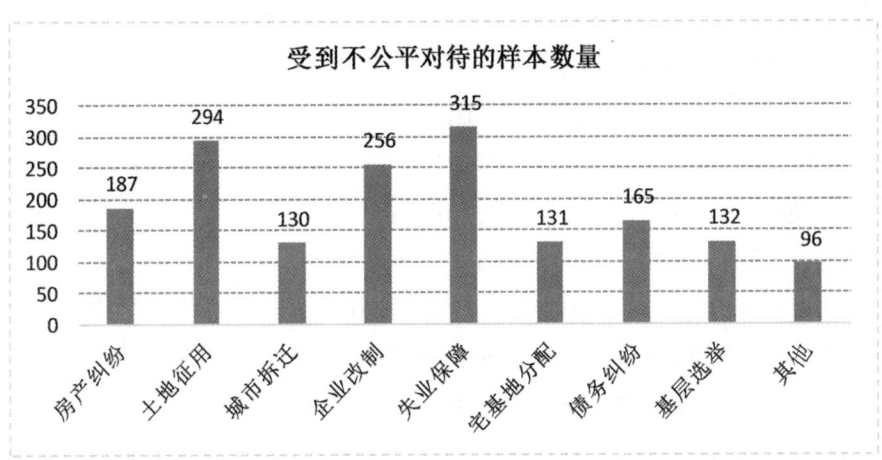

如果将房产纠纷、土地征用、城市拆迁、企业改制、失业保障、宅基地分配、债务纠纷视作财产纠纷相关不公平对待的话，其中1053个样本可以界定为财产纠纷相关领域受到不公平对待，而如果加上非财产纠纷相关领域受到不公平对待，样本虚拟变量数量增加至1184个。我们对相关数据进行统计分析发现，全部样本中，报告在房产纠纷中受到不公平对待的样本有187个，在土地征用中受到不公平对待的样本有294个，在城市拆迁中受到不公平对待的样本有130个，在企业改制中受到不公平对待的样本有256个，在失业保障中受到不公平对待的样本有315个，在宅基地分配中受到不公平对待的样本有131个，在基层选举中受到不公平对待的样本有132个，在债务纠纷中受到不公平对待的样本有165个，在其他中受到不公平对待的样本有96个。

CGSS（2006）调查问卷中有这样一组问题："在现实生活中，经常会看到一些群体性的活动或行动，比如，联合抵制不合理收费、串联起来反对征地或拆迁、集体参加环保活动、集体签名、集体谈判、集体诉讼、集体请愿、集体上访、集体罢工、集会、游行、示威，等等。请问，在过去五年中，您身边是否发生过这样的事情？""在这些活动或行动中，您是否担任过以下角色？"这个问题的答案选项包括：组织者、普通参与者、支持者、其他形式的参与者、从未参与和其他。本文研究设置了一个是否参与"群体性事件"的虚拟变量，如果社会参与者以组织者、普通参与者、支持者和其他形式的参与者形式参与了上述抗议活动，我们将这一虚拟变量的数值设置为1，否则为0。

我们也对相关数据进行了统计分析，结果显示，全部样本中，报告在"群体性事件"中担任组织者的样本有15个；在"群体性事件"中担任普通参与者的样本有161个；在"群体性事件"中担任支持者的样本有89个；在"群体性事件"中担任其他形式的参与者的样本有15个；全部样本中参与"群体性事件"的样本数量为259个。

实证检验部分试图检验的第二个理论假说是，较为富裕的"中产阶级"除了投资于财产权利清晰界定的市场避免自己受到财产侵害之外，面临可能受到的财产侵害纠纷时可能更多地诉诸于正规性渠道来解决。CGSS（2006）调查问卷中有两组与此有关的问题设置："当您在遇到这样的不公平的事情时，您最想去上诉的是哪个部门？""在实际解决纠纷的过程中，您都采用过哪些手段？"第一个问题的答案选项包括：本单位领导、本地政府、法院、工会共青团妇联等非政府组织和其他。第二个问题的答案选项则包括：找律师咨询有关知识、找亲戚、朋友或熟人咨询有关知识、到法院起诉、向新闻媒体投诉、直接上门找对方要说法、私下威胁、报复、通过亲戚、朋友或熟人施加压力、个人或家庭上访、与其他个人或家庭集体上访、集体上访、游行、示威、罢工罢课和其他。这两个问题的指向有着极大的相似性。

本文实证检验研究中主要使用的是第二个问题，这主要是基于以下原因：首先，第一个问题的指向是当财产侵害纠纷发生时权利被侵害者主观意识最愿意实施的上诉部门，这一结果选项可能主要是正规性渠道。其次，该问题设置的答案选项几乎只包含正规性渠道选项，这一问题设置就具有诱导性，这不符合这一部分待检验理论假说的思想设置，故而可以放弃这一问题。

本文拟将受到的财产侵害纠纷时可能诉诸的正规性渠道区分为：找律师咨询有关知识、找亲戚、朋友或熟人咨询有关知识、到法院起诉、向新闻媒体投诉。非正规性渠道区分为：直接上门找对方要说法、私下威胁、报复、通过亲戚、朋友或熟人施加压力、个人或家庭上访、与其他个人或家庭集体上访、集体上访、游行、示威、罢工罢课和其他。我们对数据进行了统计分析发现，全部样本中，报告当实际纠纷发生时拟采用正规性社会纠纷解决渠道的样本有479个；拟采用非正规性社会纠纷解决渠道的样本则有965个；其中报告的当面临可能受到的财产侵害纠纷时，既诉诸于正规性渠道又诉诸非正规性渠道的样本则有262个。

四、实证结果

（一）"中产阶级"虚拟变量与居民遭受不公平对待虚拟变量回归结果

在考虑了回归过程中可能出现的违背经典假设的多重共线、模型设定等计量经济学问题基础上，我们将被解释变量设为调查问卷受访者遭受不公平对待虚拟变量，主要解释变量包括："中产阶级"虚拟变量、城镇"中产阶级"虚拟变量和农村"中产阶级"虚拟变量，得Logit回归结果整理在表1中。需要稍加说明的是，该表中的第（1）、（2）和（3）列回归结果分别将"中产阶级"虚拟变量、城镇"中产阶级"虚拟变量和农村"中产阶级"虚拟变量定义为"居民家庭每月电费支出超过全样本的第75百分位"、"城镇居民家庭每月电费支出超过城镇居民家庭的第75百分位"和"农村居民家庭每月电费支出超过农村居民家庭的第75百分位"；第（4）、（5）和（6）列回归结果则分别将"中产阶级"虚拟变量、城镇"中产阶级"虚拟变量和农村"中产阶级"虚拟变量定义为"居民家庭每月电费支出超过全样本的第90百分位"、"城镇居民家庭每月电费支出超过城镇居民家庭的第90百分位"和"农村居民家庭每月电费支出超过农村居民家庭的第95百分位"。

实证检验研究结果显示，"中产阶级"虚拟变量与遭受不公平对待虚拟变量之间的关系是正向的，但这一结果在统计学上是不显著的；城镇"中产阶级"虚拟变量与遭受不公平对待虚拟变量之间的关系则是负向的，这一结果也是统计学上不显著的；农村"中产阶级"虚拟变量与遭受不公平对待虚拟变量之间的关系则是正向的，这一结果在统计学上是十分显著的。总体而言，实证检验结果只能说部分支持了假说二，本文预计由于大多数较为富裕的"中产阶级"可以投资于具有完善的财产权利清晰界定和完整的法律表达机制的市场，因此在财产纠纷方面应该较少受到不公平的对待。这一点在城镇"中产阶级"虚拟变量的符号上有所体现但这一结果却是不显著的，这可能意味着中国财产权利清晰界定的市场发育仍然具有较大的不足。而农村"中产阶级"虚拟变量的符号是符合理论预期的，也进一步证实了中国社会财产权利清晰界定市场发育之糟糕，故而"中产阶级""有恒产者有恒心"是十分存疑的。

表1 分城乡的"中产阶级"虚拟变量与居民遭受不公平对待变量关系 Logit 回归结果

	(1)	(2)	(3)	(4)	(5)	(6)
中产阶级虚拟变量	0.047 (-0.61)			0.018 (-0.17)		
城镇中产阶级虚拟变量		-0.137 (-1.10)			-0.250 (-1.54)	
农村中产阶级虚拟变量			0.433*** (-3.81)			0.725*** (-2.97)
宗教	-0.234*** (-2.66)	-0.431*** (-3.77)	0.014 (-0.09)	-0.236*** (-2.68)	-0.435*** (-3.81)	-0.007 (-0.05)
性别	0.191*** (-2.99)	0.195** (-2.33)	0.187* (-1.86)	0.191*** (-2.98)	0.195** (-2.33)	0.188* (-1.88)
年龄	0.007*** (-3.29)	0.014*** (-5.43)	-0.005 (-1.50)	0.007*** (-3.26)	0.014*** (-5.41)	-0.006 (-1.58)
户口	-0.111 (-1.59)	-0.229* (-1.96)	-0.19 (-0.98)	-0.122* (-1.82)	-0.230** (-1.97)	-0.250 (-1.27)
民族	-0.292** (-2.48)	-0.083 (-0.46)	-0.402** (-2.55)	-0.289** (-2.45)	-0.083 (-0.46)	-0.396** (-2.52)
工作状态	-0.104 (-1.49)	-0.035 (-0.39)	-0.109 (-0.84)	-0.103 (-1.48)	-0.035 (-0.39)	-0.128 (-0.98)

（续表）

	（1）	（2）	（3）	（4）	（5）	（6）
常数项	-1.826*** (-11.24)	-2.203*** (-10.05)	-1.377*** (-4.26)	-1.810*** (-11.35)	-2.197*** (-10.02)	-1.208*** (-3.76)
样本数	10151	6013	4138	10151	6013	4138
Pseudo R2	0.006	0.013	0.010	0.006	0.013	0.008
卡方数值（p值）	44.507 (0.000)	65.581 (0.000)	29.755 (0.000)	43.553 (0.000)	67.963 (0.000)	24.638 (0.001)

注：括号内的数值为t统计量。模型（1）、（2）、（3）使用的中产阶级虚拟变量定义为居民家庭用电费用超过居民的第75百分位、城镇居民家庭的第75百分位和农村居民家庭的第75百分位，模型（4）、（5）、（6）使用的中产阶级虚拟变量定义为居民家庭用电费用超过居民的第90百分位、城镇居民家庭的第90百分位和农村居民家庭的第95百分位。***、**和*分别表示1%、5%和10%水平上的统计显著性显著。

上述实证检验过程似乎表明，前文得出的结论与"中产阶级"等虚拟变量的定义、测度方式和控制变量选择关联度不大，实证结果表现出相当程度的稳健性。控制变量的情况由于没有具表列出，这里予以简单总结：没有宗教信仰的人似乎比有宗教信仰的人更少在财产权利方面遭受不公平对待，其原因可能是弱势群体会更多加入宗教或宗教教义会让其更多感受到不公平，参阅阮荣平、郑风田和刘力（2014）；男性调查问卷受访者相比较于女性似乎更多在财产权利方面遭受不公平对待，原因可能是男性受访者更多的是家庭财产的掌握者；年龄更长的调查问卷受访者相对于年轻的受访者似乎在财产权利方面更多遭受到不公平对待，原因可能是年龄较长的受访者更多投资于财产权利界定不那么清晰完善的市场，而且其财产数量也多于年纪较轻的受访者；拥有农村户口的受访者相比较于拥有城镇户口或蓝印户口的受访者更少在财产权利方面遭受到不公平对待，这可能是由于拥有农村户口的居民财产状况较差，比较少有投资活动因此可能面临的财产侵害状况也会较少；属于汉族的调查问卷受访者似乎比少数民族受访者更少在财产权利方面遭受不公平对待，这可能是由于少数民族受访者投资活动相对较少或者其社会地位边缘化导致的不公平感较多；最后，处于全日制工作状态的受访者相比较于非全日制工作状态的受访者似乎更少在财产权利方面遭受不公平对待，虽然这一结果是所有控制变量中最不稳健和最不显著的，这可能表明被边缘化的非全日制工作者更易受到财产侵害。

表2 分城乡的"中产阶级"虚拟变量与居民参与群体性事件变量关系 Logit 回归结果

	（1）	（2）	（3）	（4）	（5）	（6）
遭受不公平对待虚拟变量				2.495*** (−18.94)	2.381*** (−13.98)	2.679*** (−12.45)
中产阶级虚拟变量	−0.037 (−0.16)			−0.054 (−0.23)		
城镇中产阶级虚拟变量		−0.060 (−0.19)			0.030 (−0.09)	
农村中产阶级虚拟变量			1.141*** (−2.87)			0.810* (−1.70)
宗教	−0.357** (−2.05)	−0.552** (−2.46)	0.051 (−0.17)	−0.253 (−1.43)	−0.362 (−1.60)	0.076 (−0.25)
性别	0.346*** (−2.68)	0.330** (−1.96)	0.347* (−1.69)	0.263** (−1.99)	0.252 (−1.48)	0.263 (−1.25)
年龄	−0.009** (−2.09)	−0.008 (−1.43)	−0.008 (−1.04)	−0.015*** (−2.91)	−0.018*** (−2.72)	−0.007 (−0.80)
户口	−0.072 (−0.52)	−0.316 (−1.36)	0.582 (−1.13)	−0.018 (−0.12)	−0.249 (−1.04)	0.755 (−1.48)
民族	−0.043 (−0.17)	−0.123 (−0.35)	0.077 (−0.20)	0.116 (−0.44)	−0.084 (−0.24)	0.333 (−0.82)
工作状态	−0.176 (−1.21)	−0.004 (0.02)	−0.534** (−2.23)	−0.156 (−1.02)	−0.007 (−0.04)	−0.529** (−2.10)
常数项	−2.945*** (−8.76)	−2.824*** (−6.57)	−3.812*** (−5.26)	−3.684*** (−9.39)	−3.276*** (−6.75)	−5.093*** (−6.55)
样本数	10151	6013	4138	10151	6013	4138
Pseudo R2	0.006	0.009	0.017	0.146	0.134	0.178

（续表）

	（1）	（2）	（3）	（4）	（5）	（6）
卡方数值 （p 值）	16.451 (0.021)	16.327 (0.022)	21.023 (0.004)	378.831 (0.000)	216.83 (0.000)	186.915 (0.000)

注：括号内的数值为 t 统计量。表中使用的"中产阶级"虚拟变量定义为居民家庭用电费用超过居民的第 90 百分位、城镇居民家庭的第 90 百分位和农村居民家庭的第 95 百分位，***、**和*分别表示 1%、5% 和 10% 水平上的统计显著性显著。

（二）"中产阶级"虚拟变量与居民参与"群体性事件"虚拟变量回归结果

与前文类似，在考虑了回归过程中可能出现的多重共线、模型设定等计量经济学问题基础上，我们将被解释变量为调查问卷受访者参与"群体性事件"虚拟变量，主要解释变量包括："中产阶级"虚拟变量、城镇"中产阶级"虚拟变量和农村"中产阶级"虚拟变量，得 Logit 回归结果整理在表 2 中。

实证检验结果似乎表明，在不对调查问卷受访者遭受不公平对待进行控制的时候，"中产阶级"虚拟变量、城镇"中产阶级"虚拟变量与受访者参与"群体性事件"虚拟变量之间的关系是负向的，但是这些结果在统计上不具有显著性；农村"中产阶级"虚拟变量与受访者参与"群体性事件"虚拟变量之间的关系则是正向的，而且在统计上是十分显著的。而在控制调查问卷受访者遭受不公平对待虚拟变量之后，"中产阶级"虚拟变量与受访者参与"群体性事件"虚拟变量之间的关系仍然是负向的，但城镇"中产阶级"虚拟变量与之的关系则变为正向的，虽然二者在统计上仍然不具有显著性；农村"中产阶级"虚拟变量与受访者参与"群体性事件"虚拟变量之间的关系仍然是正向的，但数值明显变小的同时统计上的显著性也较为显著地下降。尤其值得指出的是，受访者遭受不公平对待虚拟变量与参与"群体性事件"虚拟变量之间的关系是高度显著且十分稳健的，这或可解释为：以"群体性事件"为主要表现形式的社会矛盾和社会冲突在某些局部爆发恶化的根本原因之一是遭遇财产侵害。

与前文类似，实证检验的结果似乎比假说一的预想还要糟糕一些，理论设想部分本来预期较为富裕的"中产阶级"由于可以投资于财产权利清晰界定的市场而较为有效地避免财产侵害纠纷，进而较少地参与"群体性事件"，这一结果虽然在方向上与理论预期是较为一致的，但这些结果都是不显著的。控制了调查问卷受访者遭受不公平对待虚拟变量之后，城镇"中产阶级"虚拟变量仍然正向地与参与"群体性事件"虚拟变量相关，这意味着即使城镇"中产阶级"财产权利没有受到侵害，他们也并不会较少地参与"群体性事件"。

对此非常值得深入探讨，现代国家治理机制的缺失导致了本应成为社会矛盾和社会冲突"稳定器"的"中产阶级"，不仅仅在利益受到侵害的时候通过各种手段来保卫自己的财产，即使自身利益没有受到侵害，由于担忧不受约束的国家权力或政府权力可能会侵害自己也会采用较为激烈的手段支持其他社会参与者的维权行动，由此可见现代国家治理机制建设之急迫。

农村"中产阶级"的行为分析显然可以进一步证实上文的理论推测，首先，农村地区"中产阶级"可能有更多的财产权利处于权利界定不那么清晰的领域，而农村地区的财产权利清晰界定市场是更不健全的，这可能导致农村"中产阶级"参与维权行为群体事件的利益导向更甚；其次，由于财产利益所在，农村"中产阶级"对于建立更加完善的财产权利清晰界定市场的利益诉求更加迫切，同时对于财产纠纷中产生的维权行为就会更同情、更多涉及。由此可见，由于完善的财产权利清晰界定的市场的缺位，整个社会众多的参与者尤其是较为富裕的"中产阶级"是极度不安的。因此才出现了本文实证检验部分得到的这些结论："中产阶级"很多时候变成了"群体性事件"的参与者和支持者，偏离了"有恒产者有恒心"。

（三）"中产阶级"虚拟变量与居民使用正规性渠道、非正规性渠道解决财产纠纷虚拟变量回归结果

亦类前文，在考虑了回归过程中可能出现的多重共线、模型设定等计量经济学问题基础上，我们将被解释变量为调查问卷受访者使用正规性渠

道、非正规性渠道解决财产纠纷虚拟变量，主要解释变量包括："中产阶级"虚拟变量、城镇"中产阶级"虚拟变量和农村"中产阶级"虚拟变量。Logit回归结果整理在表3中。

实证检验结果证实，"中产阶级"虚拟变量、城镇"中产阶级"虚拟变量与调查问卷受访者使用正规性渠道解决财产纠纷虚拟变量之间的关系是正向的，但这些结果在统计上是不显著的；农村"中产阶级"虚拟变量与受访者使用正规性渠道解决财产纠纷虚拟变量之间的关系是正向的，而且这一结果在统计上十分显著。"中产阶级"虚拟变量、城镇"中产阶级"虚拟变量与受访者使用非正规性渠道解决财产纠纷虚拟变量之间的关系都是负向的，虽然"中产阶级"虚拟变量的符号是统计上不显著的但城镇"中产阶级"虚拟变量的符号则是统计上显著的；农村"中产阶级"虚拟变量与受访者使用非正规性渠道解决财产纠纷虚拟变量之间的关系则是正向的，而且这一结果在统计上是十分显著的。

实证结果可以说比较好地验证了假说三的理论推测，上述结果两相对比不难发现，较为富裕的"中产阶级"可能相较于非正规性渠道更偏向于使用正规性渠道解决财产纠纷问题；但农村"中产阶级"可能存在一定程度的特殊性，这可能是由于农村"中产阶级"的财产权利在一定程度上在正规性渠道是不可验证的。大部分使用正规性渠道解决财产纠纷问题的符号是不显著的，这似乎表明，解决社会矛盾和社会冲突的公正公平的、高效率的正规性机制建设仍然有待完善。

在此对本文所进行的实证检验研究结果予以总结。针对中国经济社会转型期较为富裕的"中产阶级"群体投资于财产权利清晰界定的市场而遭受财产纠纷时，是否更少受到不公平对待，进而较少地参与"群体性事件"等理论设想所作的检验似乎表明，中国经济社会转型期完善的财产权利清晰界定市场建设取得了一定的成绩，但这一成绩并没有通过统计上的检验，现代国家治理体系建设的现代产权制度构建仍然是任重而道远的。现代产权制度构建的缺憾使得本应成为社会矛盾和社会冲突"稳定器"的"中产阶级"无法通过投资于财产权利清晰界定的市场保卫自身的财产，这种财产权利上的不安使得"中产阶级"成为"群体性事件"的参与者或支持者。

表3 分城乡的中产阶级虚拟变量与居民使用正规性渠道、非正规性渠道虚拟变量关系 Logit 回归结果

	使用正规渠道解决纠纷虚拟变量			使用非正规渠道解决纠纷虚拟变量		
	(1)	(2)	(3)	(4)	(5)	(6)
中产阶级虚拟变量	0.211 (−1.41)			−0.025 (−0.20)		
城镇中产阶级虚拟变量		0.008 (−0.04)			−0.421** (−2.15)	
农村中产阶级虚拟变量			1.194*** (−3.76)			0.683*** (−2.61)
宗教	−0.415*** (−3.27)	−0.502*** (−3.23)	−0.265 (−1.22)	−0.233** (−2.42)	−0.431*** (−3.37)	−0.035 (−0.23)
性别	0.088 (−0.92)	−0.012 (−0.10)	0.277* (−1.66)	0.260*** (−3.70)	0.335*** (−3.59)	0.165 (−1.55)
年龄	0.003 (−1.01)	0.008** (−2.10)	−0.004 (−0.71)	0.010*** (−4.30)	0.017*** (−5.87)	−0.002 (−0.56)
户口	−0.450*** (−4.29)	−0.389** (−2.23)	−0.626** (−2.25)	−0.001 (−0.01)	−0.161 (−1.25)	−0.058 (−0.26)

（续表）

	使用正规渠道解决纠纷虚拟变量			使用非正规渠道解决纠纷虚拟变量		
	(1)	(2)	(3)	(4)	(5)	(6)
民族	0.133 (−0.88)	0.185 (−0.68)	0.199 (−0.62)	−0.421*** (−3.44)	−0.200 (−1.03)	−0.531*** (−3.31)
工作状态	0.063 (−0.60)	0.169 (−1.32)	−0.028 (−0.13)	−0.120 (−1.56)	−0.059 (−0.58)	−0.152 (−1.10)
常数项	−2.863*** (−10.96)	−3.005*** (−9.04)	−2.591*** (−4.83)	−2.125*** (−12.45)	−2.558*** (−10.63)	−1.526*** (−4.45)
样本数	10151	6013	4138	10151	6013	4138
Pseudo R2	0.01	0.008	0.017	0.008	0.018	0.007
卡方数值 （p值）	36.301 (0.000)	20.048 (0.005)	28.947 (0.000)	57.656 (0.000)	80.631 (0.000)	21.615 (0.003)

注：括号内的数值为 t 统计量。表中使用的"中产阶级"虚拟变量定义为居民家庭用电费用超过居民的第 90 百分位，城镇居民家庭的第 90 百分位和农村居民家庭的第 95 百分位。***、**、*分别表示 1%、5% 和 10% 水平上的统计显著性显著。

一个更值得深思的现象是,由于财产权利清晰界定的市场与没有清晰界定的市场的"双轨制"存在,诱发了严重的套利现象,而这种套利参与者中的"中产阶级"依据本文研究是最重要的"群体性事件"组织者、参与者和支持者的来源,滋生于缺陷性制度上的"中产阶级"反而是这种制度最大的不安者。

最后,从理论上讲,现代产权制度建设的缺陷所导致的财产纠纷,本应该可以通过诉诸正规性解决渠道来加以补救和消解,从而避免形成社会矛盾和社会冲突的洪流宣泄到非正规性渠道,进而影响社会经济的稳定局面。遗憾的是这一方面我们做得并不好。实证检验研究发现,虽然较为富裕的"中产阶级"在遇到财产纠纷时更多地使用正规性渠道来解决,但这些结果在统计上并不是稳健显著的,而且农村"中产阶级"这一制度套利者似乎会更多地涉入非正规性渠道。

五、结论性评述

伴随着经济高速增长过程,日益喧嚣的、以"群体性事件"为主要表现形式的社会矛盾和社会冲突现象,是中国经济和社会发展中最为令人忧虑的问题之一。首先,社会利益纠葛纷扰、社会矛盾频繁爆发会将全社会的注意力从生产性活动吸引到社会财富分配过程,这显然不利于经济社会的进一步成长;其次,社会治理顽疾无法根除将会彻底扭曲政府的经济和社会职能。依据时磊、刘志彪的研究,政府的财政支出结构将会被吸引到非生产性公共支出上来,进而形成非生产性社会支出规模超越经济和社会发展阶段的"福利赶超"现象,从而陷入非生产性社会支出规模不断膨胀——社会治理顽疾日益恶化的怪圈,这正是"拉美陷阱"的核心特征之一。① 于是人们把治愈社会治理顽疾的希望寄托于伴随经济不断成长而规模不断增加的较为富裕的"中产阶级"可以"有恒产者有恒心",成为抑制和缓和社会矛盾和社会冲突的"稳定器"。但本文的研究却表明,较为

---

① 时磊、刘志彪:《"福利赶超"、政府失灵与经济增长停滞——"中等收入陷阱"拉美教训的再解释》,载《江苏社会科学》,2013年第1期。

富裕的"中产阶级"真正成为社会矛盾和社会冲突的"稳定器"是有条件的,"分已定,人虽鄙,不争。故治天下及国,在乎定分而已矣"。这就是要建立财产权利完善、界定清晰和法律表达机制完整的市场。因为如果没有完善的财产权利清晰界定和完整的法律表达机制的市场,较为富裕的"中产阶级"就无法通过投资保卫自己的财产或者深陷于跨市场套利活动,"中产阶级"反而会变成"群体性事件"的组织者和参与者,甚至在自己的直接利益没有受到侵害时也是如此。

本研究的理论脉络可以作如下归纳。中国经济社会转型期社会矛盾和社会冲突在某些层次上频繁恶化的根本原因是,改革开放后经济社会高速发展过程中没有建立起与经济社会发展水平和速度相契合的现代政治经济治理机制,而现代政治经济治理机制的建构中最为核心的是清晰完备的现代产权制度建设。这是因为:首先,完备清晰的现代产权制度通过可置信威胁来遏制和消弭静态社会中的社会矛盾和社会冲突,通过市场交易来平息和消弭动态市场社会中的社会矛盾和社会冲突。其次,当现实世界的现代产权制度构建不可避免地被切割成"双轨制"存在时,寄希望于较为富裕的、主要投资于财产权利清晰界定市场的"中产阶级"成为经济社会发展和稳定的主流力量显然是有利于平息和消弭社会矛盾和社会冲突现象的。最后,中国经济社会转型期财产权利清晰界定的市场建设仍然十分不足,这导致了较为富裕的"中产阶级"偏离了"有恒产者有恒心",甚至部分"中产阶级"成为缺陷性制度的套利者,而这进一步加剧了社会参与者的不安。在理论分析基础上,我们使用CGSS(2006)调查数据来实证检验本文的理论假想,实证结果基本证实了我们的理论猜测,而且实证结果似乎显示财产权利清晰市场的建设成绩可能比预想的还要糟糕一些,而且可以援助救济这一制度缺陷的解决社会矛盾和社会冲突的正规性渠道也被证实是发育严重不足的。

一个稳定成熟的社会在阶层结构上通常呈现为橄榄型态,庞大的中产阶层对社会政治经济制度和主导价值观的认同,使之能够"有恒产者有恒心",起到"社会稳定器"的作用。但是在一个持续变革和快速发展的社会,伴随着各社会群体利益关系的调整,各种社会思潮激烈交锋,诸多的不确定性因素是人们难以对未来形成稳定的预期,中产阶级并不必然是

"社会稳定器"。

中国经济社会的转型是在执政党领导下,由政府主导的一场已持续数十年的深刻而复杂的社会变革。改革从本质上来讲就是相关群体利益关系的调整,每一项改革举措推出都必然会使相关利益群体之间展开一场错综复杂的博弈,趋利避害的各方会通过各种策略来影响博弈的结果。检视改革开放的历程,可以清楚地看到各阶段以"群体性事件"为突出表现形式的社会矛盾和社会冲突的特征都与当时推进改革高度相关,而作为改革主导者的政府往往是矛盾和冲突的焦点。妥善地处理改革与稳定、经济增长和利益分配的关系,化解社会矛盾,弥合社会裂隙,使不断壮大的"中产阶层"成为社会稳定的中坚力量,防止局部的、离散的、非系统性的、非组织化的突发"群体事件"演化为体制风险,就必须建构起与经济社会发展水平和速度相契合的、符合中国社会根本利益和制度的现代政治经济治理体系。依据现代政治学、经济学和社会学的理论研究成果,借鉴国外社会治理经验教训,参阅丰富的中国先贤思想智慧,可将此体系概括为三个方面的内容:完备清晰的产权制度,公平公正和高效率的社会冲突和纠纷解决机制,以及包容互补性的社会意识形态共识构建。

(一) 建立完备清晰的产权制度是现代政治经济治理体系的核心建制,完备清晰的产权安排是平息社会冲突的和解决社会矛盾的根本

建立完备清晰的产权制度是社会稳定的基础,"由未定,尧且屈力,而况众人乎?……分已定,人虽鄙,不争。故治天下及国,在乎定分而已矣"。这一框架可以阐述大多数静态社会中,清晰界定的产权规则平息和消弭社会矛盾和社会冲突的机制;财产权利的清晰界定和法律表达是市场交易活动得以良好运行的前提。[①] 伴随经济社会高速增长和市场经济动态建设过程,原有社会资源必然面临着价值(价格)重新估计过程和重新合理优化配置过程,财产权利如果没有得到清晰界定就可能会引发相当多的

[①] 周其仁:《改革的逻辑》,中信出版社2013年版。

和涉及面相当广的利益纠纷、利益冲突。例如,社会资源——建设用地转让应该由利益相关方的哪一个主体来决定这种资源是否可以转让,或者原有社会资源的利益相关群体应该建立一种什么样的协商机制来决定社会资源转让过程,然后,应该以什么样的合理价格来实现社会资源的转让和重新配置。这种牵涉利益面宽、涉及利益复杂的情况必然引发集体行动的困境。① 解决这一集体行动的困境,实现经济社会发展的效率只有两种办法:第一,以利益相关主体中的强势方为核心迅速实现社会资源的价值重估和资源重新配置过程,这必然会导致利益相关主体强势方以损害利益相关主体弱势方利益为代价,偏离社会最优资源配置,同时还会诱发利益相关主体弱势方的抗议与不满进而诱发社会矛盾和社会冲突;第二,建立完备清晰的现代产权规则和法律表达机制,通过市场机制实现社会资源的价值重估过程和资源重新配置过程,至于初始的产权界定应该界定给利益相关主体中的哪一方,依据科斯定理二在交易成本存在且不为零的前提下应该依据社会福利最优化的方式进行界定。② 完整的财产权利清晰界定和完善的法律表达机制可以内化社会资源价值的动态变化过程,减少利益相关主体的数量,这显然是有利于平息和消弭社会矛盾和社会冲突的。

法治是社会主义的核心价值观,依法治国是建立社会秩序的基础条件,是富民强国的制度保证。"然失其本……非一旦一夕故也,其渐久已。"③ 因此,必须树立民众和执政者对法治威严的敬畏意识,"故其治国也,证明法,陈严刑,将以救群生之乱,去天下之祸,使强不凌弱,众不暴寡,耆老得遂,孤幼得长……此亦功之至厚者也,愚人不知,故以为暴……夫严刑重罚者,民之所恶也,而国之所治也";提高侵权违法成本,"以其所重禁其所轻,以其所难止其所易。故君子与小人俱正,盗跖与曾、史俱廉"。由于当侵权违法必受严惩成为可置信的社会观念被社会成员广泛认知和接受,法律成为其选择行为的硬约束,"贲、育见侵于其所不能

---

① 〔美〕曼瑟尔·奥尔森:《集体行动的逻辑》,陈郁、郭宇峰、李崇新译,格致出版社 2014 年版。

② 〔美〕罗纳德·科斯:《企业、市场与法律》,盛洪、陈郁译,格致出版社 2014 年版。

③ 司马迁:《史记·太史公自序》,中华书局 2010 年版。

胜,盗跖见害于其所不能取,故能禁贲、育之所不能犯,守盗跖之所不能取,则暴者守愿,邪者反正。大勇愿,巨盗贞,则天下公平,而齐民之情正矣","故民莫犯,其刑无所加"。①

（二）建构公平公正的、高效率的社会冲突和纠纷解决机制,畅通侵权纠纷解决的正规渠道是消除寻租套利行为,遏制群体事件发生重要手段

"吏者,平法者也。治国者,不可失平也。"法律公平是社会公平的基石,程序正义是社会正义的保证。确立在公平和正义基础上的法律被民众信赖,还在于其是否能有效实施来解决侵权纠纷,而这在很大程度上依赖于廉能有效的执法者队伍,"善张网者引其纲,若一一摄万目而后得,则是劳而难；引其纲,而鱼已囊矣。故吏者,民之本、纲者也,故圣人治吏不治民"。不能从制度安排上遏制权力寻租,必导致纲纪崩乱,法律失去尊严,"设法度而听左右之请,此所以难行也","故上失扶寸,下得寻常","故奸私之臣愈众,而暴乱之徒愈胜",把权力关进制度的笼子,"人臣循令而从事,案法而治官","主施其法,大虎将怯,主施其刑,大虎自宁。法制苟信,化虎为人,复反其真"。法律面前人人平等,"明法制,去私恩","法不阿贵,绳不挠曲。法之所加,智者弗能辞,勇者弗敢争。刑过不辟大臣,赏善不遗匹夫。故矫上之失,诘下之邪,治乱决缪,绌羡齐非,一民之轨,莫如法"。

建构高效率的社会冲突和纠纷解决机制,要求立法必须有可行性,"其法易为,故令行",而且要尽可能的详尽,以压缩寻租套利空间,减少侵权行为,"法省而民讼萌……法必详尽事"；对企图通过违法聚众的群体性事件已达利益诉求者,不可姑息,"欲为其国,必伐其聚；不伐其聚,彼将聚众","禁奸于未萌"。

---

① 王先慎:《韩非子集解》,中华书局1998年版。

小信成则大信立，当民众确信其利益诉求的正规渠道是公平公正的、畅通高效的，而企图通过非法聚众表达利益诉求和套利的行为不仅达不到目的且必受惩罚，则可民治而国安，社会资源得以更多地配置到生产性用途，"使民以力得富，以事致贵，以过受罪，以功置赏"。

（三）包容互补的社会意识形态构建可以凝聚社会共识，和谐的社会生态环境可以最大限度地降低治理成本

有恒产者并不必然能成为"社会的稳定器"，社会价值观的冲突、混乱必然导致社会矛盾和社会冲突升级，群体性事件频发和恶化，瓦解社会稳定的基础，中产阶级也会更多地积极参与、组织策划"群体性事件"，利用制度的灰色地带寻租套利。对此韩非子有精辟的论述："为故人行私谓之'不弃'，以公财分施谓之'仁人'，轻禄重身谓之'君子'，枉法曲亲谓之'有行'，弃官宠交谓之'有侠'，离世遁上谓之'高傲'，交争逆令谓之'刚材'，行惠取众谓之'得民'。不弃者，吏有奸也；仁人者，公财损也；君子者，民难使也；有行者，法制毁也；有侠者，官职旷也；高傲者，民不事也；刚材者，令不行也；得民者，君上孤也。"

"为法国者，必逆于世，而顺于道德。"社会主义的核心价值观具有普适性，其具体内容是具有包容性、互补性社会意识形态的最大公约数的表述，具有强大的感召力、凝聚力和引导力。用社会共同认知的价值引领社会思潮、凝聚社会共识，是经济社会和谐稳定、持续健康发展的重要保证。积极培育和践行社会主义核心价值观，使有恒产者成为"社会的稳定器"，必须施以社会强制，"驱而之善"，并且通过教育，"谨庠序之教"，使之"守成理，因自然；祸福生乎道法，而不出乎爱恶；荣辱之责在乎己，而不在乎人。故至安之世，法如朝露，纯朴不散，心无结怨，口无烦言。因道全法，君子乐而大奸止"，使稳定有序社会的降低治理成本最大限度底。

"故不教而诛，则刑繁而邪不胜；教而不诛，则奸民不惩；诛而不赏，

则勤厉之民不劝；诛赏而不类，则下疑俗险而百姓不一。"① 完备清晰的产权制度，公平公正的、高效率的社会冲突和纠纷解决机制以及包容互补性的社会意识形态共识构建，"以道为常，依法为本"，可使有恒产的中产阶级有恒心，成为"社会的稳定器"。

---

① 王先谦：《荀子集解》，中华书局1988年版。

调试与变迁：中国共产党民主观的演变（1921—2015）
——基于历届党代会报告的词频分析*

郑吉峰**

摘　要：中国共产党在不同时期对于"民主"的态度是不同的，而话语变化的过程也凸显了中国共产党对于"民主"态度的变迁。文章以中国共产党"一大"到"十八大"的党代会报告的词频分析与语义网络分析为切入点，试图探析中国共产党不同时期对于"民主"的态度及其不断调试的过程。分析认为，中国共产党对于"民主"的态度，分为五种类型：革命型的民主观（1921—1928 年）、开放型的民主观（1929—1949 年）、建设型的民主观（1950—1965 年）、改造型的民主观（1966—1976 年）、发展型的民主观（1977—2015 年）。

关键词：中国共产党；调试变迁；民主观

一、问题的提出

民主是在国内外广受关注的议题，并在一定程度上成为一种时代潮流，也成为一种话语权。中国共产党作为执政党，作为时代潮流的民主，是中国共产党所不可回避的，发展民主亦是执政党的使命。作为一种话语

---

* 此文曾投稿于上海青年政治学论坛（2016），亦曾在首届《公共行政评论》杂志青年学者工作坊（2016）上宣读，作者感谢公婷教授、孔繁斌教授的批评与评论意见，感谢陶建武提出的宝贵修改意见，当然作者文责自负。

** 郑吉峰，武汉大学政治与公共管理学院博士研究生。

权的民主，是中国共产党所需要争取和获得的。重点不在是否要发展民主，重点在于何种民主，何时可能又何以可能。从历时性的角度来看，中国共产党在不同的历史时期，无论是出于一种策略性的考量或是认识本身的变化，其对于民主的看法是不同的，或者说是秉持不同的民主观。

学术界对于中国共产党民主观的研究，当前主要研究应当是集中于意识形态的领域，将中国共产党对于民主的认识放入意识形态的认知领域进行考察。① 这类研究的弊端在于过于笼统，且对于民主话题涉及较少，而没能对中国共产党对于民主的态度及其变化进行深入的分析。直接涉及中国共产党对于民主态度的研究或民主观的研究大致可以分为：(1) 对某一阶段中国共产党的民主观进行考察，有学者就改革开放以来党的民主观的变化进行了分析。② (2) 对某一个领导人的民主观进行考察。③ (3) 对某一种民主形态的发展进行考察。④ (4) 对中国共产党与其他政党的民主观进行比较。⑤ 单独就考察中国共产党民主观的文章非常少。在《上海青年政治学年度报告（2013）》中的一篇文章《中国共产党的民主观及其实践：1945—2012》，可以说是为数很少的对于中国共产党民主观进行考察的文章，并将中国共产党的民主观划分为自由民主（1945—1949）、人民民主（1949—1976）、社会主义民主（1978—2011），应当说这种分析自有道理。⑥ 但不足则在于从历史的角度来考察了不同时期中国共产党的民主策略的不同，对原因分析足够，而对事实是什么则有些一带

---

① 参见李美玲：《中国共产党意识形态观研究》，湖南人民出版社2015年版。

② 参见许森荣、杨晓倩：《改革开放以来党的民主观的发展》，载《理论导刊》，2008年第9期。

③ 参见华洪珍：《毛泽东民主观析》，载《毛泽东邓小平理论研究》，1995年第2期；徐国利：《毛泽东民主观特征探微》，载《求索》，2004年第3期。

④ 参见杨弘、张等文：《中国共产党协商民主观的历史嬗变与新拓展》，载《东北师大学报》（哲学社会科学版），2011年第2期。

⑤ 参见邹升平：《中国共产党与瑞典社会民主党的民主观比较——兼论不同的民主观对社会基本制度选择的影响》，载《江西行政学院学报》，2013年第2期。

⑥ 参见郝诗楠：《中国共产党的民主观及其实践：1945—2012》，见吴新叶、任勇主编，《上海青年政治学年度报告（2013）》，上海人民出版社2013年。

而过，结论下的过早，产生了一种"先入为主"的感觉。对于中国共产党民主观的研究较少，而从党代会文本的角度来对中国共产党民主观的研究几乎没有。当前通过党代会的文本分析研究，从内容上来看，是通过对党代会报告的分析来研究，诸如：外交、文化、反腐倡廉、政党转型等某一个方面的内容；从形式上看，在方法的运用上并不明确，主要还是从统计角度进行归纳分析，但是使用何种软件，如何分析的过程并没有进行清晰有效的阐述。[1]

本文试图对中国共产党自建党以来的民主观念，或者说是对于民主的认识进行比较，这种划分并非基于先入为主的感觉与历史，而是运用ROST CM6分词软件，通过对"一大"到"十八大"党代会报告的文本分析，来寻找相同点与不同点，进行归纳、总结和划分。基于此，对于中国共产党在不同时期，对于民主的态度进行梳理，勾勒出不同时期中国共产党对于民主的认识以及所采取的策略，以对未来的民主建设或民主政治进程进行指引或启发。

二、研究设计

作为观念的存在，"民主"的定义千差万别，可谓众说纷纭，从民主的理念最初在古希腊社会产生之后，时代的发展便不断赋予民主概念以新的含义。作为一种制度存在的"民主"，在古希腊"民主制"并非最好的政体；而在近代以来，代议制逐渐成为民主制的表现形式，而赫尔德更是列出了古典民主思想、共和主义自治共同体的概念、自由主义民主、马克思主义直接民主理论、竞争性精英民主、多元主义民主、合法型民主、参与型民主和协商民主等八种民主形态。[2] 无论是作为一种理论或是作为制

---

[1] 参见张清敏：《六十年来新中国外交布局的发展——对党代会政治报告的文本分析》，载《外交评论》，2009年第4期；杨凤城：《改革开放以来六次党代会报告关于文化建设的理论演进与创新》，载《中共党史研究》，2008年第5期；谢君雨：《从革命党到执政党的转型——中共八大到十七大党代会报告及历届党章文本分析》，载《贵州社会主义学院学报》，2011年第4期。

[2] 〔英〕戴维·赫尔德：《民主的模式》，燕继荣等译，中央编译出版社1998年版。

度,"民主"都是不断变化的。那么,随着民主本身的变化,精英或政党对于民主的态度是否会发生变化了? 这是本研究的一个假设。那就是政党对于"民主"认识,或者说是所采取的"民主"策略,即形成一种什么样的民主观,会随着时间的不同而不同,会随着自身所处环境的不同而不同,而不论这种不同的产生是主动的调适还是被动的变迁,或是二者都存在。中国共产党的代表大会的报告,可以看做是党的共识的凝聚和汇集。因此,中国共产党党代会报告中对于民主的认识,在很大程度上就代表着整个党对于民主问题的认识和看法。党代会报告中对于民主的阐释,成为了解中国共产党对于民主的态度重要渠道。因此,本文以中国共产党历届全国党代会报告为分析样本,引入 ROST CM6 分词软件进行文本分析,对不同时期民"民主"出现的频次、频率,词群及语义网络进行分析,尝试去探寻其中的深层逻辑。

(一) 党代会报告的地位和作用

全国党代会的全称是中国共产党的全国代表大会。全国党代会的职权包括:听取和审查中央委员会的报告、中央纪律检查委员会的报告,讨论并决定重大问题,修改党的章程,选举中央委员会,选举中央纪律检查委员会。[①] 全国党代会报告是由中国共产党总书记向全国党的代表所作出的报告。从政治上来看,全国党代会报告是中国共产党的纲领性的文件,是对过去工作的总结,也是对于未来的展望。从报告的起草来看,党代会报告的起草追求的是精益求精,务必全面地、精确地反映各级党员、党组织和中央的思想。报告的起草,字字斟酌,句句推敲,历时长,要求高,准确性强。归纳来看,党代会报告具有权威性,具有代表性,具有全面性。因此,选取中国共产党党代会报告作为测量中国共产党对于民主态度的依据,并以此为样本来分析中国共产党不同时期对于民主的态度,包括重视程度及采取何种民主观,在逻辑上具备可行性。

---

① 《中国共产党党章》,人民出版社 2012 年版。

(二) 文本分析法的运用

文本本身是人的态度和心理的缩影和反应。正式文件作为组织的重要文本，与具体决策存在着非常紧密的关系，文本资料中某些关键词的词频统计可以作为组织及决策者认知集中度或重要性的指示器。① 文本分析法是社会科学研究的重要方法，并已经得到了极大的认可和广泛的运用。文本分析法存在的一个基本前提就是认为文本材料是人的心理反应，它的特点是通过对于材料本身的掌握和分析，来透视材料背后的隐匿逻辑。党代会的报告的文本是党的纲领性的文献，也是对于党的理念的反映。从党代会中来试图窥视执政党的态度，从理论上和现实上来看，应当都是可行的。

(三) ROST CM6 文本挖掘软件的应用

当前，从已有研究来看，利用分词软件来进行文本分析的做法是比较多的。

陈思等运用 NVivo 和 SPSS 软件，基于 1978—2012 年中国《政府工作报告》，对马克思主义视角下的转型进程中的中国政府改革意识进行了研究。② 邓雪琳运用 ROST CM6 该软件，基于 1978—2015 年的国务院政府工作报告进行分析，对中国政府职能的转变进行了分析。③ 陶建武运用 ROST CM6 软件对于"八大"以来的党代会报告进行了分析，以此对于中国国家治理中的主流意识形态的演变进行探讨。④ 文宏、赵晓伟运用

---

① 文宏：《中国政府推进基本公共服务的注意力测量——基于中央政府工作报（1954—2013）的文本分析》，载《吉林大学社会科学学报》，2014 年第 2 期。

② 陈思、钟杨：《马克思主义视角下的转型进程中的中国政府改革意识研究——对 1978 年至 2012 年中国〈政府工作报告〉的文本分析》，载《中国浦东干部学院学报》，2012 年第 5 期。

③ 邓雪琳：《改革开放以来中国政府职能转变的测量——基于国务院政府工作报告（1978—2015）的文本分析》，载《中国行政管理》，2015 年第 8 期。

④ 陶建武：《当代中国主流意识形态转型与国家治理现代化——基于历届党代会工作报告的词频分析》，《第八届珞珈国是论坛论文集》，2014 年。

NVivo10 和 SPSS，基于中部六省政府工作报告（2007—2012 年），对政府公共服务注意力配置与公共财政资源的投入方向选择之间的关系进行了研究。① 文宏借助 NVivo 9、ROST CM6 软件，以中央政府工作报告（1954—2013 年）为分析文本，通过统计涉及基本公共服务的关键词的句子频数，分析中国政府推进基本公共服务的注意力配置。② 当前，NVivo、SPSS、ROST CM6 是主要的对文本进行分析的三种软件，而 ROST CM6 是对于分词进行统计的良好工具。本文通过 ROST CM6 软件，利用文本分析法，将"民主"作为一个特定词汇，根据"民主"出现的频次来审视中国共产党对于民主的态度的变化，通过分析"民主"词语背后的社会网络与语义网络进行深层分析，来考察中国共产党究竟对民主秉持何种态度以及秉持何种民主观。

三、研究过程与发现

从样本的完整性来看，本研究选取了 1921—2015 年共十八次党代会的报告③，将历次党代会报告转为 TXT 格式，并进行编码，以此建立"中国共产党民主观资料库"。其中由于当时历史和当时形式的种种原因，"一大"到"八大"及"十一大"，或是没有形成党代会报告，或是不叫党代会报告。因此，其党代会报告的功能就由不同的决议、宣言、政治报告等在一定程度上来行使。其中，"一大"党代会报告的功能由《中国共产党第一个决议》来行使，"二大"到"五大"的党代会报告由大会宣言来代替，"六大"则是《告全体同志书》，"七大"、"八大"、"十一大"则由当时会上所作的政治报告来行使党代会报告的功能。通过 ROST CM6 分词

---

① 文宏、赵晓伟：《政府公共服务注意力配置与公共财政资源的投入方向选择——基于中部六省政府工作报告（2007—2012 年）的文本分析》，载《软科学》，2015 年第 6 期。

② 文宏：《中国政府推进基本公共服务的注意力测量——基于中央政府工作报告（1954—2013）的文本分析》，载《吉林大学社会科学学报》，2014 年第 2 期。

③ 中国共产党新闻网：中国共产党历次全国代表大会数据库（http://cpc.people.com.cn/GB/64162/64168/64555/4428210.html），2015 年 12 月 1 日。

软件将每一报告导入软件进行自动分词、词频统计，同时过滤掉部分无意义词之后，可以发现，"民主"一词在十八份报告中所出现的频数及在高频词中的排序是不一样的。①（如图1）

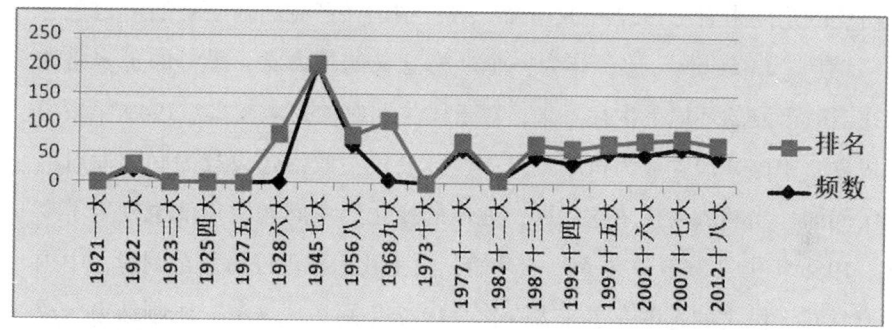

图1 "一大"至"十八大"报告中"民主"的词频及排名的变化②

从"民主"一词在报告中出现的频数及其在高频词中出现的"潮起潮落"，可以由此来窥探当时历史的端倪，亦可结合不同时期的历史来理解"民主"一词在报告中的"跌宕起伏"。将中国共产党对于民主认识的不同，大致划分为五个阶段：阶段一是1921年至1928年，阶段二是1929年到1949年，阶段三是1950年到1965年，阶段四是1966年到1976年，阶段五是1977年到2015年。这种划分出于两个原因：一是从"民主"的词

---

① 在词频统计时，只统计排名前100的高频词。这里就有两种情况，第一种是报告里有民主一词，但排名在100位之外，第二种是文本报告里面本身就没有民主一词。一旦出现第一种情况，就会去查阅报告本身。出于统计的需要，这两种情况都以"无或0"来标示。当词频排序有并列时，则排序向后顺延一位。

② "一大"报告整个文本报告中并没有出现"民主"一词。"二大"报告按照分词计算，其中"民主主义"出现16次、"民主"出现5次，合计21次，排位第8。"三大"报告整个文本报告中并没有出现"民主"一词。"四大"报告整个文本报告中并没有出现"民主"一词。"五大"报告整个文本报告中并没有出现"民主"一词。"七大"报告"民主"出现165次、"民主改革"出现12次、"民主党派"出现11次、"民主派"出现10次，将其归为一类，合计198次，排序第3，仅次于"中国"、"人民"两次的排序。"八大"报告"民主"出现47次、"民主革命"出现9次、"民主党派"出现9次，将其归为一类，合计65次，排序第16位。"十大"报告只出现"民主集中制"1次，因此，进行忽略。十一大报告出现"民主"28次、"民主派"18次、"民主革命"11次，将其归为一类，合计57次，排序第13。"十二"大报告"民主"出现4次，但是排名在100之外。

频及排名来看，1928年之前，"民主"一词的出现次数基本一致，唯一的不同是"二大"中出现了28次。1977年"十一大"到2012年的"十八大"，词频及排名的变化也不大，唯一不同的"十二大"，只出现了四次。从历史的角度来看，1927年大革命失败，中国共产党面临严重的"白色恐怖"，有"无暇他顾"感，作为一个严格意义的革命党，思考的更多是如何在当时严酷的环境下生存下来，对于民主问题的思考较少。1949年新中国成立，中国共产党成为执政党，如何开展民主政治建设成为必须面对的现实问题，当然成为执政党之后，地位的变化思考问题的角度也发生了变化。1966年则是十年"文革"的开始，民主政治建设停滞甚至倒退，中国共产党对于民主的态度有了较大变化。1977年则是"文革"刚刚结束、改革开放即将开启，因此也是关键性的一年和比较关键的时间节点；当改革开放稳步推进时，中国共产党对于民主的态度也逐步趋于稳定。

而在对于不同时期中国共产党所秉持的民主观的归纳提炼，主要有两大依据，一是根据当时"民主"的语义网络图来进行分析，"民主"是与什么相联系，与什么联系的比较多，是"革命"、"改革"、"建设"、"发展"，或者是"无产阶级"、"资产阶级"等等。不同时期的党代会中"民主"的语义网络揭示出了当时中国共产党对于"民主"的认识和看法。二是中国共产党对于民主的态度是与中国共产党当时的历史方位及其所面对的中心任务紧密相连的。在中国共产党尚未成为执政党之前，党的目标是夺取全国性政权，"民主"是为革命服务的，但是其中又有着细微的差别。在1927年之前，中国共产党从成立到参与大革命，这一时期中国共产党对于资产阶级大力批判，对于民主的认识也多与资产阶级联系在一起。而在1927年到1949年之间，统一战线逐渐成为革命斗争的"三大法宝"之一①，为了在斗争中获得支持，争取民主党派、社会大众乃至国际社会的支持，中国共产党关乎民主的言论是非常开放的。到成为全国性执政党之后，在改革开放之后的时间段，中国共产党开始进一步大力发展社会主义民主。而在新中国成立到改革开放之前的一段时间里，在新中国成立到

---

① 《毛泽东选集》（第4卷），人民出版社1991年版。

1966年，被称为"社会主义建设的十年"，开展社会主义建设是当时的重点工作。而1966年到1976年的十年里，"打倒一切"成为了主旋律，"民主"和社会个体都是需要大力改革的对象。

（一）革命型的民主观：1921—1928年

革命型民主观主要是指当时中国共产党实力弱小，为了能够在当时的环境下生存一来，中国共产党对于民主的态度是一种阶级斗争的民主，以宣扬革命为主题，以鼓动革命对抗为目的，民主是为革命和对抗服务的。1921年，中国共产党正式成立。1921年到1928年是中国共产党从成立到与国民党合作，开展轰轰烈烈的大革命，再到国共合作破碎，被视为"非法"、重新归于"地下"的过程。当然，在国共合作的过程中，各地工人运动、农民运动蓬勃发展，中国共产党也迎来了一个推动自身成长的"高潮"。但总的来看，将中国共产党此时对于"民主"的态度和看法，可命名为一种革命型的民主观。从"一大"到"六大"历次报告的前50名的高频词来看（见表1），"斗争"、"革命"、"阶级"、"势力"在历次报告中都是高频词，并且排名都很靠前。而总体来看，整个语言充满着革命的、斗争的话语，中国共产党对于"民主"的阐释、认识及态度，也呈现出一种革命型的话语，而表现为一种革命型的民主观。

表1 1921—1928年历次党代会排名前50的高频词统计表

党代会	排名前50名的高频词
1921年"一大"	工人、工会、学校、组织、地方、研究、委员会、出版、机构、党员、工人运动、中央、部门、斗争、政党、产业工、工厂、注意、第三国际、执行、方法、校务、出版物、预备、决议、独立、党派、党应、无产阶级、阶级斗争、觉悟、问题、政策、政治、共产党、现有、远东、中国、改组、各国、完全、传单、组成、任何、日报、配合、上方、书记处、除非、采取
1922年"二大"	革命、资本主义、压迫、经济、无产阶级、工人、势力、侵略、军阀、运动、资产阶级、战争、农民、外国、民主主义、政治、之下、资本、发展、美国、冲突、统一、民族、日本、政府、掠夺、完全、利益、奋斗、组织、全世界、共产党、会议、人民、独立、华盛顿、列强、群众、国家、自由、北京、英国、联合、本部、市场、大战、殖民地、阶级

(续表)

党代会	排名前50名的高频词
1923年"三大"	国民、中国、革命、压迫、工人、国民党、农民、领袖、宣传、解放、势力、政治、共产党、不但、中心、军事、全世界、运动、军阀、全国、万岁、阶级、民族、地位、民众、观念、社会、错误、人民、引导、行动、利益、第三、吴佩孚、失去、外力、外人、外国、证明、集中、鉴于、真正、打倒、猖獗、急需、特殊、永远、独立、幸福、状况
1924年"四大"	中国、军阀、帝国主义、会议、人民、国民、战争、共产党、组织、反对、农民、召集、民众、群众、努力、国家、工人、压迫、万岁、主义者、运动、列强、善后、阴谋、革命、赶快、危险、直系、资本主义、工具、段祺瑞、扩充、地位、号召、力量、无数、苏俄、劳农、东方、反动、为着、应当、机会、利用、全国、和平、帝国、斗争、目的、奴隶
1927年"五大"	势力、国民、民权、封建、斗争、阶级、群众、主义、帝国、利益、发展、必须、农民、军阀、经济、同盟、建立、反抗、基础、反革命、工农、胜利、革命军、冲突、行动、反对、政权、蒋介石、干涉、领导、推翻、社会、客观、帮助、统治、压迫、妨害、过去、上海、五四运动、决不、民众、政府、自由
1928年"六大"	群众、革命、斗争、同志、资产阶级、意识、无产阶级、组织、观念、农民、政治、运动、正确、机会主义、高潮、暴动、口号、倾向、发展、许多、主义、次大、完全、坚决、反对、路线、思想、支部、兵士、工人、领导、武装、党内、反帝、广大、争取、肃清、错误、主张、作用、工农、中国、力量、改造、必须、宣传、奋斗、党部、建立、阶级

以1922年"二大"报告为例，依托于ROST CM6中的社会网络和语义网络分析功能①（参见图2），"二大"报告中的"帝国主义"、"资本主义"、"压迫"、"反抗"、"资本"、"中国"成为了语义网络中的中心词，而在语义中心之外，则是"大战"、"独立"、"政府"、"人民"、"中国人"、"民族"、"列强"、"奋斗"、"工作"等，整个语言充满着革命斗争的氛围。而"民主主义"则处于整个语义网络的边缘地带，"民主"在中国共产党的话语中并没有占到很大的比重，这说明中国共产党当时的任务及思考的问题并没有集中到"民主"之上。而"民主"主要和"资产阶级"相联系（参见图3），与资产阶级相联系的民主或是民主主义实际所

---

① 在分析文档时提取高频词200个、构建网络时只提取高频词100个，构建共词时提取高频词100个，之后的分析都如此设置。

处于的是一种被批判的地位，对民主的批判与革命的态度是此阶段中国共产党民主观的主要呈现。

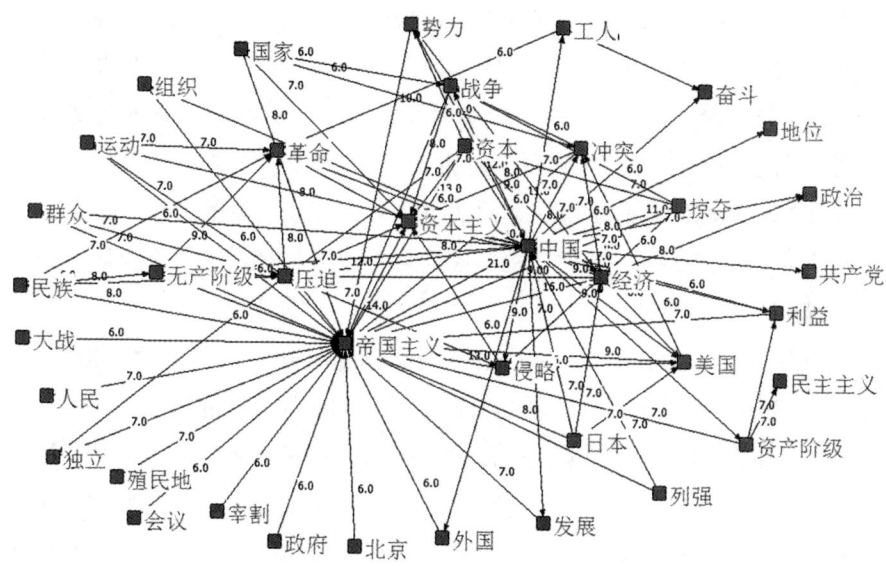

图2 1922年"二大"报告的语义网络图

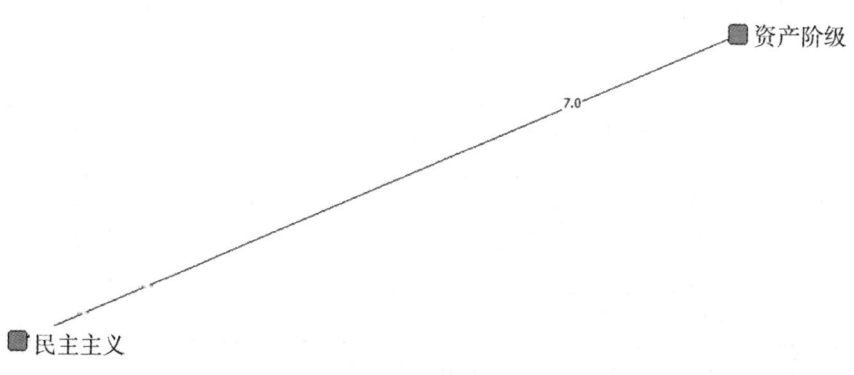

图3 1922年"二大"报告中"民主"的语义网络图

(二) 开放型的民主观：1929—1949年

开放型的民主观，是指相对之前和之后而言，作为一个革命时期的马克思主义政党，对于民主政治的发展非常重视，对于民主建设是一种鼓励和包容的态度，对于民主呈现着一种赞扬的态度。1929年是"大革命"失

197

败后中国共产党由弱变强的过程，期间中国共产党探索出了一条"农村包围城市、武装夺取政权"的革命之路，由此不断发展壮大。同时，1935—1945年，抗日战争爆发，其后则建立抗日民族统一战线，虽然战线并不一定牢靠，期间龃龉与摩擦不断，但中国共产党毕竟在一定意义上以一种"在野党"的身份存在。① 作为一个革命型、体制外的政党，它的优势在于，国民党越担心什么，它则可以越宣传什么。以一种"在野党"的身份，批评当时的国民党而获得一定的话语优势，扛起民主的大旗，团结其他政治力量。从表2中"七大"的高频词来看，排在前4位的分别是"中国"、"人民"、"国民党"、"民主"、"解放区"、"军队"、"日本"、"政府"、"侵略者"、"抗日"。这恰恰十分贴切地反映了当时的政治形势，1945年召开的"七大"处于全国抗日战争胜利的前夕，抗战依然是当时的中心任务，而国民党与共产党依然是中国发展的两种最大的力量，"国民党"、"解放区"、"军队"、"人民"、"民主"成了高频词。"民主"也排到了高频词的第3位，甚至排到了"解放区"、"军队"、"日本"、"侵略者"之前，可见当时中国共产党对于发展民主的重视程度。

表2　1929—1949年历次党代会排名前50名的高频词统计表

党代会	排名前50名的高频词
1945年"七大"	中国、人民、国民党、民主、解放区、军队、日本、政府、侵略者、抗日、政策、共产党、民族、主义、国家、发展、广大、团结、自由、农民、群众、分子、纲领、政治、革命、统一、问题、反对、必须、实行、共产党人、法西斯、压迫、建立、解放、集团、组织、敌人、制度、反动、经济、联合政府、抗日战争、应当、斗争、力量、全国、任务、奋斗、领导

以1945年"七大"报告文本构建语义网络图（参见图4）。可以看出"中国"、"人民"、"民主"、"国民党"等是语义网络的中心词，"人民"与"中国"构成语义网络的一个大中心，"民主"罕见地成为了语义网络中的一个小中心。而外围词则有诸如"全国"、"国家"、"问题"、"实行"、"农民"、"统一"、"自由"等。从语义网络的分析来看，"自由"一

---

① 当然中国共产党并非"在野党"，它有着自己的政权和军队。

语十分罕见地成为语义网络的关键外围词,说明当时的中国共产党对于"自由"、"民主"所表现出来的是一种相当开放和包容的态度,甚至在一定程度上希望宣扬"民主",以达到批评事实上掌握全国性政权的国民党和团结其他政治力量与全国广大民众的目的。从1945年"七大"报告中"民主"的语义网络图来看(参见图5),"民主"与"政府"、"国民党"、"中国"、"人民"等中心词联系密切,而且外围词包括了"团结"、"国家"、"主义"、"建立"、"发展"、"广大"、"分子"、"民族"。可以看出,当时中国共产党对于"民主"的认识和表达是要大力地去建设和发展民主,对于民主的看法和认识具有很大的包容性。

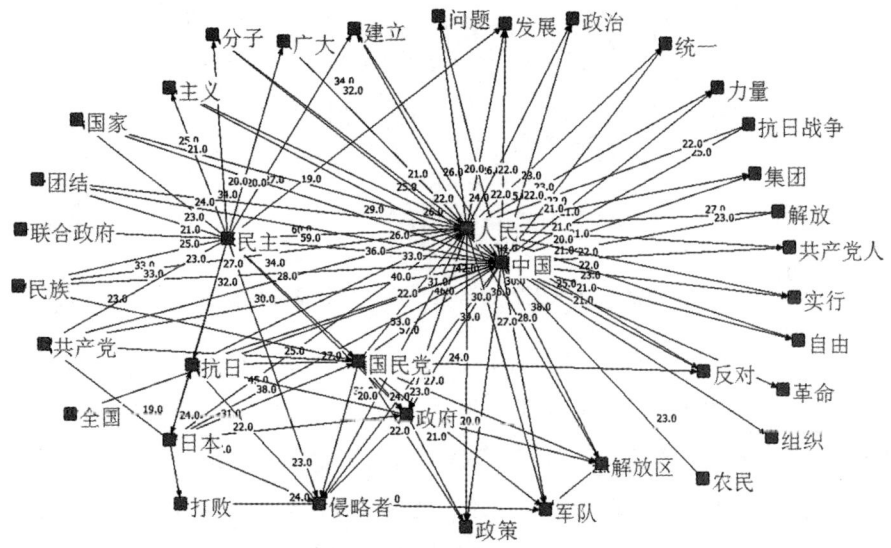

图4 1945年"七大"报告的语义网络图

(三) 建设型的民主观:1950—1965年

建设型的民主观是指对于民主持有这样一种态度,既肯定和认同民主的价值和作用,认为应当大力发展民主,同时对于如何发展,尤其是如何建立自己的民主有着一定的不确定,在民主的发展上是一种探索的过程,既开放又不开放,既批判又赞扬,有着一定的矛盾性。从整体上来看,1950年到1965年,正好是新中国成立之后到"文化大革命"之前,这十年是中国国家建设、社会建设探索的十年。新中国刚刚成立,中国共产党

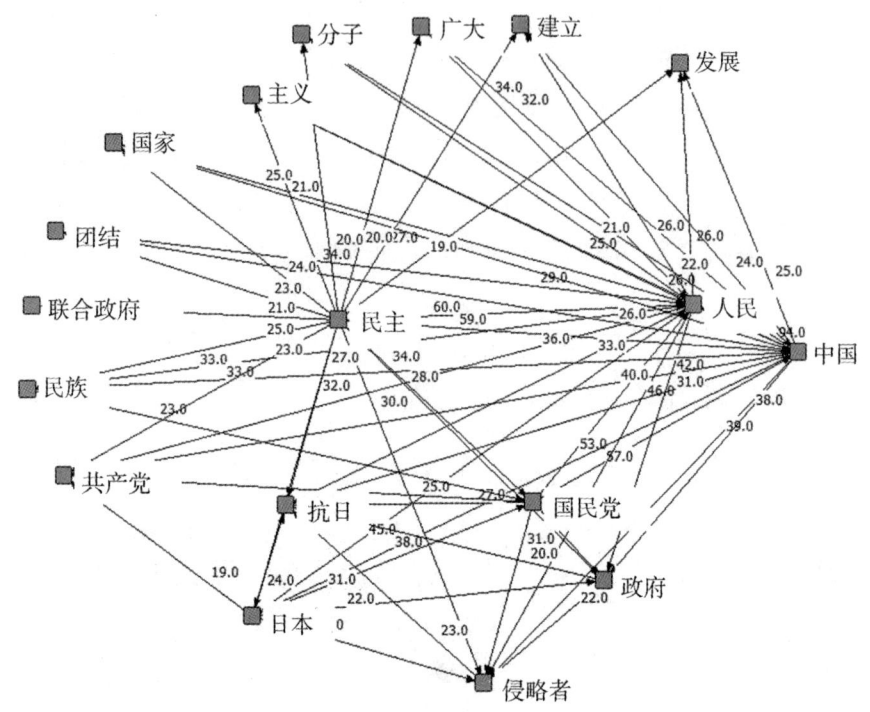

图5 1945年"七大"报告中"民主"的语义网络图

对于如何建设国家、如何发展民主政治并不十分确定，但是对于民主依然有着一定的朴素的认识，尤其在某种程度上呈现出一定的矛盾状态。从1956年中国共产党"八大"报告前50名的高频词的统计来看（参见表3），基本上呈现出两种话语，一种是"人民"、"发展"、"政策"、"建设"、"企业"、"农业"、"采取"、"经济"、"和平"、"事业"、"商业"、"建立"，这表现了一种迫切的推动国家和社会建设的愿望，是一种建设型话语；一种是"社会主义"、"必须"、"应当"、"错误"、"改造"、"斗争"、"力量"，呈现出来的是一种革命型的话语表述。实际上，这也就是以革命的方法来开展国家社会建设的一种表现，同时也体现了中国共产党在初掌国家政权之后，依然存在以革命党的思维进行国家和社会建设，革命党向执政党的转变并未完成。

表3 1950—1965年历次党代会排名前50名的高频词统计表

党代会	排名前50名的高频词
1956年"八大"	社会主义、人民、国家、必须、发展、我国、政策、应当、错误、改造、领导、工业、群众、建设、资产阶级、并且、资本主义、组织、问题、斗争、企业、农业、采取、全国、经济、民族、完成、五年计划、农民、民主、任务、合作社、和平、加强、力量、团结、事业、许多、地方、革命、关系、第二、能够、思想、正确、增加、商业、过去、分子、建立

从1945年"八大"报告语义网络图来看（参见图6），"国家"、"人民"、"领导"、"社会主义"、"政策"、"我国"、"必须"是语义网络的中心词。而外围词呈现出很明显的两极化，一类是"资产阶级"、"组织"、"农民"、"胜利"、"团结"、"条件"、"完成"；一类是"工业"、"建设"、"工商业"、"经济"、"事业"，这也与表2中的高频词统计中的分类极为相似。中国共产党此时任务主要是开展国家和社会建设，"八大"的报告中就正确地指出了当时的主要矛盾是"人民日益增长的物质文化需要与落后的社会生产之间的矛盾"①。此时，"民主"成为语义网络中的一个关键性的外围词，民主政治建设是此时作为执政党的中国共产党所必须面对的现实问题。从1945年"八大"报告中"民主"的语义网络来看，民主则主要是和"人民"、"社会主义"、"国家"相联系，构成一个四边形的结构，应当说是一个发展民主的比较好的形态和结构。"人民"与"民主"相结合、"社会主义"与"民主"相结合，发展人民民主，建设社会主义民主的态度和思路得到了清晰的呈现和表达。

---

① "八大"通过的关于政治报告的决议中就明确指出："我们国内的主要矛盾，已经是人民对于建立先进的工业国的要求同落后的农业国现实之间的矛盾，已经是人民对于经济文化迅速发展的需要同当前经济文化发展不能满足人民需要状况之间的矛盾。"参见本书编写组：《中共中央文件选编》，中央党校出版社1992年。

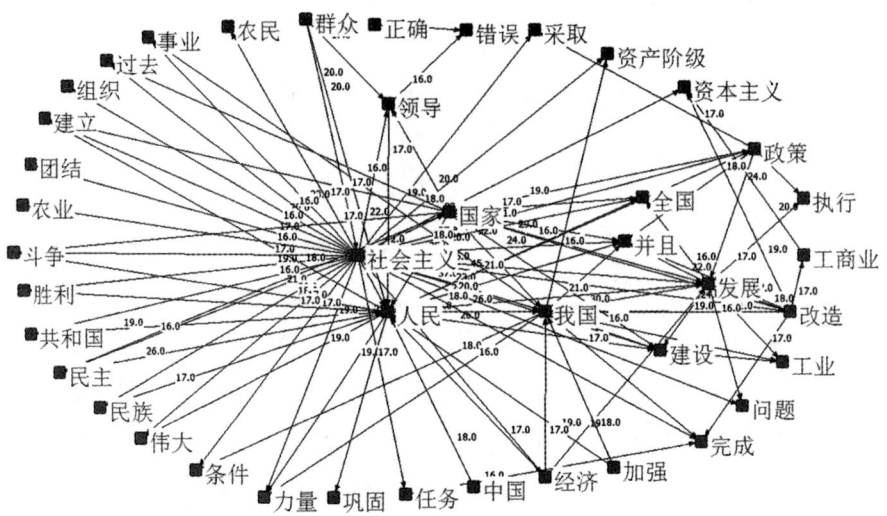

图6 1956年"八大"报告语义网络图

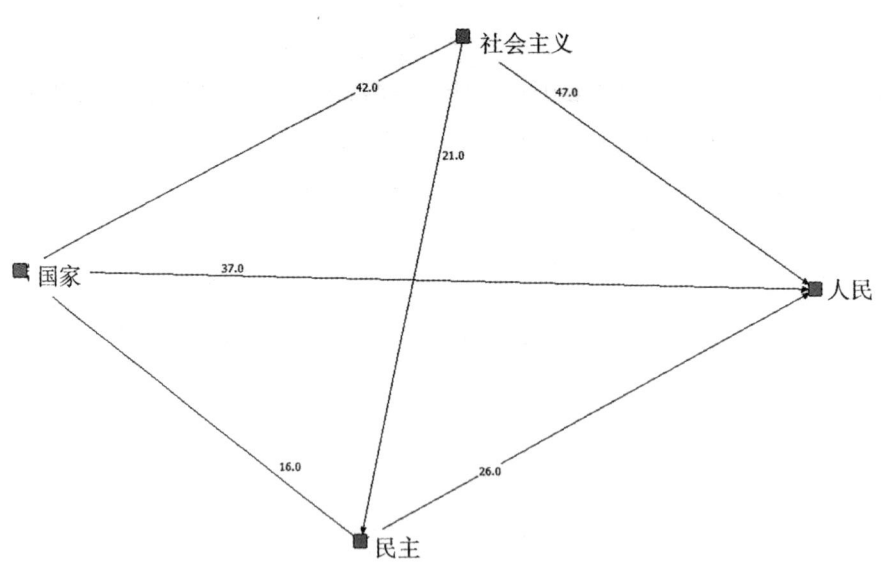

图7 1956年"八大"报告中的"民主"语义网图

(四) 改造型的民主观：1966—1976 年

改造型的民主观是对民主的本义有着一种傲慢倾向，意图去改造民主，一方面是宣扬大鸣大放的"大民主"①，一方面是对真实意义上的民主的一种倒退。1966 年是"文革"的开始，1976 年则是"文革"的结束。在十年"文革"期间，知识分子变成了臭老九，国家政治、经济、文化、社会生活可以说是一片混乱，各种"武斗"、"批斗"层出不穷。一方面意图希望这种所谓的"大民主"的方式，让民众监督政府、官员，实现它心目中的民主，在此时，民主演变成为一种随意用来迫害他人的借口、政治斗争的牺牲品；另一方面，国家纲纪不张，许多制度趋于废弃或流于形式，民主走向倒退。从 1969 年"九大"与 1976 年"十大"的高频词统计来看（见表4），"九大"报告前 10 名的高频词是"革命"、"无产阶级"、"主席"、"人民"、"斗争"、"社会主义"、"群众"、"专政"、"伟大"、"资产阶级"，"十大"报告中排名前 10 名的高频词则分别是"人民"、"革命"、"路线"、"无产阶级"、"主席"、"斗争"、"中国"、"马克思"、"林彪"、"帝国主义"，而且两大报告中的高频词有着极高的相似性和重和性，充斥其中是一种"浓浓的火药味"和斗争哲学。

表4　1966—1976 年历次党代会排名前 50 名的高频词统计表

党代会	排名前 50 名的高频词
1969 年"九大"	革命、无产阶级、主席、人民、斗争、社会主义、群众、专政、伟大、资产阶级、中国、路线、刘少奇、思想、问题、阶级、马克思、大革命、广大、文化、领导、胜利、我国、帝国主义、主义、修正主义、全国、历史、矛盾、政策、国家、列宁主义、列宁、阶级斗争、反革命、政治、叛徒、资本主义、指出、必须、反对、运动、集团、政府、发展、复辟、建设、毛泽东、提出、批判

---

① 对于这一种大民主，毛泽东曾讲道，"民主是一个方法，看用在谁身上，看干什么事情。我们是爱好大民主的。我们爱好的是无产阶级领导下的大民主。"参见毛泽东：《毛泽东选集》(第5卷)，人民出版社 1977 年。

(续表)

党代会	排名前 50 名的高频词
1973年"十大"	人民、革命、路线、无产阶级、主席、斗争、中国、马克思、林彪、帝国主义、集团、社会主义、历史、国家、主义、胜利、全国、列宁主义、发展、政策、反党、修正主义、正确、团结、领导、资产阶级、坚持、我国、经验、全党、反对、政治、各国、形势、社会、专政、列宁、加强、群众、资本主义、矛盾、伟大、原则、同志、文化、运动、指出、思想、党内、反革命

从1969年"九大"报告的语义网络图来看（参见图8），可以显著而清晰地看到，整个语义网络是围绕着几个中心词来塑造的，中心词就是"革命"、"主席"、"无产阶级"、"斗争"，而"革命"、"主席"、"无产阶级"这三个中心词又高度聚集在一起。外围词则有"反革命"、"叛徒"、"马克思"、"列宁主义"、"政治"、"阶级"、"资产阶级"、"社会主义"、"大革命"，整体所呈现出来的是一种革命式的话语。而通过对"九大"报告的文本分析，以"民主"一词在"九大"报告的WORD文本中进行查

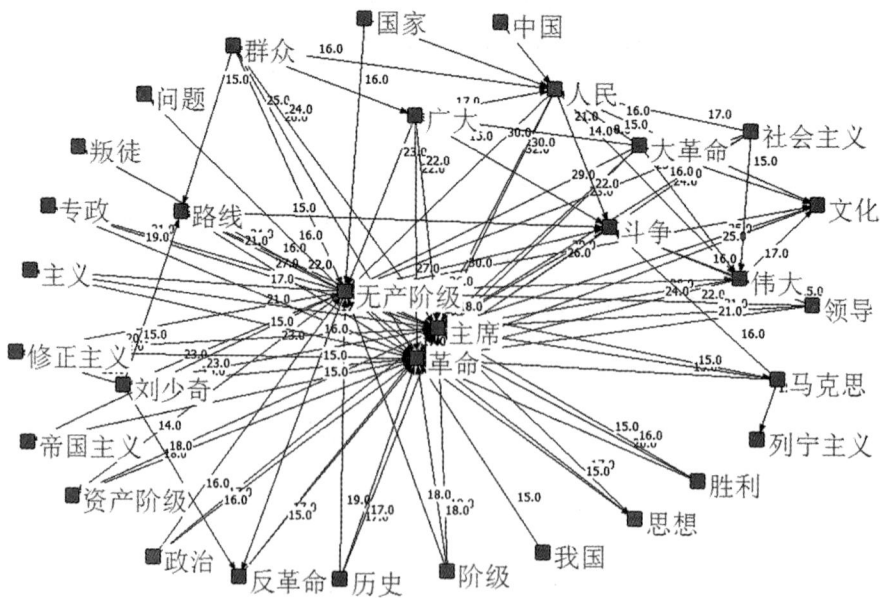

图8 1969年"九大"报告的语义网络图

找，可以发现，整个"九大"报告中，"民主"出现的次数少于十次，分别以"新民主主义革命"、"和平民主新阶段"、"民主集中制"、"爱国民主人士"的形式出现。作为一个执政党，在党代会的权威报告中，"民主"的出现少于十次，实际上是不正常的。至少可以反映出两点，一是当时大环境对于民主是持一种批判的态度的；二是执政党对于发展民主，没有进行重点考虑、关注度不高，不感兴趣，持的是一种保守的态度。结合当时的历史及党代会报告所表现出来的语境，可将中国共产党当时对于民主的态度归结为一种改造型的民主观。

（五）发展型的民主观：1977—2015 年

发展型的民主观是指对于民主采取一种包容发展的态度，认为民主是必要的和有用的，民主需要发展，同时这种对于"民主"的促进并不是也没有与自由相联系，而是一定社会主义的民主，坚定地走民主政治发展的中国道路，民主亦可以为发展服务。从理论上来看，1977 年至 2015 年是改革开放的 38 年，在这一过程中，中国的政治、经济、文化、社会建设是不断进步的。单从经济总量来看，中国在 2010 年就超过日本，跃居为世界第二大经济体。在民主政治建设上，人民代表大会不断完善，政治协商制度不断发展，选举民主与协商民主齐头并进，基层群众自治也得到不断完善。但是，从历史的角度来看，这一过程并非一帆风顺，1977 年发展还处于徘徊中，被称之为"徘徊中前进"。随后，改革开放起步，中国共产党对于民主的认识也不断发展、完善。从 1977—2015 年历次党代会排名前50 名的高频词统计来看（参见表5），"十二大"、"十三大"、"十五大"、"十六大"、"十七大"、"十八大"排在前三位的高频词是惊人的相似，尤其是"十五大"到"十八大"，排在前三位的高频词完全一致，"发展"、"建设"、"社会主义"。这说明，中国共产党对于自己的任务与中心工作很明确、很清楚，那就是"聚精会神抓建设、一心一意谋发展"，同时中国共产党对于自身的定位也很清晰，这种发展是社会主义的发展，必须坚定地走社会主义道路不动摇。而在这种全面发展的语境之下，经济的发展是摆在第一位的，政治的发展是排在第二位的，经济的发展飞速前进，而政治发展，政治体制改革则是滞后的。中国共产党在这一时期坦然认识到民主的作用,并将发展民主政治作为自己的任务,但是这种民主的发展并非是照搬西方的套路或模式,而是适合中国发展的民主政治观,由此概括为一种发展型的民主观。

表5 1977—2015年历次党代会排名前50名的高频词统计表

党代会	排名前50名的高频词
1977年"十一大"	主席、四人帮、革命、社会主义、无产阶级、人民、斗争、伟大、资产阶级、路线、专政、发展、政治、建设、走资派、领导、国家、思想、群众、阶级、干部、主义、理论、问题、胜利、党内、反对、历史、反革命、我国、团结、文化、教育、马克思、同志、破坏、民主、全国、社会、阴谋、中央、巩固、方针、大革命、坚持、必须、帝国主义、加强、分子、资本主义
1982年"十二大"	经济、发展、人民、建设、问题、企业、我国、社会主义、国家、必须、计划、思想、错误、提高、管理、实现、历史、同志、革命、技术、全国、农业、实行、科学、作用、许多、国民经济、各种、努力、方针、毛泽东、全面、战略、胜利、政策、文化、加强、严重、现代化、资金、正确、领导、市场、坚决、促进、增长、代表大会、原则、劳动、教育
1987年"十三大"	发展、改革、社会主义、经济、建设、必须、国家、人民、政治、领导、制度、企业、社会、体制、管理、阶段、问题、群众、生产力、民主、我国、开放、现代化、实现、加强、市场、提高、基础、坚持、应当、中国、逐步、条件、思想、组织、技术、原则、努力、事业、主义、干部、关系、建立、教育、作用、实践、党员、路线、马克思、实行
1992年"十四大"	改革、中国、人民、开放、国家、加强、现代化、体制、坚持、我国、领导、政治、必须、问题、思想、路线、社会、提高、市场、制度、特色、民主、干部、群众、历史、建立、党的、事业、理论、企业、基础、加快、教育、团结、地区、作用、全国、进一步、努力、实现、促进、积极、实践、同志、发挥、结合
1997年"十五大"	发展、社会主义、建设、经济、人民、中国、改革、理论、国家、坚持、邓小平、社会、加强、领导、政治、民主、制度、实现、文化、阶段、企业、我国、思想、马克思、提高、体制、现代化、统一、历史、问题、完善、特色、推进、群众、必须、基础、和平、开放、建立、事业、干部、主义、初级、政策、发挥、路线、教育、积极、全党、市场

青年论坛

(续表)

党代会	排名前50名的高频词
2002年"十六大"	发展、建设、社会主义、人民、坚持、经济、社会、改革、文化、加强、中国、思想、完善、制度、必须、推进、国家、政治、领导、体制、提高、全面、民主、实现、群众、统一、我国、现代化、代表、干部、事业、理论、基础、教育、管理、贯彻、政策、促进、创新、民族、水平、特色、积极、方针、问题、企业、扩大、关系、组织、发挥
2007年"十七大"	发展、建设、社会主义、人民、社会、中国、改革、坚持、加强、制度、文化、完善、提高、体系、特色、经济、民主、推进、国家、科学、创新、全面、体制、开放、实现、政治、管理、干部、促进、和平、事业、理论、健全、保障、群众、思想、教育、伟大、增强、领导、关系、服务、和谐、重大、统一、加快、机制、维护、必须、战略
2012年"十八大"	发展、建设、社会主义、社会、中国、人民、特色、文化、坚持、改革、制度、经济、体系、推进、全面、提高、加强、国家、民主、加快、体制、创新、完善、科学、必须、推动、保障、服务、促进、实现、增强、管理、生态、政治、机制、教育、现代化、深化、安全、健全、关系、环境、和谐、重大、城乡、基础、我国、战略、能力、理论

以1997年"十五大"党代会报告作语义网络分析（参见图9），可以看到，"发展"、"社会主义"、"建设"、"改革"、"国家"是重要中心词，而外围词则包括"现代化"、"民主"、"开放"、"理论"、"政治"、"完善"、"促进"、"基础"、"提高"、"制度"、"必须"、"推进"、"特色"、"事业"、"阶段"。从语义网络来看，中国共产党对于国家的发展、改革、社会主义建设非常重视；同时，对于政治的发展、民主政治建设也有关注，也在重视，"政治"、"民主"、"开放"是其语义网络中的重要节点。从1997年"十五大"报告中"民主"的语义网络来看（参见图10），"民主"只与"社会主义"相联系，可见，中国共产党对于民主发展的问题，依然坚持的是社会主义国家建设的民主观念，对于民主的态度是坚定的社会主义民主。

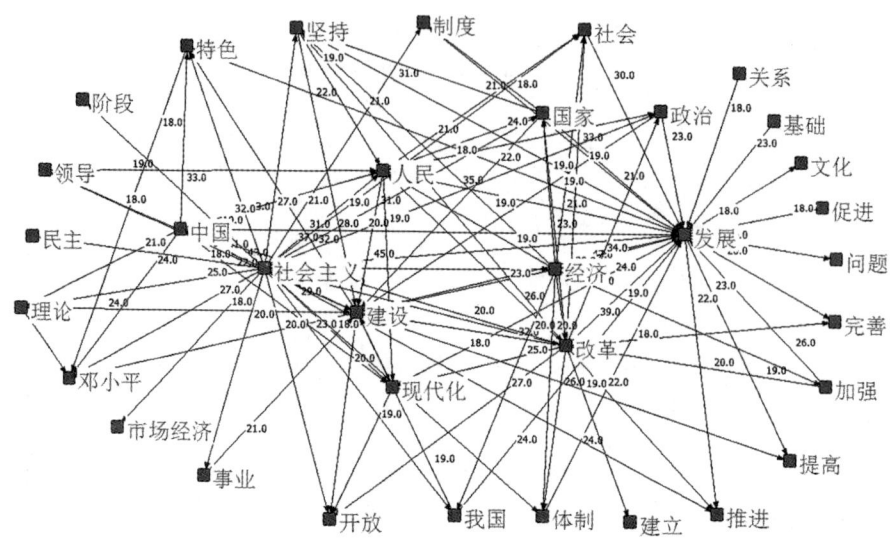

图 9 1997 年"十五大"报告的语义网络图

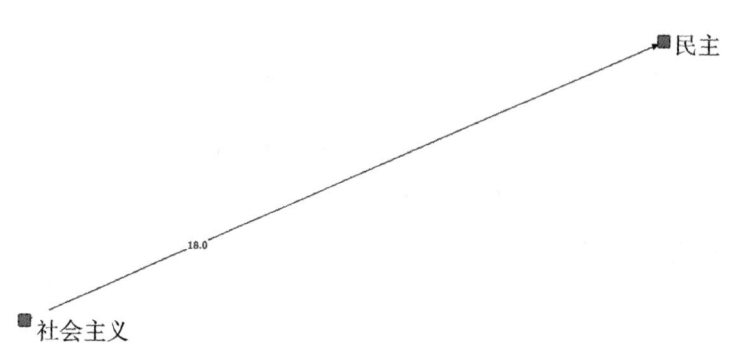

图 10 1997 年"十五大"报告中"民主"的语义网络图

四、结论：民主，何种可能？

"民主"并非"一文不值"，也非普适价值，更不是一成不变的。发展民主很重要，如何发展民主、对于民主持何种态度更重要。中国共产党作为执政党，对于"民主"持何种态度，采取什么样的民主观，对于中国政治发展、国家和社会建设的作用是不言而喻的。文章对中国共产党自 1921

年成立以来到 2015 年的 84 年间对于"民主"的态度进行了考察,这种考察主要是基于中国共产党自"一大"到"十八大"的历次党代会报告的文本分析,当然也结合了具体的历史史实。从 1922 年"二大"报告语义网络分析中"民主主义"仅与"资产阶级"相联系,到 1997 年"十五大"报告语义网络分析中"民主"仅与"社会主义"相联系,其中的变化和深意耐人寻味,既蕴含着中国共产党从革命党到执政党的转变,也可以看作是中国共产党从一个"资产阶级民主主义"的批评者向一个"社会主义民主"的发展者的转变,也彰示了中国共产党对于民主的态度经历了一个从最初的批评到现今的发展转变。

基于文本、深入历史、运用工具,通过对党代会报告的考察,来分析中国共产党对于民主的态度研究方法和视角都很新颖。不足在于,一旦缺乏有效文本则无法展开分析,时间跨度很大,基于文本的解读也存在解释力不足的问题。之后的研究,既可以对国内外不同政党的民主观进行比较,也可以对中国共产党的民主态度与民主实践之间的互动进行观察等。2013 年,习近平在莫斯科国际关系学院的演讲中指出:"鞋子合不合脚,自己穿了才知道,一个国家的发展道路合不合适,只有这个国家的人民才最有发言权。"[①] 中国的民主政治建设,既要跳出"西方话语",也要坚持"民主本义",适合中国的政治发展道路。

[①] 习近平:《顺应时代前进潮流 促进世界和平发展——在莫斯科国际关系学院的演讲》,载《人民日报》,2013 年 3 月 24 日。

中国共产党执政能力现代化的内在发展逻辑
——基于国家治理现代化视角

韩 慈[*]

摘 要："国家治理"命题的提出标志着党的执政能力现代化探索进入一个新发展阶段。在新发展阶段，党执政能力现代化的发展逻辑主要从三个方面得以体现：第一，执政党功能定位：由全能到服务；第二，执政合法性：由促增长到促公正；第三，执政机制：由运动动员到制度创新。

关键词：中国共产党；国家治理；执政能力

党执政能力现代化的战略基点在于如何将党的建设和国家建设、社会建设有机结合，实现执政效能的最大化。从中国政党政治发展逻辑来看，党的十八届三中全会提出"国家治理现代化"命题，将这一战略基点明晰化为国家治理现代化战略，是党执政能力建设发展的必然逻辑，标志着党的执政能力现代化探索进入推进国家治理现代化的新发展阶段。

一、推进国家治理现代化是党执政能力现代化发展的内在逻辑

（一）概念辨析

1. 国家治理现代化

治理理论源于西方。现代国家治理，核心的指向是政府与社会相互尊

---

[*] 韩慈，上海对外经贸大学马克思主义学院讲师。

重的治理互动，关键的问题是处理好公共部门与私营部门之间的平衡关系。① 国家治理理论被正式引进当代中国国家治理领域的标志是党的十八届三中全会。全会通过的《中共中央关于全面深化改革若干重大问题的决定》，对全面深化改革的总目标进行了崭新定位，即"完善和发展中国特色社会主义制度，推进国家治理体系和治理能力现代化"。习近平总书记在党的十八届三中全会第二次全体会议上的讲话中给出我国"国家治理（即国家治理体系和国家治理能力）"的经典定义，国家治理体系和治理能力是一个国家制度和制度执行能力的集中体现。国家治理体系是在党领导下管理国家的制度体系，包括经济、政治、文化、社会、生态文明和党的建设等各领域体制机制、法律法规安排，也就是一整套紧密相连、相互协调的国家制度；国家治理能力则是运用国家制度管理社会各方面事务的能力，包括改革发展稳定、内政外交国防、治党治国治军等各个方面。②

参照中外关于国家治理以及国家治理能力的概念，我们认为我国的国家治理现代化，即我国的国家治理体系和治理能力的现代化，就是在党的领导下构建起一整套适应时代发展、符合社会发展的系统完备、科学规范、运行有效的制度体系，最大限度调动一切积极因素，有效激活执政党、国家和社会的良性互动，把中国特色社会主义各方面的制度优势转化为治理国家的效能。

2. 执政能力现代化

党的十六届四中全会通过的《关于加强党的执政能力建设的若干问题决定》给出了党的政治能力的经典定义：党的执政能力，就是党提出和运用正确的理论、路线、方针、政策和策略，领导制定和实施宪法和法律，采取科学的领导制度和领导方式，动员和组织人民依法管理国家和社会事务、经济和文化事业，有效治党治国治军，建设社会主义现代化国家的本领。

---

① Jan Kooiman (ed.), *Modern Governance: New Government–Society Interactions*, London: Sage Publications, 1993. 转引自任剑涛：《现代化国家治理体系的建构》，载《中国人民大学学报》，2015年第2期。

② 习近平：《谈治国理政》，外文出版社2014年版，第91页。

参考学术界以及党的十六届四中全会关于党执政能力的定义，试着给出党的执政能力现代化的定义：所谓党的执政能力现代化，指政党通过组织化、制度化和法治化途径整合社会，运行国家，推动国家和社会发展的能力。

（二）推进国家治理现代化是党执政能力现代化发展的必然逻辑

目前学术界就国家治理现代化和党执政能力现代化的关系的认识并不统一，综合来看，可以主要概括为两种代表性观点：一种是包含说。袁达毅教授认为，党的执政能力是国家治理的组成部分①；丁俊平教授指出，国家治理现代化内含着党的执政能力现代化。②另一种是同质说。林德山教授认为，党的执政能力归根到底是治理国家的能力问题。③肖滨教授也认为，"国家治理现代化与执政党提升其治国理政的能力不过是一体两面而已"④。李海滢教授和王立峰教授认为，在中国这一特定的语境和背景之下国家治理和政党执政实质上具有很强的同质性，即共产党的执政方针和执政策略，即表征了中国特色的国家治理模式的基本要义。⑤

要清晰理解国家治理现代化与党的执政能力现代化的关系，需要用现代化的动态发展逻辑来展开，而不是局限在内容的静态分析上。从现代化的动态发展逻辑看，我们认为推进国家治理现代化是党执政能力现代化发展的必然逻辑，是党执政能力现代化发展的新阶段。

中国共产党的长期执政是中国现代化的根本利益所在。而党的长期执政的根本在于党执政能力的现代化，即在于执政党能够通过组织化、制度

---

① 参见袁达毅：《国家治理体系和治理能力现代化问题研究——兼评学术界的几种观点》，载《武陵学刊》，2015年第1期。

② 参见王子蕲：《"国家治理能力现代化与党的执政能力现代化"理论研讨会综述》，载《上海党史与党建》，2014年第10期。

③ 林德山：《从"治理能力现代化"的角度深化对党的执政能力的认识》，载《当代世界与社会主义》，2014年第1期。

④ 肖滨：《中国国家治理现代化战略定位的四个维度》，载《中国人民大学学报》，2015年第2期。

⑤ 李海滢、王立峰：《国家治理视域下的制度正义》，载《净月学刊》，2015年第2期。

化和法治化途径合法进入和运作国家、整合社会、推动国家和社会发展的能力。所谓党的"合法进入和运作国家、整合社会",就是指执政党的执政是通过合法程序确认的;执政党遵循现代国家运作规律,通过制度化、法治化和程序化的路径把党的路线、方针和政策转化为国家的直接行动。

执政党要合法运作国家和整合社会,就要超越革命建国逻辑,探寻一条支持国家持续发展的制度化、规范化的道路。也就是说,执政党要合法运作国家和整合社会,就要改变过去党代替人民做主,走向党靠人民执政,支持和保证人民当家做主。实质上就是在党的领导下,最大限度调动包括执政党、国家机构、民主党派、社会组织和人民群众在内的一切积极因素,有效激活执政党、国家和社会的良性互动,实现党长效的治国理政能力。如果说,"三个代表"主要思想的提出,堪称后革命时代中国共产党清理革命遗产,重建执掌国家权力理路的象征性事件;① 那么,"国家治理现代化"的提出,则是后革命时代中国共产党重建执掌国家权力理路的实质性行动。党的十八届三中全会提出的"国家治理体系和治理能力现代化"的执政新理念,是执政党对革命建国逻辑的超越,是党执政能力现代化发展的必然逻辑,标志着党的执政能力现代化发展进入推进国家治理现代化的新发展阶段。

推进国家治理现代化的发展逻辑,意味着党执政能力现代化的转型逻辑,即党的功能定位由全能到服务的转型逻辑;党的执政合法性由促增长到促公正的转型逻辑;党的执政机制由运动动员到制度创新的转型逻辑。

二、执政功能定位:由全能到服务

(一) 由全能到服务转型的必然逻辑

党的执政能力现代化的转型和发展意味着执政党需要按着"合法运作国家、整合社会"的理路进行重新定位起执政功能,实现由全能型政党向

---

① 任剑涛:《从政党国家到民族国家:政党改革与中国政治现代化》,载《江苏行政学院学报》,2013 第 3 期。

服务型政党转变，合理调适党在国家治理体系中的地位和作用。"善于使党的主张通过法定程序成为国家意志，善于使党组织推荐的人选成为国家政权机关的领导人员，善于通过国家政权机关实施党对国家和社会的领导，支持国家权力机关、行政机关、审判机关、检察机关依照宪法和法律独立负责、协调一致地开展工作。"① 唯有此才能提升和保持党鲜活的执政能力。

所谓全能型政党指由执政党控制着国家和社会，其基本特点在于"党政一体化、政经一体化、政治一体化、政社一体化"②。所谓服务型执政党，把服务作为党执政的根本价值取向，加强党的服务意识，责任意识，把"人民拥护不拥护"、"人民赞成不赞成"、"人民高兴不高兴"、"人民答应不答应"作为制定各项方针政策的出发点和归宿，在为人民服务的执政过程中实现好、维护好、发展好最广大人民的根本利益。强化责任意识，提高服务意识，自觉履行管理社会的义务与承担提供公共服务的负任的新型政党。以法律为执政准则，以维护最广大人民群众根本利益为执政理念，以不断满足公众需求为服务导向，以体现民意为政党责任，这些都是现代先进型政党应具有的显著特征。

从现代化政党的发展逻辑看，政党现代化要求现代化的执政党确立在国家治理中的服务功能的角色定位。现代化国家的政党没有必要使自己陷入利益争夺的漩涡。政党现代化需要政党既要作为独立变量，又要作为中介变量。两种变量必须相互依存，协调存在。就前一特征而言，政党是社会和政府的依靠，社会和政府依赖政党，依赖政党领袖的决策以及政党向社会施加的安排。后一特征，则指政党是连接公众和政府的中介变量，其重要功能是组织公共舆论、汇集民意，并将民意传递给政府官员和领导者。③

---

① 习近平：《谈治国理政》，外文出版社 2014 年版，第 142 页。
② 王沪宁：《当代中国村落家族文化——对中国社会现代化的一项探索》，上海人民出版社 1991 年版，第 61 页。
③ 〔美〕戴维·E.阿普特：《现代化的政治》，陈尧译，上海人民出版社 2011 年版，第 137—138 页。

从我国国家发展和党的发展的历史逻辑看，需要执政党实现由全能到服务的转型逻辑。① 这种功能定位，最明显的趋势是政党行政化，政党的功能和责任同国家和行政机构的功能和责任混淆在一起，抑制了社会的活力。这实际上也是后发现代化国家的通病。改革开放以后，随着改革在各个领域陆续展开，社会逐渐从国家中剥离出来。社会主义市场经济的发展带来了经济、政治、社会、文化等诸领域的深刻变革，利益多元化、文化多元化逐渐发展；政治诉求也日趋多元化。这对党的功能定位提出了新的挑战，执政党不能再像过去那样运用公共权力，必须转变功能定位，建设服务型政党。早在20世纪80年代，邓小平就曾明确提出："党政要分开，解决党如何善于领导的问题。这是关键，要放在第一位。"② 党的十八大报告明确提出建设学习型、服务型、创新型的马克思主义执政党的新命题，标志着执政党建设的进一步深化和发展。党的十八届三中全会的《决定》提出，推进国家治理现代化，全面深化改革必须加强和改善党的领导，充分发挥党总揽全局、协调各方的领导核心作用，建设学习型、服务型、创新型的马克思主义执政党，提高党的领导水平和执政能力。这实质上蕴含着执政党在国家治理过程中给自身的功能定位，即服务型责任政党。

(二) 服务导向：培育引导成长中的多元治理主体力量

改革开放30多年来，国家结构日趋复杂，国家治理主体呈现多元化成长趋势，政党、国家、社会和市场四种力量结构逐渐形成。多元社会的治理离不开成长中的多元治理主体的广泛参与。为此，中国共产党作为国家治理现代化的核心力量，必须要明晰党的中央、地方、基层三级组织的不同职责，重点提升党的各级领导干部的执政能力和执政水平，执政党切实做到总揽而不独揽、协调而不取代。当前，"我国国家治理现代化的关键是培育能够支撑现代治理体系有效运作的主体力量，具体包括具有开阔视

---

① 在理解当前中国党政关系时，人们一般更多关注的是全能政府问题，但实际上，理解中国政治的关键问题，不是所谓的全能政府，而是全能政党的问题。参见任剑涛：《从政党国家到民族国家：政党改革与中国政治现代化》，载《江苏行政学院学报》，2013年第3期。

② 《邓小平文选》第3卷，人民出版社1993年版，第177页。

野、公共精神和责任担当的政治精英集团;具有高超管理技艺的现代技术官僚;能够有效运作现代制度体系、权利与责任有机平衡的现代公民;以及能够通过组织化力量制衡国家与市场专断权力的公民社会组织"①。执政党的责任就在于由全能型向服务型的转变,适当下放权力,转移事务,支持其他各类治理主体独立负责地积极发挥各自治理职能,培育引导成长中的多元治理主体力量,解决和协调好多元治理主体的关系,引导建立政党—国家—市场—社会职权明晰、互信互利、协调共治的现代治理结构。

首先,科学定位政府职责,培育有能力的"有限政府"。"市场经济的逻辑,是党执政能力建设问题的逻辑起点。"② 实现党执政能力现代化转型,推进国家治理现代化,必须首先明确深化改革的方向:即坚持社会主义市场经济改革方向。而坚持社会主义市场经济改革方向,首要的是要明确政府在市场经济中的功能定位。

"现代化社会中的政府试图使社会不同阶层的成员得到最大满意,推动权力的现代化。为了获得民主的忠诚和使政府活动合法化,权力必须受到限制。"③ 政府是执政党的路线、方针、政策的执行者和实践者。我国政府的功能和作用是由中国共产党来设定的。作为执政党,中国共产党有责任把政府准确地摆到它应在的位置上。④ 为此,在社会主义市场经济条件下,执政党对政府的功能定位就是建立政府权力受约束、有边界的"有限政府"。党的十八届三中全会《决定》指出,使市场在资源配置中起决定性作用和更好发挥政府作用,使市场在资源配置中发挥决定性作用实质上就意味着政府在相关领域的退出。也就是说,更好发挥政府作用,必须切实转变政府职能,充分发挥政府在调节经济、规范市场、服务民生等公共

---

① 唐皇凤:《有效推进我国国家治理现代化的战略路径》,载《苏州大学学报哲学》(社会科学版),2016年第2期。

② 王长江:《中国政治文明视野下的党的执政能力建设》,上海人民出版社2005年版,第6页。

③ 〔美〕戴维·E.阿普特:《现代化的政治》,陈尧译,上海人民出版社2011年版,第170页。

④ 王长江:《中国政治文明视野下的党的执政能力建设》,上海人民出版社2005年版,第106、112页。

其次，理顺执政党和社会的关系，培育引导成长中的社会力量。在改革开放过程中，"新的社会力量开始形成了，但这种社会力量却是以断裂和失衡的状态呈现出来的，这就是强势群体与弱势群体之间的分野和裂痕"①。要弥合这一裂痕，需要执政党在总体性社会向多元社会转变过程中明晰自身的责任：理顺执政党和社会的关系，培育成长中的社会力量，推动社会健康运转。

社会多元化客观上带来了社会组织的多元化发展，民众利益表达渠道也趋向多元化。通过各种社会组织、大众传媒、互联网等方式来表达和沟通民意变得越发重要。因此，执政党健康引导社会"按照业缘、地缘与趣缘等机缘高度组织起来"②在当下尤为重要。执政党在强化自身利益表达功能的同时，发挥自身中介作用的同时，培育社会组织的中介作用，注重推进民意表达渠道的多元化，使各阶层民众的声音能够在公共领域获得合理地表达。只要执政党给予正确地引导，多元化的民意表达渠道不仅不会成为执政党的对立面，而且会在执政党把握民意方面发挥有益的作用。那些"认为政党与非政党的民意代表机构之间存在着潜在的利益冲突以及会引起彼此间对立的观点，也许是一种误导"。非政党的沟通渠道"可以被称为对政党活动的一种补偿而不能取代政党"③。实际上，早在抗战时期，在引导民意表达方面，党已经积累了宝贵的经验。1937年10月16日，中共中央发布《关于群众运动的政策》。文件指出："在群众自己的政治、经济与文化的各种要求纲领上，建立真正群众的工会、农会、学生会、商会及青年、妇女、儿童等团体。要使最大多数的工人、雇农组织在工会之内，最大多数的农民组织在农会之内……这些群众团体的内部生活，应该有广泛的民主……这些群众团体应该提出自己明确的在当时可能实现的要求纲领，动员群众为实现这些要求（经济的、政治的、文

---

① 孙立平：《社会转型：发展社会学的新议题》，载《开放时代》，2008年第2期。
② 任剑涛：《社会活力构成国家发展的决定性因素》，载《民主与科学》，2014年第2期。
③ 〔美〕拉里·戴蒙德、理查德·冈瑟主编：《政党与民主》，徐琳译，上海人民出版社2012年版，第359页。

化的）而斗争……"①

当然，今天不可能机械照搬过去，但我们完全可以在汲取历史遗产的基础上，培育引导多元化的民意表达渠道，"形成更为自主的社会政治（包括工会、农协和其他社会团体等广义的政治组织）"②，推动社会健康运转。

三、执政合法性：由促增长到促公正

（一）促增长到促公正的执政合法性转型的必然逻辑

政治学意义上的合法性指的是民众对政权的认同和服从。也就是说，合法性主要关涉的是对政权的价值评判和价值认同。哈贝马斯教授认为："合法性意味着某种政治秩序能够被认可的价值"③；李普塞特教授则指出合法性"是指政治系统使人们产生和坚持现存政治制度是社会的最适宜制度之信仰的能力"④。

改革开放以来，党面临着重建合法性的问题，最根本的是重建对社会主义制度的信仰，这就需要赋予社会主义新内涵。1980年5月，邓小平在会见几内亚总统杜尔时指出："社会主义是一个很好的名词，但是如果搞不好，不能正确理解，不能采取正确的政策，那就体现不出社会主义的本质。……根据我们自己的经验，讲社会主义，首先就是使生产力发展，这是主要的。"⑤ 正是由于此，党坚持以经济建设为中心，坚决把党和国家工作中心转移到经济建设上来。改革之初，在当时所谓的"人口多、底子薄"的基本国情背景下，推动经济经济增长成为最紧迫的任务。因为只有实现了经济增长，才能使执政党拥有日益增长的执政资源和执政能力，从

---

① 《关于群众运动的政策》，http://www.people.com.cn/item/newlsq/zz/lgy/lgy030.html.
② 汪晖：《代表性断裂和后党政治》，载《开放时代》，2014年第2期。
③ 〔德〕尤尔根·哈贝马斯：《交往与社会进化》，张博树译，重庆出版社1989年版，第184页。
④ 〔美〕马丁·李普塞特：《政治人：政治的社会基础》，张绍宗译，上海人民出版社1997年版，第55页。
⑤ 《邓小平文选》第2卷，人民出版社1983年版，第313—314页。

而为国家和社会发展奠定现实基础。经过 30 多年改革开放，党坚持"以经济建设为中心"，"一心一意谋发展"，促进了经济持续增长，推动了中国社会主义事业的迅速发展，中国现代化建设取得了巨大成就，生产力发展了，国家实力增强了，人民群众生活日益改善。党的政治权威也因国家经济实力的增强和综合国力的提高而得到巩固和发展，党的执政能力也因此得到提升。特别是 1992 年 10 月召开的党的十四大提出了建设社会主义市场经济的目标，党推动经济增长的执政思想进一步强化。1992 年的邓小平南方谈话后，"从政府到民间逐步形成了这样的共识，即社会稳定不能通过政治和意识形态领域的变化实现，而是需要通过经济的快速增长和人民生活水平的提高来保障"①。

然而，随着社会主义市场经济的发展，经济体制改革的深化，必然导致利益结构的分化。单纯的经济增长并不能自然保证每个阶层利益的同步增进，相对于受益阶层，被剥夺阶层特别是改革中被边缘化的阶层，由于不合理不公平的分配机会，容易产生不满情绪。"利益的分化和贫富差距的扩大会引起社会利益的冲突，甚至会陷入'发展越快，不满越多'的'政绩困境'。"② 同时，单纯的经济增长势必会带来其他一系列的问题，诸如社会道德滑坡、生态环境破坏等。当改革开放进入一个新的发展阶段，过多关注经济增长带来了一系列的负面效应，社会群体性事件日趋增多，腐败现象越演越烈，生态环境破坏也越发严重。也就是说，过度注重经济增长，势必会引起经济与社会、政治、文化、生态之间"发展协调性"的断裂。③ "当代民主系统的合法程度，主要取决于解决造成社会历史性分裂

---

① 渠敬东、周飞舟、应星：《从总体支配到技术治理——基于中国 30 年改革经验的社会学分析》，载《中国社会科学》，2009 年第 6 期。

② 王云骏：《合法性生长的土壤：共产党执政体系的社会基础》，载《探索与争鸣》，2010 年第 10 期。

③ 此处借鉴了谭明方教授的观点。他在研究社会建设问题时，就"经济越增长，社会不平等越加剧"现象指出，经济与社会之间以往的"发展协调性"断裂。参见谭明方：《社会建设：一种基于社会分析框架的研究》，载《学海》，2013 年第 1 期。

的关键问题的途径。"① 党的执政地位的保持和巩固取决于党执政能力的现代化的转型和发展。党执政能力现代化能够实现转型和发展，最终体现在能否合理有效解决所谓的"发展协调性"的断裂问题。而要推动社会不断发展和进步，解决"发展协调性"的断裂，关键在于能否促进社会公平正义，增进人民福祉，实现国家长治久安。

针对发展中带来的诸多问题，特别是"发展协调性"的断裂，为了实现经济、社会、政治、文化、生态之间的持续协调性发展，以胡锦涛为代表的党中央提出科学发展观以及构建和谐社会的战略。这正是执政合法性促增长到促公正的转型逻辑体现。以习近平为核心的党中央明确提出推进国家治理现代化以及依法治国的方略，则进一步推进执政合法性由促增长到促公正的转型逻辑。党的十八大提出，"公平正义是中国特色社会主义的内在要求。要在全体人民共同奋斗、经济社会发展的基础上，加紧建设对保障社会公平正义具有重大作用的制度，逐步建立以权利公平、机会公平、规则公平为主要内容的社会公平保障体系，努力营造公平的社会环境，保证人民平等参与、平等发展权利。"党的十八届三中全则进一步提出促公正的价值导向："凝聚共识，统筹谋划，协同推进，坚持社会主义市场经济改革方向，以促进社会公平正义、增进人民福祉为出发点和落脚点，进一步解放思想、解放和发展社会生产力、解放和增强社会活力，坚决破除各方面体制机制弊端，努力开拓中国特色社会主义事业更加广阔的前景。"党的十八届四中全会，则进一步指出，法治是实现国家治理体系和治理能力现代化的必然要求，而"公正是法治的生命线"。

（二）公平正义：共建共享

国家治理现代化要求由传统效率导向和工具理性的价值规范构建合法性，以公平正义为核心价值理念重构合法性转型。因此，政党需要遵循国家治理逻辑，以公正为导向，同其他治理主体协同共建美好家园，共享改

---

① 〔美〕马丁·李普塞特：《政治人：政治的社会基础》，张绍宗译，上海人民出版社1997年版，第55页。

革成果。正如《中共中央关于制定国民经济和社会发展第十三个五年规划的建议》中指出的,使全体人民在共建共享发展中有更多获得感。实现公平正义,增进人民福祉,既是出发点又是落脚点。深究其义,以公正为导向构建执政合法性基础主要有两层含义:第一层是共建层面,侧重程序公正:即多元治理主体公正地参与国家社会政治生活。执政党"需要在保持持续的经济增长的同时致力于满足各种社会需求,通过创建程序规则、创新系统能力、追求正义来重建执政合法性"①。第二层是共享层面,侧重实质公正:既实现善治目标。所谓(善治)即是结果和目标意义上的"良好的治理"(good governance)。现代国家治理的目标和职责是实现社会公共利益的最大化,实现所有社会成员的利益最大化。共建共享可行性途径,概括以下几条:

第一,根据民主法治原则推进公正。根据民主的原则塑造包括党、政府、社会、企业和公民在内的多元治理的主体结构,将民主协商、民主参与、民主决策机制贯穿于治理活动的全过程;保障人民平等参与权、平等发展权。根据法治的原则保障多元主体的政治参与渠道的开放性和公正性。通过建构民主协商平台,使公众有序参与民主决策,保障民众的政治参与权;通过有效合理分权,防止权力过度集中,比如,在资源分配上,执政党可以尝试"开放空间:推进社会组织参与公共资源分配"②。民众在公正地参与国家政治生活过程中,特别是伴随着他们的利益诉求通过制度化和法治化的政治参与渠道得以实现,逐渐强化对执政党的长期执政认同、认可和支持。

其次,培育社会主义核心价值观弘扬公正。当代中国的核心价值是同中华民族的历史文化相契合的价值观,为当代中国解决时代问题提供最持久、最深层的价值支撑。所谓社会主义的核心价值观,即党的十八大提出

---

① Joseph Fewsmith,"Generational Transition in China",*The Washington Quarterly*, 2002, 8.
② 王云骏:《合法性生长的土壤:共产党执政体系的社会基础》,载《探索与争鸣》,2010年第10期。

的,"倡导富强、民主、文明、和谐,倡导自由、平等、公正、法治,倡导爱国、敬业、诚信、友善,积极培育和践行社会主义核心价值观"。在积极培育和践行社会主义核心价值观的过程中,最为紧要的是公正价值的培育。倡导公正,就是以人为本,保障公民基本权利,实现公共利益的最大公约数。

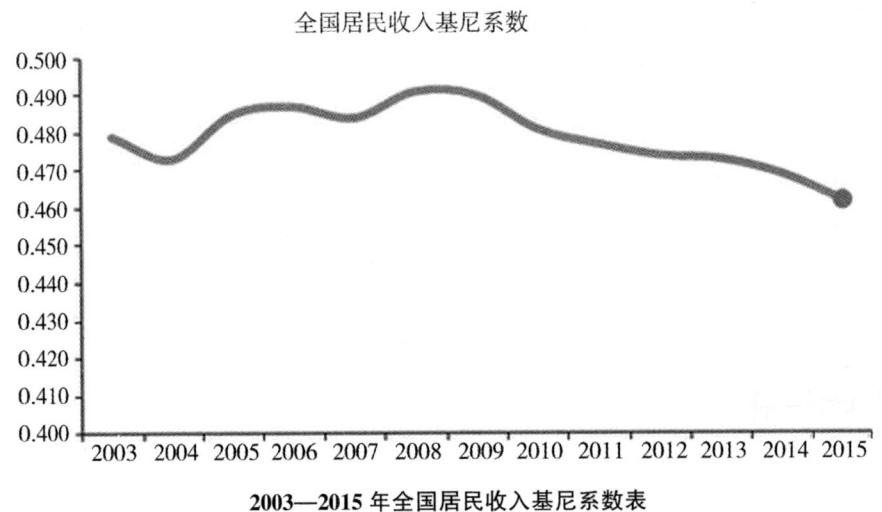

2003—2015 年全国居民收入基尼系数表

数据来源:国家统计局。

最后,推进资源的公正分配实现公正。"要看一个社会是否公正,就要看它如何分配我们所看重的物品——收入与财富、义务与权利、权力与机会、公共职务与荣誉,等等。一个公正的社会以正当的方式分配这些物品,它给予每个人以应得的东西。"① 当下中国面临的一个大问题就是贫富分化现象严重(参考 2003—2015 年全国居民收入基尼系数表)②。早在 1993 年,邓小平就曾语重心长地指出:"分配的问题大得很。……少部分人获得那么多财富,大多数人没有,这样发展下去总有一天会出问题。分

---

① 〔美〕迈克尔·桑德尔:《公正:该如何做是好?》,朱慧玲译,中信出版社 2011 年版,第 20 页。

② 从表中可以看出,2008 年达到顶峰 0.491 后,基尼系数开始呈下行趋势。2015 年降到 0.462,但仍高于国际警戒线 0.40。

配不公，会导致两极分化，到一定时候问题就出来。这个问题要解决。"①现在已经到了必须解决的关键时刻。通过公正分配使改革发展成果能够为民共享，最终实现"老有所养、病有所医、学有所教、劳有所得"。一方面，初次分配的公正。关键在于有效发挥政府和市场两类主体的作用。如前所述，加快政府职能转变，建设有能力的有限政府，同时充分发挥市场的决定性作用，构建公平的市场准入环境。另一方面，再次分配的公正。再次分配是政府对初次分配结果的系统性调整，以保障民众的基本生活需求。诸如地区间的调配，特别是对革命老区、民族地区、边疆地区、贫困地区的合力调配，以争取实现发展成果的共享；再比如以公共服务均等化为目标，争取实现民生公共品供给的均等化。

四、执政机制：由运动动员到制度创新

（一）由运动动员到制度创新转型的必然逻辑

改革开放以前，中国政治发展遵循的是阶级斗争的革命逻辑。改革开放之后，中国的政治发展开始进入常规化轨道，革命的色彩渐渐淡化，改革逻辑逐渐取代革命逻辑，制度化、法治化和市场化成为中国政治、社会发展的主轴。改革取代革命的逻辑意味着党的执政机制由运动动员到制度创新的转型逻辑。

关于党的运动动员机制，学者们已经进行了深入的研究。王邦佐教授认为，从新中国成立至体制改革前的30年间，由执政党发动的各种政治运动构成了新中国政治与社会生活的重要内容。这种"制度化"了的运动政治是革命的延续，是一种基于人治原则的政策性制度，将政治与社会生活中的非常规机制"常规化"，在本质上排斥基于法制原则的理性化制度的

---

① 《邓小平年谱（1975—1997）》下卷，中央文献出版社2004年版，第1364页。

发展。①陈明明教授则认为，在这一时期，执政党不是通过社会自组织和市场的发育，而是由国家出场、运用国家力量来推动工业化，这一发展战略本质上必然是一个政治动员的过程。②借鉴学界观点，我们认为所谓运动动员机制是指执政党不自觉地延续革命方式，通过运动式的政治动员方式集中社会资源，以实现执政目标的机制。改革开放以来，党的工作重心从阶级斗争转向了经济建设，超常规的运动方式逐渐减弱。随着市场经济的发展和社会力量的壮大，社会逐渐从国家中分离出来，执政党开始重新思考和重构党与国家、社会的关系问题：党是继续依赖革命年代的权威，继续依靠政治运动来执掌政权，还是通过制度创新推行制度化和法制化的施政基本进路。实践证明党选择了后者，也就是说改革开放以来，党逐渐改变了运动动员机制。正如邓小平在1992年南方谈话中所说的，"我们推行三中全会以来的路线、方针、政策，不搞强迫，不搞运动，愿意干就干，干多少是多少，这样慢慢就跟上来了。"③执政党在30多年改革的实践中不断的自我学习、调适，由运动式动员到制度化建构来提高党科学执政、民主执政和依法执政水平，制度创新的执政机制逐渐建立。尽管运动动员时有发生④，但制度化机制已经上了轨道。"良好的执政机制意味着执政党与国家公共权力、社会（党政、党群）之间的良性互动关系。"而良性互动的根本保证不能依靠革命激情的运动动员维持，而是需要改革理性的制度创新机制保障。改革开放的发展历程，实际上也是执政党的执政机制不断制度化、法制化的创新发展过程。早在改革开放之初，邓小平就曾指出，"领导制度、组织制度问题更带有根本性、全局性、稳定性和长期

---

① 参见王邦佐等：《执政党与社会整合：中国共产党与新中国社会整合实例分析》，上海人民出版社2007年版，第33—34页。
② 参见陈明明：《在革命与现代化之间——关于党治国家德一个观察与讨论》，复旦大学出版社2015年版，第43—45页。
③ 《邓小平文选》第3卷，人民出版社1993年版，第374页。
④ 由于运动动员在特定实效内的高效率，即将自愿运动式的集中到某个具体的领域或项目，总是能够创造出所谓的奇迹；由于党对长期的运动动员机制的驾轻就熟；因此，在改革实践中，尽管意识到常规制度的重要性，但当遇到难题或突发事件，难免会采用传统的动员方式。

性。这种制度问题,关系到党和国家是否改变颜色,必须引起全党的高度重视。"西方学者的研究也印证了执政党的执政机制的发展逻辑,罗纳德·哈里·科斯教授认为,改革开放以来的中国政治变得更为理性化。这很大程度上源于两大机制的发展,一是学者民主参与政治机制的建立,二是中国法律体系的重建。① 党执政机制创新的标志性事件有二:一是党的十八届三中全会规划了制度成熟和定型的时间表,即明确指出,"到2020年,在重要领域和关键环节改革上取得决定性成果,完成本决定提出的改革任务,形成系统完备、科学规范、运行有效的制度体系,使各方面制度更加成熟更加定型。"二是党的十八届四中全会全面深刻提出"依法治国"方略,"坚持依法治国、依法执政、依法行政共同推进,坚持法治国家、法治政府、法治社会一体建设,实现科学立法、严格执法、公正司法、全民守法,促进国家治理体系和治理能力现代化"。其中,"依法执政是依法治国的关键"。

(二) 制度创新:转化制度优势为执政效能

推进国家治理体系和治理能力现代化,要更加注重治理能力建设,增强按制度办事、依法办事意识,善于运用制度和法律治理国家,把各方面制度优势转化为管理国家的效能,提高党科学执政、民主执政、依法执政水平。② 党的执政机制由运动动员向制度创新的转型逻辑,要求执政党自觉用制度来规范执政党自身,通过制度创新机制实现科学执政、民主执政、依法执政,变制度优势为执政效能,提高党治国理政的水平。建立和完善制度创新的执政机制,变制度优势为执政效能,其基本要素有三:第一,建立和完善制度创新的执政机制,就是要创建多元化的互为协调的制度体系,提高制度执行力。制度本身具有多维性,单一维度的考量都是片

---

① 〔英〕罗纳德·哈里·科斯:《变革中国:市场经济的中国之路》,徐尧、李哲民译,中信出版社2013年版,第134—135页。

② 习近平:《切实把思想统一到党的十八届三中全会精神上来》,载《人民日报》,2014年1月1日,第1版。

面的。第二，建立和完善制度创新的执政机制，就是要注重和运用制度的价值理性，增进制度信仰。"当我们最初制定或选择某个制度的时候，我们看重的是它的实用功能，此后，随着时间的推移，我们可能逐渐认同该制度，把它当成我们身份的标志。"① 第三，建立和完善制度创新的执政机制，就是要摒弃人治，实行法治。"法治侧重于人与人之间或者部门与部门之间平等的政治与法律地位。"② 法治的基本点是："留给执掌强制权力的执行机构的行动自由，应当减少到最低限度。"③

---

① 〔英〕罗纳德·哈里·科斯：《变革中国：市场经济的中国之路》，徐尧、李哲民译，中信出版社2013年版，第134页。

② 〔英〕罗纳德·哈里·科斯：《变革中国：市场经济的中国之路》，徐尧、李哲民译，中信出版社2013年版，第139页。

③ 〔英〕弗里德里希·奥古斯特·冯·哈耶克：《通往奴役之路》，王明毅、冯光元译，中国社会科学出版社2015年版，第95页。

政治心理变迁与党的执政合法性资源的新陈代谢

陈剑岚[*]

摘 要：合法性资源的获取是执政党享有政权的前提条件，同时，合法性资源也承担着证明政治系统统治合法性、体现执政党能力的功能，具有举足轻重的地位。然而，随着时代的变迁和民众政治心理的嬗变，政治心理作为认同合法性的转化工具的地位却不容忽视。因此，提升现今对政治系统稳定运行所需的心理基础的认识和理解，从而揭示政治心理变迁与党的执政合法性资源的新陈代谢之间的奥秘，是笔者所要探寻的主题。解决诸如此次类的问题，都将有利于党和国家治理的现代化进程。

关键字：政治心理；中国共产党；合法性

合法性资源的获取是执政党享有政权的前提条件，同时，合法性资源也承担着证明政治系统统治合法性、体现执政党能力的功能，因此其具有举足轻重的地位。在现实的政治实践中，执政党必须不断更新自身的合法性资源以迎接新的时代挑战，否则就极易产生合法性的危机。而执政的合法性资源如何能够真正有效地转化为人民内心对于统治的认同问题，我们认为，这其中的一个重要中介就是政治心理。正如伊斯顿曾在其著作中所言，"没有对系统合法性的一些适度的信奉，任何系统都不能延续，至少

---

[*] 陈剑岚，华东政法大学政治学理论专业硕士研究生。

不能延续很久"①。政治心理对于执政合法性有效转化的重要程度不言而喻。因此，提升现今对政治系统稳定运行所需的心理基础的认识和理解，从而揭示政治心理变迁与党的执政合法性资源的新陈代谢之间的奥秘，就成为了我们所要探寻的主题。

一、政治心理与执政合法性资源的内在逻辑

关于政治心理与执政合法性资源之间的内在联系，学界已有许多重要的成果。但是，关于政治心理与执政合法性资源的内在涵义仍存在一些探讨的空间。当然，也正是由于本文旨在探讨政治心理变迁与党的执政合法性资源的新陈代谢互动，因此，厘清前述二者之间的关系就将成为我们探寻的起点。

(一) 政治心理与执政合法性资源的涵义

要探寻政治心理与执政合法性之间的内在逻辑，首先我们要明确政治心理和执政合法性资源的涵义。政治心理，是指"社会成员在政治社会化过程中形成的对社会政治生活的各个方面的一种心理反映，表现为人们对政治生活的某一特定方面的认知、情感、态度、情绪、兴趣、威望和信念等等"②。政治心理具有社会性、时代性、波动性和阶级性等特征，主要包括政治认知、政治情感、政治动机和政治态度几个维度。

合法性，是指"政治系统使人们产生和坚持现存政治制度是社会的最适宜制度之信仰的能力"③。而合法性资源和合法性是不同意义上的概念。合法性资源指的是那些可以证明政治系统统治合法性的有形的物质利益或无形的价值符号。可以这么说，假使一个执政的机构或集团失去了维

---

① 〔美〕戴维·伊斯顿：《政治生活的系统分析》，王浦劬译，华夏出版社1999年版，第336页。
② 孙关宏：《政治学概论》，复旦大学出版社2013年版，第264页。
③ 〔美〕李普塞特：《政治人：政治的社会基础》，张绍宗译，上海人民出版社1997年版，第55页。

持其执政的合法性资源,那么它离统治崩溃也就不那么的遥远了。那么,我们很自然地就要讨论统治集团拥有的哪些资源能够称之为合法性资源。纵观人类的历史,我们认为合法性资源主要体现在以下几个方面。首先是统治绩效,它包括政治绩效和经济绩效,但其主要体现为经济方面的持续增长。对此,李普塞特曾经提出了"有效性"的概念,他认为"有效性一再丧失、或重复丧失,会危及一个合法系统的稳定性。……而几代人时间的长期持续的有效性,也可以给予一个政治系统合法性"。其次,合法性资源表现为意识形态的建立。这里的意识形态,指的是要有一种占统治地位的意识形态,从而在国家和社会中形成一种认同来保证其统治的稳定。再次,合法性资源还包括制度规章,例如中国的人民代表大会制度,它规定了权力的来源和权力的使用。最后是领袖魅力资源。韦伯曾经提出三种权威类型,其中包括一种"卡里斯马型"的权威,即拥有民众推崇的某个政治人物能够凭借其获得的政治支持形成独特的权威。领袖们往往基于人们的推崇并以符合人民对"明君"或统治者的想象的形式而存在着。

(二) 执政资源是政治心理合法性认同的基本元素

笔者认为,执政资源是构建政治心理合法性认同的基本元素。

正如之前所提及的国家的"有效性",即主要表现为经济增长方面的有效性可以提升人民对于执政集团的信心,从而有效延续其政权的寿命。因而,执政党如果想要获得民众的政治支持,那就不得不拓展自身的合法性资源,或者发挥其最大效益。又如,罗伯特达尔曾在其著作《现代政治分析》中指出:"意识形态能够赋予政治权力以合法性,并把政治权力转换为政治权威,而这种政治权威不仅比赤裸裸的暴力和强制来的可靠和持久,而且还能使统治阶级用最少的政治资源进行统治。"① 而毛泽东也曾

---

① 〔美〕罗伯特·达尔:《现代政治分析》,王沪宁、陈峰译,上海译文出版社1987年版,第78页。

说："思想和政治是统帅，是灵魂。"① 因此，受意识形态所影响的政治心理就占有着极其关键的地位，它能够实时分析并对执政资源的各种外化表现作出反馈，从而进一步形成个人或群体独特的政治心理，最终影响着其对政权的认同与否。

但是，是否能够实现有效性和意识形态的建立与否始终还是国家能力层面的问题，如何将其转化为一种民众在政治心理上的认同，这是值得探索和思考的。首先，执政资源的获得是执政党顺利赢得人民政治认同的前提和基础，它同时也是执政党的能力体现。但是，单就这一方面来说仍然不够。分配政策中体现公平、正义是执政党获得支持和赞同的重要条件。如果执政党所制定的分配政策只是体现少数人的利益，而使多数人的需求得不到保障，那么也就失去了普遍的政治认同，那就意味着难以维系稳固的统治；反之，如果执政党的分配政策是保护大多数人民群众的利益，人心所向，那么其统治也将无往不利。再次，即便是有了良善的分配政策，但执行过程中不到位，那么即使初衷是好的，也有被误认为"表里不一"的风险。这一点，即使是君主的忠实拥护者马基雅维利也曾在其《君主论》说过，统治者必须和人民保持良好的关系，否则当陷入困境时就将坐以待毙。政治认同，一定是建立在普通民众能够切实感受或了解到执政集团带给自身的实际利益基础之上的。所以我们说，执政资源是政治心理合法性认同的一个重要的基本元素。

（三）政治心理是执政资源内化为合法性的中介

历史唯物主义认为，社会存在决定社会意识，社会意识对社会存在将起到一定的反作用。因此，如欲通过对执政的合法性资源运用来获取执政合法性，则必须通过政治心理作为中介进行转化。政治心理是人们的一种直观的心理反映，它以一种潜在的形式出现，是对政治生活的一种不系统的、未定型的感性认识。政治心理所包含的要素包括政治认知、政治判断、政治印象和政治情感。

---

① 《毛泽东著作选读》（下册），人民出版社 1986 年版，第 803 页。

1. **政治认知是执政资源转化为合法性的转换器**

政治认知是指"政治主体对于政治生活中各种人物、事件、活动及其规律等方面的认识、判断和评价,即对各种政治现象的认识和理解"①。不同的人的政治认知存在差距,对合法性资源的运用是否有效评判的标准不尽相同,以致于对同一绩效能否转化为合法性的看法也存在差别。例如,在中国现实的政治实践中,我国已经在改革开放后三十余年间取得了可观的经济绩效。这虽然也获得了普通民众的认可,但是与部分发达国家相比,在人均收入层面依然存在着明显的差距。据国际货币基金组织发布的数据,2014年中国人均GDP仅有美国的13.9%②。因此,有的民众认为我国的经济成就是非凡的,有的则认为经济绩效仍然不够显著、合法性依然不足,这些正是政治认知存在差别的表现。可见,同一绩效资源,如若得不到民众的认同,那么也就难以转化为对党执政的认可与服从。

2. **政治判断是执政资源转化为合法性的桥梁**

政治判断是在具备一定的政治认知的基础上形成的,"是政治主体对政治客体的评价与推论"。它根源于客观的政治现实,受制于社会经济条件,其判断的结果是一种"综合性的分析"。③ 执政资源转化为合法性在实践中必须通过政治判断这一过程。决策是否有效、能否被落实对于民众对执政者的合法性认同起着关键性的作用。如果决策的过程不透明、决策的内容不能体现民意、决策的结果不能得到贯彻,那么此时的决策就将是无效的,也是缺乏合法性的。反之,过程透明、体现民意、切实贯彻就将会被视为科学和民主决策的典范,得到民众内心的真正信奉。正如我们在上文中所讨论,在经济绩效仍旧占主导地位的时期,分配政策最终的落实情况就将成为普通民众政治判断的依据。在现代化浪潮中间,部分地区此起彼伏的政变和动荡在一定程度上也与其政府失败、经济低迷有着密不可分的联系。

---

① 王浦劬:《政治学基础》,北京大学出版社1995年版,第253页。
② 数据来源自IMF《世界经济展望》,2015年4月。
③ 王浦劬:《政治学基础》,北京大学出版社1995年版,第254页。

3. 政治印象是执政资源转化为合法性的重要载体

我们通常所说的政治印象是指"在政治知觉的基础上对认知客体的成像反应",是会在人脑中形成的一种"固定的记忆"。正如,说到中东地区我们会想到"宗教冲突"、"动荡"等词汇,谈到欧洲我们会立即想起"福利"与"民主"等等。这恰恰说明,以往的认知和判断会在个人的头脑中形成一些固像,从而有助于政治印象的形成。

亨廷顿曾认为,一定程度上的腐败将有助于政治的发展。然而从价值追求和规范的意义上讲,腐败在政治生活中是不可容忍的行为。习近平总书记在十八届中共中央政治局第一次集体学习时也曾说:"各级党委要旗帜鲜明地反对腐败,更加科学有效地防治腐败,做到干部清正、政府清廉、政治清明,永葆共产党人清正廉洁的政治本色。"政治是否清明、官员是否廉洁是普通民众对于廉政资源能否转化为合法性的评判标准。

4. 政治情感是执政资源转化为合法性的重要平台

政治情感是指"政治主体在政治生活中对政治体系、政治活动、政治事件和政治人物等方面所产生的内心体验和感受"[①],是政治主体在认知过程中形成的对政治事件、人物、活动等的好恶、亲疏等心理反应。政治情感可以是积极的、也可以是消极的,"某个人也可能对某个政治体系有反感,或者可能他的朋友或亲属长期持这种态度,这样他就不太可能期待政治当局对他的要求作出良好的反映,这便是感情部分"[②]。同时,它可以是稳定的持续性的或是具备短暂。所以一旦作为政治情感次一级的政治情绪被消极事件或分子所点燃、煽动,那么就极易产生对政治统治的不信任,甚至酿成一些对于统治集团而言极端恶劣的事件,如国外的军事政变、冲击基层政府等等;从另一个角度说,如果可以使民众对于统治者的情感上升为一种类似于对国家一般的、稳定的、深厚的政治感情,那么想要动摇它就将会是困难重重的。此时,从政治情感层面来说,普通民众对

---

① 王浦劬:《政治学基础》,北京大学出版社1995年版,第254页。
② 〔美〕阿尔蒙德:《比较政治学:体系、过程和政策》,曹沛霖等译,上海译文出版社1987年版,第15页。

于统治的认可也将会是稳固的。中国共产党一路走来,推崇"群众路线"、关心群众工作,也赢得了广大人民群众的认可与支持。然而就"群众路线"的实际落实状况而言,仍然存在一些"官僚主义"和不正之风。但总的来说,政治情感是政治心理的中高级阶段,它深刻地影响着人们对于执政的认知与判断,其是执政资源转为合法性的一个重要平台。

通过以上的讨论,我们知道政治心理的四个要素,政治认知、政治判断、政治印象和政治情感在执政合法性资源转换为合法性的过程当中,其所充当的是过滤和转化的作用。但是实际上,介于个人的个体阅历、社会地位和社会环境之异、评判标准之不同,执政者能否最终获取合法性的认同,其结果是不确定的。因此,执政者就更应该抓住政治心理作为执政资源内化为合法性的中介的这个关键,充分发挥手中资源的最大化效用,从而获取合法性认同。

二、新时期中国社会政治心理变迁的基本维度

自改革开放以来,中国无论是在经济、文化还是社会方面都呈现出大发展、大繁荣的景象。同时,人民群众的政治心理也在不断发生着变化。然而,这些政治心理的变迁并不是无迹可寻的。通过笔者的观察,至少在以下四个方面,新时期中国社会政治心理的变迁存在一些较为明显的轨迹。

(一)意识形态维度下的政治心理发展:从传统走向现代

"凡是要推翻一个政权,总要先制造舆论,总要先做意识形态方面的工作。"[1] 安东尼奥·葛兰西提出的"文化霸权理论"认为,某个居于支配地位的阶级不仅统治着社会,而且在通过其在道德和精神方面的影响力控制着社会。从革命岁月中走出的共产党人深谙意识形态在政权建设当中所发挥的重要作用。毛泽东就曾指出:"思想和政治是统帅,是灵魂"[2]。要

---

[1] 《建国以来的毛泽东文稿》第10册,中央文献出版社1996年版,第194页。
[2] 《毛泽东著作选读》下册,人民出版社1986年版,第803页。

巩固一个政权，也必须通过思想整合这一手段，使社会整体价值观和新政权所奉行的理念有着相契合之处。通过高举马列主义、毛泽东思想到中国特色社会主义理论体系的建立和完善，共产主义意识形态的思想体系贯穿了新中国几代人的政治思想、价值观念。然而，紧接着的是，改革开放使中国向世界重新打开了大门，也使世界思潮涌向这个古老的文明国家。互联网时代的到来，更使西方的各种思想潮流在中国获得了新的土壤，进而繁衍和转化。马立诚曾在其书中将其当代中国社会思潮概括为八种，包括邓小平思想、老左派思潮、新左派思潮、民主社会主义思潮、自由主义思潮等。① 社会思潮的多样化反映的是日益开放的思想体系和民众各异的政治心理需求。

国内学者刘明曾在其文章中，将当代中国政治心理的变迁概括为三个主要层面。② 一是由"政治疏离"转向"政治参与"。随着经济水平的提高和教育的普及、社会信息流动性的增强，人民在相当程度上已经提升了自我的主体意识和权利意识，原来那种个人化的思考方式所引发的政治疏离已经发生了极大的转变，民众要求更多的政治参与以实现自身的利益，如若参与的意愿被长期压抑，势必会导致类似群体性事件的发生。其次，由"简单盲从"到"理性选择"。在臣属型文化中，人们既缺乏参与的能力和权利，也因为知识的匮乏，参与热情不高。这不仅反映出人们思想文化水平的提升、知识的增进，也反映出人们在政治意识方面的觉醒和领悟，这也避免了人民当家做主流于形式。最后，实现从"权威主义"到"民主政治"的转变。现代民主政治的发展除了具备一套完整的制度设计和基本程序外，其成功实施很大程度上取决于成熟的具备适度政治热情、良好民主素养的参与主体。两千多年封建王权思想的沉淀将对权力和权威的崇拜推向极致，虽然这种根深蒂固的思想仍然占据着相当一部分人类的头脑，但民主意识的发展恰好在今天，或许能够将这种窘境逐步有效地逆转。

---

① 参见马立诚：《当代中国社会的八种思潮》，社会科学文献出版社 2012 年版。
② 参见刘明：《当代中国社会政治心理的嬗变与发展》，载《中共四川省委党校学报》，2008年4月第2期。

虽然我国民众政治心理变迁仍然处于一个不断变动的过程之中，这其中难免遇到挫折，但论述至此，笔者十分同意这样一种说法，即政治心理的变迁无疑是重要而富有意义的。正如英格尔斯所说的那样，"如果一个国家的人民缺乏一种能赋予这些制度以真实生命力的广泛的现代心理基础，如果执行和运用着这些现代制度的人，自身还没有从心理、思想、态度和行为方式上都经历一个向现代化的转变，失败和畸形发展的悲剧结局是不可避免的"①。

（二）治理绩效视野下的政治心理渐变：由经济为本转向生态为先

新中国成立至今，我国民众的政治心理已经经历了数十年的演化。在"毛泽东时代"和"邓小平时代"两大历史时期，分别形成了以意识形态资源为主导的合法性模式和以经济绩效资源为中轴的合法性模式。② 到了今天，结合我国目前的发展现状，我们不禁要作出一些理性的思考，这又在很大程度上反映了当前政治心理需求的变迁。

目前，我国的绩效体系仍然首先表现为经济发展所展现出的突出地位，这同时也是发展中国家寻求自身发展的必经之路。根据我们熟知的经济对文化的作用原理，政治心理也不可避免地盖上了"发展"的印记，逐渐呈现出了动态化的特征。党的十八届三中全会提出："全面深化改革的总目标是完善和发展中国特色社会主义制度，推进国家治理体系和治理能力现代化。""治理能力"和"善治"已经逐步成为了判定执政者绩效的新标准。经济绩效所产生的弊端已经充分地显现，不仅是资源的破坏和浪费，其对于社会的和谐与稳定发展和人们的精神世界都产生了深刻的影响。原来的发展模式与如今的环境形势之间不再适宜，人民对于绩效的政治心理需求也转变为了以生态为先、以人为本，以复合型生态绩效取代以指标为准的纯经济绩效。既然"节约资源、保护环境、十分珍惜、合理利

---

① 蒋云根：《政治人的心理世界》，学林出版社2002年版，第16页。
② 齐卫平、郝宇青：《中共执政合法性模式的转换：现状与前瞻》，载《太平洋学报》，2010年第10期。

用土地和切实保护耕地"业已是中国的基本国策,那么,对于"发展就是硬道理"这句话,如今也应有了一番新的认识。马克思主义的"发展"意味着前进而不是倒退,发展经济也只是实现最终目标的手段罢了,而执政者要做的就是引领这种前进式的发展,保障可持续增长。根据学者齐卫平、郝宇青等人的观点,中国共产党对于发展观认识的转变,正是为确立法理型合法性模式提供了思想基础。要推进国家治理体系和治理能力现代化,极其重要的一点就是建设出一条可持续的、绿色的经济和发展模式。这些惠及后代的呼声和举措,既是民众真实迫切的意愿,也体现出了中共领导下的中国政治、经济发展逻辑作出的一些重要调整。

(三) 制度视角下的政治心理演进:落实有效性到追求公平正义

亨廷顿曾在其名著《变化社会中的政治秩序》中对"制度"有着精彩的论述,"复杂社会里的共同体依赖于该社会政治组织和政治程序的力量。而这种力量的强弱又取决于这些组织和程序获得支持的广度和制度化的程度"[1]。制度的规范和有效,一直是各国政府运作和政治实践过程中的一致追求,它指的是各国制定的、由人民认可的政治、经济和社会等制度,设施能够切实有效地运转和实施。在当今世界的一些动荡国家和地区中,政府和反政府武装的较量、军事政变、犯罪率上升、社会动乱无不与制度的无效性有着密切的联系,而制度无效背后更为深层次的原因就是合法性的缺失。

我们都认可,在不同的发展时期,由于个体经历的差异、生活水平的高低、社会各方面发展的良莠,民众有着不尽相同的政治心理诉求。可以说,在制度层面,我国民众这种政治心理的变迁是显著的。当前我国的政治社会现实正逐步抛弃原来的一味强调步调一致、上行下效的模式,民众不断地在向政府、向社会传达出一些新的呼声。在就业、医疗保障、住房、交通、和分配等层面,越来越强调以"公平、正义"为代表的具有现

---

[1] 〔美〕亨廷顿:《变化社会中的政治秩序》,王冠华译,生活·读书·新知三联书店1996年版,第11—12页。

代性的价值追求。而这些政治心理需求主要体现在以下两个层面。一是要求公平、公正的分配,首当其冲的原因就是在一个发展的社会之中,随着经济因素在国民内心不断加大比重,拜金主义、享乐主义也随之而来,这不仅反映出市场经济所带来的固有弊病,也从侧面反映出我国财政政策和分配政策的错位和失灵。这些对政治心理产生的影响是深刻的,由于"全能政府"的形象,民众往往将某些分配中的不公平、不公正归结于无效的政府政策和权力寻租等等,进而产生诸多的反叛型的负面情绪,最后甚至会逐步损害党的执政合法性基础。二是呼唤更多的政治和社会民主,这与第一个政治心理需求是密不可分的。之所以呼唤民主,是因为民众感受到自己无法加入真正的政治和社会决策之中,这种心理在心理学领域被称为"相对剥夺感",它会在极大程度上固化人们心中已有的失落感,使他们认为财富和权力拥有者对自身造成了某种剥夺。实际上,社会民主与政治民主是缺一不可的两个层面。无论是在经济领域或政治领域,民主都是不可逆转的潮流,同时,日益增进的民众的参与需求不可忽视。事实上,要弥合民众参与与最终控制之间的缝隙,就要求有多元化的利益主体,在较为平等的相互竞争和妥协中达到利益的最大化。这就是达尔所言的多元主义民主的实质。

作为一种回应,党在执政的过程之中也在加强制度的力量,完善现有的制度体系。就法律层面而言,2011年3月10日,吴邦国宣布,中国特色的社会主义法律体系正式形成。虽然从某种角度上来说,现有的法律体系并不能很好地包容进、解决好现实存在的一切问题。但是,有一种发展趋势是不容忽视的,那就是社会在进步、作为经济上层的制度也必须要跟上这种步伐。尤其是在"十三五"期间,我国已经步入了全面建设小康社会的决胜阶段,更要充分认识到,"小康"是目标,"全面"才是重点。

(四) 廉政视阈下的政治心理变动:潜在抵制取代绩效下的腐败容忍

2016年2月3日出版的《人民日报》刊登了《党的十八大以来正风反腐要闻录(治国理政新实践)》一文,披露了自2012年以来我国的反腐大事件。这既是从严治党的决心体现，也是农历新年前交给群众的一份答卷。从万众瞩目到身陷囹圄，落马官员"你方唱罢我登场"。高唱反腐曲，这其实展现的是民众政治心理的又一大变化，那就是从绩效下的腐败容忍走向潜在、甚至是公开的抵制。现如今，以"网络反腐"为代表的民间反腐已然成为了一种十分有力的揭腐力量。在我们通常所说的社会转型期，要保证"权为民所用、利为民所谋、情为民所系"，用民间的力量来防止权力的逆行和越轨，正在成为一种由外向内、自下而上的新趋势。

亨廷顿曾经认为一定程度上的腐败将有助于政治发展。然而，在多年的政治实践中，腐败问题不仅是在中国，也是世界各国政府的公敌。因为，腐败不仅破坏政治信任，也对执政当局产生极其负面的影响。任何有政治意识的国家在实践中都不会对"腐败"造成的严重问题加以忽视。我国先前经济先行的发展模式不仅暴露出了对于环境的威胁，还有对于人性的腐蚀。20世纪末以来，随着物质的极大丰富、部分党员干部没有抵挡住这些诱惑，并在事实上放松了思想上的警惕和改造，逐步走向腐化。权力真空滋生出的腐败甚至在逐渐挫伤民众对于经济生活水平提升的认可和推崇。就我国而言，这类问题所造成的困境主要体现在：一是容易使人们质疑市场经济所带来的贫富差距和不公；二是放大权力寻租的实质影响和范围；三是更重要和深层次的影响则是极可能破坏党领导下的中国政府的权威和合法性。十八大以后，中国共产党下了极大的决心清除党、政、军领域内的腐败，被称为"最清明的一届政府"，这在事实上也是对民众对实现"廉洁政治"的政治心理需求。"公生明，廉则生威。"其实，早在中国古代就已经有保证廉洁才能确保合法性权威的箴言。

三、中国共产党执政资源面临的挑战

在新的世情、国情和党情下，中国共产党所面临的执政环境和1949年新中国成立之时已经发生了翻天覆地的变化。作为统治集团的中国共产党，在现实的政治实践中所面临的不仅是巩固自身的合法性地位的问题，还要不断地增强其运用和更新合法性资源的能力。从总体上看，中国共产

党拥有的合法性资源主要有共产主义意识形态、旧社会的"负面合法性"、社会主义政治制度、统治绩效和领袖魅力等方面的内容。

(一) 传统资源的流失

新中国成立初期，由于长期的战乱和国民政府遗留下的腐化现状，以经济绩效为主的统治绩效所发挥的作用还不是特别显著。而共产主义意识形态、社会主义政治制度的强烈吸引力，与旧社会所展现出的"负面合法性"相较而言所具有的新局面、新气象，将中共推上了新中国政权的最高舞台。到了社会主义探索和发展时期，领袖魅力和统治绩效的重要作用开始依次显现了出来。

然而，中国共产党所拥有的这些合法性资源的获取并不是一劳永逸的，合法性资源的开发和更新永远在向前发展。暂时的合法性地位的获得不能保障执政的长期稳固，只能在历史的某一特定时期发挥其独特的政治作用。说到这里，我们认为，中国共产党的统治绩效的获得应该是一个为人民谋幸福的过程，也是一个自身的合法性资源再生和转换的过程。目前的新形势下，旧社会的"负面合法性"优势已经很难在新的一代又一代人的身上产生共鸣；而随着新的社会思潮的不断涌现，原来的思想政治体系也面临着难以解释自身存在合理性的危机；陈旧的以领袖魅力代替绩效和法理的时代已经过去，新的时代呼唤的是新的理论补充、完善的政治制度体系、新的合法性资源的获得，然而，这些问题的解决都不是轻易可以取得的。当前，传统优势合法性资源的流失已经成为了一个不争的事实，充分地认识到它，才能更好地触及到问题的根本。

(二) 新资源开发的阻滞

无论是就前述我们所讨论的意识形态资源，还是就新的其他合法性资源的开发来说，都是一个难以绕开的发展难题。政权的稳定需要合法性资源的补充和再阐释，民众的政治心理认同也需要合法性资源的支持。新资源开发的阻滞是目前摆在中国共产党面前的一项考验。

如果就理论资源的开发而言，可以说，目前中国共产党的话语体系仍然离不开以"马克思主义"为核心的传统理论范畴。中国特色社会主义制度下的中国发展现状对应到传统理论资源中，又将新出现的问题合理地进行理论化的阐释，既追求保持社会主义国家的本色，又不能脱离整个世界不断发展的轨道，这是一项长期且艰巨的任务。同时，领袖的魅力和力量在某种程度上也在彰显了国家的兴衰与发展。俄罗斯奉行的"强人治国"策略，将普京这位政治强人推上政治舞台，其曾经的个人经历和强势的政治手腕也仿佛意味着日渐没落的东方大国要再次振兴和崛起。在过去，俄罗斯和中国也都受到过权力过分集中和个人崇拜的深刻教训，而当前的中国事实上并不具备社会主义探索和建设时期的领袖资源，那么，一个团结而有力的核心领导集体则应当是一个复杂国情的大国的追求。

近年来，新的合法性资源的开发成为了中国共产党的一项紧迫的任务。我们可以看到中国共产党无论是在理论或者实践方面都在努力实现新的发展和跨越，致力于构建以"中国梦"为主轴的话语体系和"一带一路"为核心的发展战略。我们可以看到，24字核心价值观和伟大复兴中国梦展现的是当代中国的精神风貌和国人的价值追求。同时，在当今世界经济普遍疲软的现状下，作为已经融入世界经济大潮的中国来说，抓住中东地区当前的发展机遇，开展"一带一路"经济战略，复兴海上丝绸之路经济带和陆上丝绸之路，这些举措有利于中国新经济潜力的激发，从而迎来新前景。

（三）新旧资源整合的失效

关于合法性资源的再生产问题，其中最具挑战性的任务之一就是新旧合法性资源的整合。随着近年来发展问题的逐渐突出，整合失效主要体现在意识形态、分配制度两个方面。

就像文章中所探讨的，意识形态功能的弱化会带来政治心理认同的同步弱化。而就中国共产党而言，要想在思想层面获得主导权，就必须拥有解释自身发展进程和出现的矛盾问题的理论储备。现有的理论资源肯定是不够充分，解释力也不够强大，关键问题是仍然没有找到新的切入点。在今后的实践中，唯有更加开放的思想和解释体系，才会具备灵动的自我修缮和更新能力。分配制度是关乎社会总体利益和个人利益的重要制度之一，而分配制度所体现出的公平、公正也在某些方面体现了背后的政权所奉行的政治价值理念，因此，初次和再次分配都不能忽视民众所关切的任何细节。目前东西发展鸿沟、贫富差距、收入结构不够合理是现有的突出且关键的分配特征，政府现阶段所致力的"精准扶贫"等新的制度尝试也都是在围绕着人民的经济收入增加和生活水平提升做文章。当然，工作日渐成效的同时不规避困难和实际问题，才能在问题解决中成长。除了这两个较为突出的问题之外，我国近年来还在逐步适应经济"新常态"。因此，新旧资源的整合不会是一朝一夕之功，而应该是与时俱进的进行时。

四、执政资源新陈代谢的纾解路径

就新旧资源的整合失效的现状而言，中国共产党不得不考虑合法性资源的再生产问题。既然中共的执政资源在新时期已经产生了巨大的变化，那么及时地维护、开发和更新就成为了重中之重。要探寻执政资源新陈代谢的纾解路径，就必须从以下几个方面着手。

（一）在"扬弃"中重构核心价值观，推动执政理念的心理认同

培育和弘扬核心价值观，有效整合社会意识，是社会系统得以正常运转、社会秩序得以有效维护的重要途径，也是国家治理体系和治理能力的重要方面。历史和现实都表明，构建具有强大感召力的核心价值观，关系社会和谐稳定，关系国家长治久安。中共中央总书记习近平在主持就培育和弘扬社会主义核心价值观、弘扬中华传统美德进行第十三次集体学习时强调："把培育和弘扬社会主义核心价值观作为凝魂聚气、强基固本的基础工程。"

新的形势下，中共应该加强理论培育、不断地完善社会主义理论体系，在扬弃中为其执政合法性提供更加充实的理论补充。"就意识形态本身的限度而言，应逐渐淡化其中的终极价值，并建构一个灵活的具有工具理性的意识形态。就统治绩效的限度而言，中共不能仅限于提出政治口

号,还要让民众得到真正的实惠。"① 这两个"限度",缺一不可。只有关联社会核心价值观形成的理论框架真正建立,关乎国计民生的、符合群众利益和期盼的理论资源得到真正夯实,中共的执政理念才能深入实际、深入群众,赢得实实在在的心理认同,从而将这种心理认同转化为对于中国共产党及其领导下的人民政府的合法性认同。

(二) 实现单元绩效向多元绩效的转型,达成多元需求的心理契合

从对单纯的经济绩效的强调向绿色、生态绩效的转型,"既要金山银山,也要绿水青山"成为了经济增长的新指标,这些都集中展现了国人疯狂追逐经济利益后的冷静思考。当然,多元的心理诉求并不是在当代中国才出现的,在世界上的许多早年经历过工业化的国家里,民众都有着这样的共同的需求。在经济取得巨大发展的同时,环境已经向我们提出了致命的挑战。此时,国家的地位和作用更加突出,国家能力就需要再次的凸显。同样,政权作为国家的政治代表就要承担起这项重任。首先,实现单元绩效向多元绩效的转型既需要有远见的领导者,也需要有责任和担当的执行者。一个完整的政治过程需要多方面的支持和有效地配合,如果配合得当、中和其用,那么制度的运行和政策的实施就将是顺利的;否则,制度的效用低下、各行其是,人力物力都无法物尽其用。其次,杜绝以钱换权的强力制度设计,改造、转型传统重污染企业,要努力倡导新型、绿色工业获得新的进展将是走向新经济的必经之路。了解当前民众的新需要、适应经济发展的新动态、迎合世界变动的新趋势,多元需求的心理契合才会逐渐达成,从而获得强而稳固的政治支持。

---

① 郝宇青:《论中共执政合法性资源的再生产》,上海市社会科学界第五届学术年会论文集(2007年版)马克思主义研究学科卷,2007年。

（三）开发制度的复合功能，促进对特色制度由心理认知到认同的转变

2011年7月1日，中共中央总书记胡锦涛在庆祝中国共产党成立90周年大会上指出，经过90年的奋斗、创造、积累，党和人民必须倍加珍惜、长期坚持、不断发展的成就是：开辟了中国特色社会主义道路，形成了中国特色社会主义理论体系，确立了中国特色社会主义制度。在今天，"中国特色社会主义"已经成为了中国面向世界的政治名片。

中国特色社会主义制度涵盖了人民代表大会制度的根本政治制度，中国共产党领导的多党合作和政治协商制度、民族区域自治制度以及基层群众自治制度的基本政治制度，中国特色社会主义法律体系和以公有制为主体、多种所有制经济共同发展的基本经济制度，按劳分配为主体、多种分配方式并存的分配制度，以及以根本政治制度、基本政治制度与基本经济制度为基础的经济体制、政治体制、文化体制、社会体制和生态体制等各项具体制度。可以看到，其涵盖了政治、经济、文化、社会、生态等多个层面，内涵极其丰富。在这些方面，要想得到全面而有效的发展对中国而言，将会是一个世纪工程。目前，我们仍然面临着从心里认知到认同的转变难题，民众知其然而不知其所以然，对具体制度存在歧义和误解，成为了普遍的现象。话语体系的理论性较强当然也是一个问题，但是制度本身的功能尚待进一步凸显、制度之间的配合度低下是更为关键的。

"中国特色社会主义的进一步发展仍然面临贫富差距过大的风险与挑战，要解决共同富裕问题，唯一的办法是全面深化改革，不断完善和发展中国特色社会主义制度。"[①] 因此，全面深化各项制度改革，开发制度的复合功能，使各项制度得到开发和完善、制度之间得到有效配合，发挥制度的合力，才是当前的关键的致力方向。认同来自理解，中国特色社会主义制度是一个符合中国国情、体现中国实际的制度，要让它稳固地矗立在这片土地上，首先要使它鲜活地存在每一个国人的心中。

---

① 冯颜利：《全面深化改革完善中国特色社会主义制度》，载《马克思主义研究》，2014年第1期。

(四) 回归治本的廉政之策,提升党的正面心理效应

在物质极大丰富的今天,权力衍生出的权力与金钱、奢享的关系变得紧密起来。部分党员干部、机关工作人员在这些诱惑面前变得软弱无力。按照"天网"行动统一部署,国际刑警组织中国国家中心局于2015年4月集中公布了针对100名涉嫌犯罪的外逃国家工作人员、重要腐败案件涉案人等人员的红色通缉令,加大全球追缉力度。公则生明,廉则生威。古往今来,国人对于廉政的追求从未停息。

重拾治本的廉政之策,是提升党的正面形象、形成人民对于执政党正面心理效应的重要途径。十八大以来,"反腐"成为了一大热门词汇,充分展现了党中央、国务院的坚定决心。就目前的成效来看,"刑不上副部"的旧有印象一去不复返,至少已经再次燃起了群众心中的对于"廉洁政府"的希望之火。在未来的政治实践中,重视制度建设、坚持以法约权、加大追逃力度和保障党员干部、机关工作队伍的纯洁性和先进性将是党的一项长期任务。全面从严治党是"四个全面"的核心部分,要弥补制度的缺失所带来的心理失序,就必须从党自身的现代化逐步转向权力的现代化。如果在今后的执政过程中,党领导下的廉洁政府能够真正被建立起来,那么中国共产党的执政合法性就会愈强,其执政基础也就愈深厚;如若做不到这一点,那么党的合法性就会受到损害,合法性统治的基础就会被动摇。

政党国家关系问题与国家治理现代化

严哲文*

摘　要：对政党与国家关系、"政党国家"问题的研究，是探索国家治理现代化、发展治国理政思想所应有的基础问题研究。对于这一问题，西方政治学者已经讨论了半个多世纪，并形成了经典的"政党国家"模型与理论。西方政治学者对"政党国家"政治体制的看法，经历了一个从否定到肯定、从忽视到正视的过程，直至苏东剧变后逐渐淡化，其"政党国家"的模型建构也蕴含了政党国家关系的内在矛盾。而随着政治实践的发展变化，近年来国内外学者开始正视政党国家的内在问题。从"党政分离"到"国家治理现代化"，中国共产党这些政治倡议的提出与政治体制改革目标的确立，更是解决政党国家内在问题的政治尝试。在一定程度上可以说，对政党国家关系的秩序化和制度化改革，以及对政党国家内在矛盾的化解，正是国家治理体系和治理能力的现代化所希望达到的目标。政党与国家关系的现代化改革，就是最基础的国家治理现代化。

关键词：政党国家；党国体制；党政关系；政治体制改革；国家治理现代化

一、政党与国家关系问题

近几年来，在全国上下大力提倡"国家治理体系和治理能力现代化"、

---

* 严哲文，复旦大学马克思主义学院中共党史专业2015级硕士研究生，研究方向为中国共产党思想文化、中共历史人物思想。

广泛讨论"治国理政思想"的情形下,政党与国家的关系问题应该再一次受到关注。因为在这些倡议"国家治理体系和治理能力现代化"的政治主张背后所隐藏的政治主体,毋庸置疑正是中国共产党这个世界第一大政党。这些政治倡议中所蕴涵的也正是"党治国理政"、"党治理国家"的政治逻辑。而要回答党如何更好地治国理政的问题,最基础的是要将党与国家的关系问题梳理清楚。

从目前可搜寻到的公开资料来看,中外学者研究政党与国家关系问题的文献著作不在少数,其中最经典的一派理论,可以概括为"政党国家"理论或"党国论"①。虽然所对应的英文都以"Party-State"为关键词,但是不同的中国学者在论述时往往会用不同的政治学术语,如"党国"、"党治国家"、"政党国家"、"党国体制"、"党政体制",等等,而同一术语在不同学者的论述中又往往会有不同的内涵差别。因此,认真梳理中外学者对政党与国家关系问题的文献著作,努力区别不同学者在使用不同术语间的细微差别,理清政党国家关系的真正内在问题,才能理解"国家治理现代化"这一政治倡议所希望解决的内在问题。

二、政党国家问题的学术背景

现代政党正式出现于 19 世纪中叶的欧美,原本是不同阶级、不同政治集团进行利益斗争的产物。在英语世界中,"政党"(party)一词本意是"部分",政党作为政治集团也是与其他政治集团相伴而生的,由多个政党互相争夺执政权的政治制度也被称为"政党政治"。不论在语义上还是在现实中,都不应存在着没有伴随物、没有对立面,既是整体也是部分的政党。但是在 1917 年俄国布尔什维克党建立第一个社会主义国家之后,世界上许多国家的社会主义政党和法西斯主义政党都相继建立起具有稳定政权的国家。在这些国家中,长期执掌政权的都是一个欧美传统意义上的政党,但是却没有产生与传统政党相伴而生的政党政治。

---

① 阎健:《中国共产党转型与中国的变迁——海外学者视角评析》,中央编译出版社 2013 年版,第 169 页。

在很长一段时间内，这样的国家及其相应的政党制度都不被当时的欧美政治学者所认可，只因这不是他们所能理解的国家与政党制度。直到1951年法国政治学家迪韦尔热出版《政党》一书后，其所提出的一党制、两党制与多党制的三分法，才使得欧美政治学界不得不开始将这种一党制的政治制度纳入政党政治理论的讨论中。在当时，不论是社会主义国家还是法西斯主义国家，只要符合了"在一个国家中，执政党是唯一合法的政党，其他政党没有合法存在的机会，或虽然存在其他政党，却禁止它们执政"①这样的定义，都被称作一党制国家。同时，迪韦尔热在讨论一党制国家时，也论及了这些国家与有着传统政党政治制度的欧美国家所不同的政党与国家关系。在传统欧美国家，政党都是竞争性的，两党或多党以竞选的方式，对执掌国家的政治权力进行争夺；而在这些一党制国家，执政党则都是准军事性的，即便存在着其他政党，其互相之间也没有竞争性的政治关系。②

此后，欧美政治学家开始逐渐正视这些国家特殊的一党制政治制度，并尝试对此进行理解和研究。这其中最具代表性的当属美国著名政治学家塞缪尔·亨廷顿对一党制的研究与论述。他的早期成名作《变化社会中的政治秩序》出版于1968年。（中国台湾率先于1981年出版了该书的第一个中译本，大陆则于1988年、1989年陆续出版了另两个中译本。）在这本书中，亨廷顿通过对当时世界上各个发达国家与发展中国家的观察对比，用难以辩驳的事实否定了以政治民主竞争程度来评判现代化国家发展好坏的流行做法，并转而主张以政治秩序与政党力量的制度化程度来统一衡量一党制国家和多党制国家的现代化发展程度，甚至在一定程度上肯定了一党制是真正适合当时许多发展中国家的政党政治制度。他说："一党制的力量源于它和殖民政权、传统制度或饱受社会的斗争，它的弱点则在于政治体系内部缺乏制度化的竞争。从理论上来看，多党制有颇大的制度化竞争余地，因而多党制应该是强大的政党体制。但我们已经看到，只有在一

---

① 王长江：《政党政治原理》，中共中央党校出版社2009年版，第181页。
② 陈明明：《在革命与现代化之间——关于党治国家的一个观察与讨论》，复旦大学出版社2015年版，第133页。

个大量的社会势力已经参与政治活动的高度现代化社会中，这种看法才有道理。在处于现代化之中的国家，多党制是软弱政党体制，然而党派竞争却又被认为是政党的力量所在，究竟应当怎样来解释这个明显的矛盾呢？答案显然在于：党派竞争和党派数量并无直接联系。"①他在全书结尾处，断言要解决第三世界发展中国家的社会动荡与政治衰朽，只能依赖于代表现代政治组织的强大政党对"强大政府的构建和维持"②，以解决这些国家"对新权威和新制度的迫切需求"③。

基于这样的结论，亨廷顿又继续了对一党制国家的研究，并在两年之后的1970年，主编出版了论文集《现代社会的威权主义政治：稳固的一党制的动力》。这本书围绕着"一党制如何适应经济社会的变迁"的主题，"全面地讨论了历史上或现存的一党制国家的起源、特征、演化路径及趋向等诸多问题"④。亨廷顿认为一党制起源于社会分裂扩大导致的二元对立，并以欧洲的历史说明了，"一党制是社会的二元分裂不能通过领土的分裂或分离予以解决的产物"。亨廷顿还在书中，将一党制区分为排他性一党制和革命性一党制这两种类型。前者会逐渐转变为传统的竞争性多党制，或走向革命性一党制，"而革命性一党制则通过转型、巩固、适应走向稳固的一党制"。这种"稳固的一党制"是亨廷顿在此提出的一种新的政治体制类型，也是他所认为的真正具有政治秩序和发展前景的一党制类型。

亨廷顿主编的这本论文集虽然至今未被中国大陆引进出版，但是其中的许多思想理论，也随着他所提出的政治秩序论的传播，而影响了日后的欧美政治学界。更多学者开始关注到一党制国家的政治体制问题，并针对

---

① 〔美〕塞缪尔·亨廷顿：《变化社会中的政治秩序》，王冠华、刘为等译，上海人民出版社2008年版，第356页。

② 〔美〕塞缪尔·亨廷顿：《变化社会中的政治秩序》，王冠华、刘为等译，上海人民出版社2008年版，第4页。

③ 〔美〕塞缪尔·亨廷顿：《变化社会中的政治秩序》，王冠华、刘为等译，上海人民出版社2008年版，第382页。

④ 张超：《一党制的起源、分类与演化——亨廷顿一党制研究述要》，载《国外理论动态》，2013年第11期。

这些国家特殊的政党、国家、社会之间的相互关系，提出了"政党国家体制（party-state system）"的概念。不过亨廷顿所提出的这种政治秩序论，对于理清政党国家问题是关键所在。在以往反对一党制国家的学者看来，政党国家的政治体制关键问题正是政治的非秩序化，也即强调其存在的专制、独裁、人治、"长官意志"与非民主的一面。但是，亨廷顿却强调了其中相反的一面，他指出一党制的政党国家也能具有长效治理国家的秩序化因素，肯定了政党国家的国家治理体系和治理能力。而将最初革命的、人治的政党国家，巩固发展成稳定的制度化、秩序化的政党国家，正是所谓的国家治理的现代化。

三、"政党国家体制"模型的提出

意大利政治学家萨托利在1976年出版的《政党与政党体制》一书中，专门辟出章节讨论并概括了一党制国家的政党国家关系问题。这也是目前从大陆公开出版的中文资料中，可以找到的最早讨论"party-state system"这一概念的著作。不过值得注意的是，国内直到30年后的2006年才由商务印书馆翻译出版了这本著作，并将萨托利在书中所用的"party-state system"一词翻译为"党国体制"。这也使得"党国体制"一词成了国内学者描述政党与国家关系问题时，所用的最为广泛的中文术语之一。

在《政党与政治体制》一书中，萨托利和亨廷顿一样，首先试图对一党制国家的产生予以解释。他假设了一个"政治化了的社会"的概念，并认为在这样的社会中，一党制的政党体制能比多党制或无党的社会提供更好的政治沟通与表达的渠道。萨托利这种倾向于从供给角度进行解释的思想，不同于亨廷顿倾向于需求的发生学解释，使得他强调一党制国家的主动创造性，并进而描绘出一党制国家对社会的反向塑造过程。他认为，在这种一元政体产生以后，"社会必须被动员、被劝说、被要求深信不疑地奉献。所有这些任务都要求一个强有力的灌输体制，可以说，动员社会的自然工具正是单一政党。那么，现代社会不仅仅需要引导，一党制模式的逻辑还进一步导致一个必须被'禁锢'的社会。实际上只有通过强制性的管辖和垄断性的灌输，一党制国家才能在多党制之后出现，才能在多党政体失败的地方取得成功"①。这样一种政党、国家、社会之间的系统关系就构成了一种特殊的政治体制。相对于多党制国家由多个政党之间的多元系统而形成的政党体制,这种由政党、国家与社会之间的互动关系而形成的多元系统,就被称作是"党国体制"(party-state system)。

对于这种党国体制,萨托利在书中有许多经典的描述:"在党国体制中,公共行政大体上只是党务的副产品。当然,这并不意味着所有政府官员都必须是持党证的党员。除其他因素之外,这在很大程度是取决于一党制下政党的党员制度是否很严格。其次,凭才能任命的文官制度倒很可能和党务职业体制同时存在。只要政党控制着官僚,这种处理方式肯定有利于效率的获得。第三,在技术工作上,党必须吸收技术人才。这里,磐石暴露出其大的裂纹,因为政党政客和技术专家之间的关系可能成为非常棘手的问题。第四,在由共产党的政治机构构成的国家中有若干机构,这些机构是如何相互协调的(特别是政治警察、军队和党的机构是如何发生关系),的确是一个复杂的问题,这里包含了巨大的可能性和变数。"②"政党和国家——面对普通的民众——是两个相互维持且相互强化的组织。不论是国家服务于政党还是反过来政党服务于国家,不论谁居优势谁在互动中处于主导地位,事实依然是,(巩固的)一党制国家缺乏政党体系恰恰是因为它们是党国体制。"③他同时反驳了迪韦尔热等学者认为"一党制可能存在某种政治民主"④的一党多元主义主张,并认为:"政党体制承认分歧并使反对势力制度化;党国体制则否认分析的正当性并且压制反对势力。多元体系中的政党是表达的工具,一元体系中的政党则是选拔的工具。尽管我们可以说是社会塑造了政党体制,但是不能说社会塑造了党国体制。恰恰相反,正是党国体制塑造了社会。"⑤可以看出,萨托利虽然和亨廷顿一样承认了一党制国家的存在正当性,并肯定了不同于西方传统政

---

① 〔意〕G.萨托利:《政党与政党体制》,王明进译,商务印书馆2006年版,第66页。
② 〔意〕G.萨托利:《政党与政党体制》,王明进译,商务印书馆2006年版,第71页。
③ 〔意〕G.萨托利:《政党与政党体制》,王明进译,商务印书馆2006年版,第72页。
④ 〔意〕G.萨托利:《政党与政党体制》,王明进译,商务印书馆2006年版,第77页。
⑤ 〔意〕G.萨托利:《政党与政党体制》,王明进译,商务印书馆2006年版,第74页。

党政治制度的"党国体制"的存在，但是他不像亨廷顿那样认可一党制国家的政治发展前景，他不看好这些党国体制国家的民主政治前景。

在这之后，美国政治学家斯考切波于1979年出版了一本《国家与社会革命——对法国、俄国和中国的比较分析》，用结构性视角分析了法国、俄国和中国三个国家近代社会革命的相似性。在革命的起源方面，"革命之前的法国、俄国与中国都是相对完善发达的帝国，都有重组的能力来维护自身的霸权，保护支配阶级的权力，镇压下层的反叛。只有上述国家的行政机构与军事组织先行瓦解，社会革命才会发生"，同时，"政治革命危机之所以发生，并相应地导致行政机构与军事组织的崩溃，都是由于这些帝制国家受到了双重压力：一方面是来自于国外日益险恶的军事竞争与入侵；另一方面是，既存的农业阶级结构与政治制度对于君主政权作出相应反应时所施加的压力"；在革命的过程方面，"法国、俄国和中国都在面临外部竞争性的国际环境中巩固革命成果，从而使那些有意愿并且有能力组建强制性的、中央集权型的行政组织的领导团体走向革命的前台，也为他们在革命后创建社会秩序中行使国家干部的权力打下坚实的基础"；在革命的后果方面，"三场革命都产生了更加强大的国家——更加集权、更加官僚化、更加独立自主"。① 全书的最后几章集中讨论了三个国家社会革命的后果。对于法国所产生的新制度，作者将它称作"公民国家（the civil state）"，认为这是"官僚行政与民主政府的结合体"②，其特点是"中央集权的职业官僚国家，与相对较大的私有产业主和中小型私有产业主共同主导的社会互栖共存"③，并且"此后的法国政治制度都是这种政体的变种"。而在对于俄国和中国的讨论中，斯考切波直接以"俄国无产阶级专政国家的出现（The Emergence of a Dictatorial Party-State in Russia）"、"中国大众动员性政党国家的兴起（The Rise of a Mass-Mobilizing Party-State in

---

① 〔美〕西达·斯考切波：《国家与社会革命：对法国、俄国和中国的比较分析》，何俊志、王学东译，上海人民出版社2015年版，第342—343页。

② 〔美〕西达·斯考切波：《国家与社会革命：对法国、俄国和中国的比较分析》，何俊志、王学东译，上海人民出版社2015年版，第240页。

③ 〔美〕西达·斯考切波：《国家与社会革命：对法国、俄国和中国的比较分析》，何俊志、王学东译，上海人民出版社2015年版，第246页。

China)"这样的概念化标题,来称呼无产阶级革命后所形成的"国家结构和国家与社会关系的制度模式"①,在文中也有多处直接用"苏维埃政党国家"、"苏联政党国家"、"共产党政党国家"、"苏联式政党国家模式"等词予以指代,而未加以定义或说明。作者只是用描述的口吻指出了这种新制度的特点。俄国的特点是"共产党统治的国家复合体系在社会中占据支配地位,而且要比沙皇政权权力更大,范围更广"②,其目则是"致力于国家主导的民族工业化"③;中国的新制度也与俄国有着同样的特点,"所有的政府组织都在党的控制之中,都要为实现党的高层领导所设定的全国性目标而协调一致"④,同时"由于在一定程度上能与大多数群众直接联系",中国的政党国家也能够完全将其各种政策有力地贯彻下去。不过从1957年开始,中国逐渐形成了与苏联略有差异的"民族发展战略,政治协调和领导方式,以及社会分层模式"⑤,尤其是在对待农村与农民方面。因而作者将中国的特色制度概括为"相对分权和大众动员式的政党国家"⑥。

斯考切波的这本书于1998年率先在中国台湾地区出版了中译本,我们如今广泛阅读的大陆译本则是2007年出版的。我们可以很明显地看到,斯考切波在写作这本书时,已经很自然而然地将苏联与新中国的政治制度称为"Party-state",虽然大陆译本翻译为"政党国家",与前面亨廷顿的"政党国家体制"、萨托利的"党国体制"看似不同,在英文用语上实则都

---

① 〔美〕西达·斯考切波:《国家与社会革命:对法国、俄国和中国的比较分析》,何俊志、王学东译,上海人民出版社2015年版,第279页。

② 〔美〕西达·斯考切波:《国家与社会革命:对法国、俄国和中国的比较分析》,何俊志、王学东译,上海人民出版社2015年版,第273页。

③ 〔美〕西达·斯考切波:《国家与社会革命:对法国、俄国和中国的比较分析》,何俊志、王学东译,上海人民出版社2015年版,第281页。

④ 〔美〕西达·斯考切波:《国家与社会革命:对法国、俄国和中国的比较分析》,何俊志、王学东译,上海人民出版社2015年版,第316页。

⑤ 〔美〕西达·斯考切波:《国家与社会革命:对法国、俄国和中国的比较分析》,何俊志、王学东译,上海人民出版社2015年版,第320页。

⑥ 〔美〕西达·斯考切波:《国家与社会革命:对法国、俄国和中国的比较分析》,何俊志、王学东译,上海人民出版社2015年版,第332页。

是一样的术语。由此可见,在这本书出版的 1979 年之前,欧美政治学界对"Party-state"一词已经有了比较固定的定义与指向,斯考切波在书中也多次用"the Chinese Party-state"①一词来指代中国共产党全面执政下的中国,虽然大陆译本多将此译为"中国共产党领导下的国家"②。欧美政治学者对"政党国家"的逐渐固定化与模式化,也从一个侧面更加肯定了这种政治体制在解决社会经济问题、治理国家政治问题上的有效性。

四、"政党国家"模型所指出的内在问题

"政党国家(Party-state)"模型的固定化,在与斯考切波同时代的美籍华人学者邹谠的著作中更能得到体现。邹谠的文集《中国革命再阐释》中收入了一篇 1981 年 11 月首次宣读的论文《政治变迁与改革:中间道路》,就已经把当时的中国直接称为"列宁式政党国家(Leninist party-state)"了。这篇文章阐述的是 1978 年至 1981 年间中国大陆发生的政治变革,"亦即政党国家从对市民社会和经济日益深入的渗透中退却,从而逆转了自 1915 年至 1921 年'五四'时期以来中国政治发展的基本趋势"③。邹谠认为,邓小平推动的这种以"党政分开"为口号的改革,"反映了中国政权迈向一定程度的自由化和大众化的冲动","可以被视为中国领导人试图界定在列宁式政党国家下自由化限制的一种尝试"。④ 虽然邹谠认为其根本目的是为了"维护并加强列宁主义政党国家"⑤,不过他所明确指出"党政分开"的改革为了解决政党国家内在问题,也表明了国家治理现代化的问题所在与方向所在。改变"党政不分"、"以党代政"这些政党国家的旧状态,正是最基础的国家治理现代化。

---

① Theda Skocpol, *States and Social Revolutions: A Comparative Analysis of France, Russia, and China*, NewYork: Cambridge University Press, 1979, p.265.
② 〔美〕西达·斯考切波:《国家与社会革命:对法国、俄国和中国的比较分析》,何俊志、王学东译,上海人民出版社 2015 年版,第 316 页。
③ 邹谠:《中国革命再阐释》,香港牛津大学出版社 2003 年版,第 96 页。
④ 邹谠:《中国革命再阐释》,香港牛津大学出版社 2003 年版,第 106 页。
⑤ 邹谠:《中国革命再阐释》,香港牛津大学出版社 2003 年版,第 117 页。

邹谠另一篇在1983年5月首次演讲的论文《论中共政党国家的形成与基础》，则更加直接地以"the Communist Party-State in China"①为标题关键词，用五万多字的篇幅，论述了以马列主义为意识形态指导思想的中国共产党在20世纪初中国"全面危机意识"和"国家重建问题"背景下的产生与发展过程，以及最近几年对"文化大革命"所集中暴露出来的社会主义政党国家内在危机的改革措施。作者从宏观历史与微观机制结合的角度，对中国政党国家的形成原因、历史意义、内在危机与合法性原则等问题进行了研究与阐述，并提出了制度化与法律化的改革方向。除此以外，邹谠也曾于1994年首次宣读了一篇题为《中国革命的阐释——宏观历史与微观机制》的文章，集中反对了斯考切波《国家与社会革命》中的结构主义视角，并相应地提出了要结合宏观历史与微观机制两个方面来看待中国革命的想法。邹谠的这几篇论文，影响了后来许多国内学者研究中国政党国家问题的基本思路与历史视角。

同时，美国政治学家詹姆斯·汤森于1986年出版的《中国政治》一书，有许多直接讨论中国共产主义体制的篇幅，并记载了80年代以来党政关系的新变化。虽然汤森不使用"政党国家"一词而将中国的政治体制称为"一元化中央集权体制"②，不过其讨论的中国政治体制模式、共产主义体制等问题，仍然与政党国家关系问题息息相关。作者以西方政治学者的敏锐视角，观察到"在基层单位，国家组织一般与党、经济和群众组织没有什么区别。在大的工作单位，国家和党的活动根据单位的结构来安排，政府职能和人员很难与党和工会的事务分开"③。这种观察也与萨托利10年前的论断"在党国体制中，公共行政大体上只是党务的副产品"十分符合。不过，作者也看到中国80年代以来的政治改革，这些政治改革正是政治体制现代化、国家治理现代化的应有之义。

---

① 邹谠：《中国革命再阐释》，香港牛津大学出版社2003年版，第4页。
② 陈明明：《在革命与现代化之间——关于党治国家的一个观察与讨论》，复旦大学出版社2015年版，第86页。
③ 〔美〕詹姆斯·R.汤森、布兰特利·沃马克：《中国政治》，顾速、董方译，江苏人民出版社2010年版，第73页。

五、国家治理现代化：对"政党国家"问题的回答

随着1987年党的"十三大"上提出"党政分离"这一政治改革口号后，国内学者也开始正视中国的政党国家关系问题。

在王沪宁1987年出版的《比较政治分析》一书中，就有着对当时中国"刻板僵化的高度集权的经济体制"的反思，并指出这其中的政治原因是"政企不分、政经不分，采用指令性计划和行政手段管理经济"。不过王沪宁将这种分析局限于国家机构的视角，并认为在美国等西方国家，这种可以称作"巨型国家"①的国家机构迅速增长的现象和称作"政治国家"或国家主义的国家集权倾向是更成问题的。

而随后发生的苏东剧变，使得政党国家问题立即成了反观我国政治体制的关键视角之一。在1997年朱光磊所著的《当代中国政府过程》一书中，有专门讨论"当代中国的党政关系"的整章内容，并且在其他一些章节中也有对党政关系、党政系统、党管干部等政治问题的论述。朱光磊说："党政关系"，是20世纪80年代中期以来，中国政治生活中的一个重要概念。"党政关系"中的"党"，是一个专有概念，即中国共产党。"党政关系"中的"政"则是一个有着多种含义的，在使用上相当广泛的概念。包括"政权"、"政府"、"政协"、"行政"、"政法"，担负一定"政治任务"的人民团体等多种含义。②朱光磊很明确地指出："'党政关系'的特殊地位，在当代中国的政治权力结构中，得到了最充分的表现。中国共产党在国家生活中的领导地位和有别于西方资本主义民主制度的执政方式，就是通过这一系列重要的关系得以实现的。"③ 同时，他也指出了建国以来中国共产党对国家生活的领导方式存在着党政不分、以党代政的许多弊病，而从20世纪80年代中期开始，正在努力改革这种模式，并提出了"党政分开"的改革取向。这与邹谠的看法相近，表明了当时我国政治的

---

① 王沪宁：《比较政治分析》，上海人民出版社1987年版，第36页。
② 朱光磊：《当代中国政府过程》，天津人民出版社1997年版，第71页。
③ 朱光磊：《当代中国政府过程》，天津人民出版社1997年版，第73页。

问题所在与政治体制改革的必然趋势。

林尚立于1999年写成的博士论文《当代中国政治形态研究》中，在论述制度架构时，也有对"党政军关系"的专门讨论。林尚立也沿用了朱光磊所概括的"党政关系"的说法，他说："党政关系，是当代中国政治形态中最重要，但又是最难解决的问题。这个问题在理论上早已明确，即在井冈山革命根据地建设时，毛泽东就已明确表达了党政应该分开的思想，但是在实践上，这个问题一直没有得到有效解决，党政关系模糊不清长期困扰着当代中国政治形态和政治发展。十一届三中全会后，理顺党政关系作为政治体制改革的一个重要内容提上议事日程，并在1987年底的党的十三大上，形成了一个比较系统的政策构想，然而，在具体的实践中，这个问题依然没有得到有效的解决。究其原因，最关键的是如何解决好党的领导问题。"①

而关于如何党政分开和坚持党的领导的问题，陈明明有一篇发表于《战略与管理》2000年第6期杂志上的论文《现代化进程中的党的集权结构和领导体制的变迁》进行了详细的论述分析。陈明明将我国的这种党政关系问题放在了"政党危机"这个世界性问题下，从经典马克思列宁主义的理论角度、国际共运史发展的角度、中国现代化发展的角度和中国国家与社会关系等多个角度，分析了"党的高度集权的结构特征及其成因"②，并指出了改革开放带来的国家与社会关系的根本性新变化必然会最终导致"党政分开"与政治体制的现代化改革。这种政治改革的现代化趋势，正是后来党在十八届三中全会上提出"推进国家治理体系和治理能力现代化"这一政治倡议的背景。

而在中国共产党正式明确提出"国家治理体系和治理能力现代化"的政治目标后，对政党国家关系的讨论日益广泛。比如最近，由景跃进、陈明明与肖滨三位教授联合主编的《当代中国政府与政治》，作为国内多所一流高校编著的一本公共管理系列教科书，就首次将表示中国共产党与中

---

① 林尚立：《当代中国政治形态研究》，天津人民出版社2000年版，第189—190页。
② 陈明明：《在革命与现代化之间——关于党治国家的一个观察与讨论》，复旦大学出版社2015年版，第25页。

国政府关系的"党政体制"作为理解中国政治的关键词，并认为"应当处理好宪法与党章、法律与党规、国家机构与党的组织、政治制度与政治惯例之间的互补关系，只有这样才能更好地认识和理解中国政府与政治"①。而这些互补关系的处理，正是国家治理现代化的应有之义。正是因此，才可以说，对政党国家内在问题的解决，就是最基础的国家治理现代化。

---

① 景跃进、陈明明、肖滨：《当代中国政府与政治》，中国人民大学出版社2016年版，第5页。

民主集中制下党内法规审查制度研究

徐明强*

摘　要：《中国共产党党内法规制定条例》、《中国共产党党内法规和规范性文件备案规定》以及部分省级党委《党内法规制定细则》对党内法规制定程序作出了较为详细的规定。总结当前党内法规建设实践可以发现，建立健全党内法规体系，必须坚持民主集中制的原则，在党内法规制定过程中完善党内法规审查制度。以"事前—事中—事后"三位一体的审查模式为基础，充分发扬党内民主和集中统一的优势，增设审查建议制度，提高审查主体审查能力，平衡自我审查与他者审查，建立党内法规审查与国家法规备案审查联动机制，避免出现党内法规不一致、不协调的现象，以维护党内法规制度体系的统一性和权威性。

关键词：民主集中制；党内法规；审查制度

2013年5月27日，经中共中央批准，《中国共产党党内法规制定条例》（以下简称《条例》）和《中国共产党党内法规和规范性文件备案规定》（以下简称《规定》）公开发布。这两部党内法规的制定和发布，标志着"党内法规制度体系建设迈出大步"[①]。与1990年《中国共产党党内

---

* 徐明强，清华大学社会科学学院政治学专业博士研究生，主要研究方向：中国政治、中国共产党的建设。

① 盛若蔚：《党内法规建设规范化程序化的制度保障——解读公开发布的两部重要党内法规》，载《人民日报》，2013年5月28日。

法规制定程序暂行条例》（以下简称《暂行条例》）和《中共中央办公厅关于党内法规备案工作有关问题的通知》（以下简称《通知》）相比，《条例》和《规定》突出了对党内法规体系化建设的重视，《条例》第1条明确提出要"建立健全党内法规制度体系"；同时《条例》和《规定》还强调了民主集中制在党内法规建设当中的指导性作用，《条例》第7条第六、七款提出，制定党内法规应当"坚持民主集中制，充分发扬党内民主，维护党的集中统一；维护党内法规制度体系的统一性和权威性"。从这个角度讲，坚持民主集中制的原则，建立起完备的党内法规审查制度，避免下位党内法规与上位党内法规出现不协调、不一致的现象，保证党内法规的统一性与权威性，就有了重要的政治意义。

一、党内法规体系与民主集中制原则

党的十八届四中全会审议通过了《关于全面推进依法治国若干重大问题的决定》，首次提出了"形成完善的党内法规体系"的目标，并且把"党内法规体系"纳入"中国特色社会主义法治体系"当中。那么从"中国特色社会主义法治体系"出发，对于党内法规建设而言，完善党内法规的审查制度，避免出现党内法规之间不协调、不一致的现象就成为实现党内法规"体系化建设"的重要保证。《条例》和《规定》也正是在这一层面上来论述党内法规体系建设的。

《条例》第2条第1款规定："党内法规是党的中央组织以及中央纪律检查委员会、中央各部门和省、自治区、直辖市党委制定的规范党组织的工作、活动和党员行为的党内规章制度的总称。"从这一款当中可以看出，党内法规并不是单一的结构，而是不同主体制定的具有不同层级的复合体系。根据《条例》第2条第2款的规定，党章是最根本的党内法规，是制定其他党内法规的基础和依据。根据《条例》第3条的规定，中共中央制定的党内法规称为中央党内法规，在全国范围内具有普遍效力；中央纪律检查委员会、中央各部门就其职权范围内有关事项制定的党内法规称为部门党内法规，在特定领域内具有效力；各省、自治区、直辖市党委就其职权范围内有关事项制定的党内法规称为地方性党内法规，在特定区域内具有效力。①

根据《条例》第4条,党内法规的名称为党章、准则、条例、规则、规定、办法、细则,党章对党的性质和宗旨、路线和纲领、指导思想和奋斗目标、组织原则和组织机构、党员义务和权利以及党的纪律等作出根本规定;准则对全党政治生活、组织生活和全体党员行为作出基本规定;条例对党的某一领域重要关系或者某一方面重要工作作出全面规定;规则、规定、办法、细则对党的某一方面重要工作或者事项作出具体规定。不同层级的党组织可以使用的党内法规名称是不同的。党章特指《中国共产党章程》,具有唯一性,其他任何党内法规都不得带有党章、章程等字样;中央制定的党内法规可以使用准则、条例、规则、规定、办法、细则等名称;中央纪律检查委员会、中央各部门和省、自治区、直辖市党委制定的党内法规,称为规则、规定、办法、细则,不能使用准则、条例字样。

党内法规名称的不同并不仅仅是形式上的区别,而是在效力层级上具有实质意义。党章是最根本的党内法规,是制定其他党内法规的基础和依据,任何党内法规均不得和党章发生冲突;根据《条例》第25条第1款的规定,中央党内法规的效力要高于中央纪律检查委员会、中央各部和省、自治区、直辖市党委制定的党内法规的效力;根据《条例》第25条第3款的规定:"省、自治区、直辖市党委制定的党内法规不得同中央纪律检查委员会、中央各部门制定的党内法规相抵触。"从这一条款当中可以推断出,中央纪律检查委员会、中央各部制定的党内法规效力要高于地方性党内法规的效力。依据这些条文,可以归纳出党内法规的效力层级(参见下图1)。

而这种效力层次事实上就是民主集中制在党内法规体系建设当中的体现。根据《中国共产党章程》第10条的规定,党是根据自己的纲领和章程,按照民主集中制组织起来的统一整体。党的民主集中制的基本原则是:党员个人服从党的组织,少数服从多数,下级组织服从上级组织,全党各个组织和全体党员服从党的全国代表大会和中央委员会。这种组织原

---

① 王振民:《党内法规制度体系建设的基本理论问题》,载《中国高校社会科学》,2013年第2期。

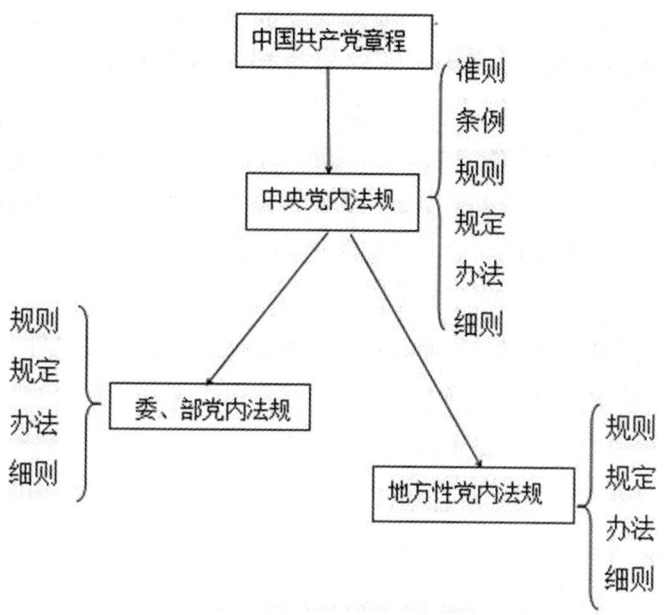

图1 党内法规效力层级图示

则体现在党内法规体系上，也就表现为党内法规效力的层级色彩——下位党内法规不得违反上位党内法规，地方性党内法规和部门党内法规服从中央党内法规，党内法规服从具有党内最高效力的党章。不同层级的党内法规形成具有统一性、权威性的党内法规体系。

  在以往党内法规建设过程当中，由于缺少党内"立法"，也没有建立起完善的党内法规审查制度，民主集中制的原则在党内法规制定过程当中并没有得到很好地贯彻，存在党内法规有冲突、下位党内法规违背上位党内法规的情况。针对这种情况，建立党内法规审查制度也就有了突出的意义：一是通过建立起党内法规审查制度，维护党内法规体系的统一性和权威性，避免出现不同党内法规以及不同层级党内法规出现冲突的现象；二是通过统一的党内法规体系为党内生活提供一致的行为准则，维护党内生活的严肃性，推进党的建设制度化、规范化、程序化，运用党内法规把党要管党、从严治党落实到实处；三是通过维护党内法规体系的统一性来维护民主集中制的原则，保证中央的意志能够在党内法规体系当中得以体现，进而提升党的执政能力建设。

二、党内法规的"事前—事中—事后"审查模式

根据《条例》第 13 条、第 22 条规定,中央纪律检查委员会、中央各部门和省、自治区、直辖市党委制定的党内法规,由其自行组织起草、审议批准等程序,对部门性和地方性党内法规的审查的原则、内容、程序并未作出具体的规定。《条例》和《规定》施行后,部分省级党委(包括广西、河北、内蒙古、新疆、江苏等)结合本地工作实际,在遵循《条例》、《规定》基本原则的前提下,陆续公布了《党内法规制定细则》(以下简称《细则》),对党内法规规划与计划、起草与征求意见、审批与发布、适用与解释等方面对《条例》进行了进一步细化。这些规范和中央《条例》、《规定》以及中央纪律检查委员会办公厅 2003 年公布的《关于进一步加强和改进纪检监察法规备案工作的通知》一起确立了党内法规"事前—事中—事后"审查模式。

(一)事前审查程序

党内法规的事前审查程序主要体现在制定草案过程中协商民主和集中统一的结合上。根据《条例》第 16、17、19 条的规定,起草党内法规首先要坚持民主协商的原则。起草部门应当深入调查研究,全面掌握实际情况,认真总结历史经验和新的实践经验,充分了解各级党组织和广大党员的意见和建议。必要时,调查研究可以吸收相关专家学者或者委托专门机构开展。起草党内法规的部门和单位,应当就涉及其他部门和单位工作范围的事项,同有关部门和单位协商一致。经协商未能取得一致意见的,应当在报送党内法规草案时对有关情况作出说明。党内法规草案形成后,应当广泛征求意见。征求意见范围根据党内法规草案的具体内容确定,必要时在全党范围内征求意见。征求意见时应当注意听取党代表大会代表和有关专家学者的意见。与群众切身利益密切相关的党内法规草案,应当充分听取群众意见。征求意见可以采取书面形式,也可以采取座谈会、论证会、网上征询等形式。

省级党委在《细则》当中多沿用了《条例》在这一方面的要求,同时

增加了更为具体的条款。例如河北省委《细则》第21、22条规定，起草省委党内法规应当从实际出发，拟制提纲，分工负责组织起草。组织民主讨论，集中集体智慧，借鉴各方经验，立足解决问题和建立健全制度，形成内容与形式有机结合的省委党内法规草案。省委党内法规草案形成后，应当广泛征求意见，征求意见范围根据具体内容确定。综合性的应当广泛听取各级各部门各单位意见，并注意听取专业部门的意见；专项性的，应当充分听取群众意见，特别要注意听取规范约束对象的意见。通过党内法规起草中的民主协商过程，地方性党内法规在一定程度上能够避免闭门立法、部门立法的问题。

党内法规起草过程还要遵循集中统一的要求。首先党内法规起草权归属于党组织，中央党内法规按其内容一般由中央纪律检查委员会、中央各部门起草，综合性党内法规由中央办公厅协调中央纪律检查委员会、中央有关部门起草或者成立专门起草小组起草。中央纪律检查委员会、中央各部门和省、自治区、直辖市党委制定的党内法规，由其自行组织起草。其他组织和个人不能成为党内法规的起草主体。其次《条例》要求起草过程必须遵守党内法规统一性的要求。《条例》第18条规定，起草党内法规，应当与现行党内法规相衔接。对同一事项，如果需要作出与现行党内法规不一致的规定，应当在草案中作出废止或者如何适用现行党内法规的规定，并在报送草案时说明情况和理由。通过这种方式，党内法规起草成为高度民主与高度集中相结合的过程。

（二）事中审查程序

事中审查程序主要体现在党内法规的审批过程当中。根据《条例》以及各省《细则》的规定，党内法规草案的审批过程包括两个部分：一是负责法规工作的机构进行审核，二是具有权限的部门对草案进行审议批准。

具体而言，审核工作就是由中共中央、中央纪律检查委员会、中央各部以及省级党委办公厅的法规工作部门对法规草案进行审核，审核的标准主要规定在《条例》第21条当中：是否同党章和党的理论、路线、方针、政策相抵触；是否同宪法和法律不一致；是否同上位党内法规相抵触；是否与其他同位党内法规对同一事项的规定相冲突；是否就涉及的重大政策措施与相关部门和单位协商；是否符合制定权限和程序。对存在问题的党内法规草案，审核机构经批准可以向起草部门和单位提出修改意见。如起草部门和单位不采纳修改意见，审核机构可以向审议批准机关提出修改、缓办或者退回的建议。

对于审议批准工作，中共中央、中纪委、各部以及省级党委坚持集体审议为主，个人审议为辅的原则。根据《条例》第22条的规定，中央党内法规涉及党的中央组织、中央纪律检查委员会产生、组成和职权的党内法规，以及涉及党的重大问题的党内法规，由党的全国代表大会审议批准；涉及党的地方组织和基层组织产生、组成和职权的党内法规，涉及党员义务和权利方面基本制度的党内法规，以及涉及党的各方面工作基本制度的党内法规，由党的中央委员会全体会议、中央政治局会议或者中央政治局常务委员会会议审议批准；应当由中央发布的其他党内法规，根据情况由中央政治局常务委员会会议审议批准，或者按规定程序报送批准。在地方层面各省也大体采用了相似的程序，例如广西区委《条例》规定涉及党的地方组织和基层组织产生、组成和职权的党内法规，涉及党员义务和权利方面基本制度的党内法规，以及涉及党的各方面工作基本制度的党内法规，由自治区党委全委会会议审议批准；应当由自治区党委发布的其他党内法规，由自治区党委常委会审议批准。内蒙古区委《细则》第20条规定，自治区党委制定的党内法规，应当由自治区党委审议批准，或者按照规定程序报送批准。以自治区党委文件发布的党内法规，根据具体内容由自治区党委全委会或者党委常委会审议批准；以自治区党委办公厅文件发布的党内法规，按照规定程序报送签批，由自治区党委主要领导同志批准。

（三）事后审查程序

地方性党内法规的事后审查程序主要体现在《条例》和《规定》所要求的党内法规和规范性文件的备案、清理与评估中。

首先是党内法规备案程序。根据《规定》第2、3条，中央纪律检查委员会、中央各部门和省、自治区、直辖市党委制定的党内法规和规范化文件均属于备案的范围。对于党内法规和规范性文件备案，应当做到有件必备、有备必审、有错必纠。应当备案的党内法规和规范性文件,自发布之日起30日内由制定机关报送中央备案,联合发布的党内法规和规范性文件由主办机关报送中央备案。具体工作由制定机关或者主办机关所属负责法规工作的机构承担。

按照"有备必审"的原则,备案并不是简单的登记制,而是要对备案的党内法规的具体内容进行审查。《规定》第7条规定的备案审核标准和《条例》第21条完全一致,列举了备案审查的主要内容。备案审查过程中如果发现党内法规和规范性文件存在所列问题的,中央办公厅法规工作机构经批准可以建议制定机关自行纠正,制定机关应当在30日内作出处理并反馈处理情况,逾期不作出处理的,中央办公厅提出予以纠正或者撤销的建议,报请中央决定。经审查符合备案条件的党内法规和规范性文件,由中央办公厅法规工作机构存档备查,并及时将备案情况通报报送机构,同时公布已备案的党内法规和规范性文件目录。根据《条例》第28条,省级地方性党内法规出现同党章和党的理论、路线、方针、政策相抵触的,同宪法和法律不一致,同中央党内法规相抵触的情况时,由中央责令改正或者予以撤销。

第二是党内法规清理程序。按照《条例》第31条以及《规定》相关条款,党内法规制定机关应当适时对党内法规进行清理,根据清理情况对相关党内法规作出修改、废止等相应处理。部分省级党委根据《规定》制定了本省党内法规清理的细则和办法,例如广西区委《细则》要求建立即时清理机制和清理工作长效机制;河北省委《细则》要求建立省委党内法规定期集中清理制度和即时清理机制;新疆区委《细则》以及江苏省委《办法》要求党内法规制定机关适时对党内法规进行清理,并根据清理情况即时对相应党内法规作出修改、废止等相应处理。

2012年6月,中共中央开启了新中国第一次党内法规清理工作,清理工作分为两个阶段进行:第一个阶段清理1978年至2012年6月出台的中央党内法规和规范性文件,第二个阶段清理新中国成立后至1978年出台的中央党内法规和规范性文件。经过清理1178件党内法规和规范性文件,废止322件,宣布失效369件,继续有效487件,其中需要修改42件①。之后中央纪律检查委员会、中央各部以及部分省、自治区、直辖市党委陆续开展党内法规清理工作。从实践来看,党内法规清理取得了明显的成效(具体情况汇总参见表1)。

表1 党内法规和规范性文件清理情况汇总表(部分)

主体	清理总数	废止	宣布失效	继续有效
中共中央	1178	322	369	487(其中需要修改42)
中纪委	626	108	120	367(其中需要修改31)
甘肃	935	355	221	359(其中需要修改26)
宁夏	1132	441	307	384(其中需要修改48)
福建	1022	362	284	376(其中需要修改50)
陕西	1493	675	607	210(其中需要修改26)
湖北	1656	486	576	539(其中需要修改55)
河南	1207	399	412	396
河北	1550	639	518	393(其中需要修改28)
山东	804	226	320	258(其中需要修改19)
云南	1071	418	271	382(其中需要修改40)
新疆(第一阶段)	592	129	103	360(其中需要修改35)
江苏(第一阶段)	863	293	135	435(其中需要修改36)
内蒙古(第一阶段)	937	326	248	363(其中需要修改37)
四川(第一阶段)	380	29	14	337(其中需要修改33)

资料来源:《中央党内法规和规范性文件集中清理工作全部完成》,新华网http://news.xinhuanet.com,2014年11月7日。《中央纪委清理党内法规和规范性文件626件》,载《中国纪检监察报》,2014年11月24日。徐爱龙:《甘肃省委党内法规和规范性文件集中清理工作全部完成》,载《甘肃日报》,2014年11月24日。《宁夏党内法规制度集中清理工作全面完成》,宁夏党建网www.nxdjw.gov.cn,时间:2014年12月1

---

① 盛若蔚:《中央党内法规制度完成全面体检》,载《人民日报》,2014年11月18日。

日。《福建省党内法规和规范性文件集中清理工作全完成》，载《福建日报》，2014年12月22日。《省委对党内法规制度进行集中清理》，载《陕西日报》，2013年12月9日。《陕西省委党内法规和规范性文件集中清理工作全部完成》，载《陕西日报》，2014年12月24日。《湖北省委党内法规和规范性文件集中清理全部完成》，载《湖北日报》，2015年1月12日。《省委党内法规和规范性文件清理工作圆满结束》，载《河南日报》，2015年2月3日。陈诚：《河北党内法规和规范性文件集中清理工作全部完成》，载《河北日报》，2015年3月7日。刘庆、李侠、宋强：《省委党内法规和规范性文件 集中清理工作全部完成》，齐鲁网http://news.iqilu.com，2015年3月25日。《云南省委党内法规和规范性文件集中清理工作全部完成》，载《云南日报》，2015年4月2日。潘从武：《新疆废止和宣布失效一批党内法规和规范性文件》，载《法制日报》，2013年11月24日。顾雷鸣：《江苏省委发布党内法规制度清理决定》，载《新华日报》，2013年12月10日。边吉：《内蒙古自治区党委决定废止和宣布失效一批党内法规和规范性文件》，载《内蒙古日报》（汉），2014年1月17日。安徽：《省委集中清理党内法规制度》，载《四川日报》，2014年9月27日。

最后是党内法规评估。根据《条例》第32条的规定，党内法规制定机关、起草部门和单位可以根据职权对党内法规执行情况、实施效果开展评估。省委《细则》大多沿用了这种表述，要求所属部门及地方对所制定的党内法规进行定期和不定期评估。但在具体实践中党内法规评估尚未形成长效机制，中央纪律检查委员会、中央各部以及各省、自治区、直辖市省委并未开展制度化的党内法规评估工作，这一点有待进一步完善。

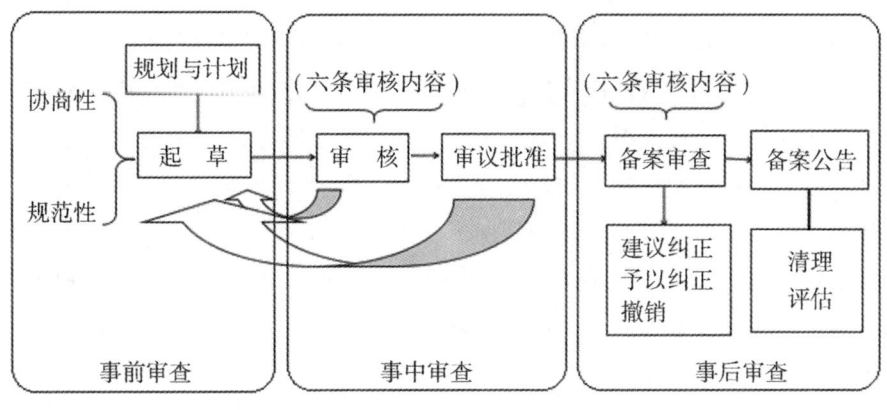

图2　地方性党内法规三位一体审查模式

总体而言，通过"事前—事中—事后"三位一体的地方性党内法规审查制度，能够克服党内法规制定过程中脱离实际、脱离群众、搞形式主义、官僚主义的问题，避免党内法规质量低、党内法规体系冲突的不利后果；在很大程度上实现保证党内法规（特别是部门、地方性党内法规）同党章和党的理论、路线、方针、政策相一致，同宪法和法律相一致，进而维护党内法规制度体系的统一性和权威性（参见图2）。这是《条例》和《规定》坚持民主集中制的有利结果，也是超越1990年《暂行条例》和中办《通知》的地方。但对于当前党内法规"三位一体"的审查制度，在看到进步一面的同时还需要用发展的、辩证的态度看待，这一模式还有不完善的地方，还存在可以改进的空间。

三、党内法规审查制度的完善

对于当前党内法规审查制度有待完善的地方，可以归纳为以下几个方面：一是党内法规审查提议权的问题（被动审查制度）；二是审查主体的设置问题；三是自我审查与他者审查的平衡问题；四是地方性党内法规与地方性法规备案审查的联动问题。下面进行逐一分析。

（一）党内法规审查提议权的问题

《条例》第4条规定，中国共产党党内法规和规范性文件，自发布之日起30日内由制定机关报送中央备案。第7条又明确中央办公厅对报送中央备案的党内法规和规范性文件进行审查。按照上述条款，在党内法规和规范性文件的制定机关报送备案后，中央办公厅应当主动开展对党内法规和规范性文件的备案审查工作。事实上这是一种主动审查方式，是在没有主体提出审查要求或审查建议的情况下，由有权机关依照职权主动开展的审查活动。① 但从完善党内法规审查制度角度考虑，很有必要增加权利主体提出审查建议或要求的方式启动审查程序，即在党内法规颁布之后，党

---

① 全国人大常委会法制工作委员会法规备案审查室：《规范性文件备案审查制度理论与实务》，中国民主法制出版社2011年版，第110页。

员以及各级党组织有权提出对某部党内法规的审查要求或建议，要求针对某部党内法规启动第二次审查程序。

这种审查模式与《条例》、《规定》所要求的依职权审查不同：首先这种审查模式属于"被动审查"，以权利主体提出审查要求或审查建议为前提。其次这种审查模式坚持"实质审查"原则，不仅仅审查党内法规的形式要件，而且要重点审查党内法规的实质要件，更有针对性，也更具审查深度。第三，这种审查方式采取"个别审查"方式，仅仅对审查要求或审查建议所指向的党内法规进行审查，不要求审查主体对所有党内法规均进行如此细致的审查方式（参见下表2）。

表2 党内法规主动审查与被动审查的比较

比较维度	主动审查	被动审查
性质	首次审查	二次审查
主体	各级党委办公厅法规部门	各级党委办公厅法规部门
前提	依职权	依要求或申请
内容	形式审查为主、实质审查为辅	实质审查为主、形式审查为辅
方式	普遍审查	个别审查

如果能够实现主动审查和被动审查相结合，那么不仅能实现党内法规审查的初衷，还很好地体现民主集中制的制度优势——主动审查坚持了集中原则，由上级党组织承担下级党内法规的审查工作，被动审查则突出了党员主体性地位，是党内民主的重要体现。

（二）审查主体的设置问题

根据《条例》第6条的规定，在中央层面，制定党内法规的日常工作由中央书记处负责，中央办公厅承担党内法规制定的统筹协调工作，其所属法规工作机构承办具体事务（一般而言是指中央办公厅法规局）。中央纪律检查委员会、中央各部门负责职权范围内的党内法规制定工作，其所属负责法规工作的机构承办具体事务（一般而言是委、部办公厅所属的法规处）。在省级层面，根据各省《细则》的规定，地方性党内法规相关工作由省级党委统一领导，省级党委办公厅负责日常工作，办公厅法规工作机构承办具体事务（一般而言是省级党委办公厅所属的法规处）。换言之，党内法规的规划、起草、审核以及对下级党内法规的备案审查等工作多数落在了党委办公厅的职权范围内。而这种制度设计会产生两个不利的后果：一是沟通协调困难，党内法规审查是一项综合性较强的工作，需要在各部门之间进行沟通以解决不同党内法规可能存在的冲突现象，办公厅作为各级党委的职能部门需承担大量的协调任务，而这一点可能会超越办公厅的权限范围。二是办公厅所属法规局（处）多数处于人少事多的境地，而党内法规审查是一项新的专业性很强的工作，由法规局（处）承担党内法规起草、审核、备案的职责很难将党内法规审查落实到实质审查的程度。根据中央办公厅所属法规工作机构的统计，2012 年 7 月 1 日《规定》生效至 2014 年 9 月 15 日，各地区各部门向中央报送备案的党内法规 325 件，规范性文件 2482 件；省市区和新疆生产建设兵团党委制定的 2704 件，中央纪委和中央部门制定的 103 件。[①] 其中的工作量可想而知。

为解决上述问题，主要的思路有两种：一是提升办公厅法规局的规格，增加人员编制[②]；二是建立党内法规工作联席会议制度，分担办公厅在党内法规审查工作中的协调任务。从实践来看，后者可能更具有可行性。2015 年 8 月中央批准建立中央党内法规工作联席会议制度，联席会议办公室设在中央办公厅法规局，主要职责是研究中央党内法规制定工作规划和年度工作计划、统筹协调综合性中央党内法规制定工作、推动已出台中央党内法规的贯彻实施等。[③] 湖北省也建立了类似的省委秘书长联席会议制度，并要求"进一步健全完善秘书长联席会议制度，省委党内法规和规范性文件工作联席会议制度，服务省委领导立法工作规程，备案审查衔接联动机制，省委文件沟通协调机制，公开、解读、贯彻督查机制，培训

---

① 《夯实党执政治国和自身建设的制度基础——中共中央办公厅法规局负责人答记者问》，载《求是》，2014 年第 2 期。

② 秦前红、苏绍龙：《党内法规与国家法律衔接和协调的基准与路径——兼论备案审查衔接联动机制》，载《法律科学》，2016 年第 5 期。

③ 《中央党内法规工作联席会议制度建立》，载《法制日报》，2015 年 8 月 25 日。

机制等,建设省委法律顾问、备案审查专家团队、党内法规研究中心'三支队伍',为做好省委党内法规工作提供有力保障"①。通过这种联席会议一方面可以提高党内法规事前审查的力度,降低党内法规违背《条例》六条标准的可能性;另一方面通过联席会议制度还可以缓解法规工作机构沟通协调压力,更有利于法规工作机构承担党内法规审查的职能。这一制度创新值得总结推广。

(三) 自我审查与他者审查的平衡问题

通过分析《条例》、《规定》以及各省《细则》会发现,"三位一体"的审查模式主要侧重于自我审查,在党内法规的起草、审核、审议批准、清理过程当中,由党内法规制定主体参照《条例》当中所提出的六条标准进行自我审查,只有在事后备案程序中采取了由上级党组织审查下级党组织制定的党内法规的方式,形成了"监督—制约"的权力结构,进入了他者审查的范围。这种自我审查为主的方式在提高党内法规制定效率的同时会导致不利的后果——无法形成有效的权力监督制约,较为容易出现党内法规部门化、地方化的倾向。

为平衡党内法规审查当中自我审查与他者审查问题,需要引入《中国共产党党内监督》的相关要求。一方面需要突出党内法规立法过程的民主协商因素。突出《条例》当中所要求的开门立法的特点,将"吸收相关专家学者参加或者委托专门机构开展调研"、"听取党代表大会代表和有关专家学者的意见"、"充分听取群众意见"这些具有民主价值的条款制度化、常态化。另一方面需要在地方性党内法规的起草、审核、审议批准过程中引入权力监督制约模式。在保持地方性党内法规自我审查的同时突出他者审查。可以引入第三方评价机制,或者在地方党委领导下成立相对独立党内法规审查机构,负责对本区域内地方性法规的审查工作。

---

① 陈会君:《我省建立省委党内法规和规范性文件工作联席会议制度》,载《湖北日报》,2016年6月22日。

(四) 党内法规审查与国家法规、规章和规范性文件备案审查的衔接联动问题

《规定》第 14 条要求建立"党内法规和规范性文件备案审查与国家法规、规章和规范性文件备案审查衔接联动机制",但是对于两者如何进行衔接联动,《条例》、《规定》和多数《细则》均未作出明确规定。对于联动问题,主要有两种解决路径:一是将党内法规审查和国家法规、规章和规范性文件审查制度合二为一,将党内法规纳入违宪审查范围内,进而建立起具有中国特色的违宪审查模式。① 二是坚持党内法规审查与国家法规、规章和规范性文件审查双轨制,同时建立起联席会议制度。②

从理论上说,前一种方式具有很强的创新意识,但是改革的力度较大,对现有制度冲击较大,而且很难和当前的法律进行有效衔接,不具有可操作性。从近些年的政治实践看,后一种观点更具有可行性,部分省份也逐渐采取措施建立起党内法规审查和国家法规备案的联席会议制度。例如重庆市委办公厅 2014 年制定了《关于建立规章和规范性文件备案审查衔接联动机制的实施意见》,强化在党委领导下党内法规工作机构与人大、政府备案工作机构的协助配合,建立了移交处理和提议审查、协助审查、会商协调、资源共享、能力提升等制度;广西壮族自治区党委全面深化改革领导小组于 2015 年 10 月审议通过了《关于建立规章和规范性文件备案审查衔接联动机制的实施意见》,建立了自治区党委、人大、政府关于党内法规和地方法规、政府规章、规范性文件备案审查衔接联动机制。这些制度设计重点强调了党委与人大、党委与政府之间的沟通联动,凸显了民主集中制在党与国家维度上的价值,为建立党内法规和规范性文件备案审查与国家法规、规章和规范性文件备案审查衔接联动机制提供了很有价值的实践经验。

---

① 姜明安:《论中国共产党党内法规的性质与作用》,载《北京大学学报》(哲学社会科学版),2012 年第 3 期。
② 马立新:《党内法规与国家法规规章备案审查衔接联动机制探讨》,载《学习与探索》,2014 年第 12 期。

四、总结

党内法规既是管党治党的重要依据，也是建设社会主义法治国家的有力保障。2014年10月8日习近平总书记在党的群众路线教育实践活动总结大会上的讲话中提出"制度治党"的概念。制度治党要在全面从严治党中有序地通过党的建设制度改革逐步实现，构筑党内法规制度体系将是制度治党的重点内容。

民主集中制是党和国家的根本组织原则，在党内法规审查制度中应当贯彻民主集中制，坚持民主立法、开门立法，以党内民主、集体协商为基础保证党内立法的科学性；赋予广大党员、下级党组织向上级提出党内法规审查的建议权；引入党内监督制度，建立党内法规审查的权力监督机制。同时党内法规建设必须体现集中的一面，凸显上位党内法规的效力地位，保证党内法规的统一性、权威性。通过这种方式，实现党的十八届四中全会的目标，运用党内法规把党要管党、从严治党落到实处。

党治国家中的"枢纽型"社会组织：背景、机制及其逻辑

——以上海市为例*

詹 轶**

摘 要：在当前中国的现实情境下，"枢纽型"社团被赋予了特殊的组织人格：除了激活体制内原有的第三部门，其最大的作用便是将长期游离于监管系统外的原子化个体重新进行整合，并通过全面的吸纳与渗透来达成最终目的，即在新一轮的转型过程中，尽量保持整个社团管理体制的稳定与可控。凭借自上而下的意志导入和再组织化的行动策略，各类"枢纽"及其挂靠社团被巧妙地嵌入到了党政系统之中，一种威权式的"委托—代理"关系跃然眼前。

关键词：党治国家；"枢纽型"社会组织；"同心圆"架构；委托—代理关系

一、引言：问题的提出

改革开放至今已三十年有余，随着单位制格局的逐步崩解，一个愈发多元化的新型社会破土而出。在整体环境急速变迁的过程中，各类社会组

---

* 本文原为上海市民政局2016财政立项课题《上海社会组织服务支持体系创新研究》的调研报告之一，经整理而成。

** 詹轶，复旦大学2014级政治学理论博士研究生。

织生根发芽、茁壮成长。① 在一定程度上，它们代表了民间自主力量的觉醒，同时也宣告了国家—社会关系的再度调整——后全能时代的中国，政治权力的辐射范围大幅缩减，而下层主体的活动空间则日益扩增。② 从近十年社会组织的发展势头来看，上述判断是有据可循的：截至2014年底，我国共有法定的社会组织60.6万个，吸纳各类人员就业682.3万人，固定资产额度达1560.6亿元，三类数据的年增长率均在10%左右；③ 而未登记的草根社团更是规模庞大，据学者们的估算，其总量可能比法定组织要多出2—10倍。④

如此高涨的结社与参社热情，无时无刻不在考验着执政者的智慧。自20世纪80年代以来，中国的社会组织管理体制大致经历了三个阶段，即

---

① 一般而言，"社会组织"泛指将服务社会整体或部分群体作为宗旨的组织团体，主要由社会成员自愿发起、自我管理，其特征包括非政府性、非营利性、公益性等。但在当前中国的现实情境中，许多社会组织拥有较强的政治背景，通常依附于体制而存在，自主性相对有限。因此，有必要将其与西方语境下的非政府组织（Non-govermmental organization）相区分。对于相关概念在中国的应用，见 Ma, Qiusha, *Non-Governmental Organizations in Contemporary China: Paving the Way to Civil Society?* London and New York: Routledge Press, 2006。后文中，"社会组织"一词在某些场合可与"民间组织"、"非政府组织"、"非营利组织"、"第三部门"等互换。

② 有关后全能时代中国国家—社会关系的讨论，可参见 White G., "Prospects for Civil Society in China: A Case Study of Xiaoshan City", *Australian Journal of Chinese Affairs*, Vol. 29, No. 29, 1993, pp.63-87; Perry E.J., "Trends in the Study of Chinese Politics: State-Society Relations", *China Quarterly*, Vol. 139, No. 139, 1994, pp.704-713; 康晓光：《权力的转移》，浙江人民出版社1999年版；俞可平：《中国公民社会的兴起与治理的变迁》，社会科学文献出版社2002年版。

③ 其中社会团体31.0万个，基金会4117个，民办非企业29.2万个。见中华人民共和国民政部门户网站：《民政部2014年社会服务发展统计公报》，http://www.mca.gov.cn/article/zwgk/mzyw/201506/20150600832371.shtml（访问时间：2015年5月26日）。

④ 此类统计多由地方民政部门及专家学者进行的摸底调查所得。由于草根社团带有极强的非正式性和不稳定性，各个地方的实际情况也有所不同，故其具体规模很难掌握。见谢海定：《中国民间组织的合法性困境》，载《法学研究》，2004年第2期；高丙中、袁瑞军：《中国公民社会发展蓝皮书》，北京大学出版社2008年版，第40页。需要说明的是，随着近年来社会组织管理体制的改革，许多草根社团都以在街镇备案的形式获得合法身份，因此上述研究的结论可能与实际情况存在少许误差。

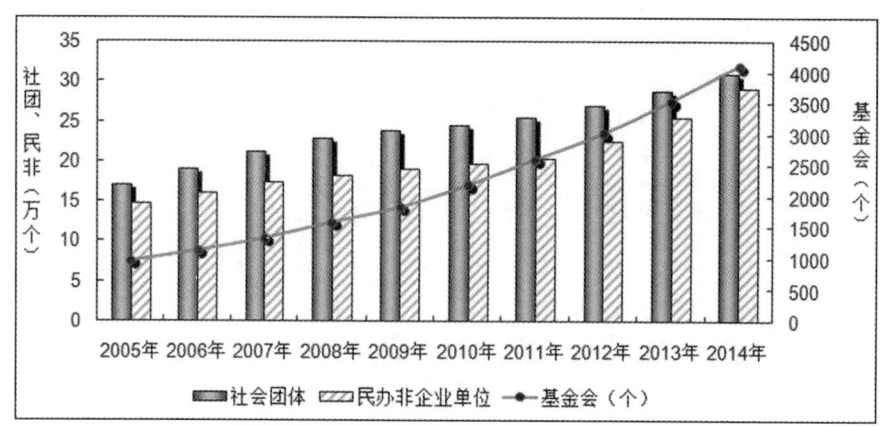

图1　2005—2014年我国三类法定社会组织增长趋势①

徘徊与放任阶段（1978—1989年）、监控体系确立阶段（1990—2000年）、地方创新阶段（2001—2011年）。② 对社会组织的监管主体而言，这是一个渐进式的体制形塑过程，它反映了不同时期内国家建设战略的差异。换言之，从"以经济建设为中心"到"以社会建设为中心"，中国的现代化转型再次站到了十字路口上，前30年对GDP增长的片面追求引发了一系列社会问题，其中最令上层感到担忧的便是贫富差距的加深与公共服务的短缺。这不但大幅削弱了民众的安全感，还有可能造成执政绩效的全面决堤，进而动摇政治权威的合法性。故此，如何由"经营政府"向"服务政府"过渡，就成了执政者亟待解决的第一要务。

在2013年第十八届三中全会上，中共中央将"创新社会治理"放到了首要位置，强调"要改进社会治理方式，激发社会组织活力"③；而在2016年的"十三五"规划纲要中，再次明确了"加强和创新社会治理"的总体目标，并提出要"形成政社分开、权责明确、依法自治的现代社会

---

① 中华人民共和国民政部门户网站：《民政部2014年社会服务发展统计公报》，http://www.mca.gov.cn/article/zwgk/mzyw/201506/20150600832371.shtm（访问时间：2015年5月26日）。

② 邓正来、丁轶：《监护型控制逻辑下的有效治理——对近三十年来国家社团管理政策演变的考察》，载《学术界》，2012年第3期；王名、孙伟林：《社会组织管理体制：内在逻辑与发展趋势》，载《中国行政管理》，2011年第7期。

③ 新华网：《中国共产党十八届三中全会公报（全文）》，http://news.xinhuanet.com/house/tj/2013-11-14/c_118121513.htm（访问时间：2015年5月26日）。

组织体制"。其中，登记制度改革、扶持社团发展、加快行政脱钩、转移政府职能等具体要求一一在列。① 不难发现，中央对于现行的"双重管理体制"有着比较清晰的认识，故而才会频频作出针对性部署。

另一方面，反应更为迅速的地方政府率先对既有制度进行了创新。② 在北上广深等经济社会较为发达的城市里，"枢纽型"社会组织早已悄然崛起。作为官方引导成立的社团，它无疑承载着诸多自上而下的期许，成为了体制改革的"试金石"。在后文中，笔者将把目光聚焦于上海，通过文献资料、访谈记录及相关报道，对各类"枢纽"社团展开深入观察，以便回答下列三个核心问题：

其一，"枢纽"组织在中国兴起的现实背景。它在功能和作用方面与国外的支持型 NPO 有着千丝万缕的联系，但在党治国家中却以"枢纽"名义表现出迥异之处，个中缘由为何？

其二，"枢纽"组织的实际运行机制。在组织架构、人员配置、资金来源及业务内容等方面，它的主要特征与表现形式有哪些？

其三，"枢纽"组织的内在生长逻辑。它是以何种方式被政治力量所容纳的？其背后又蕴含着怎样的因果关系？

二、"枢纽型"社会组织的兴起：国家主导下的"同心圆"架构

20世纪80年代，西方掀起"新公共管理运动"的浪潮，"协同治理"的概念被首次提出。该观点认为，除传统的政府部门外，私人企业和社会组织也应加入治理主体的行列中来。③ 布劳（Blau）等学者就曾指出，单纯的官僚系统在提供公共物品时往往会显得力不从心（尤其表现在与治理对象的沟通或是整合资源等方面）。因此，一个跨组织的合作网络将是最

---

① 《"十二五"规划纲要（全文）》，新华网，http://sh.xinhuanct.com/2016-03/18/c_135200400_18.htm（访问时间：2015年5月26日）。

② 从某种程度上来说，这是中央在地方所开展的政策试点。参见韩博天、石磊：《中国经济腾飞中的分级制政策试验》，载《开放时代》，2008年第5期。

③ Rhodes, R.A.W., "The New Governance: Governing without Government", *Political Studies*, Vol. 44, No. 4, 1996, pp. 652-667.

好的补充。① 借此契机，支持型 NPO（Nonprofit Support Organization）开始在一些发达国家迅速蔓延。

在成熟的公民社会里，支持型 NPO 肩负着特殊使命。通常情况下，它并不直接为大众提供公共物品，而是致力于将社会组织作为服务对象：从法律咨询到政策分析，从项目开发到人才培训，甚至连资金筹措与平台搭建等事项都包含在业务清单内。② 而不同类型的基金会、社团联盟及孵化器，都是上述产品的专业供给方。③ 作为协同治理主体中的一员，支持型 NPO 集各种角色于一身。它既是社会团体的赞助人，又是行政系统的辅助者，更是私人企业的合作伙伴。由此，政治资本、经济资本与社会资本之间的流动壁垒被打破，一座横跨国家、社会和市场的"立交桥"悄然崛起。

从已有经验来看，发达国家的支持型 NPO 主要存在两种不同的建构模式，即以英美为代表的多元主义模式和以日德为代表的法团主义模式。多元主义模式下，"社会高于国家"的理念由来已久，支持型 NPO 多由独立于政治系统外的个人和团体自发组建，广泛存在于美国的各类非公募基金会就是典型的例子（如硅谷社区基金会）。④ 这些基金会不仅具有资源整

---

① Blau, J.R., "Rabrenovic G. Interorganizational Relations of Nonprofit Organizations: An Exploratory Study", *Sociological Forum*, Vol. 6, No. 2, 1991, pp. 327-347.

② Brown, L.D. and Kalegaonkar, "A Support Organizations and the Evolution of the NGO Sector", *Nonprofit and Voluntary Sector Quarterly*, Vol. 31, No. 2, 2002, pp. 231-258.

③ 有学者将中国的支持型 NPO 作出了 7 种不同的区分，即资金支持型、能力支持型、信息支持型、智力支持型、综合管理型、传统服务型和支持型活动和论坛。后文中的"枢纽型"社会组织往往集资金、能力支持及综合管理等功能于一身。参见徐宇珊：《社会组织结构创新：支持型机构的成长》，载《社团管理研究》，2010 年第 8 期。

④ 有关多元主义及"社会高于国家"的相关讨论，见 Robert A.Dahl, "Pluralism Revisited", *Comparative Politics*, Vol. 10, No. 2, 1978, pp.191-203；邓正来：《国家与社会：中国市民社会研究》，北京大学出版社 2008 年版，第 39 页。据统计，美国各类非公募基金会的年度收入（来源包括民间捐赠、政府购买服务以及组织服务收入等）在 10000 亿美元左右，占 GDP 总量的 8%，并能提供全国 10% 的工作岗位。如硅谷社区基金会，其资产总额达 15 亿美元，其中只有 9% 属于自由资产，另 91% 来源于其他几百个家庭基金会、41 个公司基金会和一些个人捐赠基金。参见孙燕：《社会组织孵化器——实现公益事业可持续发展的助推器》，载《社团管理研究》，2011 年第 6 期。

青年论坛

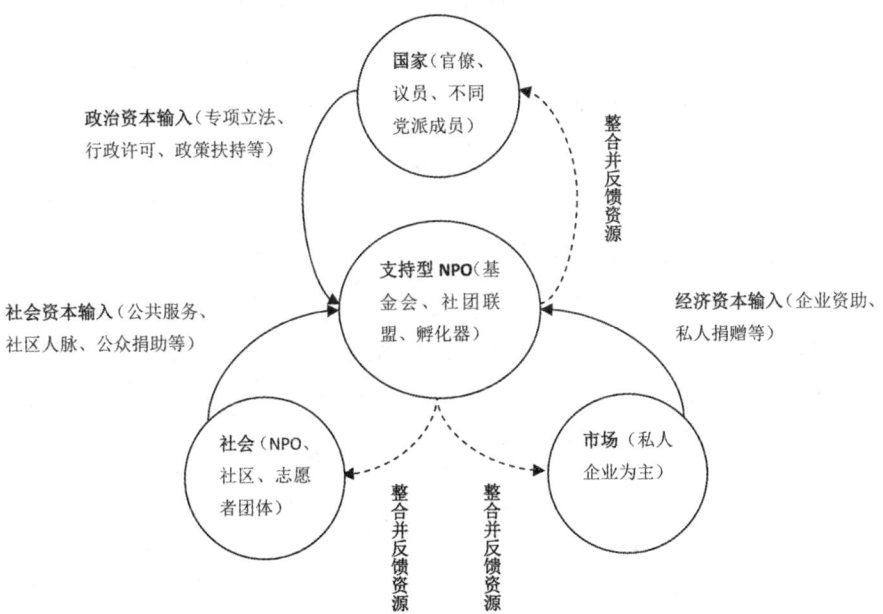

图2 发达国家支持型NPO的"立交桥"架构

合、公益服务和组织孵化等功能，其通常还承担着"价值倡导"的重任：在引领社会风尚、激发公众慈善意识等方面，非公募基金会始终是站在第一线的践行者，甚至经常为此介入公共政策的制定过程中来。① 也正因为如此，部分学者将此类基金会看做是美国社会治理的"研发中心"。② 而在法团主义模式中，"国家社会平行"的观点占据上风，不论官方还是民间发起的支持型NPO均被有效地整合进了体制内部。但与之对应的是，被吸纳的团体有了专属的利益表达渠道，能够在相关领域中享有垄断性的代表地位。③ 以日本为例，当地政府于1998年制订了《特定非营利活动促进

---

① 王名：《社会组织概论》，中国科学出版社2010年版，第201—203页。
② 王名：《中国非营利评论》（第7卷），社会科学文献出版社2011年版，第2页。
③ 有关法团主义及"国家社会相互平行"的讨论，参见 Schmitter, P.C., "Still the Century of Corporatism?" *Review of Politics*, Vol. 36, No. 1, 1973, pp.85-131；张钟汝、范明林、王拓涵：《国家法团主义视域下政府与非政府组织的互动关系研究》，载《社会》，2009年第4期；Brett Bowden, "Civil Society, the State, and the Limits to Global Civil Society", *Global Society*, Vol. 20, No. 2, 2006, pp.172-173.

法》，以此来对支持型 NPO 的发展作出规制。在国家法律的引导下，1/3 的都道府县出台了"支援 NPO 条例"，从硬件设施、资金补助等层面提供制度性保障。目前，日本的支持型 NPO 主要以"支援中心"的形式存在，其官民参半的组织属性保证了国家—社会间的良性互动。①

如前所述，无论是多元主义模式还是法团主义模式，都有值得借鉴之处。前者充分地激发了第三部门的自主活力，后者则创造了一个更为稳定的协商环境。但不可否认的是，发达国家的相关经验并非建立在"空中楼阁"之上，各国独特的历史发展路径为其 NPO 的建构模式增设了诸多限定条件。现代多元主义虽不排斥国家干预，可依旧十分抗拒威权式的精英统治；② 而法团主义极度强调利益整合的制度化水平，其"中间人"必须得到法律授权并取得官方与民众的双重信任③。故此，当面对转型中的党治国家时，上述两种框架便会显得水土不服——在当前中国的现实场域下，高度自主的 NPO 很难为权力体系所容纳，"社会治理创新"又意味着制度安排仍有充裕的变革空间。

时至今日，中国政治中以执政党为核心的公权部门始终掌控着社会转型的整体走向。④ 从目前的社团管理体制来看，党政并行仍是其最为主要的特征之一。如在宏观层面，立法原则的指向、专项整治的提出、治理机制的统筹等，均是在党内精英的指导下得以完成的；而在微观层面，基层社团甚至草根组织内部都设有专人负责党建工作，试图以此来稳定该类机

---

① 孙燕：《社会组织孵化器——实现公益事业可持续发展的助推器》，载《社团管理研究》，2011 年第 6 期。

② 〔英〕戴维·米勒、韦农·波格丹诺：《布莱克维尔政治学百科全书》，邓正来译，中国政法大学出版社 2002 年版，第 579 页。

③ 纪莺莺：《当代中国的社会组织：理论视角与经验研究》，载《社会学研究》，2013 年第 5 期。

④ 康晓光、韩恒：《分类控制：当前中国大陆国家与社会关系研究》，载《社会学研究》，2005 年第 6 期；林尚立：《两种社会建构：中国共产党与非政府组织》，载《中国非营利评论》，2002 年第 7 期。

构的政治动向。① 可以认为，党政并行只是现有体制在社团监管层面上的另一种表现形式，其内核仍是中共领导下的社会整合机制。

作为对创新治理的进一步回应，"枢纽型"社会组织在官方的强势推介下粉墨登场：② 2006 年 8 月，中共上海市普陀区委发布了《关于加强我区民间组织枢纽式试点工作的意见》，文件将枢纽定义为"加强党建工作的支撑、完善双重管理的依托、凝聚团体会员的载体和实现合作共治的平台"；2007 年起，上海市静安区形成了"1+5+X"的枢纽管理机制，即组建一个区级、五个街道及各主要行业（如劳动、文化、教育等系统）在内的社会组织联合会，以"民管民"的方式推动双重管理体制的渐进改革；2012 年 3 月起，上海市长宁区渐次将各人民团体（区总工会、团委、妇联等）也纳入到枢纽序列中来，区组织部、社工委和民政局先后认定了 20 家枢纽型社团，并将其职能定位于"政治上引领作用，对各自联系的社会组织的指导和服务，反映社会组织的合理诉求，帮助社会组织解决发展中遇到的困难和问题，拓宽社会组织参与公益服务、调解民间矛盾、促进社会和谐的渠道，更好地发挥社会组织的积极作用"③。

从高层的公开授意到地方的创新实践，"枢纽"组织的整体建设一直都以简政放权和回归社会为己任。这一方面是为了持续激发民间组织的活力，另一方面则是为了剥离不必要的行政干预，进而依靠更专业的第三方来提升治理绩效。目前，官方"枢纽"多以社会组织服务中心、行业联合会与人民团体（及其下属机构）为主，而民间"枢纽"则基本都是自发成立的民办非企业。与发达国家的支持型 NGO 相比，两者的发育时间均较

---

① 以上海为例，在行业协会与业务主管单位脱钩后，市、区一级的社会工作党委便承担起了组织的党务工作；而在已经备案的草根组织则多由街镇党建办负责管理。参见 Thornton, P.M., "The Advance of the Party: Transformation or Takeover of Urban Grassroots Society?" *China Quarterly*, Vol. 213, No. 213, 2013, pp.1-18；一般情况下，体制内返聘人员会大量出现在半官方或者民间"枢纽"中，起到"嵌入监管"的作用。资料来源于访谈 YHSL20150723。

② 如前文所述，部分经济社会较为发达的地区早于 10 年前便开始了枢纽型社会组织的"试点"工作。

③ 曾永和、赵挺：《枢纽式社会组织发展研究——基于上海的实践》，载《中国非营利评论》，2014 年第 2 期。

为短暂，但成长速度却十分惊人。以上海为例，截至2015年9月，全市共有官办的社会组织服务中心175家（市级1家、区县13家、街镇161家），净资产总额达3773万，从业人员共计638人。中心覆盖率占到了所有街镇的77%，在政策咨询、代理登记、项目招标和党建等方面发挥了显著作用；① 市内的民间"枢纽"同样令人印象深刻，一些组织经过十多年的发展已颇具规模，在上海乃至全国都拥有广泛影响。如Y机构自2004年成立伊始，已为全国2万多公益人才组织过专业培训，为2000多家社团提供了辅导咨询，举办近300期沙龙、论坛和演讲。据统计，其资产总额在2011年时已达147万余元。② N机构则是国内第一批"孵化器"的创造者，至2015年已成功培育500多家公益团体，涵盖扶贫、教育、环保、社区服务等多个领域。同时，它也是率先试行公益创投、联合劝募、NGO评估及政府购买服务平台的"枢纽"组织，为相关体系的建设贡献良多。③

必须承认，当前中国的社团管理体制正朝更为包容共治的方向发展，但这并不意味着"国家主导"会在短时间内为"社会主导"所取代。事实上，在社团培育及资源整合之外，官方"枢纽"的核心职能便是代理监管。原先作为主管单位的党政机关脱钩后，社会组织服务中心、行业联合会及人民团体便承接了其业务，成为真正的"托管者"。

我们仍以上海为例：首先，虽然各级服务中心均以独立法人的形式存在，但其主管部门皆为政府机关或是基层派出单位。如黄浦区社会组织服务中心由区民政局进行业务指导，淮海社区中心则属当地街道办事处管辖；④ 其次，从管理层的人员配置来看，区一级的中心领导通常都由同级党群组织的干部兼任。而街镇一级的负责人虽以社团推举和公开招聘为主，但其必须经过有关部门的严格审定；⑤ 再次，从经费来源进行观察，就会发现各级中心的收入主要由两块组成，即政府财政补助和有偿服务所

---

① 资料来源于上海市社团管理局内部文件《加强服务中心构建社会组织支持体系》。
② 资料来源于Y机构2011年年度报告。
③ http://www.npi.org.cn/（访问时间：2016年5月31日）。
④ 上海社会组织网：http://stj.sh.gov.cn/NGO_Center.aspx（访问时间：2016年6月1日）。
⑤ 资料来源于上海市社团管理局内部文件《加强服务中心构建社会组织支持体系》。

得。其中,前者一般会占到总收入的60%—70%,甚至更高。如2013年全市街镇服务中心从上级获取的补助额度达1606万元,占当年总收入的66.7%。① 此外,官办"枢纽"还通过各种双向机制与党政系统保持着紧密联系,遍布全市的预警网络就是典型代表。现三级中心共配备8600余名信息员,每年收集、核实、上报各类预警信息近千条,为政府及时处置社会组织违法活动(及非法社会组织)提供了便利。②

另一方面,民间"枢纽"虽拥有自主优势,可正因身份特殊,其必须直面合法性问题所带来的困扰:当与体制的交往变得无法规避时,如何在保证独立地位的基础上获取充分的信任和支持?在访谈中,Y机构的负责人就曾表示:"支持机构虽由民间发起,但政府在背后起到了极大的推动作用。目前看来,官方主导仍是大势所趋。"③ 而沪上其他一些知名社团,诸如N机构与H机构等都在初创阶段接受过来自于体制内的扶持。④ 换言之,即使没有官方背景,民间"枢纽"也会不自觉地往政府靠拢。因为这对横向的资源整合与下行的政策传达都有益处,在渴望得到发展的社团看来,实为既定制度下的理性选择。⑤

综上所述,党治国家中的"枢纽型"社团被赋予了特殊的组织人格。除了激活体制内原有的第三部门,其最大的作用便是将长期游离于监管系

---

① 资料来源于上海市社团管理局内部文件《加强服务中心构建社会组织支持体系》。一般而言,沪上其他类型的官办"枢纽"均大致如此(如人民团体及其附属机构),市团委下属的青年家园便是一个很好的例证。

② 资料来源于上海市社团管理局内部文件《加强服务中心构建社会组织支持体系》。

③ N机构曾挂靠于浦东新区劳动和社会保障局(后改为区民政局)福利处。目前,组织的业务主管单位为浦东新区社团管理局。资料来源于访谈YHSL20160512;SCF20160809。

④ N机构早期的发展经历与Y机构相同,而H机构则挂靠在黄埔区委统战部之下;一般而言,党政机关的内部扶持有财政拨款、服务购买及部分硬件设施无偿使用等。资料来源于访谈YHSL20160723;SCF20160809。

⑤ 实际上,任何意在获得合法身份的民间"枢纽"都需严格按照《民办非企业单位登记管理暂行条例》等规定进行注册登记。一般而言,沪上的民非成立流程分两大块,即"名称核准"与"登记申请"。两者都需经历层层把关,递交多份有关材料。参见上海社会组织网:http://stj.sh.gov.cn/Info.aspx?ReportId=f9057854-b3e6-489f-a0ed-b6fba60493ce(访问时间:2016年5月31日);J区社会组织服务中心官网:http://www.jinganngo.org/home/OnlineFor/index.aspx(访问时间:2016年5月31日)。

统外的原子化个体重新进行整合,并通过全面的吸纳与渗透来达成最终目的,即在新一轮的转型过程中,尽量保持整个社团管理体制的稳定与可控。凭借自上而下的意志导入和再组织化的行动策略,各类"枢纽"及其挂靠社团被巧妙地嵌入到了党政系统之中,一种威权式的"委托—代理"关系跃然眼前。

根据图 3 所显示的内容,我们可以大致推演出下列命题:

1. 执政党是"同心圆"架构的内核中枢。作为政治合法性的首要来源,它在重构国家—社会关系的过程中拥有绝对主导权。无论是公共部门、群团组织还是民间机构,都必须依照党所确立的原则行事。

2. 委托主体的政治权重与"同心圆"的半径长度成反比。换言之,离"圆心"越近,委托方的职权范围就越广,其政治影响力也就越大。同理,反之亦然。①

3. 委托主体的政治权重与代理主体的资源多寡成正比。委托方越靠近"圆心",其在资金、人才、物质、信息及关系网络等层面的积累就越充沛。而作为指定的资源分享人,代理方的整体收益也将水涨船高。同理,反之亦然。

4. 委托主体的渗透能力与代理主体的社会化程度成反比。如代理方自体制内发轫,那么委托方就能通过制度手段(以行政命令及人事委任为主)直接向下渗透。而若代理方创办于体制外,委托方则更多依靠非正式途径(以私人关系为主)来施加其影响。②

5. 代理主体的自主程度与其资源渠道的多寡成正比。为了保证外部资源的持续性输入,代理方更倾向于实施赞助者所认可的目标。此举势必会形成某种路径依赖并削弱组织的自主性,而其程度高低则取决于代理方手中资源渠道的多寡。通常情况下,赞助者的数量越多、范围越广,代理方的

---

① 此处的职权通常是指配置资源的权限和能力。

② 在当前中国的现实背景下,独立法人并不意味着其与体制再无瓜葛,而官方发起也不等同于自主性的完全沦丧。对于国内 NGO 身份特征的讨论,见王诗宗、宋程成:《独立抑或自主:中国社会组织特征问题重思》,载《中国社会科学》,2013 年第 5 期。

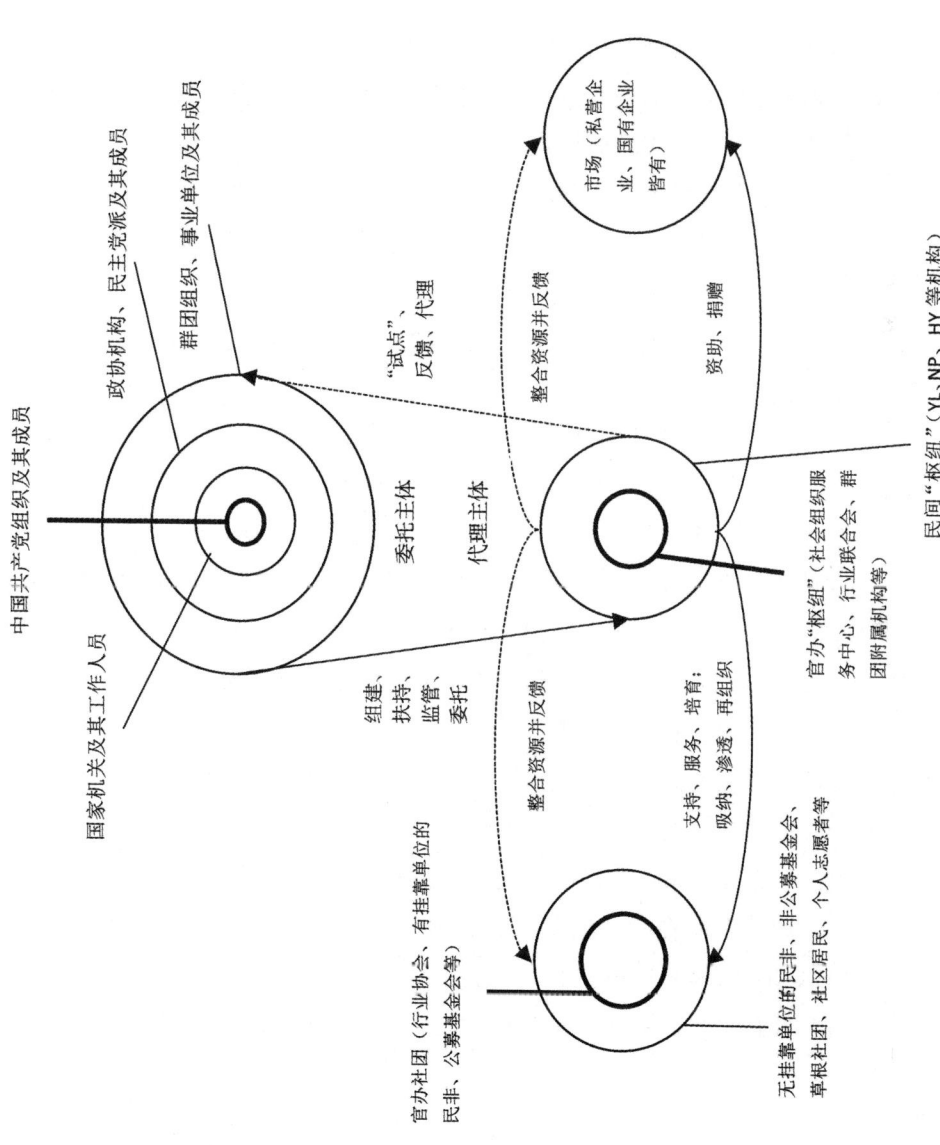

图 3 中国"枢纽型"社会组织的"同心圆"架构

生存压力就越小,其为换取资源而牺牲自主性的概率也就越低。同理,反之亦然。

6. 代理主体的自主程度与其比较优势成正比。相较于传统的公共部门,代理方在服务成本、效率及专业性方面拥有天然优势。从供需角度出发,此类优势越是显著,组织被替代的可能性就越低。而当代理方变得不可或缺时,委托方就会赋予其更多的自主空间,以保证"产品"质量不受外部干预的影响。同理,反之亦然。

三、"枢纽型"社会组织的运行机制及生长逻辑:以上海为例

截至 2015 年 9 月,上海已有各类法定的社会组织 13352 家,每万人拥有量为 8.6 个。其中,区县一级共有 11003 家,占到总数的 84%。而在街镇备案的群众活动团队更是达到 2.3 万之多,创造了历史新高。[①] 另据统计,2015 年沪上社会组织的净资产总额为 354.55 亿元,从业人员近 27.3 万人,两类数据在短短的三年内分别增长了 38% 和 21%。[②] 此外,一大批能力出众的社会组织也涌现台前(如上海市民帮困互助基金会、浦东新区公益项目合作促进会、映绿公益事业发展中心等)。通过长期实践,这些社团在承接项目与提供服务时有着不俗表现。不仅形成了自身独特的发展模式,也为社会治理的创新增添了诸多动力。[③]

毫无疑问,上述成果的取得与日益规范化的制度环境密不可分。作为改革的前沿阵地,上海在社团监管层面的种种举措令人印象深刻:2009 年,《关于鼓励本市公益性社会组织参与社区民生服务的指导意见》在沪出台,官方开始在财政、税收、人才和登记等方面放宽限制;2010 年《上

[①] 资料来源于上海市社团管理局内部文件《加强服务中心构建社会组织支持体系》。

[②] 资料来源于上海市社团管理局内部文件《加强服务中心构建社会组织支持体系》。《沪社会组织净资产超 354 亿元》,http://news.xinhuanet.com/politics/2016-02/23/c_128741686.htm(访问时间:2016 年 5 月 31 日)。

[③] 沈杰、赵宇刚:《上海社会组织发展机制和体制改革研究》,载《科学发展》,2014 年第 6 期。

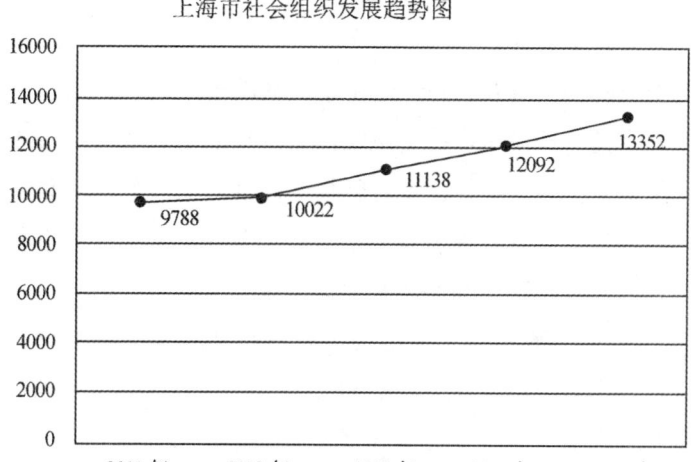

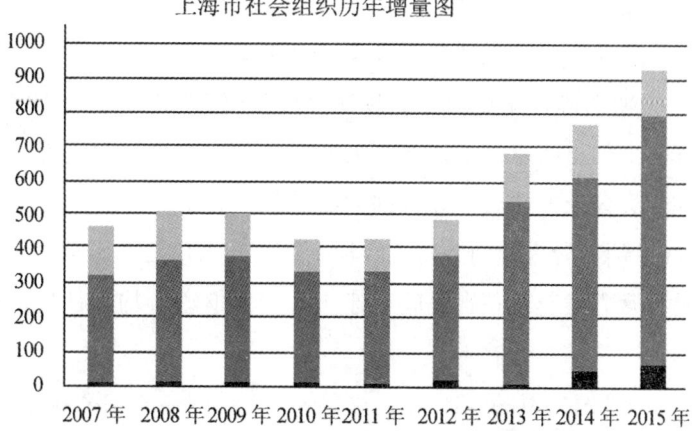

图 4　上海市社会组织发展趋势与历年增量图①

海市促进行业协会发展规定》重新修订，行业协会、商会得以直接向民政部门申请登记，取消业务主管部门的前置审批；2011 年又颁布了《进一步加强本市社会组织建设的指导意见》，确立了分类培育、分类扶持和分类管理的总体思路；2012 年 2 月，由市委、市政府牵头，市社会组织工作联

---

① 最新统计数据图示（数据截至 2015 年底）见上海社会组织网：http://www.shstj.gov.cn/YWSJ.aspx（访问时间：2016 年 5 月 31 日）。

席会议正式成立,40个市级相关部门和17个区县的分管领导参加,逐步形成了顶层统筹机制;2013年起,《市社会组织规范化建设评估指标》正式实施,为监管环境的客观公正奠定了坚实基础;① 2014年2月,《关于完善社会组织综合监管体系促进社会组织健康发展的指导意见》由市民政局发布,"自我监督、法律监管、政府监管、社会公众监督"等目标首次并列出现。从一连串的配套政策来看,上海对于制度革新始终抱有相对积极的态度。因此,其在构建"枢纽"体系时就显得尤为活跃。

实际上,早于2006年市委便已提出"枢纽式管理"的概念,并开始陆续将相关职能下放。以普陀、静安和长宁为代表的区县纷纷摸索出适合自身特色的"民管民"模式,社会组织服务中心、行业联合会、群团及其附属机构成为了官方"钦定"的枢纽团体。② 浦东、闵行和嘉定等地紧随其后,接连编发了一系列具体要求,将工作深入至基层街镇。③ 2015年6月,市社团局又颁布了《关于加强本市社会组织服务中心建设的指导意见(试行)》,再次明确了党委引领、政社分离和服务导向的基本原则;④ 与此同时,部分民间枢纽也日渐发展壮大,在参与共同治理的过程中取得了来自政府和社会公众的认可。如首创"孵化器"模式的NP和专业培训公益人才的YL,两者皆为业内翘楚,在沪上拥有较为广泛的影响力。总体而言,无论是由官方发起还是自民间组建,这些"枢纽"均为社会资本的积

---

① 上海市发展改革研究院课题组、沈杰、赵宇刚:《上海社会组织发展机制和体制改革研究》,载《科学发展》,2014年第6期。

② 曾永和、赵挺:《枢纽式社会组织发展研究——基于上海的实践》,载《中国非营利评论》,2014年第2期。

③ 如浦东、闵行编写了《街镇社会组织服务中心建设指南》(操作手册),嘉定出台了《关于加强和规范街镇社会组织服务中心的实施意见》,松江印发了《松江区街镇社会组织服务中心实体化运作实施意见》等。可参考上海市社团管理局内部资料《加强服务中心构建社会组织支持体系》有关章节。

④ 上海社会组织网:《上海市民政局上海市社会团体管理局关于加强本市社会组织服务中心建设的指导意见(试行)》,http://stj.sh.gov.cn/Info.aspx?ReportId=1b599ec5-2083-4a21-b728-02dd8b8a1395&keywords=%E7%A4%BE%E4%BC%9A%E7%BB%84%E7%BB%87%E6%9C%8D%E5%8A%A1%E6%94%AF%E6%8C%81%E4%BD%93%E7%B3%BB(访问时间:2016年5月31日)。

累作出了贡献，并有力地推进了社团管理体制的持续发展。但毋庸置疑的是，"国家主导"仍是这一切背后的决定性因素。

在"同心圆"架构里，政治资本有着极强的组织和渗透能力，其基本覆盖了所有可以被察觉到的第三部门。对于各类"枢纽"来说，若要有效地实现自身价值，就必须依附于公共权力而存在（至少不能为其所排斥）。故此，在某种意义上，体制内外的"枢纽"本同末离——它们既是社会组织的"成长催化剂"，又是党政机关的"代理监管者"。这种身份上的高度重叠在地方得到了充分印证，沪上一些知名"枢纽"便是其集中体现。在下文中，笔者将挑选四个最具代表性的案例，通过观察该类社团的具体运作方式，来总结其外部特征和内在逻辑。①

（一）上海QJ民间组织服务中心

QJ中心的前身是上海青年组织领袖沙龙，由团市委一手组建并负责管理，旨在为市内多个领域的青年社团提供合作交流的平台。由于沙龙自身的非正式性，其所举办的许多活动都只停留在业余阶段，故影响力始终有限。为了弥补这一缺憾，更好地发挥共青团的纽带作用，中心于2006年10月正式挂牌成立。

作为群团改革的一种尝试，机构以相对社会化的身份步入公众视野：民办非企业不再单纯是独立地位的表征，它还意味着更为灵活的操作空间。通过"代理"具体事项，QJ得以直接面对下层社团，并有足够的机会获取其信任；而团市委则退居幕后，以业务主管单位的名义将部分职能抽离，在淡化政治色彩的基础上成为名副其实的"委托人"；此外，在组织架构、人员配置、经费来源和业务内容等方面，中心同样表现出程度不均的社会化倾向。

首先从组织架构来看，其基本遵循了主流社团的做法，即引入理事会领导下的干事负责制。其中，理事会为最高决策机构，设理事长一人（法定代表），副理事长若干，其他成员多为机关干部、社团领袖、专家学者

---

① 此处，笔者将市内各级社会组织服务中心排除在外。因其从业务职能来看，基本上都是民政部门的"窗口"服务剥离后的再现（如政策咨询、登记备案、年检及购买服务等）。

及行业精英等。在理事会之下，又分别设立了行政部、项目部、服务部、社区发展部等专项职能部门，由一名总干事和一名专职副干事领导日常工作；按照现有的组织章程，每五年为一个任期，届时理事会、监事会及干事将重新选举。

在人员配置方面，QJ 则呈现出典型的干群二重性。由于存在非常紧密的挂靠关系，其主要负责人通常由团市委有关部门直接派驻。如组织创始人之一的 Y 就属此种情况，在担任团市委青年社会组织工作部部长期间，他曾长期兼职副理事长及总干事的管理工作；而其他专职人员大致可分为三类，即编内人员、聘用人员和兼职人员。编内人员经公开招聘而来，占用上海青年志愿者协会的事业编制；聘用人员主要是上海 YG 社区青少年事务中心的专业社工；兼职人员一般由在校大学生及志愿者组成。

相比之下，组织的经费来源较为单一，且具有很强的依附特征。在社团组建初期，团市委每年会有一笔固定的支持经费，数额维持在 30 万左右。随着组织的日益成熟，其社会号召力有所增强，这拓宽了原本有限的资金渠道。现除上级拨款外，更多是依靠提供有偿服务来筹措经费。尽管如此，社团目前的财政状况仍不容乐观。与各级服务中心相比，QJ 在体制内处于弱势地位，往往无法得到上级机关同等程度的重视。其服务对象中又多为能力欠缺的青年团体，很难从中获取稳定的经济报酬。对此，业内人员无奈地表示："QJ 一没钱二没权，无法满足与政府对接的需求，只能带着小伙伴一起玩。"①

最后，组织在业务内容的选择上充满针对性，同时满足了委托方与服务对象的双重需求。一方面，它通过代理登记、资源整合、项目对接及平台搭建等方式给予支持，为下层社团的生长发育提供养分；② 另一方面，又以非意识形态化的方式消除了青年团体对于政治渗透的担忧，从而顺利地将它们吸纳至共青团的统战体系中。

---

① 资料来源于访谈 YHSL20160512。
② 以代理登记为例，对一些具备注册资格青年社团，QJ 中心会竭力为其争取有关部门在经费、场地和政策等方面的扶持；而对暂时无法获取法人身份的团体，中心会提供相应的第三方财务托管、人事外包等项目，以缓解其生存压力。

转型时期，大量社团于体制内发轫，但鉴于各自掌握的资源互有多寡，这些官办组织在业务能力、自主性及社会化等方面大相径庭。正如前文所言，团市委在"同心圆"中的边缘化现状阻碍了QJ的进一步成长，导致其始终面临财政短缺的尴尬。当面对庞大的青年群体时，它难免会显得捉襟见肘；而长时间的隶属关系又在无意间削弱了组织个性，使中心在行政依附与回归社会之间徘徊不前。

（二）上海市JA社会组织联合会

J区地处繁华闹市，位于上海的中心地段。因经济社会发展水平较高，其时常成为治理体系的创新"试点"。为响应中央"健全社会组织"的号召，市委于2006年年底提出了"枢纽式管理"的构建目标。① 半年后，JA联合会应运而生。

在上层力量的强势推动下，JA迅速站稳了脚跟。与沪上其他社团不同的是，它自诞生之初就承载着特殊的使命——"对社会组织，既要'发展得好'又要'掌控得住'。枢纽型管理必须坚持'党建'引领'社建'，及时把党和政府的路线、方针、政策向下传达"。② 这段官方声明不但将组织宗旨全盘托出，还成功地塑造了一个法定的"代理人"角色。

虽然背靠体制，但联合会具备了一系列最基本的社会化特征：从组织架构来看，会员大会是其最高权力机构，具有修订章程及选免理事等职权；理事会则为执行机构，负责选免会长（法定代表人）、副会长和秘书长，在实施内部管理的同时决定其他重大事项；此外，组织内还设有秘书处、业务指导部、宣传联络部和党建工作部等办事机构，承担具体的日常工作。

在人员配置层面，JA与政府机构彻底分离。无论是管理者还是一般工作人员，全部由社会选聘而来。单从表面观察，组织完全褪去了行政色彩，以纯粹的民间身份示人。可事实上，联合会与党政系统之间仍旧藕断

---

① 《中共中央关于构建社会主义和谐社会若干重大问题的决定》，http://cpc.people.com.cn/GB/64093/64094/4932452.html（访问时间：2016年5月31日）。

② http://www.ngof.org.cn/about.asp?id=37（访问时间：2016年5月31日）。

丝连。公开资料显示，理事会现有的51位成员中，政治面貌为群众的只有6人，其余皆为中共党员。① 因此，上级机关可以轻易地通过党组关系对JA产生直接影响。② 尽管官方一再强调负责人的社会属性，但其核心成员多半拥有政治职务。③ 现任会长G虽无兼职亦非党员，却同样带有浓厚的体制烙印——在进入联合会之前，他曾长期担任J区人大副主任和政协副主席。

得益于深厚的体制背景，联合会在经费来源上有着充足保障。近年来，随着各项条件的成熟，原本的财政拨付逐步调整为政府购买，即以"定向委托、签约兑现"的方式实现资金转移。④ 而社会捐赠、有偿服务及会费等收入的增长也进一步稳定了组织的财务状况。2014年9月，经区社建办修订，《社会组织发展专项资金管理办法》正式出台。其中详细规定了枢纽型社团的资助方案，如对引进专业人才的组织，给予每人每年2万元的经费补贴；对"维护社会稳定"的组织，给予一年5万元的补贴；对获区级、市级、国家级荣誉的组织，分别予以2万、4万及6万元奖励。⑤

---

① http://www.ngof.org.cn/about.asp?id=37（访问时间：2016年5月31日）。

② 作为上级党政机关，区委组织部和区社工委有权对区社联会党总支进行直接管理，通过党建例会和代表培训等多种途径影响社团内部的党务工作。而其他公权部门也会以各种方式与区社联会产生交集：当要代为履行业务主管职能时，必须得到区政府批准；区人代会、区政协会议召开前，需上报代表及委员建议名单以供甄选；区社团局、业务主管单位还设有经常性的沟通制度和新注册社团走访制度；一旦涉及重大问题，区委、区政府的专报制度就将发挥作用。

③ 核心成员由1名会长、1名常务副会长、7名副会长和1名秘书长组成，其中担任市人大代表、区党代表、区人大代表、区政协委员等职务的占到一半。http://www.ngof.org.cn/about.asp?id=37（访问时间：2016年5月31日）。

④ 据统计，在JA组建的第一年内，政府用于购买服务的支出经费已达1000万元，第二年更是直接上升为1800万元；通常情况下，政府购买都建立在行业对口及属地管理的基础上，如区卫生局会将工作委托至区卫生工作者协会，而街道办则负责社区内的具体外包事项。

⑤ 《关于批转区社建办〈J区社会组织发展专项资金管理办法〉的通知》，http://www.jingan.gov.cn/xxgk/016001/016001001/20140717/3c3293fb-09e5-4851-b2c3-66605e563a2d.html（访问时间：2016年6月22日）；在原《办法》修订前，区政府用于社会组织补贴（包括人才、党建等）和奖励（评级、荣誉称号等）经费资助已达每年1500万元。

作为行业标杆，联合会屡次在公开场合受到官方嘉奖。①

业务内容方面，JA 一贯秉持着二十字方针，即"党建引领、提供服务、协调关系、整合资源、代表利益"。所谓党建引领，实际是为了填补行政脱钩后产生的真空地带，消弭社团转型所带来的离心力；提供服务则是"立会之本"，借由扶持和培育草根组织，来提升基层公共物品的数量与质量；协调关系有三种意涵，一是在党政机关和第三部门之间充当"润滑剂"，二是为社会组织与企业牵线搭桥，三是将民间力量重新激活；整合资源的重要性在于，当政府、市场或社团本身有一方"失灵"时，外部援助便会如期而至；利益代表则保证了监管机制的合法性，比起单纯的指令传达，自下而上的声音才是推进改革的关键所在。②

依托雄厚的政治资本，JA 能够畅通无阻地推广其治理模式，而这恰恰是 QJ 难以企及的。2007 年，区联合会（"1"）建成后不久，下辖各个街道（"5"）及劳动、文化、教育等系统（"X"）也相继设立对应组织，形成了"1+5+X"的整体格局。其中，"1"和"5"为地域类枢纽，"X"则属行业类枢纽。三者均独立运作，并不存在隶属关系。但相关负责人也同时强调：之所以要进行整合，主要是为了"凸显体制优势、增强政府主导，并有效地开辟党建工作"③。不难发现，国家主义的内在逻辑再次得以延伸——对社会组织来说，"1+5+X"或许代表着"分类发展"；但在党政机关眼中，它俨然是另一种意义上的"条块监控"。

（三）上海 NP 公益组织发展中心

相较体制内的同类组织，NP 的特殊之处便在于其与生俱来的民间身份。当前环境下，"国家主导"仍是大势所趋，纯粹的社会力量往往处于从属地位。因此，民办社团若要站稳脚跟，首要任务便是获得来自官方的权

---

① 自组织创立至今，JA 联合会先后荣获"全国先进社会组织"、"五 A 级社会组织"、"上海市五星级党组织"等称号。2014 年其枢纽模式还得到了市委高度评价，入选"上海社会建设十大创新项目"。http://www.ngof.org.cn/about.asp?id=37（访问时间：2016 年 5 月 31 日）

② 资料来源同上。

③ 从各自属性来看，"1"与"5+X"均为独立法人，并不存在隶属关系。

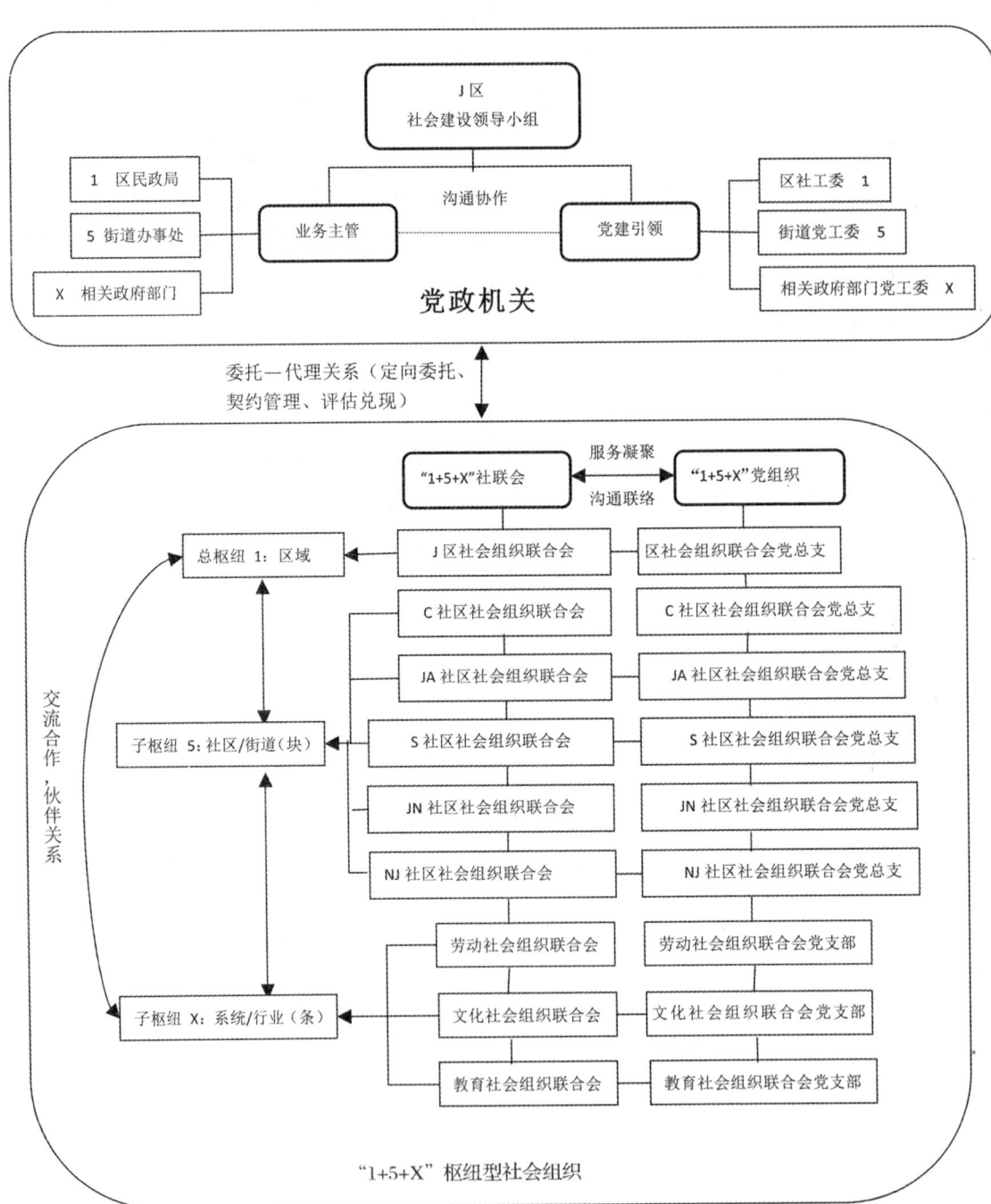

图5 J区"1+5+X"枢纽型管理模式

威性认可。作为体制外的典型代表，NP 在初创和成长的过程中同样得益于上层的"空间让渡"：2005 年 6 月，浦东新区综合配套改革正式获得国务院批准，一系列旨在推动政社合作的文件相继出台。如在《浦东新区国民经济和社会发展第十一个五年规划纲要》中，就明确了"加快职能转移、培育社会组织"的总体目标；① 而更多的实施细则也紧随其后，将治理体系的多元化推向了新的高度——短短两年内，政府用于购买社团服务的资金就翻了近 3 倍，有效地改善了民间组织的生存环境。②

此种形势下，NP 于 2006 年 1 月正式登记成立。③ 除了政策感召外，官方还通过各种非正式渠道为组织的创建提供了政治背书。当时，新区个别领导对"枢纽"模式抱有热切期望，认为这是激发社团活力的大好机会。时任浦东劳保局局长、社工委副书记的 M 便是个中代表，在有关访谈中，她表示曾多次与恩派的创始人有过深入探讨："我其实对他们研究的东西有兴趣，希望引入上海……那一段时间 L 多次见我，把他设计的支持型组织模型给我看，我有点明白和理解他了，觉得这个可以做……我们的态度是，你要先说自己能做什么，我们判断能跟你合作的我们才合作。"④

从某种意义上来说，NP 可谓生逢其时。在政府亟待转型之际，它的出现恰好填补了自上而下的需求。也正因如此，组织才能在取得官方信赖

---

① 《上海市国民经济和社会发展第十一个五年纲要规划（三）》，http：//www.shanghai.gov.cn/nw2/nw2314/nw2319/nw11494/nw12330/nw15821/u21aw142992.html （访问时间：2016 年 6 月 22 日）。

② 2005 年起，浦东新区先后发布了一系列细化政社合作的指导性文件，如《关于促进浦东新区社会事业发展的财政扶持意见》、《关于转变政府职能建立新型政社合作关系的指导意见》、《浦东新区关于政府购买公共服务的实施意见（试行）》、《关于促进浦东新区民间组织发展的若干意见》等。至 2006 年，新区在购买社团服务上所投入的经费已达 5995 万元。见浦东政务网站：《浦东率先探索政府购买服务改革》，http：//www.pudong.gov.cn/website/html/pdzw/pudongNews_YWYQ/Info/Detail_647367.htm （访问时间：2016 年 6 月 22 日）。

③ http：//www.npi.org.cn/（访问时间：2016 年 5 月 31 日）。

④ 浦东新区劳动和社会保障局的前身为区社会发展局，2011 年后又改组为区民政局。参见http：//www.shmzj.gov.cn/gb/shmzj/node7/node25/node598/userobject1ai4414.html （访问时间：2016 年 6 月 22 日）；资料来源于访谈：SCF20160809；L 现为 NP 主任、理事会成员之一。http：//www.npi.org.cn/ （访问时间：2016 年 5 月 31 日）。

的同时维持相对独立的民间身份。

凭借上述优势，NP 避免了制度性的外部干预，以完全社会化的面貌示人。在其组织架构中，所有第三部门应当具备的要素均已赫然在列。如理事会作为决策核心，拥有制定章程、战略规划等重要职权；而日常管理则由"资深领导团队（Senior Leadership Team）"负责，在主任及 6 位总监的统一部署下开展工作。此外，组织还根据业务范围划分出执行部门（项目设计与实施等）、发展部门（筹资与品牌管理等）和支持部门（行政与财务等）。

较之官方"枢纽"，NP 在人员配置上尽显其民间本色。理事会现有 8 名成员，全部由社会人士构成。[①] 除主任与副主任外，其余 6 人分别来自南都公益基金会（3 人）、NPO 信息咨询中心（1 人）、中信资本（1 人）及中国社科院政策研究室（1 人）。[②] 区别于"空降干部"，这些体制外的管理者在资本积累和业务能力等方面更胜一筹；而其他人才均按照实际需求，以公开招聘的方式进入组织。在申请相关岗位时，候选者的专业履历将是唯一的评判标准，任何有关政治背景的因素都不在考虑之列。[③]

从已经公布的信息来看，NP 的资源网络十分广泛，故其在经费来源上并无后顾之忧。除政府机关外，组织的合作伙伴遍及企业与社会各界，许多全球知名机构都一一在列。其中，既有联想、万科、诺基亚、英特尔与汇丰银行等市场部门代表，又有南都公益基金会、社区伙伴、香港乐施会、陈一心家族基金会和上海市慈善基金会等第三部门代表。[④] 多元化的资金渠道大幅改善了组织的生存环境，并尽可能地将单一赞助者的影响力降至最低，从而防止极端依附关系的产生。2010 年的财务报表显示，NP 的收入主要来自于各类捐赠（占总收入的 84%），而政府的财政补助仅仅

[①] 部分成员曾受邀兼任体制内职务，但其任职单位通常是群团等边缘性组织而非党政实权机关，且当事人在加入理事会时均为社会人士。如 L 就属此种情况，在创立 NP 后，他曾兼任浦东青联副主席、市政协人口资源环境建设委员会副主任。见上海政协网站：http://www.shszx.gov.cn/（访问时间：2016 年 6 月 22 日）。

[②] http://www.npi.org.cn/（访问时间：2016 年 6 月 22 日）。

[③] 此处是指在符合法律规范的前提下，将专业经历而非政治经历作为评判标准的情况。

[④] http://www.npi.org.cn/（访问时间：2016 年 6 月 22 日）。

起到补充作用（占总收入的 12%）；可随后的一段时间内，官方加强了对"枢纽"的重视，体制内的资金开始大量涌入 NP。2013—2014 年，仅"孵化器"一项业务，政府部门的资助就占到了 75% 的比例。某内部人士就此表示："屁股决定脑袋，拿政府的钱多，自然更多站在政府的立场干活，一定程度会阻碍我们的创新和区域协同。"①

在业务内容层面，NP 的专业化程度令许多同类都望其项背。2015 年，组织整合了原有职能，将其重新划分为三大板块（社会创业事业群，社区建设事业群和公益咨询事业群）。此举意味着社团试图在自身定位上取得突破，即从早期单纯的"公益孵化器"向更为复合的"社会创业家"迈进。目前，NP 的营业点覆盖了上海、北京、深圳、成都及南京等近 30 个城市，成功培育了 500 多家民间机构，并陆续为数千个团体提供支持服务（筹措资金达 3 亿元，承担运营近 80000 平米的创新园区）。自组织成立至今，还先后发起了 20 个极具影响力的公益品牌。②

虽然有意与"圆心"保持距离，但长期的社会化运作并未使恩派在政治敏感性上有所懈怠。某位负责人就曾明确表态："我们没有任何政治上的诉求，我们不关心政治，我们非常务实。"③

毫无疑问，若要与体制相容，组织就必须表现出某种契合性。在推广"孵化器"模式的过程中，NP 始终强调"政策导向与政府支持"，即对申请者的业务范围有着非常严格的限制。除扶贫、教育、环保及社区服务等机构外，凡是带有利益综合及表达功能的社团（如维权组织）都将不予核准；而另一方面，官方则以公开的肯定与嘉奖作为回应。据统计，自 2007 年起，组织共接待前来调研的省部级领导 7 位，获得国家与市级奖项 6 个，

---

① 2013 年起，政府对社会组织的境外资金加大了管理力度，导致 NP 与许多国外基金会（如福特基金会）终止了合作关系。此消彼长之下，官方的投入迅速上升。其中，体制内的资助者主要包括市民政（28%）、区民政（22%）、市社工委（13%）、区社工委（10%）等。资料来源于访谈 DF20160819。

② 资料来源于 NP 官网，2016 年 6 月 22 日查阅。

③ 唐文玉、马西恒：《去政治的自主性：民办社会组织的生存策略》，载《浙江社会科学》，2011 年第 10 期。

承接了为数众多的政府委托。① 可以认为，NP 已在最大程度上规避了潜在风险，赢得了权力体系的充分信任。

（四）上海 YL 公益事业发展中心

在成长经历上，YL 与 NP 十分相似：两者都由社会力量自发组建，且同样依靠逐渐宽松的政策环境才取得栖身之所。2003 年秋，Z 留学归来，意在国内创办一家公益孵化机构，这恰好与当时 M 的想法不谋而合。借由党政领导的公开授权，YL 在短短几个月后便正式落地，成为中国首家在民政部门注册的支持型 NPO。对此，M 曾在后来的采访中作出解释："政府培育出来的社会组织，它可能更多的是姓'政'，很难姓'社'，而社会组织最本质的、生存的最基本的条件就是姓'社'，如果把这个基点丢了，就没有生存的机会了。"②

当然，纯粹的民间身份也为 YL 带来过许多困扰：不同于某些"根正苗红"的社团，它无法在短时间内就迅速成长壮大。受资金、人力等因素的限制，组织于发展初期曾一度陷入窘境。但在关键时刻，Z 的专业背景和既有经验发挥了重要作用。"写字楼太贵，就租用商住楼，五年中搬了六次'家'；公益组织不了解能力建设的价值，就举办公益沙龙；公益组织付不起培训费，就四处筹资；没有培训教材，就自己编写；找不到培训师，就自己动手；跨界合作不足，就举办论坛进行倡导；团队信心不足，就身体力行不断激励……"③

在她的一手操持下，社团终于步入正轨。如今，YL 已成业内翘楚，其规模和成熟度均为民间"枢纽"之典范。从组织架构来看，它不仅具备

---

① 该数据截至 2013 年。见 http://www.npi.org.cn/ （访问时间：2016 年 6 月 22 日）。

② 此为 2014 年底的采访，M 时任市政协常委，并身兼 YL 名誉董事长一职。见中国社会组织网：《公益组织成长路：生态链渐趋完善》，http://www.chinanpo.gov.cn/1921/81787/nextindex.html （访问时间：2016 年 6 月 22 日）。

③ Z 在留学之前，曾先后就任于爱德基金会与奥比斯等国内外知名的慈善机构。而在南京大学攻读博士学位时，其论文主题便是"在中国建立公益支持机构的可行性研究"。见《青年报》（电子版）：《公益是一件令人着迷的事》，http://app.why.com.cn/epaper/qnb/html/2014-08/05/content_216250.htm?div=-1 （访问时间：2016 年 6 月 22 日）。

了 NPO 所拥有的一般特点，甚至还融入了部分市场要素作为补充。由此，便产生了董事会领导下的干事负责制。其中，董事会为决策中枢，负责把控整个机构的发展动向，如规章制定、战略部署等；而总干事则为运营主管，承担 5 个职能部门的日常督导工作（培训咨询、研究交流、公益服务、资源发展及行政）。此外，组织还设有顾问组，起到咨询、监察及政治背书等作用。①

在人员配置方面，YL 实现了真正意义上的全盘社会化。在共计 10 人的董事会成员中，并未出现兼职干部的身影。相比 NP，组织管理者的跨界特征更为显著。从商界精英（东吴期货、零点咨询）到学界代表（上海社科院、华东理工大学），从社团领袖（中华仁人家园、光华社会企业、爱德基金会）再到专业人士（钟颖律师事务所），可谓广纳贤能、英杰荟萃；② 同时，无论是中层骨干还是基层员工（包括志愿者），全部通过人才市场由社会招聘而来。③

再者便是对经费来源的观察。2011 年的财务报表显示，组织的总收入已达 1097416.25 元。其中捐赠所得为 854909.00 元（占 77.9%），主要来自于福特基金会、美中教育服务机构、亚太公益协会及个人；而政府补助仅为 40000 元（占 3.6%），由上海市民政局、浦东新区民政局和深圳市社团局拨付；其他收入共 202507.00 元（占 18.5%），以有偿服务为主；从资金的分布比例判断，其基本符合民间"枢纽"的运作规律，即取自社会、用之社会，而非孤注一掷地挂靠于某个党政机关。④

YL 在业务开展上同样有着令人瞩目的表现。十多年来，组织共筹集资金 2000 多万元，为 2300 家公益团体提供了能力建设与支持服务，约 2 万名专业人才从这所"慈善高校"里走向社会；随时间推移，一些自创品牌也逐渐广为人知，如"卓越领导力培训"、"IFP 创新基金"、"培力计

---

① http://www.npodevelopment.org/（访问时间：2016 年 6 月 22 日）。
② 董事名单根据 2012 年信息所得。其中，有成员身兼市政府参事一职，但其实际上为虚职，并无实权，资料来源同上。
③ 董事名单根据 2012 年信息所得。其中，有成员身兼市政府参事一职，但其实际上为虚职，并无实权，资料来源同上。
④ http://www.npodevelopment.org/（访问时间：2016 年 6 月 22 日）。

划"及各类沙龙、论坛等活动（共举办 300 多次）。必须承认，此类举措不仅为我国的公益事业作出了贡献，还在很大程度上推动了政社合作的持续深入。①

毋庸讳言，正是由于 YL 的"专精"和"务实"，组织才能与体制保持一种若即若离的状态。较之 NP 的公开声明，Z 等人甚至从未提及任何与政治有关的话题。套用业内人士的观点："至少在目前看来，后者显然比前者走得更远。"② 另一方面，权力体系亦面临着两难处境。当政府出于监管目的而过度接近民间"枢纽"时，势必会破坏其内在的生长逻辑，削弱它们的社会动员能力，并最终导致角色定位的错乱；可若不计成本，以扶持的名义倾囊相助，那么"就会像我以前遇到的教训一样，让你倒过来为社会组织的错误买单"③。

四、结论：基于"同心圆"架构的命题检验

诚如波普尔所言，"理论的普遍性和精确性随其可证伪度的增加而增加"④。在上述案例中，"同心圆"架构下的"委托—代理"关系得到了初步验证，但这仍不足以让其脱离规范性假说的范畴。故此，笔者将对前文所设的六个命题作出直接回应，以尽可能地填补理论与经验之间的鸿沟。

命题 1，执政党为"同心圆"的内核中枢。在当前的政治环境下，一切针对社会组织的管理工作都必须围绕"党的领导"展开。从访谈得到的信息来看，即便在政社分离的过程中，它依旧是官方所遵循的首要原则。

事实上，无论身份如何，沪上各类"枢纽"均已被纳入到了执政党的

---

① 庄爱玲：《民间公益发展的助推器》，载《第一财经日报》，2014 年 11 月 17 日。
② 资料来源于访谈 SHQGY2016622。
③ 蓝煜昕：《社会管理创新的上海实践：马伊里访谈录》，载《中国非营利评论》，2012 年第 1 期。
④ Popper, Karl R., *The Logic of Scientific Discovery*, London: Routledge Press, 1959, p.141.

监控体系内。组织成立前，除向民政部门提交党建报告外，其负责人还需与有关党委签订书面承诺协议。而组织成立后，所有重大事项都必须由内部党组讨论决定。① 在 JA 联合会的案例中，区社工委就以直属上级的身份对社团党总支进行指导，理事会内占绝对多数的党员又进一步地加深了"圆心"的渗入程度；NP 和 YL 虽然避免了制度层面的干预，但其仍旧需要来自官方的认可与支持。因此，两者在发展初期都曾与浦东社工委有过密切往来，并在随后的时间里以各种方式寻求合作。

命题 2，委托主体的政治权重与"同心圆"的半径长度成反比。以执政党为核心，"同心圆"依次向外展开，其顺序为国家机关（以政府部门为主）、政协机构（包括民主党派）和群团组织（及直属事业单位）。② 通常情况下，各级党委是最具政治影响力的委托主体，它在职权范围上拥有得天独厚的优势。对此，某位受访者就曾直言不讳地表示："由于职能所限，政府部门往往显得束手束脚，在整体规划上有所欠缺。相较之下，社工委则兼具独立、灵活和高效的特征，在统筹性、认可度及号召力等层面更胜一筹。"③

与党政机关的情形相反，政协及群团组织皆位于"同心圆"的边缘地带。虽以"统一战线"和"人民团体"等面貌示人，但其在政治生活中多扮演辅助角色，并非真正意义上的实权机构。换言之，尽管同为官方"委托人"，彼此在权重配置上也会存有显著差异：凭借深厚的政治资本，J 区委、区政府为 JA 提供了充足的保障，将它在短时间内就打造成沪上的模范"枢纽"；而团市委则缺乏必要的政治权威，无法给予 QJ 更多的关注与投入，导致其在成长的道路上始终举步维艰。

命题 3，委托主体的政治权重与代理主体的资源多寡成正比。作为权

---

① 沪上的社团党建按"归口管理"原则展开，即市、区社会组织由同级社工委负责，而社区群众团队则属街道党建办管辖；一般而言，需经内部党组讨论的重大事项包括章程的制定和修改、管理层的人员变更、涉外的交流合作等。除此之外，所有政治性事务均需向党组报备（如理事会成员申请加入民主党派等），资料来源同上。

② 由于篇幅所限，本文的讨论范围相对集中，即仅以组织属性作为区分标准，对党、政、群团等不同类型的单位进行比较，故党委机关之间（或政府部门之间）的差异将不在此赘述。

③ 资料来源于访谈 SHJCW20160804。

力的实际掌控者,党政部门几乎垄断了所有体制内的关键资源。在人才、物质、资金、信息乃至公共社交等方面,它都处于无可挑战的支配地位。对比之下,政协与群团组织则相形见绌,由于本身并不具备"造血"功能,其只能依靠上游的财政供给来保证基本的生存需求。当双方均以"委托人"的身份登场时,此种落差便会被无限放大——据统计,在 JA 成立的头两年里(2007—2008 年),政府部门用于购买其服务的支出已达 2800 余万元。而同一时期,团市委给予 QJ 的资助经费仅维持在 60 万元左右;民办"枢纽"的情形也大致如此:无论 NP 还是 YL,都刻意与"圆心"保持着一定距离。除少量官方补助外,两家机构的主要收入皆来自企业及社会捐赠。虽然体制外的力量已颇具规模,但论资源积累的深度与广度,尚无任何一方能比肩国家。从 2010 年与 2011 年的财务报表来看,NP 和 YL 的捐赠所得约在 80—160 万之间(占年总收入的 78%—84% 左右)。即使同静安区社联会第一年(2007 年)的收入(超 1000 万元)相比,该数字仍有较大差距。①

命题 4,委托主体的渗透能力与代理主体的社会化程度成反比。根据"枢纽"在组织属性上的差异,有关部门会采取截然不同的方式对其进行监管。当"代理人"由官方发起时,"委托人"就能凭借制度手段直接向下渗透。一般而言,行政委任和党组嵌入是最常见的两种举措:在 QJ 的案例中,团市委完全掌控了组织负责人的任命权。青年社工部部长(团市委直属)通常会兼任副理事长(总干事)一职,并承担机构内所有的行政领导工作。而 JA 则将党组优势发挥得淋漓尽致。与社团党总支相仿,规模庞大的理事会同样扮演着意志导入的角色。在现有的 51 位成员中,就有 45 名党员。因此,通过党建例会和代表培训等途径,区委组织部和区社工委得以轻而易举地对社联会产生影响;另一方面,若"代理人"自体制外创建,"委托人"就将选择更为灵活的手段与之交往:浦东新区劳保局曾借由私人关系同 YL 展开接触,在经过长期的互相了解后,双方才决定正式合作(开放注册、服务购买、高层访问等)。一旦民间"枢纽"获得合

---

① 2013 年后,政府给予 NP 的资助呈直线上升的趋势。因此,其资源积累也日益增多。资料来源于访谈 DF20160819。

法身份，党治国家就会再度展现出其强大的统合力。除必备的党建工作外，官方还会利用各种政治吸纳来提升体制的内在弹性。以 NP 为例，现主任 L 曾受邀担任市政协委员、浦东新区青联副主席等职务，而副主任 D 也是现浦东新区政协委员之一。

命题 5，代理主体的自主程度与其资源渠道的多寡成正比。资源依赖理论（Resource Dependence Theory）认为，没有任何组织能够做到真正意义上的自给自足，为了延续生命，它必须持续性地从外部汲取资源。在这一过程中，组织对某类资源越是依赖，其供给方就能提出越多要求，甚至迫使前者放弃部分自主权利。但是，若提供该类资源的赞助者突然增多（即预期收益在短时间内迅速增长），组织的生存压力就会立即得到缓解，其为换取资源而牺牲自主性的概率也会大幅降低。[①] 在实际案例中，上述定理一再获得验证。纵观沪上"枢纽"的资源输入模式，主要可分为以下三类：一是资源贫乏且来源单一的组织，个中代表便是 QJ 中心。在经费方面，其具有很强的依附特征。团市委的资助虽相对有限，但较众多松散无力的青年团体来说，它仍是最为稳定的财政供给者。二是资源充沛且来源单一的组织，其典型代表就是 J 区社联会。作为官方亲手打造的社团，联合会不仅享有经费上的充足保障，源源不断的政府委托更是让它赢得了足够的信任。在免除后顾之忧、手握政治资本的情形下，社联会所拥有的自决权便足以令人称羡。三是资源足够且来源广泛的组织。鉴于 NP 和 YL 的民间身份，两者的资源网络遍及市场及第三部门。当"代理人"意在回避体制力量时，多元化的赞助渠道会尽可能地将政府（及其他单一机构）的影响力降至最低，从而防止了极端依附关系的产生。[②]

[①] 一般而言，学界将资源提供方对组织形成的干预称为"外部控制（External control）"。可参见 E.J. Perry, "Trends in the Study of Chinese Politics: State-Society Relations", *China Quarterly*, Vol. 139, No. 139, 1994, pp.39-60.

[②] 如前文所言，政府对 NP 的影响力较以往有所上升，但仍未对其自主性产生实质性干扰。资料来源于访谈 DF20160819。

资源积累程度 资源渠道多寡	来源单一	来源广泛
充沛	上海 JA 社会组织联合会	
足够		上海 NP 公益组织发展中心 上海 YL 公益事业发展中心
贫乏	上海 QJ 民间组织中心	

图 6　沪上知名枢纽的资源输入类型

命题 6，代理主体的自主程度与其比较优势成正比。较之公共部门，"枢纽"组织在成本、效率及专业性等层面具有无可比拟的优势。事实上，这恰恰是职能转移被反复强调的首要原因。从供需角度来看，倘若组织提供的某类"产品"难以取代，那么其在满足社会需求的同时，也填补了政府"失灵"所造成的缺憾。① 凭借此优势，组织将获得独一无二的谈判"筹码"。在与官方交往的过程中，它显然有更大的几率受到青睐与认可。进一步来讲，这还是扩展自主空间的必要条件：在促进社会稳定、发展民生事业等目标上，社团与政府的利益不谋而合。其中，前者得到了践行自我价值的良机，后者则能以相对较低的成本把执政绩效揽入怀中。对此，双方只需达成最后一个潜在的交易——代理方承包具体事项并尽力完成任务，而委托方将根据其实际表现酌情下放权力。当前形势下，政府仍对社会组织采用分治策略。凡是由官方发起的社团，均已被列入了"白名单"内。故 QJ 和 JA 均可跳过交易环节，直接以内部对话的方式来获取自主性；② 民办组织的境遇则迥然相反，它们往往需要通过重重考验才能取得官方信任。故此，社团的比较优势就成为了决定性因素。现在看来，NP 的"孵化器"模式、YL 的公益人才培训都是典型的交易"筹码"。正是这些"独门巧计"，为两家机构换来了宝贵的生存空间，并在体制允许的范

---

① 在现实经验中，很难有社会组织能够完全垄断某项服务。因此，其在成本、效率、专业性等方面的优势往往是相对的，此即"比较优势"。

② 此时，两者的比较优势就不再那么重要，而行政委任范围、党组嵌入深度、资源渠道多寡等因素才是影响自主性的关键所在。

围内始终维持着纯粹的民间身份。①

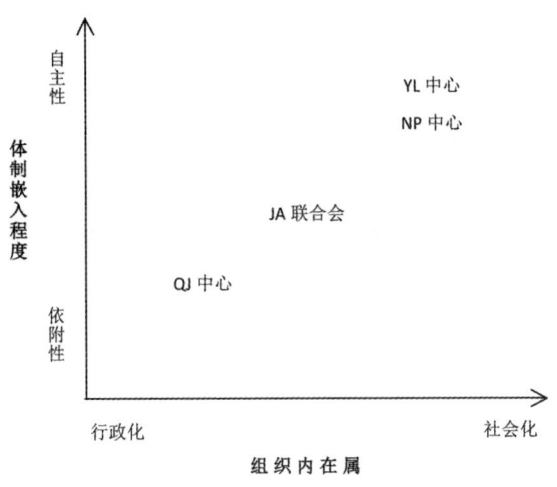

图7 沪上知名枢纽的特征比较②

必须承认，本文的理论框架与命题假设都稍显粗糙，基于少数个案的经验证据也过于单薄。当面对纷繁复杂的国家治理时，笔者只能作管中窥豹式的初步概览：就目前的情况而言，政治仍然是各类"枢纽"不可回避的话题。基于稳定逻辑，执政者更愿意让其扮演一个"代理监管者"的角色，即将游离在外的原子化社团重新进行整合，并进一步加以筛选、吸纳和渗透；基于效能逻辑，政府部门则把"枢纽"视为"代理服务者"。在赋予它们合法身份的同时，最大程度上转移原本属于体制内的职权，尽可能地降低公共产品所带来的负担；而基于需求逻辑，第三部门无一例外地将支持型机构看做"成长催化剂"。无论是资源供给、能力建设还是价值

---

① 当然，NP与YL的自主性是"去政治化"的，他们与政府的关系更多被称为"有条件的共生（Contingent Symbiosis）"。参见唐文玉、马西恒：《去政治的自主性：民办社会组织的生存策略——以恩派（NPI）公益组织发展中心为例》，载《浙江社会科学》，2011年第10期；Spires, A.J.,"Contingent Symbiosis and Civil Society in an Authoritarian State：Understanding the Survival of China's Grassroots NGOs", *American Journal of Sociology*, Vol. 117, No.1, 2011, pp.1-45.

② 同为民间"枢纽"，NP与YL并无本质区别。此处，笔者根据主要资金来源、公开政治态度、与体制互动频次、领导层专业分化及负责人政治吸纳等方面的差异，将两者作出细分。具体可参见前文中各自案例。

倡导，它都起到了至关重要的作用。因此，在多元治理已成常态的今天，"枢纽"组织必定会开启国家—社会关系的新一轮转型。

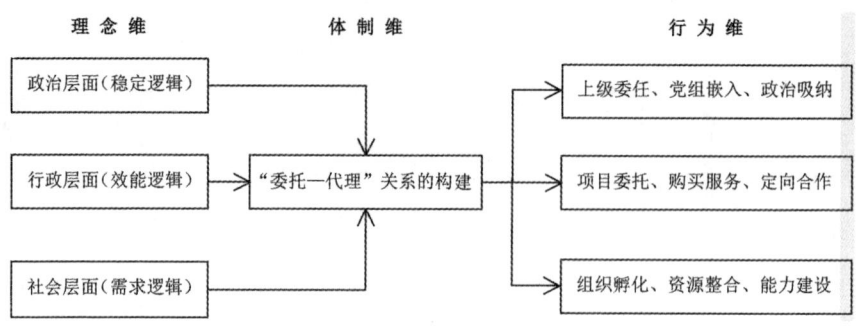

图8 "同心圆"架构的三个内在维度

公共服务供给运作的一种新体制：合作参与模式

李 杰[*]

摘 要：政府供给公共服务是一项最基本的职能，随着社会经济的发展，大众对公共服务的需求越来越多元化，政府对怎样满足公众多元化的需求面对越来越严峻的挑战，如果政府在这方面做得不好，就会导致老百姓的不信任，陷入所谓的"塔西陀陷阱'。本文意在探讨一套政府如何在公众需求多元化的社会中嵌入公共服务合作式多方参与供给机制，开展政府和企业、非营利组织以及公众的有效合作，完善公共服务体系，提高公共服务水平和质量。

关键词：合作式参与；公共服务；服务型政府

一、文献背景

2004年2月21日，温家宝总理第一次提出我国建立服务型政府的理念，2010年3月5日温家宝总理在全国人大十一届三次会议上在政府工作报告中又指出我们要努力建设人民满意的服务型政府。很明显，公共服务提供已经成为建立服务型政府的主线，也是政府最基本的职能。公共服务的有效供给不仅仅是政府职能的体现，甚至还关系到社会稳定问题。哪些公共服务是政府必须供给的，哪些是可以外包的，哪些是可以合作的呢？首先要对公共服务进行概念或者范畴的界定。所谓公共服务，"有广义和狭义之分：广义的公共服务与私人服务相对应，属于市场失灵的领域，是

---

[*] 李杰，中共上海市委党校政治学理论硕士，研究方向：基层治理和公共服务。

政府为满足社会公共需要而提供的产品和服务的总称。它以满足公众需要和公民平等享受为主要特征，政府的经济调节、市场监管、社会管理和公共服务职能均能纳入广义公共服务的范畴。狭义的公共服务，指的是政府四大职能中，平行于经济调节、市场监管、社会管理的部分，包括教育、医疗服务、公共卫生、社会保障、就业服务、环境保护、科技服务等"[1]。公共服务包括公共服务和公共物品服务，本文主要是探讨狭义公共服务合作参与模式下的供给机制。

新中国成立以来，我国政府运作体制可以分为两个大的阶段：第一阶段是改革开放之前的计划型政府或者叫全能型政府。人们从出生到死亡都是在单位，所以有学者将那时候的中国称作"单位中国"，单位制在当时城市是最基本的组织形式，"在农村表现为人民公社和生产大队。"[2] 单位制占主导地位，国有企业垄断了几乎所有的资源，市场缺乏活力。另一阶段是改革开放以后逐渐建立起来的宏观调控型政府或者叫有限型政府。"在邓小平的领导下提出社会化的口号，主张小政府，大社会"[3]，市场在国家运转中逐渐扮演越来越重要的角色。十八届三中全会召开以后，提出决定市场在资源配置中占决定性的作用，充分发挥好政府宏观调控作用、市场管制作用。虽然在2004年之后我国提出服务型政府的建设，政府确实在很多方面简政放权和出现多方参与公共服务提供，让企业、社会组织和公民参与部分公共服务的提供，公共服务作为服务型政府的核心职能相关政策制定也在中央高层和各级政府提上日程，但是到目前为止，政府在很多领域还是管得太多、太死，政府运作模式还是管制型的而不是服务型的。

我国的政府运作模式受到多方面因素的影响，除了受到来自西方民主制度的影响之外，还受到我国儒家文化和长期习俗的影响，因此不完全是

---

[1] 郁建兴、吴玉霞：《公共服务供给机制创新：一个新的分析框架》，载《学术月刊》，2009年第12期。

[2] 杨振宏：《当代中国政府转型中的公民参与问题研究》，苏州大学博士论文，2010年。

[3] Lisheng Dong, Qun Cui, Tom Christensen, "Local Public Services Provision in China-An Institutional Analysis", *Croatian And Comparative Public Administration*, 2015, 153.

韦伯式的法理型权威下的政府，不是完全运作在一种非人格化状态下的政府体制，更多的还是"关系"网络在起作用，非正式化组织在政府运作中往往起着十分重要的作用。但是政府的总体特性还是体现了马克斯·韦伯的科层制特征，而"官僚化与政策的部门化限制了协调计划的能力和制定跨越多元政策领域的一致性政策的能力"①，这样政府就很少关注公众和企业或社会组织的真正需求和参与度。

公共组织参与或公民参与是在"20世纪60年代一直持续发展至今日的新公民参与运动"②。"就美国的公共行政而言，有关公共组织参与的思想里程碑是明诺布鲁克会议和新公共行政运动。"③新公共行政运动创建者提倡社会公平，注重社会效率而不是机械效率，鼓励公民积极参与政府活动和政策制定，公民参与公共政策的制定和提供公共服务之间是一种内在的逻辑连接机制，这是一种改变公共服务低效率、服务不均的重要运动。

到目前为止，我国政府已经经过多轮改革，但是改革总是出现一种"精简—膨胀—再精简—再膨胀"的怪圈。中央重要部门精简了，可地方承接的部门相应就会出现，反之地方政府部门精简了，中央也会有对口的部门出现。这样复杂的政府运作体制就限制了政府更好履行最基本的职能——公共服务，没有良好的政府运作体制就不能保证社会秩序的稳定发展。按照组织社会学中制度学派的观点，制度会决定组织和人们的行为趋向，制度不够完善和统一，制度没有合法性，政府部门与社会之间缺乏共享思维就会导致步调不一致，长期的这种利益相冲导致政府公信力下降。政府目前就是需要重塑公信力，避免陷入"塔西佗陷阱"。"塔西佗陷阱是西方政治学的一个定律，用在政府公信力问题中，可表达为当政府不受信

---

① 〔美〕B.盖伊·彼得斯：《政府未来的治理模式》，吴爱明、夏宏图译，中国人民大学出版社2016年版，第42页。

② 〔美〕约翰·克莱顿·托马斯：《公共决策中的公民参与》，孙柏瑛等译，中国人民大学出版社2010年版，第3页。

③ 〔美〕B.盖伊·彼得斯：《政府未来的治理模式》，吴爱明、夏宏图译，中国人民大学出版社2016年版，第43页。

任的时候,政府怎样做都会受到公众的质疑和批评。"① 要获得公众的认可,就需要满足公众在物质上和心理上的需求,双方达成一种双赢的状态。

二、问题的提出

政府部门在许多时候都占有丰富的资源,但是没有可操作性的普遍性良好的政策,接地气的决策并不是通过几个会议拍脑袋就能作出来的,拍脑袋常常带来政府高层作出的决策在实践操作层面不能很好地贯彻。一旦中央高层作出的决策不利于执行决策的地方政府和公众,地方政府上下级之间也会联合起来想出对策应付中央,出现"上有政策,下有对策",也就是周雪光所说的"共谋现象"。所谓共谋现象,是指"基层政府与它的直接上级政府相互配合,采取各种策略应对来自更上级政府的政策法令和检查监督"②。"参与的基本观点认为,官僚体制内的专家无法获得制定政策所需要的全部信息,甚至得不到正确的信息。因此,如果排除公众对重要决策的参与,将会造成决策上的失误。"③ 决策失误,那么公共服务有效供给受到严重影响。

新公共管理认为,政府没有必要也没有能力包揽一切,只需要做一个"守夜人"就可以了。政府可以借助市场的力量,政府应该通过签约外包、补贴和特许经营、用者付费及凭单制度等方式,把一些具有商品属性的公共服务转移给其他企业、第三部门来提供,第一可以减轻政府的负担,第二可以提高服务水平和服务效率,"新公共管理主张用市场的力量推动政府转型,在公共部门引入市场机制,通过公私部门的竞争,缩小政府规

---

① 耿静:《政府信任的差序化:基层治理中的"塔西佗陷阱"及其矫治》,载《理论导刊》,2013年第12期。

② 周雪光:《基层政府间的"共谋现象"——一个政府行为的制度逻辑》,载《社会学研究》,2008年第6期。

③ 〔美〕B.盖伊·彼得斯:《政府未来的治理模式》,吴爱明、夏宏图译,中国人民大学出版社2016年版,第47页。

模，提高公共产品和服务供给的效率"[1]。这种市场导向原则在西方国家曾经得到大力提倡并且取得显著的成绩，以英国、美国、新西兰为代表。

新公共服务的基本观点认为，政府不应该是掌舵的，更多的是去服务公民，增加与公民的沟通，通过沟通来掌握公众需求以更好地提供公共服务。我们不得不思考，政府到底应该怎样来定位自身的角色。不论是新公共管理的市场导向（顾客导向）理念还是新公共服务的公民服务理念，都是为了更好地提供公共服务，尽可能满足公众的需求，但是从一定程度上来讲，新公共管理的观点有点极端化了，把具有商品属性的服务都交给第三方来生产来提供，政府只是负责监督管理，那么公民与政府之间的沟通就减少了。一旦缺少沟通和交流，从政府角度来讲就不能了解民情、体察民情，随之就是不能指定很好的公共政策；反过来如果按照新公共服务的观点，政府过多地介入公共服务，那就违背了政府总览全局的大方向，也不利于其他组织的发展，不能调动个人和组织的积极性，也不利于营造一个完善的公共服务供给环境。

那么，是什么因素限制多方合作参与公共服务提供呢？民众应该以什么样的方式来参加政府的公共决策，能够共同合作提供更好的公共服务呢？政府部门应该如何引入市场力量和社会力量于公共服务呢？这些都是本文致力于探讨的话题。随着社会的多元化发展，人们之间的需求也是越来越多元化，因此"以政府为单一供给主体的公共服务体系难以承担所有责任，也难以满足所有需求"[2]。政府包揽了所有大大小小的事务，"凡是公共事务，政府都要管，甚至要直接管，起码要掌控。于是挤占了社会组织发育发展的空间，也难以真正容忍非政府组织的独立性和自主性。社会发育的阻滞和有限不仅反过来制约了政府职能转变的过程，导致无处可转和无人可接的尴尬局面，也抑制了公民意识和法制意识的成长，提高了对

---

[1] 杨振宏：《当代中国政府转型中的公民参与问题研究》，苏州大学博士论文，2010年。
[2] 容志：《基层政府公共服务供给的问题与对策：基于上海的研究》，载《上海行政学院学报》，2011年第6期。

政府的期望值和要求度"①。政府、企业、社会组织以及公众之间的对话机制越来越少,势必带来一种多边冷漠的后果,对我国社会经济发展产生不良影响,也会阻滞国家民主化进程。

单靠政府一家独大,或者说分散供给都是不合理的。如果说政府一家独大,包揽了所有的服务供给,那会带来服务种类单一化、低效率;如果政府把一部分公共服务供给分散到不同部门或组织供给,不进行合作整合,那也会带来资源浪费,重复供给。这样的问题不仅仅是简单政府最小化、市场最大化就可以解决了的。合作参与模式可以很好地避免这些弊端,进行资源整合,提供更有效的服务。

三、阻碍多方合作参与提供公共服务的因素

我国政府组织在很长一段时间扮演的都是全能型政府的角色,是一个东亚"强政府主导市场模式"。所谓强政府主导市场模式,是指政府在市场力量、社会力量试图介入提供公共服务领域受到严格的制度限制,政府几乎将整个社会的公共服务都垄断了,或者说大部分都由政府来提供。改革开放十几年后,我国逐渐进入社会主义市场经济体制,很多后发的私营企业和社会组织在国家发展的过程中发挥着越来越重要的角色。政府面对越来越多元化的挑战,开始尝试着改革,释放出适当宽松的发展环境,允许部分大型企业参与政府部门的竞争,出现政商合作,特别是在乡镇,很多公共服务项目交给企业提供。但是总体上来看,还是有很多限制性因素阻碍政府与市场力量和社会力量以及公民之间的合作。

第一,经济利益驱使政府部门紧紧套牢一些项目。有些政府部门打着为公众服务的口号,到处跑项目、争项目来做,有了项目就会有相应的配套资金,由于信息不对称缺陷导致上级政府、公众无法监督其运作模式,于是就产生部门集体贪污现象。第二,"科层管理集权性与公共服务分权性之间的矛盾。权力向上集中是科层体制的基本特征,这一点既保证了命

---

① 容志:《基层政府公共服务供给的问题与对策:基于上海的研究》,载《上海行政学院学报》,2011年第6期。

令统一和行动一致，维持体制的强大动员力，也造成官员对上唯命是从的行为惯性"①。这种基层政府和上级政府之间的矛盾也会造成基层政府不敢随意将公共服务外包出去，基层政府承担不起一旦失误所带来的严重后果。第三，政府与公众之间的沟通较少。政府与公众之间没有建立起完善的稳定的沟通机制，随意性比较大，一旦上级需要了解民情，就出现运动式的临时沟通，这样不能很好地了解公众需求。第四，政策环境。对企业特别是社会组织的成立有着严格的准入制度，繁琐的审批程序和运行规制一定程度上扼杀了这些组织发展的积极性。

四、通过竞争机制引入市场化力量提供公共服务

根据萨缪尔森的观点，"公共物品可分为纯公共物品和准公共物品。纯公共物品是指完全具备非排他性和非竞争性的产品，如外交、国防、政策、环境等。准公共物品是指具备上述特点中的一个，另一个不具备或者不完全具备，或者虽然两个特点都不完全具备但具有较大外部收益的产品，如教育、公共设施、通讯、邮电、供水、燃气等"②。政府部门和市场力量的合作提供公共服务，可以是政府负责制定相关合作制度和准入规则，提供相应的政策支持和财政支持，政府不需要占一定的股份，这样政府只需要起到宏观调控和管制的作用即可。我们讲过，阻碍市场力量参与公共服务的因素之一是利益之间博弈导致的，但是全球化时代背景下的冲击和我国政府不断的改革使得上下级政府不得不调试政府的运作体制，由于自身运行弊端的凸显，导致政府失灵，迫使政府部门不得不引入市场力量。有学者总结了几个动因：

"第一，政府对公共供求信息往往反应迟缓，需要发挥市场对服务供求反应灵敏的长处，促进公共服务供给与需求之间的及时协调；第二，政

---

① 容志：《基层政府公共服务供给的问题与对策：基于上海的研究》，载《上海行政学院学报》，2011年第6期。

② 程样国、韩艺：《西方公共服务市场化的启示与反思》，载《江西社会科学》，2004年第4期。

府公共服务垄断的低效率和低质量,需要发挥市场竞争机制的优势,实现公共服务供给的优质高效;第三,政府对公共服务资源的配置会不尽合理,需要发挥市场化资源配置的优势,把公共资源配置到公共效益好的环节中去。"① 市场的优势可以弥补政府失灵。所谓政府失灵,是指"政府活动的低效性和结果的非理想性,或是指政府干预不到弥补市场失灵的预期目标,或是虽能达到目标但其代价超过市场失灵所造成的缺陷"②。市场这只"看不见的手"能够使资源在不同部门之间得到合理的配置,能够很快把握信息,作出合理的决策。

随着 20 世纪 80 年代西方发达国家政府再造流程的推进,逐渐在市场上形成一些特有的却具有普遍意义的市场提供公共服务的方式,主要有合同外包、特许经营、政府补助、使用者付费、凭单制度以及志愿服务等。

(1) 合同外包。"合同外包是政府在确定某种公共服务项目的数量和质量标准的基础上,将原先垄断的一部分公共服务的生产权和提供权向市场转让,中标的承包商按照合同向民众提供公共服务,政府用财政拨款购买承包商的公共产品和劳务的一种服务方式"③。比如环境保护、道路维护等。合同外包可以减少政府财政开支和时间成本,还可以提高服务质量。

(2) 特许经营。"政府通过办法授权书的形式将政府特许权授予经营者,使其在一定时期和范围内提供某项公共产品和公共服务,并准许经营者通过向用户收费或出售产品回收成本并赢得利润,同时,经营者要定期交给政府一定的特许经营费用,主要包括 BOT(建设—经营—转让)、TOT(转让—经营—移交)、PPP(公私合营)、LBO(租赁—建设—经营)、BBO(购买—建设—经营)、BOO(建设—拥有—经营)等方

---

① 陈奇星、胡德平:《政府公共服务方式的多元化选择:趋势与策略》,载《上海行政学院学报》,2011 年第 3 期。

② 严新明、童星:《市场失灵和政府失灵的两种表现及民间组织应对的研究》,载《中国行政管理》,2010 第 11 期。

③ 陈奇星、胡德平:《政府公共服务方式的多元化选择:趋势与策略》,载《上海行政学院学报》,2011 年第 3 期。

式"①。特许经营适合于特别大型的、时间长久、利润回收慢的项目，比如修建铁路、国家大型项目建设等等。

（3）政府补助。政府补助是指政府以财政补贴的形式给那些提供公共服务的组织一定的资助。主要适用于那些营利性不高、只有在未来才能营利、风险大的公共物品。如高精尖技术的基础研究和实用技术的超前研究等。资助方式有：补贴、津贴、优惠贷款、无偿赠款、减免税。

（4）使用者付费。使用者付费的公共产品具有一定的排他性，只有使用者付费了才能享用，不付费就不能使用，比如公园、教育等。

（5）凭单制度。就是指政府部门给制定的"顾客"派送使用券，"顾客"可以到指定的销售点去换购商品，然后销售点将购物券交给政府，由政府补贴指定的销售点。这是一种促进消费的政策，对企业和公众来说都是双赢的。

（6）志愿服务。志愿服务是有社区居民自组织起来满足自身需求的一种方式。比如一些社区成立老年人协会、京剧表演社团等等文化服务。这些政府再造流程产生的由市场参与提供公共服务的方式满足了公众多样化需求，而且效率机制的激励推动企业不断提高产品质量。

五、通过合作机制引入社会力量提供公共服务

引入社会力量参与公共服务的提供是政府职能转变的方式之一。社会力量也即第三部门，政府是第一部门，以满足公共利益为目的，不以营利为目标；企业是第二部门，以追求最大化利益为目标；除了政府和企业之外的其他非营利的社会组织都算是第三部门，第三部门的特征是不以营利为目的、自愿性，经费主要来自政府补贴以及其他组织和个人捐赠等。政府部门会失灵，市场也会失灵，第三部门在一定程度上能够提供一些政府部门和企业都不能满足"顾客"的其他公共服务，"2002年《政府采购法》允许和非营利组织签订合同，非营利组织可以参与提供公共服务，比

---

① 陈奇星、胡德平：《政府公共服务方式的多元化选择：趋势与策略》，载《上海行政学院学报》，2011年第3期。

如乘客运输、垃圾回收以及照顾老年家庭"①。

在处理政府组织和第三部门的关系上,应该明确、清晰地划清双方之间的关系,不能政社不分,政府组织可以将一些自身不能提供的公共服务转移给第三部门去做,前提是不能随意以权威的形式去干预,只能是提供资金支持和政策建议。双方可以达成一种非正式的合作机制,没有上下级的隶属关系,也没有命令式的金字塔式的科层结构;社会组织可以为政府决策建言献策,当需要政府的支持时,只要是对公众有利,对社会有利的政府都应该支持。

引入社会力量提供公共服务的好处有以下几点:"首先,有利于实现政府公共服务供给的全方位和无缝隙;其次,有助于推进社会民主进程;最后,有利于转变政府职能,增强政府的公共服务能力。"② 社会组织的成员来源广泛,有不同社会背景的人员在里面工作,因此能够随时了解到公众的需求;社会组织是一种民间组织,与公众沟通最多,在作决定的时候往往能够去官僚化,真正做到民主决策,从另一种方式上来推进民主进程。如果社会组织承担了本来政府做不好的事情或者公共服务,政府就可以将精力投入到自身所擅长的领域,有利于减少政府失败。

六、通过加强与"顾客"沟通,完善供给公共服务能力

公共部门提供公共服务不仅需要从政策制定者那里了解到"公民的需求是什么,需要多少,以及不同场景下的偏好"③,还要通过和"顾客"沟通才能得到相应的真实的需求。所以顾客需求导向也是政府部门或者其他组织供给公共服务的过程中应该加以对待的。后现代公共行政理论家福克

---

① Lisheng Dong, Qun Cui, Tom Christensen, "Local Public Services Provision in China-An Institutional Analysis", *Croatian and Comparative Public Administration*, 2015, 153.

② 陈奇星、胡德平:《政府公共服务方式的多元化选择:趋势与策略》,载《上海行政学院学报》,2011年第3期。

③ Li L., "State and Market in Public Service Provision: Opportunities and Traps for Institutional Change in Rural China", *Pacific Review*, July 2008;21(3):257-278. Available from: Political Science Complete, Ipswich, MA. Accessed August 31, 2016.

斯（C.J.Fox）和米勒（H.T.Miller）认为，"传统的公共行政实际上就是一个缺乏沟通的体系，或者说，它是一个话语霸权的体系。在这一个话语霸权的体系内，自上而下的指示、指令必须逐级执行，不允许有任何讨价还价，更不允许提出怀疑和表示异议。他们强调，在这种'独白式的对话'基础上产生的公共政策，只能是政府和官僚精英们的政策偏好，而不是公民一致认同的公共政策。因此，后现代公共行政理论认为，公共行政活动和人类交往的活动一样，都是一种话语的游戏，而历史则是这一游戏活动的一种文本，不同人在不同语境中有不同的解读，并不存在确定无疑的一成不变的原则和规律，只存在合情境性"①。

后现代行政理论强调政府与公众之间的沟通这一理论基础，为我们今天建设服务型政府，一个公众满意的政府给予了指导。国家是由原子化的个人组成的，不能忽视个人在提供公共服务中的作用，只要政府引导得当，很多时候公民会自动组成一个临时组织"生产"出符合自身需求的公共产品，满足自身需求。

加强与"顾客"即公众的沟通，完善提供公共服务，主要有以下几个好处：第一，能调动公众参与决策和志愿服务的积极性。沟通是一种无形的政策，它的作用甚至可以说大于强制的政策；沟通是一种内心的触碰，只要是公众和政府交心了，彼此之间信任了，公众就会袒露自己的心声，这样政府就能真正了解到公众的需求。通过沟通，公众能够自发地参与到一些公共服务生产中来，公民时常把名誉看得比金钱更重要，因此他们会自愿出资出力为社区做一些力所能及的事。第二，提升政府的公信力和公共服务水平。只有逐渐将公众引导到公共服务的提供中来，才能真正提升服务质量，通过公众的把关，他们得到自己满意的产品和服务，对政府的信任度提高了，公信力自然而然也提升了。第三，公众参与公共服务提供是基层民主实践的基本保障。基层实现良好的民主，离不开民众的参与，通过参与式供给公共服务，加强政府与公众之间的合作沟通，可以促进民主进程，实现社会良好的秩序，也有利于社会稳定和发展繁荣。

---

① 谢昕、张亮：《后现代公共行政理论精要探微》，载《中国行政管理》，2007年第9期。

七、总结

政府提供公共服务不能再是原来的大包大揽，也不是事无巨细的管理一切事务。现在是一个多元的社会，政府应该与各社会组织和企业、民众建立密切的联系，改变原来那种政府主导一切的运行机制和操作模式，应该更多地给予这些组织或者公众参与公共服务提供的机会，形成一个良好的政府运作机制。

当然，本文的创新之处是不去鼓吹市场、社会组织运作机制绝对优良，笔者提倡的合作参与模式下的公共服务提供机制，意味着无论是政府、市场以及第三部门和公众都有自身的缺点。政府的缺陷表现为：（1）政府干预的公正性并非必然，（2）政府某些干预行为的效率较低，（3）政府干预易引发政府规模的膨胀，（4）政府干预为寻租行为的产生提供了可能性，（5）政府失灵还常源于政府决策的失误。"[1] 市场失灵，就是指市场在资源配置中没有达到可以接受的效率和满足公众的需求。市场失灵的表现有："（1）市场不能保持国民经济的综合平衡和稳定协调的发展，（2）自由放任的市场竞争最终必然会走向自己的反面——垄断，（3）市场机制无法补偿和纠正经济外在效应，（4）市场机制无力于组织与实现公共产品的供给，（5）市场分配机制会造成收入分配不公和贫富差距两极分化，（6）市场不能自发界定市场主体的产权边界和利益分界，实现经济秩序。"[2] 包括第三部门在某些领域也会失灵，它只能在自己擅长的领域提供公共服务，个人有时候追求短期利益也会造成集体利益的损失，所以政府、企业、第三部门和公众之间应该形成一种取长补短的合作伙伴关系。

---

[1] 金太军：《市场失灵、政府失灵与政府干预》，载《中共福建省委党校学报》，2002年第5期。

[2] 金太军：《市场失灵、政府失灵与政府干预》，载《中共福建省委党校学报》，2002年第5期。

本文试图通过多方合作参与机制这一条主线，将这些公共服务参与者连接起来，形成一种逐渐完善的稳定的复合型公共服务体制，使得各方能够找到适合自己的位置，很好地发挥自己的优势，多方达成默契，结成伙伴关系，建立起一种无缝隙的公共服务供给模式，尽可能满足公众的需求，最终形成一个完善的公共服务提供网络模式。

社会资本与当代中国协商民主形态的构建

李炜永

摘 要：社会资本是一种以解决集体行动问题为目的，以关系网络和文化规范形式存在的社会资源。协商民主形态是认知当代中国协商民主的重要维度，是指一种受理念支配的实际行为。两者之间存在一致性，表现为内在契合与互为基础的关系。社会资本是客观的，同时又是生产性的。从传统与现实两大维度来看，中国的社会资本既拥有诸多积极、有利的要素，也存在一些阻隔的消极方面。当代协商民主形态的构建，最理想的办法，无疑是大力培育、拓展和发扬积极社会资本，消除或转化消极社会资本。尽管要摆脱"路径依赖"的束缚，不能一蹴而就，但经过努力不是不能获得极大改观并实现的。

关键词：社会资本；协商民主；形态

社会资本（Social Capital）已不是一个陌生的概念。自20世纪80年代法国社会学家皮埃尔·布迪厄（Pierre Bourdieu）"复兴"这一概念以来，就吸引了国内外社会科学界的广泛关注。如今，社会资本理论已经发展成

---

* 本文属于基金项目：国家哲学社会科学青年基金项目"发挥政协的社会利益表达功能：体系、过程、政策的分析框架"（项目编号：12CZZ012）的阶段性成果；上海市社会科学创新研究基地"党的执政能力建设"项目阶段性成果。

** 李炜永，同济大学马克思主义学院博士研究生，中共上海黄浦区委党校讲师。研究方向为协商民主、政协理论与党的建设。

为一种具有广泛影响力的"新解释范式"。① 社会资本的定义林林总总，如罗伯特·帕特南认为，"社会资本是指社会组织的特征，诸如信任、规范以及网络，它们能够通过促进合作行为来提高社会效率"。② 但从"属+种差"角度来界定的话，我们倾向于认为，社会资本是一种以解决集体行动问题为目的，以关系网络和文化规范形式存在的社会资源。

协商民主形态，是基于中国社会主义协商民主发展的状况提出来的。学者齐卫平提出，形式、制度、形态构成认知协商民主价值的三个维度。形式一般具有微观层面的价值，往往作为手段来使用。制度更多地是指以规章条文确定的规范，而形态则是指受理念支配的实践行为。③ 强调协商民主形态，目的在于"使外在制度的民主形式变为内在要求的民主理念，摆脱'被民主'的形式主义"，避免"制度虚置"、"制度空转"。习近平总书记在庆祝人民政协成立65周年大会上的讲话中关于"涉及人民利益的事情，要在人民内部广泛商量"的论述，根本指向也是一种"协商民主形态"。中国的协商民主只有成为一种政治形态，才能使协商民主制度得到真正地落实。社会资本与协商民主形态之间存在密切的关联，以社会资本理论为视角展开研究，无疑对当代中国协商民主形态的确立与构建具有启发与现实意义。

一、社会资本与协商民主形态之间的内在关系

关于社会资本与民主之间的关系，国内外学界已有广泛的讨论。例如，帕特南（Robert Putnam）在《使民主运转起来》一书中，就引入了社会资本理论来探讨其对民主发展、制度绩效的重要影响。他发现，经济发达程度与制度绩效之间并非一定存在正相关关系，而地区的公民生活恰

---

① 杨雪冬：《社会资本：对一种新解释范式的探索》，见李惠斌、杨雪冬主编：《社会资本与社会发展》，社会科学文献出版社2000年版，第26页。

② 〔美〕罗伯特·帕特南：《使民主运转起来——现代意大利的公民传统》，王列、赖海榕译，江西人民出版社2001年版，第195页。

③ 齐卫平：《协商民主是一种政治形态》，载《文汇报》，2013年2月26日。

恰对制度绩效产生不可忽视的影响。而且，均衡一旦实现，往往会自我增强。良性循环会产生社会均衡，不断形成高水准的合作、信任、互惠、公民参与和集体福利。与此相反，缺乏这些品质的非公共精神共同体，也是自我增强的。① 由此可以看出，文化规范、社会参与网络等反映的公共生活，体现为社会资本，与民主发展、制度绩效存在着密切关系。

总的来讲，社会资本与民主之间、与协商民主之间具有一致性，体现为一种内在契合与互为基础的关系。良性社会资本的循环有利于民主运转和政治稳定，而政治稳定与民主发展反过来也有利于社会资本的巩固与延续。协商民主形态是认知协商民主的一种维度，因此，社会资本与协商民主的关系，自然也体现在协商民主形态上。

（一）社会资本与协商民主形态内在契合

第一，社会资本与协商民主概念几乎同时复兴于20世纪80年代，均包含了对西方现代民主发展的批判性、警惕性反思。帕特南在《独自打保龄球：美国下降的社会资本》中不无警醒地指出：在美国，以公民社团形式体现得社会资本比上一代人大大削弱了。② 西达·斯考切波（Theda Skocpol）也指出，从（20世纪）60年代中期开始，相当多的美国成年人在对待社团的忠诚上发生了代际断裂。③ 尽管不少学者对帕特南等人关于美国社会资本下降的结论存在一定质疑，但这并不能妨碍社会资本理论的产生是基于对西方社会民主发展深刻审视的结果。当然，"社会资本理论也并非仅仅是一种反叛和批判，帕特南等人的分析反映了其试图建构社会资本、民主发展与经济绩效三者相关性的努力"④。对于协商民主而言，同

---

① 〔美〕罗伯特·帕特南：《使民主运转起来——现代意大利的公民传统》，王列、赖海榕译，江西人民出版社2001年版，前言第5页。
② 〔美〕罗伯特·帕特南：《独自打保龄球：美国下降的社会资本》，见李惠斌、杨雪冬主编：《社会资本与社会发展》，社会科学文献出版社2000年版，第175页。
③ 〔美〕西达·斯考切波：《自上而下的拆散》，见李惠斌、杨雪冬主编：《社会资本与社会发展》，社会科学文献出版社2000年版，第191页。
④ 高奇琦：《社会资本、协商民主与党群治理》，载《中共福建省委党校学报》，2014年第1期。

样如此。在全球化背景下,具有本体意义的西方选举民主单纯以"刚性"的选举和表决来处理矛盾与冲突的方式越来越呈现出明显的局限性,因而受到质疑与批判的声音也越来越多。西方学者主张以"对话"、"辩论"、"沟通"、"审议"等平等协商的方式来扩大民主,包含着试图弥补与矫正选举民主缺憾的意义。

第二,社会资本与协商民主形态都强调与公民社会、公民参与之间相辅相成的关系。弗朗西斯·福山(Francis Fukuyama)指出,丰富的社会资本存量应该是密集的公民社会产生的原因,而公民社会则几乎是现代自由民主的普适的必要条件。[①] 纵观国内外学者有关社会资本构成要素,如信任、规范、互惠、参与网络的讨论,也都是建基于公民社会基础之上,这些要素也都是公民社会的构成要件。协商民主所倡扬的公民对政治过程的公开参与、审议与对话同样也是立足并指向公民社会。特别是对协商民主形态而言,又不仅仅局限于政治协商层面,更多的是指向社会协商对话层面,倡导一种更广泛的"公民"之间的协商。

第三,社会资本与协商民主形态的新意在于都强调非正式的规范、惯例、风俗与文化传统对制度变迁的影响,"这本身是对现代性中整体主义架构,诸如国家政治结构中的正式制度和意识形态的一种解构性努力"[②]。社会资本是无形的,是沟通个人与制度的中间物,非正式的规范背后是积淀下来的历史传统、价值理念、信仰和行为模式。而协商民主形态强调受理念支配的实践行为。今天,不论将协商民主作为一种决策形式、作为一种治理形式,还是作为一种社团或政府形式,只有将其蕴含的平等、包容、沟通、共识等原则内化为一种精神,协商民主才能真正落地、真正地在实践中铺展开来。道格拉斯·诺斯指出,"制度变迁是一个复杂的过程。这乃是由于制度变迁在边际上可能是一系列规则、非正式约束、实施的形

---

① 〔美〕弗朗西斯·福山:《社会资本与公民社会》,见周红云主编:《社会资本与民主》,社会科学文献出版社2011年版,第174页。

② 高奇琦:《社会资本、协商民主与党群治理》,载《中共福建省委党校学报》,2014年第1期。

式及有效性变迁的结果"。①

(二) 社会资本与协商民主形态互为基础

一方面,社会资本所蕴涵的信任合作、心理规范与参与网络有利于协商民主形态的构建。信任是社会资本的主要内容,同时信任也是构建协商民主形态的基本前提。协商民主活动的开展,需要协商主体之间的相互信任。很难想象,公民之间、公民与政府之间如果缺乏一定的信任,类似听证会、民主恳谈会等这样的协商民主活动能够顺利开展。同时,互惠的规范也能够推动协商的实现。正是公民对协商民主的过程、结果及目的怀有良好的期待,并相信通过协商的方式达成有利于各方的共识,才会积极投入到协商活动中来。也可以说,社会主体之间的普遍信任与互惠规范是协商民主展开的题中之意。另外,社会资本的公民网络为协商民主提供参与渠道。"协商的过程实际上是各种具有不同利益倾向、不同偏好的政治主体参与政治生活的过程。协商民主离不开公众参与网络。这种网络在社会资本中就体现为社会行动者之间的各种关系,这些关系蕴涵着可转移的资源,具体包括信任关系、规范信息网络、权威关系、多功能组织、社会凝聚力、公民参与等。"② 社会资本中强调的各种关系网络可以帮助消减集体行动的困难。

另一方面,协商民主形态的构建也有利于良性社会资本的巩固与完善。具体体现为:一是协商民主强调的宽容与审议为社会资本提供精神给养。二是协商民主的商讨过程本身也是社会资本的形成过程。③ 归结起来,协商民主过程体现的包容、理性、合作、信任等价值与原则,正是社会资本作为一种资源为公民社会提供的主要内容。协商民主的发展,必然也带来社会资本存量的同步提升与增长。

---

① 〔美〕道格拉斯·诺斯:《制度、制度变迁与经济绩效》,杭行译,格致出版社·上海三联书店·上海人民出版社 2014 年版,第 6—7 页。

② 吴光芸:《社会资本:连接公民社会与协商民主的渠道》,载《理论探讨》,2009 年第 3 期。

③ 高奇琦:《社会资本、协商民主与党群治理》,载《中共福建省委党校学报》,2014 年第 1 期。

二、中国的社会资本状况对协商民主形态构建的影响

社会资本作为经济社会发展的一种重要资源,具有两重性的特质。我们可以称之为"积极的社会资本"与"消极的社会资本"。帕特南对意大利南北方的调查研究给我们展示了不同社会资本状况带来的制度绩效差异问题。值得注意的是,社会资本与深厚的历史传统息息相关。一个地区的历史土壤肥沃,那里的人们从传统中汲取的营养越多。社会环境与历史深刻地影响着制度的有效性。由此在讨论社会资本的时候,我们就有必要从历史与现实两个维度进行审视。

社会资本是客观的。对协商民主形态构建而言,中国的社会资本既拥有诸多积极、有利的要素,也存在一些阻隔的消极方面。正是存在积极的社会资本,才促使中国特色社会主义协商民主在新中国成立以来获得了极大发展。在历史与文化传统方面,中国这片土地本身就拥有协商民主形态展开的土壤。自汉代以迄至清末,儒学在中华文明的演进生长历程中扮演了重要乃至主导性的角色,并由此赋予了中华文明一种鲜明而突出的儒家特色。进一步而言,儒家的思想传统很大程度上塑造了中国社会资本的面貌,具体表现在其对社会资本的社会关系、互惠规范、参与网络等构成要素的深刻影响。例如,在积极社会资本方面,儒家一直强调和谐天下。孔子主张"礼之用,和为贵";"君子和而不同,小人同而不和"。和合思想成为处理人与自然、人与社会、人与人及身心关系的基本准则。这种"和"的观念代表了一种理想的政治模式。"在东亚的政治发展中我们可以发现对和谐、合作、稳定、协商、共识的一贯强调,与西方政治模式中的冲突、竞争、对抗和分裂形成鲜明地对照"[①]。在规范方面,儒家重"礼"。礼是一种制度、一种仪式、一种规范、一种品格。治国以礼则"官得其体,政事得其施政",治国无礼则"官失其体,政事失其施"。"在社会政治关系中,儒家传统对一个社会中可能存在的各种关系都进行了规范,其

---

① 郭定平:《东亚儒家文化与民主转型:一种理论分析框架》,见郭定平主编:《文化与民主》(复旦政治学评论第八辑),上海人民出版社2010年版,第18页。

中最重要的就是君臣、父子、夫妻、兄弟、朋友。从理想上来看，这些关系都有一种互惠的性质。"① 在传统伦理规范与道德准则塑造下的参与网络促进了有关个人品行的信息流通，使得名声得以传递和溢美。另外，儒家关于"人"的观念、关于"民"的概念等，虽然不能直接说是民主思想，但毫无疑问，都存在着民主的成分，渗透着民主的精神。随着对东亚民主政治的发展和政治文化研究的深入，越来越多的学者意识到东亚儒家文化传统中存在着发展民主政治的丰富社会资本。

像其他形式的资本一样，社会资本也是生产性的。在现实政治与社会发展中，中国共产党在领导革命、建设与改革过程中成功地培育与积淀了有利于协商民主发展的社会资本。早在新民主主义革命时期，中国共产党与其他党派团体和党外人士团结合作过程中形成了协商民主的思想，特别是在"三三制"民主政权建设中有效进行了协商民主实践，这是我国协商民主的萌芽和雏形。1949年第一届全国人民政治协商会议胜利召开，标志着人民政协的诞生，也标志着中国共产党领导的多党合作与政治协商制度的正式确立。自此，中国的协商民主也就在政治协商制度基础上得以发扬。如果说政治协商的内核还主要体现为"党际协商"，那么改革开放以来，随着利益格局调整与利益主体的不断多元，协商民主的展现形式也在"党际协商"的基础上不断向"党群协商"、"公民协商"拓展。我们注意到，在协商民主的实践中，除了人民政协在制度界面开展政治协商外，诸如各种听证会、民主恳谈会、社区议事会、工资集体协商等形式的协商活动也愈来愈普遍。这些实践，不论是政治协商还是社会协商层面，无疑是对公民参与协商民主的锻炼与教育，有利于积累与生产民主发展的积极社会资本。

在看到积极社会资本一面的同时，我们应该对不利于协商民主发展的消极社会资本有清醒的认识。从传统文化角度而言，自近代以来，面对世界现代化进程的猛烈冲击，先进的中国人就不断对自身以儒学为核心的传统进行深刻反思与批判。平等、自由、正义是协商民主形态建构所追求的

---

① 郭定平：《东亚儒家文化与民主转型：一种理论分析框架》，见郭定平主编：《文化与民主》（复旦政治学评论第八辑），上海人民出版社2010年版，第17页。

最基本价值和目标诉求,协商民主讲求以公民的广泛参与为基础,以讨论、对话、谈判、审议等为形式,以遵守程序和规则为保障,以参与理性为目的和要求。而中国传统社会资本中确实存在对协商民主塑造不利的诸多方面。例如,社会资本的最初来源是社会关系,而中国传统的社会关系是以严格维护宗法等级制度为主要特征的。对此,梁漱溟指出,中国社会关系是一种典型的"伦理本位",伦理的首要单位是家庭和家族,"个人"的观念几乎是不存在的。① 费孝通认为,中国人的社会关系是按照亲疏远近的差序原则来构建的。"中国乡土社会的基层结构是一种所谓的'差序格局',是一个'一根根私人关系所构成的网络'。"② 以家为核心所形成的宗法伦理规范被推而广之,由社会道德生活领域直接深入到社会政治生活领域,这也造就了儒家泛人伦道德化政治观的最大特色。这种伦理型政治文化带来的最大负面效果是,培育了顺从型的奴性人格和安守本分的臣民型文化,参与型公民文化因此缺失,进而导致公民主体意识的孱弱。在规范与规则方面,虽然中国传统也讲法治,但是那种法治仅仅被看做实现国家统治、维持秩序的工具与手段。除了正式的规则之外,中国社会还普遍盛行"潜规则"。潜规则本身是指非正式的规则,如若形成良好的政治规矩与公序良俗,也不妨是积极的结果,但在实际生活中,潜规则盛行往往却又演化成为消解法治刚性约束的负面力量,造成社会资本中信任要素的流失。在义利关系方面,"以义为重"、"重义轻利"的价值观,一方面培育了中华民族讲仁、求义的高风亮节品质,但另一方面也使得中国人养成羞于言利的国民性格,甚至自己的正当利益都不敢去追求。显然,这不利于协商民主所强调的理性追求。总而言之,在中国传统政治社会视阈内,我们几乎看不到帕特南、托克维尔所描绘的"理想的公民共同体"的存在,这个"理想的公民共同体"包含公民的参与、政治平等、团结、信任、宽容以及作为合作网络的社团等结构与要素。③

---

① 梁漱溟:《中国文化要义》,学林出版社1987年版,第48—51页。
② 费孝通:《乡土中国·生育制度》,北京大学出版社1998年版,第31页。
③ 〔美〕罗伯特·帕特南:《使民主运转起来——现代意大利的公民传统》,王列、赖海榕译,江西人民出版社2001年版,第100—104页。

在现实维度，传统中的消极社会资本深刻嵌入当代中国的社会结构之中，并影响到民主与现代化在政治社会生活中的实际展开。单从基本要素的角度，社会资本对协商民主形态的阻滞作用较为明显的体现在三个方面：一是在社会层面缺少一种普遍的信任与合作。当前，对规范与信仰造成最大冲击的就是社会领域"权力本位"、"权力任性"的弥散。在"权力能够解决一切"意识的浸润下，人们宁愿相信"关系"、"熟人"、"潜规则"而不相信法律、制度等正式的规则。一般而言，共享的规范和共有的信仰是社会资本的来源，同时也是信任的来源。而近百年来特别是近三十多年来，不仅全民共享的规范在社会层次出现了迷离，而且共有信仰的失落也是一个不争的事实。二是社会资本的互惠观念难以形成。社会转型带来各领域急剧变革，而由于信任与规则的缺失，导致呈现出"丛林法则、弱肉强食"的态势，在部分群体利益受损的同时形成了特定的"既得利益者"与"既得利益群体"。信任与互惠的基础受到冲击，在这种氛围下很难形成心平气和的良性互动。三是公民参与的社会网络还不够成熟。帕特南指出，类似邻里组织、合作社、体育俱乐部、大众性政党，都属于密切横向互动性质的公民参与网络。在一个共同体中，此类网络越密，其公民就越有可能进行为了共同利益的合作。中国社团组织近年来在数量上有了迅猛的增长，但并不能有效证明中国社会已经形成了密集的横向参与网络。一方面，社会组织吸纳的公民数量还相对有限，另一方面社团参与政治、社会活动的空间还受到极大限制。

对于中国社会资本对民主发展的影响，黄相怀在研究中指出：就作为价值与规范的社会资本而言，中国民主发展所需要又是中国社会比较缺乏的，乃是抽象的社会资本；而中国民主发展不那么需要的同时在中国社会又相当丰富的，乃是具体的社会资本。[①] 他将社会资本分为抽象与具体两类来审视，有一定道理；但通过我们以上的分析，未必完全准确：对于具体的社会资本而言，中国的传统、现实富含了诸多迫切需要且又相当丰富的资源，只是这些资源尚未获得一种"创造性转化"，或被淹没在大量的"消极"（不太需要）的社会资本之中。

---

① 黄相怀：《社会资本与民主发展》，载《科学社会主义》，2006年第2期。

三、社会资本视角下协商民主形态构建的路径选择

中国特色社会主义协商民主形态的构建,最理想的办法,无疑是大力培育、拓展和发扬积极社会资本,消除或转化消极社会资本。但社会资本一旦形成,又会形成"路径依赖",具有极大的稳定性,因此这种转换也并非是轻而易举的。研究社会资本的目的,在于认识社会资本的地区性与历史性差异,从而改变社会资本薄弱或不良的状况,想必这也是帕特南等学者研究的目的。因此,虽然塑造和培育积极社会资本尽管是一个困难的过程,但也不是不能实现的。对协商民主形态的构建而言,基本着力点应至少围绕以下几个方向来展开:

第一,发展社会主义市场经济,使市场经济的基本规则、积极属性不仅成为经济领域而且成为社会生活的基本规范。市场与民主的关系问题,向来是理论界讨论的热点。总的来看,两者之间的关系无非有两种:一种是正相关关系,一种是负相关关系。在此,我们并不是完全否定负相关性的存在,但还是更倾向于认为"民主主体的形成和发展,民主所遵循的各项原则的形成,健全的民主机制的形成等等,都是在市场经济的发展中逐步孕育和发展起来的"[①]。

市场经济之于社会资本生产的重要意义体现在多个方面,囿于篇幅,我们着重从两个方面进行探讨:一方面,市场经济促进了民主主体的发展和成熟。研究社会资本的理论家几乎都注意到"公民共同体"、"公民文化"的独特地位与重要作用。而公民共同体与公民文化的形成无不与经济的现代性具有密切的联系。马克思在谈到市场关系高度发展条件下生产对人发展的影响时指出:它"培养社会的人的一切属性,并且把他作为具有尽可能丰富的属性和联系的人,因而尽可能广泛需要的人生产出来(因为要多方面享受,他就必须有享受的能力,因此他必须是具有高度文明的

---

① 聂运麟:《论市场经济与民主政治》,载《华中师范大学学报》(人文社科版),1998年第6期。

人)"①。进一步而言,市场经济导致人的依赖关系的解体,造就出具有"独立性"的人。或者换句话说,市场经济推动"臣民"向"公民"的转变。在中国传统社会,重农抑商长期占据主流,商品经济并不发达,人与人之间的关系基本是由血缘或统治与服从关系决定的。这种人对人的依赖、从属关系极大束缚了人的个性发展,使人狭隘、愚昧,满足于传统的生产方式和生活方式,热衷于对自然的神化和对权力的崇拜,把希望寄托于强人与圣贤身上,这显然更易于塑造出金字塔式的专制体系与网络,而非平等、自由的民主政体与秩序。而在市场经济条件下,商品货币关系在社会中起决定作用,一切关系、活动都物化了,普遍的效应关系和实用关系使不同的东西等同起来,人的依赖纽带、血缘纽带、地缘关系、等级差别、种姓差别受到前所未有的冲击甚至被打破,代之以反映新的社会关系的新的思想观念:自由、平等、人民主权等。这样,人逐渐变成了具有自主性的、独立的人格主体。"主体意识和相对独立人格的形成,是现代民主政治得以产生、发展的先决条件。"② 此外,市场经济还使人告别惰性心理,成为具有奋发进取精神的人。每一个商品生产者都不能像自然经济条件下的生产者那样保守、停滞,而必须奋发进取、刻意创新、以图发展。而任何民主政治,包括协商民主形态的形成,都需要人民大众的广泛参与,离不开具有主动性和奋发进取精神的民主主体的存在。市场经济还推动人们去掌握文化科学知识和管理知识。现代民主越发展,其技术性与规范操作性更强。温岭的民主恳谈实践,给我们展示了协商民主主体需具备一定的参政水平与能力。而市场经济的发展中,造就群众管理国家与社会的能力,为他们参与民主政治生活奠定基础与创造条件。

另一方面,市场经济促进民主基本原则的形成。自由、平等和法治等是民主的基本原则,而这些基本原则的产生都与市场经济的发展有着不可分割的联系。成熟的市场经济内含了自由主义的相当成分。如果市场是不自由的,那么在这一基础形成的经济形态与模式,也非纯粹的市场经济。

---

① 《马克思恩格斯全集》(第46卷上),人民出版社1979年版,第392页。
② 聂运麟:《论市场经济与民主政治》,载《华中师范大学学报》(人文社科版),1998年第6期。

当然，这里并不是完全排斥政府的适当干预，只是表明经济运转的常规是一种自由竞争状态。市场经济追求平等。商品经济的发展，市场体制的形成，使价值规律逐步在整个社会通行起来。交换必须遵循等价交换的原则，而且只有同等价值的商品才能交换。马克思指出："各个主体通过等价物而在交换中彼此发生关系，他们是价值相等的人，而且他们交换了彼此有利的物化形态，更加证明了他们是价值相等的人。"① 市场经济还是一种规则经济、法治经济。从公共选择理论的角度而言，为降低交易成本，市场主体最终在博弈中也会形成一种有利于各方的规则与秩序。没有规则与法治，基本的市场秩序也无从谈起。如果自由、平等与法治的原则、规范与理念通过市场经济的运行，辅之执政力量的有意引导与倡扬而得以普遍化，则无疑不是一种积极社会资本的培育。而积极社会资本的累积与持续有效发挥作用又会反过来推动市场的发展。

此外，现代市场经济推动了健全的政治体制运行机制的建立，以及为民主的发展造成了普遍的社会基础。可以说，现代市场经济的发展将是瓦解传统消极社会资本的有力武器。

第二，修复政治不信任，构造长期稳定稳固的政治信任基础。信任是一种重要的社会资本，同时也是民主政治运行的重要条件。帕特南在研究中引用"轮流信用组织"的例证，说明信任是突破集体行动困境的有效方法，或者说，"集体行动的困境，可以通过利用外部的社会资本加以克服。人们用社会资本来举债，扩展了共同体的信贷机构，提高了市场效率"②。

在类型上，信任可分为政治信任与社会信任两种。政治信任主要是指在互动的基础上，民众对政治体系相信、托付和期待的一种政治心理。社会信任主要是一种人际关系信任。值得注意的是，当前中国社会出现了政治信任与社会信任双向流失的情况。学者郑永年指出，改革开放以来，中国经济发展的同时虽然没有出现"柏林墙"，但也出现了一道道由不信任砌成的"社会墙"。这些墙不仅存在于劳动与资本之间，穷人与富人之间，

---

① 马克思：《政治经济学批判大纲》第 2 卷，人民出版社 1975 年版，第 7 页。
② 〔美〕罗伯特·帕特南：《使民主运转起来——现代意大利的公民传统》，王列、赖海榕译，江西人民出版社 2001 年版，第 198 页。

而且存在于人民与政府信任之间。诉诸经验来看，中国政治信任已有磨损，甚至有人认为，政府说什么都加以怀疑，这已成为不少人的习惯。①信任的流失，实际是社会资本的下降，进而推高了改革的成本，影响社会稳定。从政治信任与社会信任的关系而言，政治信任对社会信任具有引领、示范与先导作用。政治信任的流失，也会直接拉低社会信任的指数。因此，当前要遏制信任社会资本的流失，修复政治信任首当其冲，以政治信任的修复带动社会信任的提升与好转。在当前政治信任流失的条件下，执政党和政府需要从中国的历史国情、文化传统与社情民意出发，借鉴人类制度的文明成果，进一步建立具有周延性与自洽性的制度化体系，真正体现中国特色社会主义制度的优越性。

关键要从两个层面展开：一是激发制度活力，开发制度功能。二是借鉴经验制度，填补制度空白。以协商民主为例。协商民主在我国有源、有根、有生命力，"是中国社会主义民主政治中独特、独有、独到的民主形式"②。但在实践上，协商民主却远没有达到如理论层面展开般的程度。对协商民主而言，其本身就是一种合作政治，而政治合作必须以彼此信任为前提。在现实协商民主运行过程中，有的协商听证会"逢听必涨"、有的协商活动"走过场"，使协商的本质"变味"。面对这种状况，民众对协商活动的不信任感日益增强，进而对社会协商民主制度产生质疑。协商民主形态的实现也失却了最基本的信任基础。因此，培育协商民主形态的当务之急，就是要以新理念来修复广泛存在的政治不信任，重新夯筑政治信任的基础。比如，执政党、政府要加快完善、落实政策协商机制。坚持开门决策，以对话为要件、共识为目标推动决策，增强决策的共识性、回应性、透明性、确定性，以全面提升执政党与政府的公信力。

第三，培育社会组织和民众自组织网络，构建公民参与的新载体。社会资本研究的共识是：各民间组织是社会成员行为规范和互相交往的组织平台，是促进社会合作和信任的最佳土壤。帕特南在《使民主运转起来》一书中也指出，民主政府的成功与否取决于其环境接近"公民共同体"的

---

① 上官酒瑞：《中国政治信任的现状及其风险》，载《理论探讨》，2011年第5期。
② 《十八大以来重要文献选编》（中），中央文献出版社2016年版，第74页。

理想程度。社团是合作的社会结构，是公民共同体的核心概念。公民社团有助于民主政府的效率和稳定，不仅因为他们对个人成员的"内部"效应，而且对更广大的政治体有着"外部"效应。从内部效应来说，社团培养了其成员合作和团结的习惯，培养了公共精神。从外部效应上看，大量二级社团组成的密集网络增进了"利益表达"和"利益集结"，即体现了又增进了有效的社会合作。①

从20世纪90年代以来，中国社会空间的一个明显变化就是作为第三部门重要组成部分的各类社会中间组织大量兴起。伴随社会转型的深化，社会组织在公共建设、公共服务和政治民主建设中发挥了越来越重要的作用。特别在国家治理体系与治理能力现代化建设的背景下，重视社会组织的作用，建构一种适应中国国情的多元治理体系，更具现实意义。但另一方面，由于国家权力长期渗透与控制着社会直至基层，使得作为参与网络纽带的社团力量在开展活动时仍然面临诸多局限，良好的"公民共同体"尚未普遍意义上形成。这需要从外部环境与内部治理两方面采取措施促进其发展与完善。2015年中共中央印发《关于加强和改进党的群团工作的意见》，着力解决群团组织"机关化、行政化、贵族化、娱乐化"等脱离群众的突出问题，拉开了群团改革的序幕。在民间社会组织方面，相应的注册管理制度也在推进，民间组织的自治、自立能力增强。但总的来看，社会组织的活跃程度，与社会发展对社会组织的要求还有差距。对协商民主形态的建构而言，其本身也需要依托组织网络来展开。社会团体是由个人组成的共生系统，具有整合意见的功能。现在社会团体内协商，每个成员充分表达意见，通过广泛讨论，形成兼顾各成员利益的统一意见，而后社会团体代表全体成员表达诉求。通过社团对公众利益进行整合，使公民对公权力的影响有序化，从而有效降低集体行动的"交易成本"。

第四，确立更加均衡与普遍化的互惠规范，让人民民众有更多"获得感"。互惠是增强社会信任规范中最重要的一种。帕特南指出，互惠有两种："均衡"的互惠与"普遍化"的互惠。均衡的互惠指的是，人们同时

---

① 〔美〕罗伯特·帕特南：《使民主运转起来——现代意大利的公民传统》，王列、赖海榕译，江西人民出版社2001年版，第102—103页。

交换价值相等的东西。普遍化的互惠是说，交换的关系在持续进行，这种互惠在特定时间里是无报酬和不均衡的，但是，它使人们产生共同的期望，现在己予人，将来人予己。普遍的互惠是一种具有高度生产性的社会资本。遵循了这一规范的共同体，可以更加有效地约束投机，解决集体行动的问题。①

以"互惠"规范为参照，反观中国的改革进程，我们难免产生一些隐忧。诚如孙立平所言，"20世纪90年代以前，市场与公平的关系大体是和谐的。但20世纪90年代特别是20世纪90年代中期以后，此种关系发生了根本性的逆转，朝向市场经济的一些努力已经在很大程度上开始成为社会公平的对立物。特别是利益对于改革的扭曲变形，使得一些改革的走向已经不是朝着一种新体制的建立，而是不合理的利益瓜分。在这种情况下，不仅改革的共识在破裂，动力在消失，而且社会群体结构已经产生深深的裂痕，政府的宏观政策也往往进退失据"②。诉诸现实，我们也能够感受到，近些年来，利益确实已经成为扭曲改革的一个基本要素，出现了一部分"既得利益者"与"既得利益群体"。"均衡"与"普遍化"的互惠并未出现，以互惠为基础的社会资本则难以生成。因此，中国的改革，必须以互惠社会资本的积累作为重要目标，实现社会层面的公平公正，使广大民众有更多的"获得感"。同时，以互惠社会资本的发育为民主政治的发展创造有利的社会条件。对协商民主形态的形成而言，同样需要以互惠为基础。中国共产党的统一战线策略成功的前提条件之一也是"给予同盟者以利益"。在今天的协商实践中，均衡、普遍化的互惠关系，更加弥足珍贵。如果仅是强势一方"赢者通吃"，弱势一方成为"背景板"，则真正的协商民主形态也仅是"海市蜃楼"。因此，需要在社会协商对话中，要坚持公平正义的价值"高线"，更多考虑广大民众的实际感受与切身利益，以获得他们对民主展开的真正支持。

---

① 〔美〕罗伯特·帕特南：《使民主运转起来——现代意大利的公民传统》，王列、赖海榕译，江西人民出版社2001年版，第201—202页。

② 孙立平：《改革共识基本破裂》，载《经济观察报》，2005年9月20日。

基本医疗服务公共财政投入的精准性保障研究

凌依依[*]

摘　要：基本医疗服务作为一项"拟制公共产品",既具有私人产品的属性,又具有正外部性,需要健全多渠道医疗费用筹措机制以保障供给。除了私人筹资、社会筹资外,公共财政与政府筹资的主导作用越来越得到各界共识。而在政府收入的规模与财力等现实条件约束下,仅继续增加基本医疗服务的财政支出并不可行,更要推动财政投入从重支出向重效率转变,这就要求必须进一步健全财政保障机制。

关键词：政府责任；筹资公平性；财政转移支付；监督机制

一、引言

自中共十一届三中全会提出"以经济建设为中心"的指导思想开始,市场化、商业化成为这一时期各行各业发展的导向,医疗卫生领域也不例外,但过度的市场化带来了严峻的社会问题。看病贵、看病难问题突出,信息不对称与医生的道德风险使得医疗服务容易违背其公益产品的本质,医疗服务领域供求矛盾激化,严重制约了医疗卫生体制的改革与发展。

基本医疗服务实质是一项"拟制公共产品",使用上由于医疗资源的有限具有竞争性,而收益上疾病的治愈又只对患者本人有利,具有排他性,因此具有私人产品的属性,但基本医疗服务的正外部性又决定了其不

---

[*] 凌依依,华东政法大学政治学与公共管理学院本科生。

能完全由市场提供。因此，无论是从医改的经验还是基本医疗服务的本质来看，要保证基本医疗服务的充足供给，保障公民的生命健康权，这离不开政府在医疗服务的筹资领域承担积极有效的责任。

2009 年 4 月 6 日，国务院正式颁布《深化医药卫生体制改革的意见》（以下简称"新医改方案"），拉开了新一轮医药卫生体制改革（以下简称"新医改"）的序幕。新医改中，政府对基本医疗服务的财政投入力度明显加大，至 2014 年，我国医疗卫生总费用已达到 35312.4 亿元，占 GDP 比重的 5.55%，其中政府卫生支出达 10579.23 亿元，占总费用的 30%。[①] 而随着财政投入的增加，保障产生的实际收益与逐年增加的财政支出成正比是现阶段的主要任务。其中，政府部门的效率则是影响财政投入效率的重要因素之一。

本文基于目前学界对于公共部门的效率与基本医疗服务财政投入的有效性关系还未有充分研究，以及在医改实践中政府财政投入的效率确有重要影响的现实背景，对基本医疗服务领域的财政专项转移支付面临的挑战进行探讨，并从财政分权与财政监督的角度对于建立安全有效的财政投入保障机制提出对策。

二、文献综述

政府在基本医疗服务领域承担的责任一直受到学界的关注与重视。吕炜、王伟同认为政府职能的缺位是经济社会发展失衡的主要原因，政府有义务为公民提供那些由于市场失灵无法充足供给的产品和服务，而医疗服务就当然包括在这些需要政府提供的产品和服务之列。[②] 而要保障基本医疗服务供给的有效性与持续性，筹资是关键所在。从筹资主体看，顾昕强调在社会领域承担主要的筹资责任是公共服务型政府的核心职能，即公共

[①] 数据参见《中国卫生统计年鉴 2015》。

[②] 吕炜、王伟同：《发展失衡、公共服务与政府责任——基于政府偏好和政府效率视角的分析》，载《中国社会科学》，2008 年第 4 期。

筹资在医疗服务领域的责任应进一步强化。① 屈晓远、尹爱田认为政府应是筹资责任的主体，但并不意味着要承担所有责任，政府、社会和个人恰当的筹资比例为4∶3∶3。② 梁鸿、王云竹认为受现实条件下政府财力的约束，政府财政一味包揽实际是一种越位行为，应将政府提供与市场提供相结合，明确政府和市场各自的责任。③

新医改实行的第一阶段已经告一段落，政府职能的回归有目共睹，政府在基本医疗服务上的财政投入逐年增加，但看病难、看病贵问题仍然存在，许多研究表明医疗资源分配不均、医保待遇差距过大等问题都制约着基本医疗服务的有效供给。对此，学界许多学者都提出了各自的见解与建议。

第一，从政府责任的厘定上，李超凡、王国文等通过比较借鉴英美国家的筹资模式，强调要合理划分各级政府的责任。④ 孙开、崔晓冬则进一步厘定了中央和地方政府的事权和财权，提出中央应通过财政转移支付来支持经济困难地区的医疗服务，而地方政府则直接承担辖区内医疗机构的补助支出。⑤

第二，从资金投入方向上，由于基本医疗服务属于一项"拟制公共产品"，往往被不加区分地与公共卫生合并为公共产品，无论是政策或学界对其的内涵、外延都缺乏明确界定，这一情况直接导致了对医疗服务资金的投入方向始终莫衷一是。李春根、应丽认为医疗服务资金应向中西部地区和基层医疗机构倾斜，尤其加大对欠发达地区的扶持力度。⑥ 顾昕认为

---

① 顾昕：《公共财政转型与政府卫生筹资责任的回归》，载《中国社会科学》，2010年第2期。

② 屈晓远、尹发出：《基本医疗卫生制度建设的政府责任研究》，载《中国卫生经济》，2015年第7期。

③ 梁鸿、王云竹：《公共财政政策框架下基本医疗服务体系的构建》，载《中国卫生经济》，2005年第10期。

④ 李超凡、王国文、尹爱田：《基本医疗卫生服务筹资模式的国际比较与应用》，载《中国卫生资源》，2016年第2期。

⑤ 孙开、崔晓冬：《基本医疗卫生服务均等化与财政投入研究》，载《地方财政研究》，2011年第5期。

⑥ 李春根、应丽：《"医改"财政投入及其绩效评价——以鲁、赣两省为样本》，载《地方财政研究》，2015年第2期。

基本医疗服务支出应确立"补需方"的原则,充分发挥政府购买服务这一新实践的作用以保障医疗服务的公平性、可及性。① 而陈云良进一步指出要厘定资金的支出方向,当务之急是立法机关尽快出台一部完善的《基本医疗服务法》,明确各级政府和医疗机构承担的医疗服务的责任义务。②

第三,从产生的实际效益上,刘明慧指出公共财政要从"扩大投入"转为"有效投入"不仅要调整资金投入方向,更应重视对投入的绩效评估。③ 储德银、韩一多等认为财政分权关系是影响资金投入效率的重要原因之一,其影响主要通过提高医疗服务供给的技术水平来实现,地方政府的财政应更多地向医疗服务的基础研究方面倾斜。④

上述的观点与建议对于巩固当前改革成果,进一步深化医改,缓解看病难、看病贵问题都有一定的适用性,但主要都集中于对各筹资主体责任的划分及实现基本医疗服务的均等化上。本文则侧重通过完善公共部门运行机制以提高基本医疗服务公共筹资投入的精准性进行更加深入的研究。

三、基本医疗服务公共财政投入的精准度分析

(一) 基本医疗服务公共筹资责任的强化

经济社会协调发展的目标的实现,离不开政府积极地承担宏观调控与社会保护职责。而在医疗服务领域,政府责任回归的第一大特征就是公共财政医疗卫生筹资功能的强化。

---

① 顾昕:《公共财政转型与政府卫生筹资责任的回归》,载《中国社会科学》,2010年第2期。

② 陈云良:《基本医疗服务法制化研究》,载《法律科学》(西北政法大学学报),2014年第2期。

③ 刘明慧:《医疗卫生保障公共财政投入:有效性与政策路径》,载《财经问题研究》,2010年第1期。

④ 储德银、韩一多、张同斌:《财政分权、公共部门效率与医疗卫生服务供给》,载《财经研究》,2015年第5期。

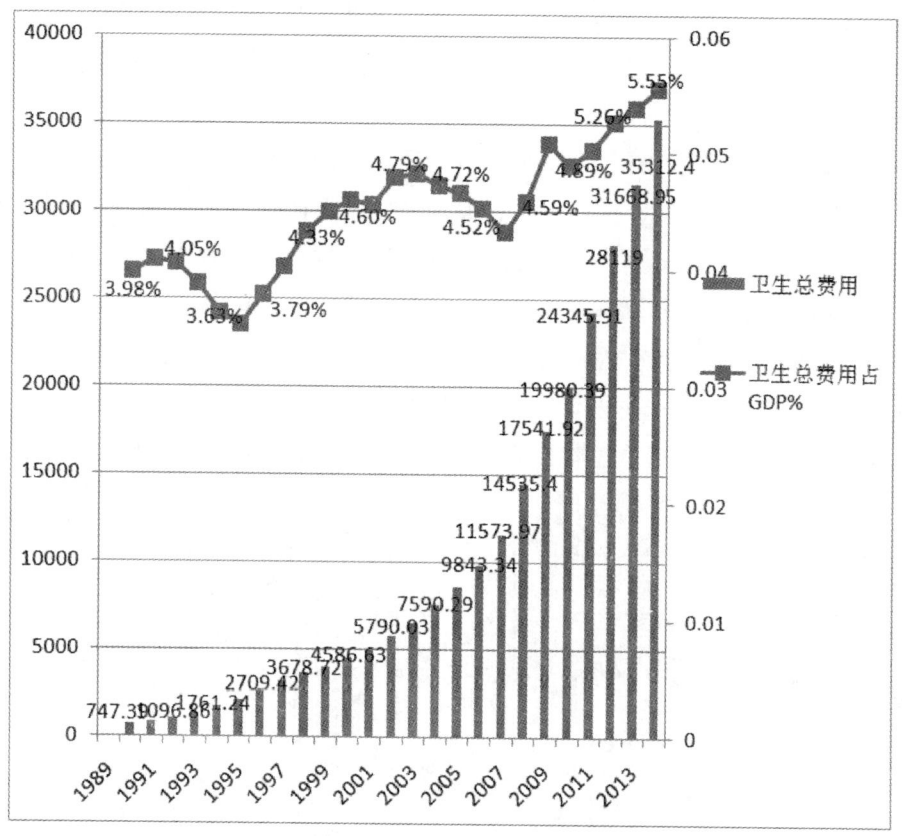

图1 中国卫生总费用及占GDP的比重

数据来源：中华人民共和国卫生部编：《中国卫生统计年鉴2015》。

自1990年起，伴随着市场机制的引入与民间经济力量进入医疗卫生领域，医疗服务筹资渠道拓宽，中国卫生总费用呈稳步上升趋势，但直到2007年，卫生总费用占GDP的比重都有起有伏。自1995年下降到3.53%的最低点后，到2003年回升至4.82%，但之后又逐步回落，到2007年下降至4.32%的又一新低，这一水平不仅远低于同期全球卫生总费用占GDP比重的平均水平（8.7%），甚至低于经济水平相似或不如我国的中低收入国家的平均水平（4.5%）。① 自2009年以来，卫生总费用大幅提高的同

---

① 8.7%、4.5%的数据来源于顾昕：《公共财政转型与政府卫生筹资责任的回归》，载《中国社会科学》，2010年第2期。

时，所占GDP的比重也首次突破5%；到2014年为止，卫生总费用都节节攀升，而占GDP的比重除2010年稍有回落外，都逐年提高，并且有进一步上升之势。

依照中国的统计口径，卫生总费用的筹资构成分为三类：（1）政府卫生支出，即各级政府用于医疗卫生服务、医疗保障补助、卫生与医保行政管理事务、人口与计划生育等事业的财政预算拨款；（2）社会卫生支出，即政府预算外以及各类机构对于医疗卫生事业的支出，其中包括社会医疗保险的筹资、商业健康保险保费、社会办医支出、社会医疗慈善、行政事业性收费，等等；（3）个人卫生支出，即城乡居民自付的各种医疗费用。[①] 由此可见，卫生总费用中基本涵盖了基本医疗服务的项目，可以据此得出医疗服务领域的筹资情况。

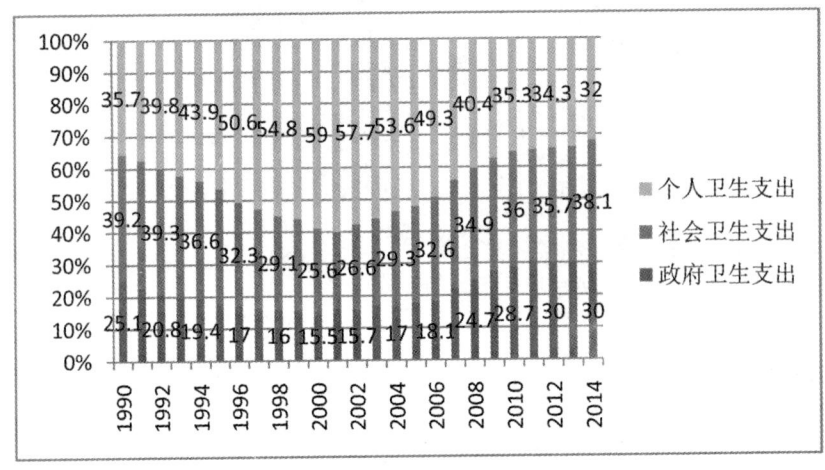

图2　中国卫生总费用构成

数据来源：中华人民共和国卫生部编：《中国卫生统计年鉴2015》。

如图2所示，1990年至2000年，政府卫生支出占卫生总费用的比重持续下降，而个人卫生支出的比重不断增加，到2000年，政府卫生支出的比重到达最低点15.5%，这也印证了各界对于市场机制过度引入导致政府

---

① 有关统计口径的解释，参见中华人民共和国卫生部编：《中国卫生统计年鉴2009》，第79页。

责任虚化和弱化的批评。自 2001 年起，政府卫生支出占卫生总费用的比重逐年上升，到 2008 年已回升至 24.7%，但仍未达到 1990 年 25.1% 的水平。这一阶段民众的医疗负担过重，"看病贵、看病难"问题凸显，基本医疗服务的供需矛盾激化。2009 年新医改方案颁布，经济社会协调发展的理念得到广泛共识，在医疗服务领域，政府在筹资上承担更积极的责任。到 2011 年，政府卫生支出占卫生总费用攀升到最高点 30.7%，往后几年趋于平缓，在 30%—31% 间浮动，而个人卫生支出所占比重下降到 32%，由此可见政府筹资责任的回归使得民众的医疗费用负担相对下降。

（二）基本医疗服务公共财政投入的效果分析

在政府财力及经济发展等现实条件约束下，仅仅增加财政基本医疗服务支出并不足以保障医疗的可持续发展，更应注重提高财政投入的精准性和有效性。但就目前来看，我国财政的投入和产出并不成正比。由于基本医疗服务涵盖了基本药物保障、基层医疗服务机构以及医疗保险等多个方面，无法逐一分析，本文仅就患者药费一方面探究我国"看病难"问题解决的程度以及财政投入的精准度。

新医改方案中提出"新增政府卫生投入重点用于支持公共卫生、农村卫生、城市社区卫生和基本医疗保障"，在实际投入中，基本医疗保障体系中的新型农村合作医疗保险（以下简称"新农合"）是政府投入的重点项目。如表 1 所示，2008 年至 2014 年，财政医疗卫生支出中的公立医疗保险所占比重连年上升，其中新农合比重更是从 2009 年的 18.25% 上升到 2014 年的 29.49%，但与此同时，医疗卫生机构投入所占比重从最高点 53.63% 下降至最低点 47.80%，公立医院支出的比重自 2010 年持续下降，仅在 2014 年有所回升，而基层医疗机构支出的比重总体虽呈上升趋势，但 2014 年又回落至 10.13%。财政投入对医疗保险的侧重无疑是政府"补需方"的体现，但就我国的医疗现状来看并没有真正解决患者就医负担过重的问题，其中医药费用依然是制约医疗服务公平性、可及性的一大障碍。

表1　2008—2014年中国财政医疗卫生支出分配情况（%）

年份	医疗保险			医疗卫生机构			合计
	总计	新农合	城居保	总计	公立医院	基层卫生机构	
2008	49.69	22.35	2.75	50.31	—	—	100
2009	47.37	18.25	3.17	52.63	—	—	100
2010	46.37	21.69	4.04	53.63	18.23	9.33	100
2011	50.56	27.04	5.58	49.44	14.62	9.55	100
2012	50.48	28.09	6.48	49.52	13.99	11.91	100
2013	51.86	29.33	6.98	48.14	13.97	11.09	100
2014	52.20	29.49	7.30	47.80	14.80	10.13	100

资料来源：中华人民共和国卫生部编：《中国卫生统计年鉴2015》。

如表2所示，虽然随着药品加成的取消，各医疗机构药品费用占患者人均医药费的比重逐年下降，至2014年公立医院住院患者人均药费占总医药费的比重达到最低点38.4%。而要彻底消除以药养医的顽疾，必须同步健全医疗机构补偿机制，但一方面各医疗机构中政府财政的补偿比重并不高，这也印证了表1近年来公共财政医疗卫生机构支出比重的下降，另一方面人均药品费的绝对值仍不断上涨，公立医院住院患者人均药费从2010年2784.3元增长到2014年3187.1元，涨幅近14.5%，而乡镇卫生院也基本保持一致趋势。尽管新医改以来政府卫生支出快速增长，但居民个人的医疗负担并未得到显著减轻，看病贵、看病难仍然制约着改革的进一步深化。

综上，自新医改实施以来，公共财政在促进医疗卫生事业发展中的作用强化，并且有进一步加强的趋势，但我国的医疗服务总体水平并不高，存在的问题主要是财政投入结构问题和配置效率问题，医疗服务财政支出的一味增加不足以真正减轻居民负担，必须改变政府传统的重投入、轻产出、重支出、轻效率的政策取向，着重提高财政投入的高效性与精准性。

表2 中国历年医疗机构财政补助及门诊、住院人均医疗费用统计（2010—2014）

	财政补助收入	住院病人人均医药费（元）		占住院医药费（%）	门诊病人人均医药费（元）		占门诊医药费（%）
			药费	药费		药费	药费
公立医院							
2010	586.9	6415.9	2784.3	43.4	167.3	87.4	52.2
2011	766.7	6909.9	2903.7	42	180.2	92.8	51.5
2012	892.8	7325.1	3026.7	41.3	193.4	99.3	51.3
2013	1006.3	7858.9	3116.3	39.7	207.9	104.4	51.2
2014	1125.9	8290.5	3187.1	38.4	221.6	109.3	49.3
乡镇卫生院							
2010	76	1004.6	531.1	52.9	47.5	28.7	60.4
2011	131.4	1051.3	492.3	45.8	47.5	25.3	53.3
2012	174	1140.7	550	48.2	49.2	27	54.8
2013	202.7	1267	592.9	46.8	52.7	28.7	54.5
2014	217.9	1382.9	632.7	45.8	56.9	30.9	54.3

(续表)

	财政补助收入	住院病人人均医药费(元)		占住院医药费(%)	门诊病人人均医药费(元)		占门诊医药费(%)
			药费	药费		药费	药费
社区卫生服务中心							
2010	185.2	2357.6	1162.4	49.3	82.8	58.7	70.8
2011	269.9	2315.1	1061.4	45.8	81.5	54.9	67.4
2012	340.2	2417.9	1125	46.5	84.6	58.5	69.1
2013	374.7	2482.7	1130.6	45.5	86.5	59.4	68.7
2014	409.2	2635.2	1161.5	44.1	92.3	63.5	68.7

数据来源：中华人民共和国卫生部编：《中国卫生统计年鉴2015》。

四、公共财政投入精准性不足的原因分析

当前,公共财政在医疗服务领域的筹资功能强化,但实际的产出与巨额财政投入不相匹配,而这也给我们提出一个新的课题,即如何保障公共财政医疗服务资金在法治的轨道上平稳运行。目前为止,我国的财政保障制度还很不健全,存在着许多问题,具体如下:

(一) 基本医疗服务领域缺少一部系统的法律规范

新医改方案中,提出了"保基本、强基层、建机制"的基本原则,但在"建机制"方面我国至今还没有制定出一部基本医疗服务领域的专门法,甚至在基本医疗服务的界定上,也还没有明确规定。基本医疗服务的界定的不明晰导致筹资范围具有模糊性,公民享有的健康权得不到专门法的保障,更缺乏必要的权利救济,而政府在医疗服务领域承担的筹资义务与责任追究上也没有统一、明确的规定,基本医疗服务的财政转移支付缺乏制度的约束与监督。

从国际经验来看,通过立法明确规定基本医疗服务的筹资范围与方式已成为各国通行的做法。早在1946年,英国就颁布了《国家卫生服务法案》,明确规定实行税收筹资制度。德国颁布《疾病保险法》,通过强制的医疗保险进行筹资。而在发展中国家中,泰国颁布的《国家健康保障法》、以色列颁布的《国家卫生保险法案》都分别规定了各自的筹资制度。

当前,我国医疗改革的各种措施主要还是停留在政策层面上,缺乏一部统一的法律规定。虽然各部门颁布了众多的医疗卫生法规,但这些法律法规主要集中在公共卫生领域,且位阶较低,而对基本医疗服务领域的基层体系结构建设、基本药物保障、医疗保险补助等项目均未有统一明确的保障制度,更没有一部高位阶的法律对基本医疗服务的有效供给作出顶层设计与规划。国务院在《深化医药卫生体制改革的意见》明确提出"加快推进基本医疗卫生立法,明确政府、社会和居民在促进健康方面的权利和义务,保障人人享有基本医疗卫生服务",表示我国立法机关尽快出台一部专门的《基本医疗服务法》的时机已经成熟,推动基本医疗服务的法治

化进程已经越来越成为深化医疗卫生改革的首要任务。

(二) 中央与地方政府财权与事权划分不合理

受各种因素的影响，我国当前"上下级政府之间事权划分和财政支出范围的划分随意性较大"①，中央政府和地方政府应各自承担和共同承担的公共事务划分不清②。特别是2002年实行的所得税分享制度改革使中央政府的可用财力大大提高，而"营改增"的实施，对地方财政主要来源的营业税实行"地征央享"模式，使得财权不断上移，而公共服务的事权却不断下移。

2011年，中央财政收入达51327.32亿元，占全国财政收入的49.4%，但中央财政的医疗卫生支出仅为90.25亿元，地方财政的医疗卫生支出则达10086.56亿元。③ 我国现有的基本医疗服务财政支出主要由地方政府承担，中央政府的投入比重过低，中央与地方财权与事权划分的不合理使得基本医疗服务支出公平、稳定、有效和可持续的政策目标难以实现。同时，在以经济增长为政绩的主要考量标准的情况下，一些地方政府往往片面注重经济发展，甚至想方设法地截留用于基本医疗服务的财政转移支付资金，导致基层医疗服务的供给不足或质量不高，基本医疗服务的供需矛盾突出，难以实现医疗卫生服务的全民覆盖，民众的健康权得不到切实保障。

(三) 基本医疗服务公共财政资金使用的监督机制还不够健全

加强对具有专门用途的财政资金的监督和管理，确保财政资金的安全与有效，是财政职能充分发挥，促进经济社会协调发展的必然要求。目前我国基本医疗服务财政资金的使用还存在不透明的问题，有效监督尚未实现。通常来说，对于政府财政资金使用的监督过程应包括事前审核（核定

---

① 刘剑文：《中国财政转移支付立法探讨》，载《法学杂志》，2005年第5期。

② 参见寇铁军：《政府间事权财权划分的法律安排——英、美、日、德的经验及其对我国的启示》，载《法商研究》，2006年第5期。

③ 参见国家统计局网站：http://data.stats.gov.cn/easyquery.htm? cn=C01。

财政资金投入的方向、数额和分配的科学合理性），事中控制（对资金使用的精细化、科学化管理）与事后评估（对于财政资金投入产生的效果与后续影响进行评估与审核）。在事前审核阶段，现行法律对于基本医疗服务界定的粗疏，使得财政资金的使用缺乏具体的项目规划、科学合理的评估手段以及详细的实施预算。在事中控制阶段，基本医疗服务的财政转移支付主要是专项财政转移支付，因而并不属于财政预算的范畴，脱离了权力机关监督，往往出现地方政府随意改变支出计划，甚至会有克扣、截留、挪用情况，资金运行的安全性得不到保障。在事后评估阶段，基本医疗服务财政资金拨出后，缺乏及时的跟踪问效，事前、事中监督的缺位也使得事后的绩效评估很难达到客观精准。此外，法律法规对政府基本医疗服务筹资责任缺乏明确统一的规定，使得对财政资金的使用更难实现有效监督。

从政治学的角度来看，财政监督的必要性主要来自于对公共权力滥用的制约和对公民权利的保障。[1] 但目前基本医疗服务财政资金使用的监督机制还难以覆盖资金运行的全过程，财政资金的监督往往滞后于资金管理，政府财政转移支付的随意性很大，容易导致政府财政权力滥用以及相应的公共受托责任得不到实现，公共筹资获得的资金无法真正促进医疗事业的发展，造成资源的浪费与腐败的滋生，公民的合法权利更是得不到保障。

五、基本医疗服务财政资金精准投入的改善路径

（一）制定一部权威、系统的基本医疗服务基本法

无论是从新医改的改革趋势还是从基本医疗服务的供需平衡来看，立法机关出台一部专门的《基本医疗服务法》是将改革成果和改革经验制度化的必然要求，而立法过程中，就需要明确立法原则、立法模式以及法律调整的对象。

---

[1] 陈工、陈健：《财政监督的博弈分析及其优化》，载《财贸经济》，2007年第4期。

1. 立法原则上，明确"基本"的应有之义，即基本医疗服务提供的是广覆盖但低水平的医疗服务。首先，受人口基数与经济发展的现实因素制约，基本医疗服务满足的是公民最基本的生存需求，应保障底层公民也能看得起病，解决"看病贵"问题。其次，要保证基层医疗机构（尤其是偏远落后地区）有最基本的医疗设施，能够提供基础的医疗服务，解决"看病难"问题。

2. 立法模式上，应将基本医疗服务法与公共卫生法相区分。基本医疗服务往往与公共卫生一起合并为公共产品，但是基本医疗服务与公共卫生实则是两种不同性质的服务。公共卫生使用上具有非竞争性，收益上具有非排他性，因此只能由政府提供；前文已述基本医疗服务则是一项"拟制公共产品"，因此将其与公共卫生服务简单合并显然是不够恰当的。应将基本医疗服务与公共卫生单独立法，而非混为一谈，给立法造成困难。

3. 调整对象上，基本医疗服务法应重点规范基层医疗机构、基本药物保障以及医疗保险补助。对基层医疗机构，基本医疗服务法中必须制定配套的财政补偿机制，尤其是对落后地区的乡镇卫生院、村卫生室，除了加大财政补贴力度，还应通过购买服务扶持基层医疗机构发展，真正实现"小病在社区"。对基本药物保障，目前我国的基本药物目录只要求基层医院使用，一些大医院滥用药物的情况仍然存在，基本药物目录的范围应进一步扩大至各级医院。对医疗保险，我国实行"一国两策，城乡分治"的政策，政府的投入与政策支持往往倾向于城市，新农合仍面临着较大的资金缺口，必须根据各地的经济发展水平相应进行财政转移支付，尤其提高对落后地区新农合的财政投入比重与支持力度。

（二）合理划分中央和地方的基本医疗服务财政筹资责任

中央和地方筹资责任的划分，实际上是对各级政府承担的基本医疗服务事权的划分。世界银行在1993年《世界发展报告》中提出，初级卫生保健的筹资应以中央和省级财政投入为主，按照服务人口预算政府对初级卫生保健的资金投入。[①] 如何划分中央政府与地方政府的筹资责任对保障

---

① 赵郁馨、翟铁民等：《我国基本医疗卫生筹资研究》，载《卫生经济研究》，2008年第3期。

医疗服务的有效供给具有重大意义。目前我国医疗服务的筹资责任主要落到地方政府肩上，中央并未承担与其财权相匹配的事权。根据官方统计数据，2012年全国医疗卫生财政总支出为7199亿元，其中中央财政支出2048.2亿元，中央政府本级支出74.28亿元，中央对地方财政转移支付1973.92亿元，地方各级政府负担5150.8亿元。[1]

考虑到中央与地方财政收入规模的差距，不合理的分摊比例势必引起地方政府在其他公共产品方面支出减少，削弱地方的社会福利水平，甚至会出现挪用、截留医疗服务资金的情况，中央政府应在基本医疗服务领域承担更多的筹资责任，对经济困难、难以提供全国平均水准的基本医疗服务的地区应通过转移支付的方式给予适当的财政支持，以缩小地区医疗服务水平差距，推进基本医疗服务均等化。而地方政府主要承担具体提供、组织和管理的责任，严格按照财政预算使用基本医疗服务资金。总之，通过中央政府承担更多的公共筹资与财长转移支付的责任，使得中央与地方的财权与事权划分相对合理。

（三）健全基本医疗服务财政使用的监督机制

基本医疗服务的筹资与资金使用是一个动态的过程，涉及各方利益的再分配。随着医疗资金总量的不断增加，在利益的驱动下，难免会出现截留、挪用资金的不法现象，因此必须建立一套完善的财政监督机制，规范资金的使用，这就要求从以下几方面入手：

1. 加快制定统一的财政监督法

到目前为止，我国各部门虽已出台了《会计法》、《预算法》、《审计法》等一系列法律法规作为财政监督的依据，但尚没有一部完整、具体的《公共财政监督法》对各部门法进行统领和规范，政出多门的后果是各监督主体权责不明，监督的独立性与公信力大大削弱，尽快出台一部统一的《公共财政监督法》刻不容缓。本文认为，监督立法应对下列几方面进行厘定：（1）各监督主体与客体的权利义务；（2）事前、事中、事后审核的

---

[1] 参见《2012年中央公共财政支出决算表》，http://yss.mof.gov.cn/2012ghczjs/201307/t20130715966187.html.2014-08-10。

范围与程序；(3) 监督的范围与权限；(4) 责任追究机制通过明确各主体的责任与义务保障监督覆盖全过程，实现法治财政。

2. 健全财政信息披露机制，推动信息公开化

从财政运行的角度看，政府应保证财政信息的公开性与真实性，不仅要公布各项财政预算与支出，在资金拨款、使用的过程中也要公开、透明。除此之外，还应积极推动财政法制化进程，实现依法理财。从民意表达机制看，要充分保障民众在财政收支过程中的知情权、表达权。通过建立完善的听证会制度，为普通民众创造反映愿望和要求的机会条件，同时要发挥政府信访部门的力量，广泛收集社会公众的意见与观点。

3. 财政监督与绩效管理相结合

如前文所述，我国医疗服务财政支出虽逐年上升，但财政投入的绩效显然并不高，如果能将财政监督与绩效管理有机结合，不仅有助于推动监督从合法性、程序性转为有效性监督，更能提高财政投入的精准性、合理性。首先，应建立一套完整的绩效评价体系，厘定绩效评价的标准。其次，科学合理地拟定绩效监督的方法及程序，通过财政监督立法与财政信息公开等方法落实下来。最后，对于评价结果予以公开并建立相应的问责追究机制。

六、结语

随着新一轮医改的深入，政府在基本医疗服务筹资方面承担更为积极有效的责任已经得到社会各界的广泛共识，"国家的再介入"不仅意味着公共财政筹资总量的增加，更要求财政资金精准、有效地投入到基本医疗服务领域，真正实现"人人享有基本医疗卫生服务"的目标。要推动基本医疗服务的公平性、有效性与可及性，关键的驱动力是制度化。通过制定统一的制度对政府的权力、义务与责任进行明确的规定，保障公共财政的精准投入，实现效用最大化，同时使公民的生命健康权得到制度的常态支持。

从意识形态政治到建设性政治

——新加坡一党独大体制的演变与博弈模式

李新廷[*]

摘　要：新加坡的政党政治经历了几个不同阶段的发展。从多党竞争的体制到一党独大的体制过程中，新加坡的政党博弈经历了意识形态政治、意识形态政治的"终结"以及建设性政治的建构。多党竞争是意识形态主导的政党政治，一党独大体制终结了这种意识形态主导的政治。2011年大选之后，新加坡朝野各党逐渐形成了建设性政治的博弈模式，秉承了以国以民为先的原则，发展出了理性、负责任、良序的一致政治，避免走向喧嚣、民粹主义、政治混乱的政治，让新加坡的议会民主表现出了与众不同的特点。

关键词：一党独大体制；政党政治；建设性政治；博弈模式

2011年新加坡大选是新加坡政治发展的一个"分水岭"。人民行动党得票率仅为60.14%，是新中国成立以来的最低水平；而反对党则实现了极大的突破，赢得一个集选区，总共夺得6个议席，为历史之最。在反对党中，工人党成为最大的反对党。选战的激烈以及反对党的突破都反映了新加坡政治迈入一个新的时代。民众政治参与的高涨，以及要求政府政策和制度的调整，都迫使政府进行改革。大选之后，李光耀和吴作栋宣布退出内阁标志着一个时代的结束。时代的交替也促使了"新加坡刮起改革风"[①]。

---

[*] 李新廷，山东师范大学马克思主义学院讲师，政治学博士，研究方向：比较政治学。
[①] 〔新加坡〕蔡裕林：《新加坡刮起改革风：李光耀时代VS后李光耀时代》，新加坡朝晖出版社2013年版。

其中，最显著的变化莫过于政党政治。2011年大选的分水岭使新加坡的政党政治有朝向两党制方向发展的趋势。尽管目前还不明朗，但是最大的反对党工人党已经高调倡导新加坡应该走向"第一世界国会"。工人党进入国会之后，对政府政策检讨发挥了一定的作用。总统陈庆炎博士在2011年10月11日宣读未来五年政府施政方针时提醒："在政治气候变得更为开放之际，拥有不同政治理念者都必须摒弃党派之争，以国家的长远利益为先，因为唯有建设性及负责任的政治才能使新加坡如过去克服一关又一关的艰难挑战，继续取得进展。"[①] 工人党就建设性政治议题在第12届国会中与人民行动党展开了数次激烈辩论，从而使建设性政治成为新加坡政党政治发展和博弈的重要议题。朝野两党的辩论是在理性和负责任的态度下进行的，这也促成了建设性政治的发展。环比今日周边各国的议会对抗、政党分裂与极化的民主乱象，新加坡的政党博弈正在开辟一种新的模式和格局。新加坡的这一政党体制是如何形成的？了解现在，必须熟悉过去，因此我们有必要重新梳理新加坡政党政治的演变史。

一、意识形态政治：新加坡政党政治的博弈历史

新加坡的政党政治经历了几个阶段的发展演变。新加坡存在多个政党，从一开始到今日都存在着这种局面。人民行动党一党独大并不是从一开始就形成的。新加坡从政党出现到一党独大体制形成的过程是一个意识形态斗争的历史过程。无论是人民行动党还是其他政党都是当时意识形态格局和民族国家独立过程中的产物。

二战后的两极格局是当时后殖民地国家进行独立必须考虑的国际环境。"靠向西方议会民主，认同自由市场经济与通过和平宪政民主体制，追求国家独立和民族解放为一方；靠向以马克思主义理论为指导的共产主义阵营，认可其创导的社会主义计划经济，通过非和平与暴力革命追求国

---

① 联合早报网：《陈庆炎总统宣读政府未来五年施政方针：国家包容性增长、人人分享成果》，http://www.zaobao.com/special/report/singapore/pe/story20111011-181352（访问时间：2015年7月1日）。

家独立和民族解放为另一方。时代背景、意识形态和博弈框架，决定了新加坡人民的政治选择和命运。"① 新加坡的政党政治和政治博弈无疑也印上了这种意识形态政治的色彩。两种路线和两种道路的博弈左右着新加坡的独立，从新加坡进步党到劳工阵线再到人民行动党都是这一意识形态政治的产物。

独立的高潮和民族解放运动的兴起，让英殖民者主动采取措施给新加坡灌输议会民主体制，然而政党的纷起却不是在他们的控制之下。1954年人民行动党成立之前，已经成立了当时被部分学者认为是新加坡第一个政党的"马来亚民主同盟"② 以及新加坡进步党和工党。新加坡的政党竞争史是围绕着人民行动党展开的，此后出现的社会主义阵线和新加坡人民统一党也是人民行动党内部斗争分裂的结果。然而人民行动党成为独大党之前经历也较为独特。正如新加坡学者冯清莲所说："它也许是东南亚地区在共产主义联合阵线中用谋略制胜共产主义者的独一无二的党"；其次，"影响人民行动党生长和发展的因素，与在邻近国家内影响类似政党生长和发展的因素，是完全不同的"。③

人民行动党是民族主义运动的产物，从一开始它就是各种力量的组合。很多政治观察家，连李光耀都深刻清楚，人民行动党内部存在着温和派和共产党人。李光耀、杜进才和吴庆瑞等党内高层都是英国留学时结识的具有民主社会主义倾向的温和派，他们是反殖民同时又对西方有认同的民族主义者。在李光耀等人回国之前就有左翼分子打算成立一个组织对抗右翼的进步党。可见，意识形态的斗争在那时就早已"种下"。当时，李

---

① 蔡裕林：《新加坡议会民主的建构》，http://www.zaobao.com/forum/views/opinion/story20140407-329595（访问时间：2015年7月1日）。

② 马来亚民主同盟是共产党用来吸收新加坡受英文教育的政治精英的途径，以马来亚和新加坡作为一个整体独立为目标，但是1948年后因马共采取武装斗争策略后便宣告解散。具体参见：C. M. Turnbull, *A History of Singapore 1819—1975*, Kuala Lumpur: Oxford University Press, 1979, pp.76-78；陈晓郁：《新加坡的政党竞争史》，台湾"国立"暨南国际大学东南亚研究所2008年版。

③ 〔新加坡〕冯清莲：《新加坡人民行动党：它的历史、组织和领导》，苏宛蓉译，上海人民出版社1975年版，前言第1页。

光耀为了反抗英国,争取新加坡的独立,愿意和任何反殖民主义者进行合作。

两派的存在使人民行动党内部时刻上演激烈的领导权斗争。亲共分子在党内占据着主要的势力,掌控着中央执行委员会的多数席位。但是 1957 年的政府清洗逮捕了一部分行动党亲共分子,使温和派取得控制权,得以应对接下来的市议会选举。这次市议会竞选也体现了意识形态的两极化。人民行动党、劳工阵线等左翼党派事先达成协议共同对付右翼社会主义自由党,从而使自由党只赢得 32 席位中的 7 席。[1] 人民行动党在这次选举中获得了重要席位,该党王永元出任市长。在此后的发展中,温和派加紧对重要职位的控制,同时又不与亲共分子闹翻,给予他们一些不重要的岗位,争取他们的支持。

虽然在人民行动党早期,各派为了共同的目标走在了一起,但是意识形态认同的不同以及随后产生的斗争方式的分歧,使以李光耀为首的温和派和林清祥领导的极端主义者很快分道扬镳。意识形态政治最大的特点就在于排斥性,它导致了新加坡早期政党政治的激烈竞争。1959 年全国大选之后,人民行动党温和派和亲共分子间的斗争升级,最终因为与马来亚合并问题导致两派分裂,13 位退出者成立了走极左路线的社会主义阵线(Barisan Socialis)。社阵对人民行动党进行不断的批判,在议会内迫使内阁辞职,在议会外企图控制公会,针对人民行动党成立的全国职工总会建立了新加坡工会联合组织。通过分裂可以看出,人民行动党的组织结构和力量并不是统一的,温和派有自己的基础,而亲共分子也有着自己的基础。"在整个 50 年代,人民行动党的亲共一派维持了自身独特的意识形态认同、组织网络、工会和广泛的华族基础,正是凭借这些,他们能够成立新的党派,也有力量对李光耀的人民行动党产生强有力的挑战。"[2]

而 1963 年大选是人民行动党与社会主义阵线之间竞争的一次激烈

---

[1] 〔新加坡〕冯清莲:《新加坡人民行动党:它的历史、组织和领导》,苏宛蓉译,上海人民出版社 1975 年版,第 10 页。

[2] Raj Vasil, *A Citizen's Guide to Government and Politics in Singapore*, Singapore: Talisman Publishing Pte Ltd, 2004, p.149.

"对垒"。当然,这次大选也存在其他政党的竞争,但是这次选举真正的竞争是社阵与行动党的竞争,从而使新加坡政党政治呈现出"两党制"的特征。因为人民行动党准备充分,而且占有执政的优势,它实现了选举的胜利。这次大选最大的特点在于人民行动党意识形态的转变,之前它代表了左翼进步力量,但是执政之后,它开始向中间路线转变,以获得更为坚实的社会基础。正如冯清莲所说:"显然,人民行动党在1955年、1957年及1959年的选举中原本是极左的,到了1963年,人们已把它认作为一个中间派,它本身也倾向于自认为一个中间派了。"①

在1965年脱离马来西亚之后,人民行动党开始规划新加坡和政党自身未来的发展问题。作为一个执政党,人民行动党意识到自身的基础应该是广泛的民众,是代表国内各个阶层的利益的,而不是单为某一阶级代言的。同时,入党人数的增多及其身份的多元化也使人民行动党开始转变为一个"中间党"。因此"人民行动党领袖就致力于通过各种方式着手实现建立一个大众政党(大众指的是成员的广度而非领导权的掌控)的目标"②。另一方面,社阵基于意识形态认同和斗争方式于1965年底开始退出议会,并抵制1968年的大选,从而使人民行动党在大选中获得全部议席,成为"独大党",一党独大体制开始形成,其他反对党力量弱小,无力挑战人民行动党一党独大的地位。

我们可以看出,这一时期的政党政治是意识形态主导的政治,是当时时代格局和国际环境的产物。从极左与极右的斗争,到极左内部的分裂,再到温和派与极左派的斗争,最终温和派的人民行动党巩固执政基础演变成了一个"中间党"。政党政治博弈是沿着意识形态而产生的。缺乏确立的意识形态边界来约束纷纷成立的政党,从而导致了意识形态主导了无意识形态约束的政党竞争,走向的是一种零和博弈。在斗争中,左翼政党势力大于右翼政党势力,而且左翼政党联合斗争,很大程度上分化了右翼党

---

① 〔新加坡〕冯清莲:《新加坡人民行动党:它的历史、组织和领导》,苏宛蓉译,上海人民出版社1975年版,第37页。

② Diane K. Mauzy and R.S.Miline, *Singapore Politics under the People's Action Party*, London and New York: Routlege, 2002, p.17.

派的势力,进步党、自由党和民主党在斗争过程中力量较弱小,无法与人民行动党、劳动阵线和社阵等进行抗衡,"新加坡的政党政治在兴起时就呈现出向一党优势地位方向发展"①。

二、一党独大体制：新加坡意识形态政党政治的"终结"

1968年大选,社阵的退出和抵制以及其他党派力量的弱小从而使人民行动党获得全部议席,成为独大党,一党独大体制正式形成。政党是表达人民利益和价值的载体,一党独大体制的形成同时也意味着新加坡意识形态主导的政党政治的终结。人民行动党也实现了自身的转变,从极左党派转向了中间党和大众党。虽然还存在着其他意识形态政党,但是政党政治竞争已经终结,那么意识形态政党政治也走向了终结。有组织竞争的缺失,政策的制定和实行都是由人民行动党来决定,缺乏公众讨论和协商等等甚至被新加坡学者蔡明发（Beng-Huat Chua）称为是"去政治化公民"②的国家。

1968年大选之后,人民行动党一党独大,在议会内外已无严峻的政党挑战,因而专注于行政与政治改革和经济发展。通过自治和独立的斗争史,人民行动党已经认识到意识形态政治对于一国的稳定是不利的。所以,在一党独大之后,人民行动党有意识的"去意识形态化",其主要的表现就是人民行动党统治的策略采用非意识形态化的"实用主义"（Pragmatism）。陈庆珠（Chan Heng Chee）等学者就认为对实用主义归类存在着模糊性,这一战略可能试图"创造一种非意识形态的认同",或者是一种"实用主义意识形态"的矛盾术语,最终被给予的定性只能是"在选择表达新加坡认同的价值观中,这一选择似乎是一种非意识形态的,实用主

---

① 卢正涛:《新加坡威权政治研究》,南京大学出版社2007年版,第80页。
② Beng-Huat Chua, *Communitarian Ideology and Democracy in Singapore*, London and New York: Routledge, 1995, p.41.

义的价值观"①。新加坡政府认为为了新加坡的发展必须采用实用主义的发展战略,必须考虑实际的行动和后果而不是建立在任何"意识形态教条"②上。毫无疑问,人民行动党政府在掌控所有实权之后已经成功地消除了"政治价值与意识形态基本问题方面的讨论"③。

这种意识形态的"终结"是意识形态主导的政党政治的终结,并非完全意味着意识形态的终结。实际上,通过一系列措施,人民行动党政府建立了自身的意识形态霸权,终结了意识形态领域的讨论和竞争。人民行动党的意识形态霸权并非是用意识形态来指导政治,而是指一党独大带来的指导方针的全民"共识性",政党之间的意识形态竞争已经终结。

那么,人民行动党政府的"意识形态"是什么?人民行动党作为一个独大的执政党,为了凝聚共识,实现国家的发展,首先采用的就是实用主义。可以说,实用主义是人民行动党在后来的三十年取得巨大政绩的一大"法宝"。除了实用主义,有许多学者总结了人民行动党的"意识形态"还包括精英主义、多元种族主义,以及80年代后发展的亚洲价值观(或社群主义)。④

实用主义是李光耀治国和人民行动党政府的主导性"意识形态"。实用主义通常被认为是非意识形态的,强调的是行动、理性、工具和结果。新加坡的实用主义存在着两种:政治上的实用主义和经济上的实用主义。政治上的实用主义的主要表现在于不遵从任何教条,选择最实用的政策。李光耀曾说过:"我自认为是个实用主义者。"⑤ 因而,他强调政府必须以

---

① Chan, Heng Chee and Hans-Dieter Ever, "National Identity and Nation Building in Southeast Asia", in Chen and Evers (eds.), *Studies in ASEAN Sociology*, Singapore: Chopmen, 1978, p.122.

② Beng-Huat Chua, *Communitarian Ideology and Democracy in Singapore*, London and New York: Routledge, 1995, p.42.

③ Chan, Heng Chee and Hans-Dieter Ever, "National Identity and Nation Building in Southeast Asia", in Chen and Evers (eds.), *Studies in ASEAN Sociology*, Singapore: Chopmen, 1978, p.119.

④ Diane K. Mauzy and R.S.Miline, *Singapore Politics under the People's Action Party*, London and New York: Routlege, 2002, p.52.

⑤ 郆良:《李光耀的实用主义、亚洲式民主理念和法治方略》,载《领导科学》,2009年8月上。

务实而不是武断的方式来制定国家政策。① 人民行动党制定政治政策的原则就是实用、有效、能够产生效果，对新加坡发展有利。简而言之，就是依靠"功效至上"和"结果导向"来解决问题。经济实用主义又被称为战略实用主义。麻省理工学院经济学教授埃德加·沙因曾专门研究新加坡的经济发展局，出版了《战略实用主义：新加坡经济发展局的文化》，指出了新加坡采取的是战略实用主义，战略性地思考与实用性地执行，采取市场经济，引进外资，不断根据市场调整产业升级，走向全球化。②

精英主义是新加坡的又一立国基石。新加坡是城市岛国，缺乏自然资源，能够充分利用的就是人力资源。因而，精英主义也是人民行动党政府根据实用主义确立的一个意识形态。独立之初的新加坡内外资源缺乏，在这种环境下"精英主义很快产生，成为人民行动党政府的核心资源"③。精英主义的确立除了与新加坡自身的环境有关，还与李光耀的经历和理念有关。李光耀的成长、教育、实践就是一个精英的故事。李光耀崇尚柏拉图的"哲学王"，认为治国者应该具备非凡的才能和品质，以长远的理性为人民谋取福利。依据精英主义，李光耀建构了精英政治（meritocracy），并确定了精英鉴别和精英培养的标准与程序④，最终为新加坡构建了一个"好政府"。

多元种族主义是基于新加坡多种族国家的基本国情而采用的。新加坡主要是由华族、马来族和印度族三大类所组成。强调任何一族的优越性都会导致新加坡的暴乱，因而必须采取种族和谐和种族平等的政策，那么确立多元种族主义为国民的一种意识形态是符合当时新加坡的国情的。"多元种族主义类似于多元文化主义，指的是尊重和宽容社会中的所有种族与

---

① 吕元礼：《新加坡为什么能》（上卷），江西人民出版社2007年版，第15页。
② 〔新加坡〕严崇涛：《新加坡成功的奥秘：一位首席公务员的沉思》，张志斌译，人民出版社2012年版，第34、44页。
③ Michael D. Barr and Skrbis, Zlatko, *Constructing Singapore: Elitism, Ethnicity and the Nation-Building Project*, Copenhagen: NIAS Press, 2008, p.44.
④ 吕元礼：《鱼尾狮智慧：新加坡政治与治理》，经济管理出版社2010年版，第18—63页。

文化，在法治之下，他们一律平等。"① 人民行动党政府只有采用多元种族主义才能凝聚多元种族的国家认同，有利于新加坡的国家构建。

而亚洲价值观是李光耀和吴作栋等在20世纪80年代到90年代大力倡导的价值观。人民行动党之所以大力倡导亚洲价值观，根源在于经过20多年的发展，尤其是采用市场经济，新加坡取得了非凡的成就；但是另一方面，发展带来了西方价值观的泛滥，尤其是极端个人主义在新加坡的泛滥，对新加坡社会造成了很大的冲击。新加坡是受东西方文化的双重影响。新加坡并没有完全"西化"，新加坡学习了西方文化，但是"对西方文化的精髓和灵魂也不甚了了"；另一方面，对儒家的继承也时断时续，"可以说哪一种文明都还不是新加坡社会的根"②。在这种情况下，李光耀决定复兴儒家传统，从而导致了亚洲价值观的出台。但是，亚洲价值观遭遇了国内外的诸多批判，尤其是引起了国内少数种族的不满。亚洲价值观是立足于儒学传统基础上的，儒学的复兴引起了其他少数种族的担心。因而，在1991年，新加坡通过的《共同价值观》白皮书，考虑了多元种族的现实，用共同价值观来取代儒家价值观。而这一价值观，被蔡明发认为是挖掘了社群主义的意识形态，从之前的威权主义转型了社群主义。它强调社会和国家优先性，反对极端个人主义等，可以被视为是一种社群主义。③

可以说，人民行动党政府的意识形态是不断变化的，是以国家利益为目标的，而且具有一定的包容性。它导向的是发展，而不是革命和斗争；强调的是稳定与秩序，而不是冲突与混乱。因而，上述的意识形态对人民行动党的一党独大既是合法性的证明，又是合法性的巩固。

从具体的政党体制来看，1968年大选之后的一党独大制实际上经历了两个阶段的发展，即1968年到1981年安顺补选之间人民行动党一党独霸

---

① Diane K. Mauzy and R.S.Miline, *Singapore Politics under the People's Action Party*, London and New York: Routlege, 2002, p.56.

② 〔新加坡〕王江雨：《实用主义的成就与迷失》，载《南风窗》，2013年第9期。

③ Beng-Huat Chua, *Communitarian Ideology and Democracy in Singapore*, London and New York: Routledge, 1995, pp.31-37.

议会全部议席的阶段和 1981 年安顺补选之后，反对党进入议会，获得议席，尤其是 2011 年工人党赢得一个单选区和一个集选区，使反对党议席数量大大增加，对一党独大体制产生重要影响。

从 1968 年到 1981 年，人民行动党利用自己的主导地位，连续赢得几次大选的胜利，成为名副其实的"一党独霸"。反对党，例如联合国民阵线、工人党、人民联合阵线、马来民族机构、正义党等都参与过 1972 年、1976 年和 1980 年的大选，皆因力量弱小和生存受限，无法撼动人民行动党的优势地位。这一时期的政党博弈因为力量悬殊，从而避免了 1968 年之前意识形态主导的政党间的零和博弈，使政治发展和政党政治在人民行动党主导下按照既定轨道和制度运行和博弈。

1981 年到 2011 年之前，反对党有了突破性的进展，夺得少数议席，标志着政党博弈的变化。人民行动党被迫进行制度调整，设置了官委议员、非选区议员和集选区议员制度，一方面保证议会中"反对声音"的存在，另一方面防止反对党形成对人民行动党的强有力挑战。在博弈过程中，人民行动党通过"锻造"博弈者，打造己方，限制对方；设置博弈制度，建立替代性博弈制度，安排防卫性博弈制度；控制博弈资源，使传播媒体为人民行动党所用，极力控制资源，为反对党的传媒设立关卡；在博弈策略上，开展符合民心的"拉票行动"，占尽先机，打压反对党；营造有利于人民行动党的博弈环境等，实现了在有反对党挑战的情况下的一党独大。[①]

三、建设性政治：新加坡一党独大体制的博弈新模式

2011 年大选，工人党夺得一个单选区和集选区，总共 6 席，再加上非选区议员 2 席，使得工人党占据 8 个议席，在此后的补选中又斩获一个单选区的补选，使议席达至 9 席，成为议会中最大反对党。所以，很多观察家认为新加坡正在向两党制演进。这一观察尚无定论。

---

① 由民：《新加坡大选：人民行动党为什么总能赢——以 1997、2001、2006、2011 年国会选举为例》，经济管理出版社 2013 年版。

但是，观察工人党进入国会的这三年，可以发现一个明显的特点，就是反对党认真、负责、理性地充当国会反对派，对执政党进行监督与问责。朝野双方辩论与制衡皆以礼相待，按照法治规则进行，与现今东亚国家议会竞争的乱象形成鲜明对比。尤其是工人党刘程强以老道、经验、理性和负责任的态度，强调反对党不是为了反对而反对，小心翼翼地避免形成"抗争性政治"（contentious politics），甚至"毁灭性政治"（destructive politics）的局面。①而人民行动党也严格规范议会辩论和竞争的规范、行为准则，严厉打击质疑政府诚信的行为，维护政治体制的诚信和清廉。新加坡正在开辟一种新的政党政治博弈的格局，即陈庆炎总统所提的"建设性政治"。

建设性政治的提出是立基于1981年到2011年这30年人民行动党和国会在野党之间的政党博弈实践而提出的。尽管在这30年中，朝野双方力量对比悬殊，但是反对党仍然积聚力量，按照现有的竞选规则，力图进入国会中。人民行动党的压制以及采取各种措施来防止对其独大地位的挑战，虽然"一再被批评为违背议会民主精神的规范行为"，但是却"让新加坡逐步形成了适者生存的政治新生态"，"这一发展态势，无疑有力地促成建设性政治博弈的发展空间。可以说，正是这一时期的实践，让新加坡议会民主打下与众不同的根底"。②

新加坡的这一建设性政治不是对抗性政治，而是在接受一党独大的体制下，朝野两党的理性博弈政治，朝野两党是以国家利益为前提，以国以民为先，是在既有的法律和规范框架下的政党博弈。反对党并没有挑战当前的政治体制，没有以对抗性的姿态指责执政党，没有国会中的恶斗，也没有无休止的拉扯战，而是负责任地批判执政党的政策。尽管新加坡出现了类似向两党制发展的讯号，但是并没有依循英美的两党政治，而是进行政治制度上的创新，独辟蹊径，在一党独大体制下不断容

---

① 傅来兴：《建设性的政治为谁而建设?》，http://www.zaobao.com/forum/views/opinion/story20140619-356472（访问时间：2015年7月10日）。

② 蔡裕林：《新加坡议会民主的建构》，http://www.zaobao.com/forum/views/opinion/story20140407-329595（访问时间：2015年7月10日）。

纳反对党的壮大，不断开放，获得了适应性，保持了生命力。人民行动党是在"原有的宪政框架下容纳了反对党势力的发展"，"显示出了较强的制度弹性"。①

新加坡所力图营造的建设性政治是想达成一种团结的政治，而不是分化的政治；是一致性的政治，而不是对抗性的政治；是避免走向喧嚣、民粹主义、政治混乱的政治。建设性政治是一种议政原则，又是一种政党博弈格局。它以法治为最高权威准则，要求朝野双方遵守议政规则，不走极端，理性与负责任的进行沟通、辩论和批判。执政党要宽容反对党的多元意见和批评，合理采纳有利于国家和人民的政策建议；反对党不应为了反对而反对，而是以其所代表的民众利益为根基，对执政党的制度、政策等提出建议。朝野双方秉持同样的标准，执政党不搞特殊，反对党不"无理取闹"。要落实宏大的目标，就必须维持以人民和国家为先的建设性政治，"陈庆炎总统提醒说，因激辩与分歧而产生的政治喧嚣最终可能导致政府陷入僵局和瘫痪，使新加坡衰弱"②。

秉承以国以民为先的建设性政治在新加坡已经初步形成新的政治生态。建设性政治只是初步达成了国家和人民利益为先的底线，在具体内容上，人民行动党和工人党对建设性政治还存在着分歧。陈庆炎总统提出了建设性的政治，而工人党尤其是刘程强专门就建设性政治为题，阐述该党对当前政治生态的看法，从而引发了执政党和工人党在国会内的辩论。那么，人民行动党就更加需要建设性政治。那么什么是建设性政治？李显龙和刘程强给出了各自的阐释。"李显龙总理在国会就政府施政方针的第三天辩论中发言时，从五个方面为连日来引起朝野议员热议的建设性政治下定义，强调领导人制定执行政策的能力，操守、品格和诚信必须维持在一个高度等等；而工人党秘书长刘程强则指出，要打造以团结人民为目的的

---

① 胡荣荣：《自主性和适应性：政党视角下的政治变迁——以二战后的新加坡和台湾地区为例》，载《国外理论动态》，2011年第11期。
② 陈总统：《政治喧嚣可致政府陷入瘫痪》，http://www.zaobao.com/realtime/singapore/story20140516-343856（访问时间：2015年7月10日）。

建设性政治要有三大元素：政治价值观、政治文化和为人民所信任的体制。"①

二者的观点不同并不意味着达不成一致。仔细分析，可以发现二者的观点是建设性政治的不同层面，是可以互补的。李显龙总理关注的是能力和行动，而刘程强关注的是建设性政治的制度及其深层次文化、价值观的问题。刘程强关注的重点比较长远，是从文化的角度来培育建设性政治的环境。他的提法是"政治价值观"、"政治文化"，不同于意识形态，是比较中性的表达，反映了意识形态政治在新加坡的"终结"。良好的政治文化才能塑造良好的政治制度和政治行为，"只要形成了良好的政治文化，建设性政治也将水到渠成"②。

独立以来，尤其是成为独大党之后，人民行动党建构了实用主义、精英主义、多元种族主义和社群主义的"意识形态"，但是这些"意识形态"存在着一些缺点，例如实用主义在发展几十年之后出现了疲态，而且还存在着"实用主义指导下的国家没有清晰的价值观，除唯利是图发展经济外，不能建立和奉行一套提升整个国家文明境界的价值体系"、"公民人文修养总体上处在邯郸学步状态，终究难以升华"③ 的困境。而对精英主义的过度强调也带来了精英政治的僵化、精英与大众分歧的加大等问题，所以近年来人民行动党政府不断开放政治空间，举办"全国对话会"，与民协商等等，被有的观察者认为新加坡正从"从精英主义滑向民粹主义"④。而多元种族主义和社群主义都不能在政治文化方面"有所作为"。借建设性政治的提出，大力建设建设性政治背后的政治文化和政治价值观应该是新加坡政治发展的重点，刘程强指出了这一点对新加坡的政治发展至关重要。目前新加坡政治的关键问题就是人民行动党和工人党能够就"建设性

---

① 傅来兴：《建设性的政治为谁而建设？》，http://www.zaobao.com/forum/views/opinion/story20140619-356472（访问时间：2015 年 7 月 10 日）。

② 联合早报网社论：《新加坡需要良好的政治文化》，http://www.zaobao.com/forum/editorial/story20140530-349010（访问时间：2015 年 7 月 10 日）。

③ 〔新加坡〕王江雨：《实用主义的成就与迷失》，载《南风窗》，2013 年第 9 期。

④ 孙喜：《新加坡从精英主义滑向民粹主义》，http://www.sginsight.com/xjp/index.php? id = 11398（访问时间：2015 年 7 月 10 日）。

政治"达成一致。

可见，建设性政治在新加坡还未达成确定的内容。不过在已经确立了基本底线，确立了游戏规则的前提下，新加坡的政党政治的未来必然是一种成熟、有序的建设性政治。

四、结论

这种建设性政治对政党政治的发展有着重要的意义。环比世界各国，美国两党政治已经走向极端，2014年11月份的中期选举，共和党掌控参议两院，奥巴马更是无法推动国内政策改革；2016年大选中的民粹主义现象，特朗普当选美国总统等；乌克兰民主发展夹杂着民族主义问题，更是难以达成一致；泰国两派斗争时有升级，军方插手已成惯例，等等。当前，很多国家的政党政治或因意识形态对立、或因民族主义、或因民粹主义问题导致政党政治极端化，走向了非理性的政治、分化的政治、民粹主义的政治、对抗的政治，甚至是毁灭性的政治。这种政治正在许多国家不断上演，成为了一种较为普遍的现象，由此导致的政治发展的焦虑症正在全球蔓延。而新加坡呈现的建设性政治，以其理性、负责任的态度，在一党独大体制下发展出了非对抗性的、一致性的政治。这种政治博弈模式是有利于国家发展的，有利于人民利益的，值得发达国家和后发国家认真思考。

论创造性高位政治背景下反对党的生存空间

——以新加坡工人党为例

刘 庆[*]

摘 要：在国际社会中，人们通常用"高位政治"和"低位政治"来描述一个国家的政治环境。其中"高位政治"又可以进一步划分为"实存在高位政治"和"创造性高位政治"。对于新加坡来说，独特的地理位置和挑战西式民主的政治理念为其在国内营造出一种开放和咨询式民主的高位政治环境。在该环境下，反对党被允许在有限的空间内进行生存和发展，旨在回应新加坡当今社会的多元化以及日益增强的民主诉求。

关键词：新加坡工人党；创造性；高位政治；政党竞争；政治文化

随着政党的产生，各个国家中的政党纷纷成为政治竞争的主要载体。从一定意义上来说，现代民主政治就是不同的政党相互竞争以赢得更多选票，从而掌握国家权力并推行政治理念的过程。然而，民主是政治理论关注的核心问题，不同时代、不同国家、不同学者对其都有着不同的理解。绝大多数西方学者将"人民主权"和"代议制"结合起来作为评判一个国家是否为民主国家的标准，按照这种标准新加坡就是威权国家而非民主国家。但不同国家进入现代化、实现民主化的方式与时序存在差异，西方的民主模式并不是唯一的民主实践模式。尤其在研究带有儒家文化背景的亚洲国家时，一些学者强调应该结合国家的历史传统和当代国情，从民主的实质加以分辨，因而认为具有政治竞争的新加坡是一个民主国家。

---

[*] 刘庆，华东政法大学政治学与公共管理学院政治学理论专业研究生。

所以我们很难判定新加坡到底是威权国家还是民主国家，故笔者在文中将新加坡的政治环境描述为"创造性高位政治"。高位政治（high politics）所涉及的议题往往事关一个国家的生存问题，例如政治安全和军事安全。与之相对应的是低位政治（low politics），所处理的事务不属于国家生存的基本议题，例如社会问题。[1] 这种二分法可以追溯至托马斯·霍布斯[2]（Thomas Hobbes），后来到冷战时期，国际安全和可能出现的核战争成为最重要的政治问题，于是学者们开始广泛使用"高位政治"和"低位政治"这两个概念。值得注意的是，由于高位政治具有排他性和唯一性的特点，因此高位政治对于一个国家在国际社会和国际体系中的地位乃是极为重要的。其中，"高位政治"可以进一步划分为两种：一种是客观存在的，即"实存在高位政治"（objective high politics）；一种是经过人为力量主动创造出来的，即"创造性高位政治"（artificial high politics）。[3] 新加坡属于后者。

众所周知，尽管新加坡的独特地理位置是产生其高位政治的客观条件，但这一客观条件还不足以担负起塑造强高位政治的厚实基础。事实上，软实力（soft power）才是支撑新加坡高位政治的基础。并且这种创造性高位政治的出现得益于"新加坡之父"李光耀的政治理念，主要表现为国家依靠东方价值观来挑战西方价值观，依靠东方式民主来挑战西方式民主。因此，本文试着在该种创造性高位政治背景下，探讨新加坡工人党作为反对党如何在国家政治生活中拓展自身空间的。

---

[1] Baun, M.J., 1995. "The Maastricht Treaty as High Politics: Germany, France, and European Integration", *Political Science Quarterly*, 110(4), p.624.

[2] Martinich, A.P., *The Two Gods of Leviathan: Thomas Hobbes on Religion and Politics*, Cambridge University Press, 2003.

[3] 刘建军：《政党：孕育领袖还是遏制领袖？——对中国、日本和新加坡的比较研究》，载《复旦学报》（社会科学版），2013年第4期，第113页。

一、新加坡政党政治形态

新加坡共有 30 个登记政党，除人民行动党和工人党在国会中拥有席位外，活跃政党还有 10 个，包括民主进步党（DPP）、新加坡正义党（JPS）、国家团结党（NSP）、人民力量党（PPP）、新加坡马来国民机构（PKMS）、革新党（RP）等。[①] 目前人民行动党是执政党，最大的反对党是工人党。

此外，学术界对于新加坡政党政治的研究大体上可以分为三类：一是对新加坡的政党制度进行研究；二是专注于研究新加坡人民行动党；三是对其他新加坡反对党进行研究。其中，最后一类有关反对党的研究文献较少，现有文献也大都在论述它们作为反对党的作用以及在新加坡大选中对人民行动党的挑战，而就这些政党本身，其还几乎没有上升为独立关注的对象。

（一）有限竞争性政党制度

竞争是经济学中的核心概念，马克思将其视为"资产阶级经济的重要推动力"[②]，而"政治竞争是指以政治利益为目的的竞争，它包括国家与国家的竞争，国家联盟与国家联盟的竞争，不同社会制度之间的竞争，不同阶级、党派、政治团体之间的竞争，为争取各种政治权力而进行的竞选，等等"[③]。"有限竞争"和"无限竞争"则是竞争的程度问题。

政治学中亦有学者提及"有限竞争"，特别是在分析东亚威权政体时。萨托利在《政党与政党体制》一书中明确指出，"一个主导党体制遵守竞争规则，实际情况证明它处于低度的竞争性"[④]。根据萨托利的论述，主导党体制具备三个特征：一是存在一个以上的政党；二是一党长期执政，没

---

① 资料来源于：http://www.singapore-elections.com/。
② 《马克思恩格斯全集》，第 46 卷下，人民出版社 1980 年版，第 47 页。
③ 陈会昌：《竞争社会—心理—文化透视》，北京师范大学出版社 2000 年版，第 63 页。
④ 〔意〕G. 萨托利：《政党与政党体制》，王明进译，商务印书馆 2006 年版，第 299 页。

有发生轮流执政；三是同一政党长期赢得议会席位（并不一定是选票）中的绝对多数（连续三次）。①

新加坡官方承认自身的体制是一党主导制。② 而在形式上，新加坡政党制度是一种竞争性政党制度，但是由于行动党与其他政党间的力量差异，反对党根本无力撼动行动党的执政地位，其竞争特质非常有限，故属于有限竞争性政党制度。

（二）政党与领袖

其实在1991年之前，新加坡总统由议会选举产生。当时的总统主要扮演着荣誉性、象征性和礼仪性的角色，对政府的制约十分有限。1991年1月，新加坡通过了《民选总统法令》，即总统由全体合法公民直接选举产生，任期六年。为了制衡政府，防止政府滥用权力，宪法还授权总统承担监督内部安全法令、维护宗教和谐法令和贪污调查局调查权力的任务，与此同时，总统的权力也受到总统顾问理事会和国会的约束。

此外，为了避免总统在行使职权时受到党纪的约束，新加坡的法律规定：总统必须是无党派人士。因此，要求所有总统候选人在参加提名时宣誓其和任何政党脱离关系或不再是任何政党的党员。在参与竞选的过程中，他们也不能使用任何代表或暗示某一政党的竞选标志或佩戴任何政党的徽章。相反，如果候选人以个人立场，而非政党立场出来竞选，那么民众更愿意相信他们没有被党的干部会议所绑架。

（三）政党与政府

新加坡由于国土面积狭小，常常被称为"城市国家"。在一党长期执政的背景下，国家常年保持一级政府架构，并且实行较为彻底的自上而下的决策方式。遵照《新加坡共和国宪法》，新加坡政府是国家的行政机构，

---

① 〔意〕G.萨托利：《政党与政党体制》，王明进译，商务印书馆2006年版，第288—293页。

② 斯蒂芬·哈格德、罗伯特·R.考夫曼：《民主转型的政治经济分析》，张大军译，社会科学文献出版社2008年版，第298、296页。

由总统和内阁组成。选举产生的多数党,推选产生总理,并负责组建内阁。总理享有很大权力,但总理必须对国会负责,接受国会的监督。国会对政府监督的主要方式是询问和质询、国政调查、提出不信任票和弹劾等。

众所周知,人民行动党自1959年以来连续赢得十余次大选,几乎垄断国会中的席位,拥有高超的执政能力和成功的执政经验。为努力将自己建设成"代表国内各方面的利益"①的政党,人民行动党一方面特别强调国家利益,并指出党是实现国家利益的工具;另一方面不断扩大代表的广泛性,让新加坡的三大种族(华族、印度族和马来族)在议会中都有自己的代表,保证一人一票的制度不会导致多数种族压迫少数种族的情况。因此,新加坡人民行动党的执政模式表现为代表国家利益、反映各方意见。

二、新加坡工人党的生存空间

1981年,新加坡反对党首次赢得国会席位,打破了人民行动党对国会的垄断。1984年,新加坡设立若干非选区议员席位,旨在让若干得票率居前的落选反对党候选人能够进入国会。他们虽然在很多关键议题上没有投票权,但是可以在国会中就任何议题进行发言。这在一定程度上扩宽了新加坡反对党在政治领域中的视觉空间,让其能够切身感受国家权力的运行。2011年新加坡大选,工人党一举拿下一个集选区和一个单选区,被誉为是新加坡政治的"分水岭",这标志着国会多元化声音的目标正在努力实现。

(一) 不平等政党竞争格局

张培峰在《竞争论》中提到,"竞争的有限性主要源于两个方面:其一是资源的有限性,它决定了竞争有限性的客观基础;其二是人类精神承

---

① 冯清莲:《新加坡人民行动党:党的历史、组织和领导》,上海人民出版社1975年版,第6页。

受能力的有限性,它决定了竞争的有限性的主观基础。"[①] 就新加坡而言,国家人口数量少,精英资源相对短缺,加之人民行动党基于高级党员干部在全世界范围内最高级别的待遇,因此社会中的优秀人才纷纷加入人民行动党,使得反对党候选人在个人资历、参政能力上均无法与人民党对抗。

事实上人民行动党作为执政党,经常采取某些技术性手段来影响选举的结果。

选举前,人民行动党操纵选举委员会,重新划分反对党选区的范围,制定有利于自己的选区制度。例如1988年通过的集选区制度,要求同一政党的5—6名议员绑定参选,参选人员中必须包括一名马来族、印度族或其他少数族群人士。这为原本就面临人才缺乏问题的反对党来说,无非是致命的打击,故常常出现选区内反对党无法组建竞选团队,人民行动党候选人自动当选的情况。选举中,人民行动党一方面对反对党选区进行公共拨款,承诺如果竞选获胜就对获胜区拨款,以此获取选民支持,另一方面通过操纵选举时间表来压缩其他政党竞选活动的时间。此外,人民行动党还垄断着新加坡的主流媒体,使其在方便本党竞选的同时,减少新闻媒体对反对党的报道篇幅。所以在选举中,人民行动党与其他政党原本就站在不同的起跑线上,形成的是不平等的政党竞争格局。

从表1中我们可以发现,工人党即便得票率超过40%(1984年、1991年以及2011年),最终在国会中所得到的席位还是屈指可数。这与新加坡的选举制度有很大关系,不平等的政党竞争格局也从侧面反映出其有限竞争性的特点。

表1 工人党历年在国会中所获席位

时间	国会总席位	工人党候选人数	工人党所获席位	工人党所获席位占比(%)	工人党的得票率(%)
1959	51	3	0	0	12.6
1963	51	3	0	0	1.0

---

① 张培峰:《竞争论》,天津社会科学出版社2002年版。

(续表)

时间	国会总席位	工人党候选人数	工人党所获席位	工人党所获席位占比(%)	工人党的得票率(%)
1968	58	2	0	0	13.2
1972	65	27	0	0	24.5
1976	69	22	0	0	27.9
1980	75	8	0	0	29.2
1984	79	15	1	1.3	41.9
1988	81	32	0	0	38.5
1991	81	13	1	1.2	41.1
1997	83	14	1	1.2	37.6
2001	84	2	1	1.2	39.3
2006	84	20	1	1.2	38.4
2011	87	23	6	6.9	46.6
2015	89	28	6	6.7	39.8

资料来源：http://www.singapore-elections.com/。

(二) 建设性反对党的发展定位

长期以来，反对党在新加坡政党政治格局中都处于边缘地位，几乎无法介入政治决策过程。但值得注意的是，尽管人民行动党在 20 世纪 70 年代达到鼎盛时期，它也并未像其他东南亚国家那样取缔反对党，而是有意保留了其他弱小政党的存在，这在一定程度上保证了新加坡在一党独大的政治体制下呈现出多元制衡的特点，为反对党预留了发展的空间。

为反对而反对，是许多国家的执政党为反对党所贴的标签，这对反对党的作用及在民众中的声誉有极大影响，使民众认为投票支持反对党意义很小。新加坡也不例外，前内阁资政李光耀曾经公开发表讲话，宣称：如果工人党候选人获胜，阿裕尼的居民就得为自己的选择付出代价；投票支持反对党的选民会用未来五年的时间反思，并对自己所做的事感到深深地后悔。

然而工人党将自身定义为"建设性反对党",并多次表明历来当选的工人党议员从来不曾以后也不会"为了反对而反对"。工人党等反对党存在的意义,不是通过选举实现政权更迭,而是使国会具备不同团体表达诉求和协调利益的民主功能,从而发挥其建设性的监督制衡作用。工人党自知目前在权力、人才资源、执政能力和适应性方面还远不足以支撑其扮演执政党的角色。对自己在新加坡政坛上定位的认识,一方面给民众留下了务实的印象,另一方面也避免了因威胁执政党地位而遭到打压,确保自己在政治领域中的些许生存空间不被剥夺。

(三) 工人党在国会活动中所表现出的"铁锤文化"

新加坡工人党的标志为一把铁锤,工人党的机关报纸也命名为《铁锤报》,基于此范磊将工人党的政治文化概括为"铁锤文化",即将"第一世界国会"的理念融入反对党的基因中。与人民行动党雷厉风行、廉洁高效、任人唯贤的"闪电文化"相比,工人党更具有亲民色彩和包容精神。

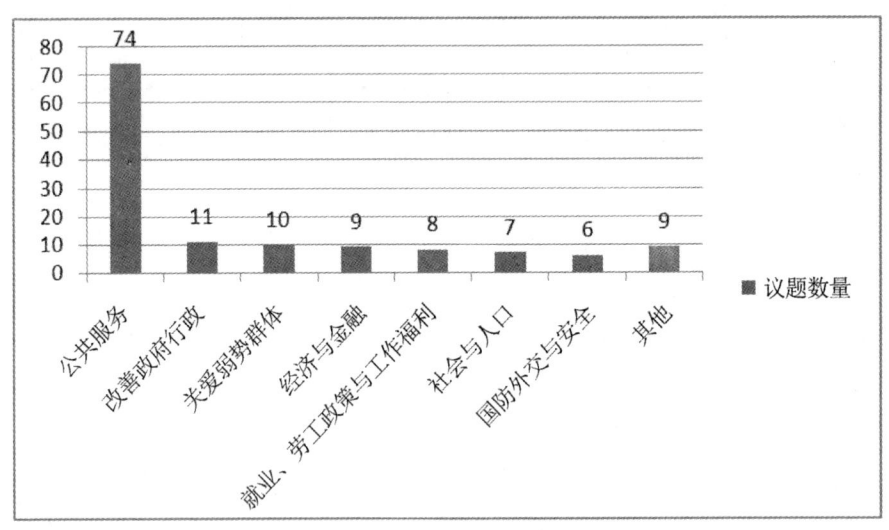

图1 2012—2015年新加坡工人党在国会活动中所涉及的议题数量

资料来源：http://wp.sg/newsroom/

从图1中我们可以发现,当选的工人党议员在国会中参与最多的议题也大多集中在公共服务、改善政府行政以及关爱弱势群体等领域。他们希望政府加大在社会保障和社会福利上的财政投入,通过社会福利政策的杠杆二次分配国家财富,旨在缩小贫富差距,缓和社会矛盾。

三、新加坡工人党生存空间受制约的因素

从工人党的发展来看,新加坡长期保持着,甚至以后很长一段时间仍然保持着人民行动党占优势、反对党也有发展空间的格局。工人党等反对党的发展方向和发展程度将受制于执政党和新加坡选民这两大因素。

(一) 执政党对反对党的容忍度

由于人民行动党牢牢掌握着整个国家的主导权,尤其是掌握着选举规则制定权,所以"反对党的地位、角色和影响力不仅仅在于自身,更多的是由人民行动党决定"①。事实上,此前有很长一段时间,新加坡人民行动党利用行政和司法手段来限制反对党的成长,并且通过选举制度及规则来确保其在竞选中的地位不会受到实质性地挑战。然而近年来人民执政党开始逐渐放松对其他政党发展空间的挤压。

2010年3月,新加坡国会通过法律,废止对互联网的政治审查,允许政党和参选人在互联网上进行政治宣传。于是在2011年新加坡举行的第十二届大选中,网络这种新媒体充当起了关键角色。据统计,此次参与投票的选民共230万,其中21岁到44岁的选民占近半,约有1/3选民是网络一族,且普遍倾向反对党阵营,从而为其他政党开辟出新的宣传途径。2010年4月,新加坡通过宪法修正案与国会选举修正案,将非选区议席增加到9名。不过这些议员因为缺乏选举的政党性,不能对任何有关宪法修正案、追加拨款法案、金钱法案或政府不信任案进行投票,使得他们的角色有所限制,有如"次等"的国会议员。②又如,缩小集

---

① Hussin Mutalib, *Parties and Politics: A Study of Opposition Parties and the PAP in Singapore*, Singapore: Eastern Universities Press, 2003, p.3.

② Quah, Jon S.T., "Singapore in 1984: Leadership Transition in an Election Year", *Asian Survey*, Vol. 25, No. 2, pp.220-231.

选区规模,从而有利于增加反对党获胜的几率。这些举措无疑拓展了反对党的竞选空间。

(二) 新加坡民众的主流意愿

作为新加坡政治文化的重要元素——"亚洲价值",倡导着国家统一的社会意识。1991年新加坡国会通过《共同价值观》,首次将"亚洲价值观"规范化,旨在强调社会与国家的至上性,弱化个人主义,强调秩序与服从、忠诚与责任,使执政党与政府的权威得到认可,从而使人们普遍接受以减少社会参与为代价来加速经济社会发展的政治理念。

此外,儒家文化在新加坡社会长期存在,并以强政府和强政党作为现实中的政治载体。"儒学文化圈的民众较之西方人更为理性。他们的政治冷漠是预期中的。除了少数政治人物或者知识分子,民众一般不会把民主或者自由视为一种抽象的价值,他们更多的是把这些价值视为工具来追求自己的切身利益。"① 新加坡民众的这种政治淡漠,于是造就了少数具有强烈政治参与意识的政治、社会精英对权力的垄断,把人民行动党的长期执政看做理所当然,从而巩固了新加坡一党独大的政治体制,反对党很难得到民众的支持。

然而随着新加坡社会结构尤其是人口的变动,新加坡的年轻人数量越来越多。他们的生长环境与父辈不同,价值观和关注的问题也存在差异。于他们而言,经济发展不能代表一切,他们追求在政治参与上有更多的机会。例如在大选期间,年轻选民踊跃上网参与政治讨论,借助各种新媒体平台(YouTube、Twitter、Facebook),宣传自己的政治主张。不可否认,这种新媒体不仅降低了政治对话的准入门槛,而且还为反对党的发展提供了有效的宣传渠道。

另一方面,由于人民行动党作为长期执政党,吸引了绝大多数有从政意愿的精英加盟,于是工人党在组建竞选团队时,分析草根和精英的各自优势。工人党的草根代表如秘书长刘程强,依靠自己的低层背景,利用中

---

① 《全球文明竞争视野中的儒学复兴——专访新加坡国立大学东亚研究所所长郑永年》,载《文化纵横》,2010年第2期。

文和潮州话的语言优势,在后港选区积累了深厚的民意基础。在精英人才方面,林瑞莲、陈硕茂、余振忠等被作为工人党参选所推出的候选人,同时也体现出工人党实力壮大、吸引力增强。此外,因为工人党的票源基础以普通劳工和中下层收入群体为主,所以工人党在竞选宣传时常常紧扣民生问题,从而让本党的政治立场能够为选民所支持。

(三) 创造性高位政治对反对党的挑战

高位政治和低位政治原本是现实主义国际关系理论中的重要研究对象,并且常常与国家的外交政策结合起来进行分析。正如前文所述,由于高位政治的强弱与一国的规模、军事实力以及国际影响力息息相关,因此学者们普遍认为:只要一个国家拥有较强的高位政治,那么它在国际社会中的地位就会随之上升,该国的政治领袖也会相应获得更为广阔的政治活动舞台。另外值得注意的是,高位政治的强弱对一个国家内部的政府体制和政治结构也会产生影响,如新加坡。

虽然新加坡是借助人为力量主动创造出较强的高位政治,但其在国际社会交往过程中所展现出来的优势地位却是有目共睹的。到目前为止,新加坡已和189个国家建立了外交关系,并且加入了联合国、英联邦、东南亚国际联盟和不结盟运动等国际重要组织。而这种在国际社会中所处的优势地位,无形中又给新加坡的经济发展营造了一种安全的氛围,使其能够在全球化的背景下快速发展。最后,享受到经济福利的新加坡国民会更加认同现有的执政党(人民行动党),并强烈支持该党所制定的外交政策,而几乎不会考虑让其他党派来取而代之。

尽管如此,反对党的存在对于创造性的高位政治还是很有必要的。正如前文所分析的,新加坡的强高位政治环境是在政治领袖李光耀的主导下依靠软实力构筑起来的。从一定意义上来说,政治领袖个人魅力的强弱又反过来影响了国家高位政治的强弱。于是,为了更好地激发人民行动党政治领袖的成长与成熟,李光耀认为,他们必须要学会承担反对党的压力。正所谓,"天将降大任于斯人也,必先苦其心志"[1]。当反对党发展到有能

---

[1] 孟子著:《生于忧患,死于安乐》,见《孟子·告子下》,中华书局1982年版。

力和空间进行监督的时候，政治领袖才会懂得如何更好地运用权力和权威来构建较强的高位政治。因此，创造性高位政治的环境虽然保证了执政党在国际社会交往中的主导地位，但另一方面也给具有咨询作用的反对党提供了存在的理由以及发展的机会。

四、总结

总之，反对党生存空间的扩展从一定意义上来说是人民行动党默许的结果。随着新加坡独立后出生的中产阶层不断壮大并成为选民主流，人民行动党逐渐意识到：他们不仅对经济有较高的期望，而且要求有更多的政治参与。善治的结果已不再能够替代参与的过程，新加坡政府正处于民主与权威的博弈中。"开放和咨询式民主"的高位政治背景不仅增强了人民行动党长期执政的合法性，而且给予了其他政党发展的制度保障。

此外，受到世界范围的民主化浪潮的影响，加之网络等新媒体的广泛宣传，新加坡人民正在一定程度上改变着以往去政治化的取向，逐渐消解着以往在家长式统治下形成的政治冷漠。因此反对党生存空间的扩展从侧面也反映出新加坡社会的多元化和日益增强的民主诉求。

综上所述，创造性高位政治背景下的反对党，如果希望扩展自身的生存空间，那么必须在不使执政党感到威胁的前提下尽可能地争取选民的支持。

试论瑞典民主党近期的温和化倾向

陆屹洲*

摘 要：基于对瑞典民主党纲领性文件与其在瑞典议会内活动的分析，现有证据初步表明，瑞典民主党近期的温和化倾向是客观存在的。民粹主义极端右翼政党等刻板印象已经不能正确描述瑞典民主的真实情况。瑞典民主党在民族主义、法律秩序、传统道德和严厉惩罚方面与其刻板印象较为相符，在仇外心理、权威崇拜、纯粹民意、反对精英、轻视人权、轻视宪政、（新）法西斯主义、（新）纳粹主义、白人至上、欧洲中心论和性别歧视等方面均与刻板印象不符。媒体、政治对手和学者从不同方面强化了瑞典民主党的刻板印象。通过瑞典民主党温和化倾向的研究，可以对政党类型学作出一定的反思，并对欧洲极右政党的崛起这一判断提出质疑。

关键词：极右政党；温和化；刻板印象

瑞典民主党（瑞典语：Sverigedemokraterna；英语：Sweden Democrats 简称：SD）曾经是一个长期无法获得议席并被视为不受欢迎的小型极右翼政党。然而，在近年的瑞典大选与地方议会选举中，瑞典民主党取得了接二连三的胜利。更值得注意的是，瑞典民主党在民调中的支持率还在不断升高，目前已经对瑞典执政联盟形成了实质性的威胁，并对瑞典的政治、

---

* 陆屹洲，中国人民大学国际关系学院政治学系硕士研究生，研究方向：比较政党政治。

经济、社会、文化等诸多方面产生了深远的影响。①

一、温和化倾向：对瑞典民主党崛起的一种可能解释

根据目前普遍接受的分类，瑞典民主党被归于民粹主义极端右翼（Populist Radical Right）政党。② 而根据传统的政党学理论，在相对成熟而统一的正常国家，各类极端政党的支持者应当较少③。同时，该类型政党的支持群体应当是非常固定的，并无急剧增加的可能性。然而瑞典民主党支持率节节高升，甚至成为议会中的第三大党。在2015年的一份民意调查④中，瑞典执政党社会民主党支持率为23.4%，最大反对党温和党支持率为21%，而瑞典民主党则获得了25.2%的最高支持率。这一现象无疑从根本上打破了瑞典长期稳定的"五党制模式"⑤，也与传统的政党学理论相悖。

针对这一现象，学者们提出了多种可能的解释。部分学者认为，瑞典民主党支持率升高的原因主要在于外部政治环境的变化，尤其是排外思潮

---

① 关于瑞典民主党的发展历史可参见，Gissur Ó Erlingsson, Kåre Vernby & Richard Ohrvall, "The Single-issue Party and the Sweden Democrats", *Acta Politica*, Vol.49, 2, 196-216.

② 从字面意思来看，Radical 直译应为"激进"，与极端（Extreme）存在一定含义上的差别。但在相关文献中，极右（Far Right）、极右翼（Extreme Right）、激进右翼（Radical Right）常被混用，在政治学意义上已无明显差别，而国内文献普遍使用极端一词，为方便和统一起见，笔者将其翻译成民粹主义极端右翼政党。上述三种英文表述的细微差别可以参见杨云珍：《当代西欧极右翼政党研究》，上海：上海世纪出版社2012年版，第47—48页。

③ 萨托利认为瑞典属于温和多党制，而"温和多党制是非极化的"，见〔意〕萨托利：《政党与政党体制》，王明进译，北京：商务应书馆2006年版，第257页。

④ 民意调查由 YouGov 提供，参见 Richard Orange, "Anti-immigrant Sweden Democrats Now the Biggest Party, According to Poll", 2015年8月20日, http://www.telegraph.co.uk/news/worldnews/europe/sweden/11814498/Anti-immigrant-Sweden-Democrats-now-the-biggest-party-according-to-poll.html（2016年10月18日访问）。

⑤ 〔丹麦〕福尔默·威斯蒂主编：《北欧式民主》，赵振强等译，中国社会科学出版社1990年版，第69页。另可参见任军锋：《超越左与右：北欧五国政党政治比较研究》，上海三联书店2015年版，第6页。

在瑞典的崛起。① 同时，也有人认为瑞典民主党支持率升高的原因主要在于瑞典民主党自身的变化，尤其是瑞典民主党种种温和化的倾向。② 还有相当部分学者认为，瑞典民主党的崛起不能被视为孤立的现象，而应当从全欧洲相关政党总体势力上升的角度去观察。③

稍加分析可知，第一、二种解释具有相对明确而单一的解释变量与被解释变量，而第三种解释则更多是一种经验的描述，包含了太多的介入因素和相关关系（甚至在一定程度上也包含了第一、二种解释），很难对其进行社会科学方法上的构建，因此很难进行证实或证伪。

从政治学理论出发，前两种解释都有深厚的经典理论支撑。第一种解释可以在"文明的冲突"等理论中找到根据，而第二种解释可以被"中间选民"等理论印证。可见这两种解释兼具理论与实践的贡献，都不应该被轻视。然而，由于两种解释关于常量与变量的预设恰好相反，无法同时观察和论证。此外，根据社会科学方法论的原理，第一种解释中的许多解释变量与被解释变量之间的内生性④非常严重。（如根据一般认知，排外思潮高涨会导致右翼政党影响力扩大，而右翼政党影响力扩大又会促进排外高涨。⑤ 以观察者的眼光来看，究竟何为因、何为果是无法通过社会科学来厘清的）可见，第二种解释更容易被证明或证伪，更具备技术上的可行性。而第二种解释的验证结果可以为第一种解释的内生性强度提供参考

---

① 有学者在瑞典民主党取得议席前就指出了这种相关关系并预言极端政党即将影响瑞典，参见 Jens Rydgren, "Radical Right Populism in Sweden: Still a Failure, But for How Long", *Scandinavian Political Studies*, Vol.25-No. 1(2002), pp.27-56.

② 持该观点的主要是瑞典民主党的成员与支持者,学者普遍承认其温和化但尚未对其进行详细讨论。而瑞典民主党的反对者和竞争者则对其温和化问题多持否认或怀疑态度。

③ 参见 Niklas Bolin, Gustav Lidén & Jon: Nyhlén, "Do Anti-immigration Parties Matter? The Case of the Sweden Democrats and Local Refugee Policy", *Scandinavian Political Studies*, Vol. 37, No. 3 (2014), pp.324-343.

④ 参见〔美〕加里·金、罗伯特·基欧汉、悉尼·维巴：《社会科学中的研究设计》，陈硕译，上海：上海人民出版社 2014 年版，第 180 页。

⑤ 定量研究者对该问题的讨论可参见 Niklas Bolin, Gustav Lidén & Jon: Nyhlén, "Do Anti-immigration Parties Matter? The Case of the Sweden Democrats and Local Refugee Policy", *Scandinavian Political Studies*, Vol.37, No. 3(2014), pp.324-343.

(譬如观察瑞典民主党内部的变化可以初步判断其崛起后是否主动采取了扩大排外思潮的措施,又是否取得实效),应当被优先考虑。而第二种解释的起点,便是考察瑞典民主党的温和化倾向是否存在,是否强烈。在此基础上,才有可能通过第一、二种解释探究瑞典民主党崛起的真实原因。

二、温和化的原点:有关瑞典民主党刻板印象的评述

为了科学地描述瑞典民主党温和化的倾向,有必要建立起同时包含方向与强度的观察坐标系,而其中最重要的就是选取温和化的原点。在这一方面,现有文献中的观点很不统一。有学者认为瑞典民主党在选举中获得超过半数地区的代表权是其温和化的重要标志,因此可将2006年视为其温和化元年[1]。也有学者认为瑞典民主党近年的转变主要始于20世纪90年代开始的"政治修改"(Political Make Over)[2],即与纳粹同情者的决裂。另外有学者认为,从瑞典民主党建党之初的臭名昭著、无人问津到如今能够取得议席并发挥作用,显示出温和化是瑞典民主党与生俱来、连续不断的课题,应当从瑞典民主党成立之日起就开始观察。[3]

这三种观点都能自圆其说,其研究成果也是相互包容的。但遗憾的是,上述观点都没能跳脱出单纯以时间为线索的窠臼,其研究过程往往都埋首于卷帙浩繁而极有可能互相矛盾的史料中,最终的结论也是历史学价值多于政治学价值,对政治现实的关照不多。换言之,上述三种思路都是对瑞典民主党温和化过程的梳理,而非对其温和化至今的结果的定性研究。

---

[1] Anders Hellström, Tom Nilsson & Pauline Stoltz, "Nationalism vs. Nationalism: The Challenge of the Sweden Democrats in the Swedish Public Debate", *Government and Opposition*, Vol. 47, No. 2(2012), pp.186-205.

[2] Ann Towns, Erika Karlsson & Joshua Eyre, "The Equality Conundrum: Gender and Nation in the Ideology of the Sweden Democrats", *Party Politics*, Vol. 20, No.2(2014), pp.237-247.

[3] 参见 Ov Cristian Norocel, "Give Us Back Sweden! A Feminist Reading of the (Re)Interpretations of the Folkhem Conceptual Metaphor in Swedish Radical Right Populist Discourse", *NORA—Nordic Journal of Feminist and Gender Research*, Vol. 21, No. 1(2013), pp.4-20。

青年论坛

因此，笔者认为，从政治科学的角度出发，把某个具体的时间节点作为瑞典民主党温和化的原点并没有太大的意义。我们的研究可以直接从瑞典民主党在人们心中的刻板印象（Stereotype）出发。这种刻板印象经过历史的积淀，已经包含了研究所需的时间要素，因此可以直接从瑞典民主党的最新现实情况与其刻板印象的对比中得出其温和化的存在与否和强度高低。从研究方法而言，可以直接引用有关瑞典民主党的最新资料和数据作为观察对象。当然，对所谓"最新"也需要设定具体的时限。一般认为，每次大选时政党都会集中展现出其最新的面貌，因此不妨将瑞典民主党在最近一次选举年（2014年）及以后的态度、行为与结果称之为最新现实情况。

相对于温和化原点的众说纷纭，学者和舆论对于瑞典民主的刻板印象非常固定而统一。绝大部分以瑞典民主党为主题的文献都将其视为民粹主义极端右翼政党，而在宏观上讨论民粹主义极端右翼政党的文献基本上也都将瑞典民主党收录在该分类下。[①] 同时，在当今欧洲特别是北欧五国的政治语境下，人们对民粹主义极端右翼政党也有着相对固定而统一的理解，而学者们也对该类型的政党进行了充分的研究与探讨。这无疑为我们的研究提供了宝贵的基础。

因此，对瑞典民主党的刻板印象应当包含民粹主义极端右翼政党的普适因素。根据一般理解，是一个层层递进的标签。首先，它应当属于右翼阵营，因此与共产党、社会民主党等左翼阵营是水火不容的；其次，在右翼阵营中，它应当是相对激进的，因此和温和党、中间党等寻求合作与妥协的政党是有明确区分的；最后，在激进右翼的分组里，它还应当具有民粹主义的性质，因此也不同于奉行精英主义的激进右翼政党。问题的关键在于，政治中的"左"和"右"在不同的历史阶段和不同的语境场合下发展出了非常丰富甚至相互冲突的额含义。可见，"右"无法成为瑞典民主党刻板印象中的精确因素，必须对其进行更细腻地分析。

在卡斯·穆德（Cas Mudde）的研究中，民粹主义极端右翼政党被分解为本土主义（Nativism）、威权主义（Authoritarianism）与民粹主义

[①] 较权威的欧洲民粹主义极端右翼政党名录可参见 Cas Mudde, *Populist Radical Right Parties in Europe*, Cambridge: Cambridge University Press, p.305.

(Populism)三个维度。① 首先,本土主义意味着国家只能由本土群体定居,而非本土的因素(人或思想)对同质性的民族国家而言都是极其有害的。本土主义实质上是民族主义与仇外心理的合成物。其次,在穆德的观点中,威权主义并非指代民主与极权的中间状态,而是一种对社会秩序与服从权威的信仰。此处的威权主义实质上包含了法制、秩序和惩罚性的传统道德。但这种威权主义与反民主倾向并无必然联系,而且对权威的服从也并不是绝对的、无意识的或盲目的。最后,民粹主义意味着对"腐败精英"(Corrupt Elite)的憎恶和对"纯粹人民"(Pure People)的推崇。民粹主义不承认所谓的"常识"(Common Sense),而将"大众意志"(General Will)凌驾于人权、宪政等一切追求之上。

另一方面,在民粹主义极端右翼政党的标签下,瑞典民主党也拥有某些其他该类型政党不具备的重要特点。如果这些特点在学者和舆论中都形成了相当的共识,那么也应该被归于瑞典民主党的刻板印象。首先,相对而言,瑞典民主党拥有更为沉重的历史包袱,尤其是其与(新)法西斯主义的历史联系。瑞典民主党脱胎于瑞典党(瑞典语:Sverigepartiet;英语:Sweden Party),该党与瑞典(新)法西斯主义有很深的渊源,其早期的诸多领导人甚至直接或间接地参与了(新)纳粹主义的运动。至今,瑞典民主党的部分成员仍然时不时传出(新)纳粹倾向的丑闻。其次,多篇文献和报道认为,瑞典民主党的极端性并不简单地停留在本土主义(民族主义与排外心理),而是发展为明显的带有白人至上思想和欧洲中心论的种族主义。最后,诸多学者认为,瑞典民主党是一个标榜男子气概的政党,其对女性抱有相当深厚的歧视和成见。②

在上文的基础上,我们大致可以勾勒出瑞典民主党相对稳定的刻板印象(详见表1):

---

① 参见 Cas Mudde, *Populist Radical Right Parties in Europe*, Cambridge: Cambridge University Press, pp.22-23。
② 对性别问题的讨论可参见 Ann Towns, Erika Karlsson & Joshua Eyre, "The equality conundrum: Gender and nation in the ideology of the Sweden Democrats", *Party Politics*, Vol. 20, No.2 (2014), pp.237-247。

表1 瑞典民主党刻板印象

标签	子项
本土主义	民族主义
	仇外心理
威权主义	权威崇拜
	严厉惩罚
	传统道德
民粹主义	纯粹民意
	反对精英
	法律秩序
	轻视人权
	轻视宪政
历史包袱	（新）法西斯主义
	（新）纳粹主义
种族主义	白人至上
	欧洲中心论
男子气概	性别歧视

接下来，只要将瑞典民主党的最新现实情况与表格中的子项进行对照，就可以相对准确地认识其温和化倾向。

三、政党主体的视角：对瑞典民主党纲领性文件的文本分析

观察政党的温和化倾向，第一步应当从政党主体出发，考察政党对自身定位和重大问题的态度是否发生了重大变化。而在政党的纲领性文件①中，我们可以明确地找到相关证据。

---

① 纲领性文件均以瑞典民主党官方网站（http://www.sd.se/）公布的文本为准，2016年10月2日访问。

(一) 党章

党章作为政党的"宪法"①，无疑最具研究价值。笔者在瑞典民主党公布的最新版本党章中（Sverigedemokraternas Partistadgar 2015）若干与上文瑞典民主党刻板印象相对应的证据。

从概观上看，瑞典民主党现行党章共包括总纲（Allmänna stadgar）、全国组织（Riksorganisationen）、分区（Distrikt）、市政协会（Kommunföreningar）、巡回协会（Kretsföreningar）、地方团队（Lokala arbetsgrupper）、兴趣社团（Intressegrupper）等七个章节和投票规则（Regler för antagande av valsedel）、欧洲议会投票规则（Regler för antagande av valsedel för val till Europaparlamentet）、议会党团议事规则（Arbetsordning för riksdagsgruppen）、评议会议事规则（Arbetsordning för fullmäktigegrupper）、提名委员会议事规则（Arbetsordning för valberedning）、选举委员会准备与建议规则（Arbetsordning för framtagande av förslag till val av valberedning）、政党综合选举经费规则（Reglemente för partigemensam valfond）八个附录，其主要内容集中在党内程序性事务和选举相关事务，涉及意识形态、施政纲领和政党特色的条款非常之少。

在第一章总纲的第一节追求与目标中，瑞典民主党对自己作了如下描述：

> 瑞典民主党是一个具有民族主义观点的社会保守政党，党认为社会保守主义和维系基于团结的福利模式是构建良好社会的最重要手段……瑞典民主党追求一种基于深思熟虑和长期负责的谨慎发展。党的目标是结合传统左翼与右翼的优秀因素。我们强调法律秩序……我们追求一个民主、平等、环保的社会，所有公民都会被法律保护，而且法律面前人人平等，所有公民都能得到高水平的基本经济与社会保障。我们认为，人类都有着先天的不足，一个完美的乌托邦社会是无法实现的。在上述追求之外，我们的政策还将基于自由与安全、个人

---

① 周淑真：《政党政治学》，人民出版社 2011 年版，第 94 页。

主义与集体意识的结合。我们将尽力创造一个安全、繁荣、民主、团结的福利国家。这就是党的活动的总体目标。

在第二节成员中，瑞典民主党作出了如下规定："任何未加入其他政党或相当组织的个人，只要想为瑞典民主党的目标而工作，承认修订后的党章而且年满15周岁就可以成为党员……"

除了上述两节之外，党章的其余部分未再出现明显的意识形态论断。

不难发现，与其刻板印象相比，瑞典民主党的现行党章是非常温和的。首先，从自我定位上来看，瑞典民主党明确反对左翼与右翼的对立，而是将结合左右的优点为己任，这无异于对自身刻板印象的直接回击。其次，从用词来看，党章中以"公民"、"国家"、"社会"之类的通用概念为主，关键段落中并未出现"瑞典"或"瑞典人"等特指词语，这与媒体报道中频繁出现的"让瑞典成为瑞典人的瑞典"等用语明显不符。[①] 再次，从追求目标来看，瑞典民主党并不反对任何通行的政治价值，对乌托邦主义的批评也停留在技术层面，同时"人人平等"也未加上任何种族、信仰、性别的限制，可见其既不激进也不极端。最后，从入党条件来看，瑞典民主党对成员的要求是非常宽泛的，在条款中甚至没有提及成员的国籍问题，也不以成年（18周岁）为标准，这在各国政党中都是十分罕见的。总而言之，党章之中的瑞典民主党更接近于一个保守的、温和的普通右翼政党，与民粹主义极端右翼政党相距甚远。

无可否认，党章集中呈现出了瑞典民主党相当温和的一面。然而，与其说党章成功推翻了所有有关民主党的刻板印象，倒不如说它对许多重大问题选择了回避或者闪烁其词。尤其是在首次提及"民族主义"后，党章的剩余部分就对该词避而不提，既没有论述，也没有解释。

因此，我们还需要在其他纲领性文件中寻找证据。

---

① 可参见 David Crouch,"The Rise of the Anti-immigrant Sweden Democrats: We don't Feel at Home Any More, and it's Their Fault",2014年12月14日,https://www.theguardian.com/world/2014/dec/14/sweden-democrats-flex-muscles-anti-immigrant-kristianstad,2016年10月19日访问。

(二) 道德准则

除了党章之外,瑞典民主党还有一份被称为《瑞典民主党道德准则》(*Sverigedemokraternas etiska riktlinjer*) 的纲领性文件。它紧随着党章被公布在瑞典民主党官网之上,可见其重要地位与意义。

相较于党章,道德准则更加具体且根据有操作性。道德准则包括一般价值(Allmän värdegrund)、成员(Medlemmar)、候选人、当选代表及雇员(Kandidater, förtroendevalda och anställda)、候选人与当选者特别注意(Särskilt för kandidater och förtroendevalda)、雇员特别注意(Särskilt för anställda)等五个部分和候选人信誉宣言(Kandidatförsäkran med vandel)、雇员信誉宣言(Vandelsförsäkran för anställda)两个附录。

在一般价值中,瑞典民主党对自己作出了比党章中更为详细而具体的描述:

> 瑞典民主党于1988年6月作为一个代表瑞典人利益的政党被创建。对移民政策的反对是党团结一致的原因,移民政策规模太大,因此对我们国家的经济和社会都是威胁。随着时间的推移,一个价值导向的政党产生了,而诸如家庭、祖国和民族的概念成为核心。瑞典民主党是一个民主的民族主义政党。20世纪的瑞典民族保守主义和社会民主福利国家思想都在理念上启发了我们。我们的目标是结合基本的社会正义准则与传统的保守主义价值。党不希望自己被简单地放入经典的左—右划分。我们意识心态的首要原则是民族主义和对民主形式政府的追求……
>
> 我们承认联合国的人权与自由宣言。党一定会与性别歧视、宗教歧视、政治歧视、种族歧视保持距离。
>
> 我们反对创造乌托邦的尝试。相反,我们认为政策应当以实际情况为依据。每个社会都应当建立于共同的价值观与基本规则之上。这种团结因素很重要,它能让人对自己的身份感到安全。显然每个人都

是不同的，但同时我们又或多或少地相似……瑞典民主党认为首先是家庭和民族给我们共同感。任何人为设计的公共环境都不能代替这种根植于心的原初共同体。

……调和各种文化是困难的……文化冲突应当被阻止。

瑞典民主党的总目标是创造一个安全、和谐、团结、繁荣的福利国家……维持小规模、有效的法治、强大的身份认同和基本的社会正义是创造如上社会最重要的因素……党的理念在持续地进化，但仍然以稳定的价值为基础。

道德准则的其余部分较少涉及意识形态，主要是对成员在党内外活动时的行为规范，尤其是如何使用与应对社交网络与新闻媒体。

从上文的描述中，我们可以概括出如下几点信息。首先，道德准则侧面阐述除了民族主义的真正含义：代表瑞典人的利益。但这层含义又被暧昧地置于对其历史发展的描述中，可见瑞典民主党在纲领性文件中对于民族主义仍然不敢直言，而对历史与现实的联系问题态度非常模糊。其次，与党章一样，道德准则明确反对左—右的政党划分和各种乌托邦思想，而将自己视为综合两翼优点的新型实用主义政党。再次，道德准则明确接受了联合国人权宣言，意味着不再承认一切形式与内容的歧视。最后，道德准则强调了家庭、祖国、民族等共同体的重要性和传统价值，但并没有为这些价值寻找攻击对象，从中无法窥见瑞典民主党的极端性。

（三）小结

根据对上述两份纲领性文件的文本分析，我们对瑞典民主党的性质有了比较清晰的认识。

结合表2中的刻板印象，我们可以得出初步的结论。

可见，从纲领性文件来看，瑞典民主党的温和化倾向是存在的，而且是相当强烈的。但这些文本上的变化是否得到了贯彻，则需要置于政党行为的视角中进行进一步的观察。

表 2　瑞典民主党刻板印象的文本相符性①

标签	子项	文本相符性
本土主义	民族主义	+
	仇外心理	-
威权主义	权威崇拜	0
	严厉惩罚	0
	传统道德	+
民粹主义	纯粹民意	0
	反对精英	0
	法律秩序	+
	轻视人权	-
	轻视宪政	0
历史包袱	(新)法西斯主义	0
	(新)纳粹主义	0
种族主义	白人至上	-
	欧洲中心论	0
男子气概	性别歧视	-

四、政党行为的视角：对瑞典民主党议会活动的定性分析

政党如果希望在政治系统中发挥作用，就必须通过组织竞选、发起动议、引导民意等活动来取得议席和施加影响。而这些活动或多或少都会体现出政党的阶级属性和意识形态。因此，我们可以通过考察瑞典民主党在2014年选举及以后的具体表现来判断其纲领性文件中的温和化倾向是否得到了行动中的贯彻。

---

① "+"表示出现了相符的论述，"-"表示出现了相反的论述，"0"表示没有论及或论述过于模糊或矛盾。

根据瑞典宪法与法律，瑞典议会（Riksdag）[①] 的职责主要包括制定法律，修改宪法和任命政府。瑞典议会的立法程序包括政府提出提案（Proposition），议员个人提出反对提案的动议（Motion），委员会建议和议会表决等。即使已经取得相当可观的议席，瑞典民主党仍然一直被排除在执政联盟之外。因此，除了选举和投票外，动议成了瑞典民主党在议会中发挥作用的主要手段。

自2014年10月新一届议会开始工作至今（2016年10月），瑞典议会总共收到了454份政府提案，而议会议员对这些提案发起了将近一万份动议，其中1750份动议来自瑞典民主党议员。[②]

由于动议大多涉及公共政策问题，很少有纯粹的意识形态争论。因此，在详细考察瑞迪民主党议员动议之前，有必要为瑞典民主党的刻板印象寻找公共政策领域的表现与延伸。

根据一般认知，在公共政策领域：民族主义集中反映在对少数族裔的态度和政策上，对少数族裔习惯、风俗、权利的不友好程度与民族主义的强度是正相关的。仇外心理集中反映在移民政策上，对接纳移民的限制程度一般与仇外心理是正相关的。权威崇拜主要体现在加强领导人与领导机构的权力，严厉惩罚体现在对重型甚至极刑的呼吁；传统道德反应为对家庭与社会道德嬗变的痛心，而同性恋和堕胎自由往往成为争议的焦点。纯粹民意强调对官僚主义的斗争，而反对精英则表明了对精英腐败和堕落的不满。威权主义中的其他三个要素，即法律秩序、人权和宪政本身也是公共政策中的重要议题。历史包袱集中反映在有关历史书写的问题上，尤其是瑞典民主党如何思考近现代史。种族主义的两个子项可以很好地对应文化与外交问题，即瑞典民主党以怎样的态度看待瑞典，又准备以怎样的政策与他国交往，显然种族主义倾向于文化上的自负与外交上的强硬。男子气概则明显对应于公共政策中的女性地位、福利等问题。

[①] 关于瑞典议会的职能、程序和议案的文本和数据均可参见其官方网站（http://www.riksdagen.se/）。

[②] 以上数据均是在瑞典议会官方网站检索的结果。

在这种分析框架下，我们可以对相关的动议①作出如下梳理：

表3 瑞典民主党在本届议会的相关动议

议题关键词	主要提议
族裔 (etnicitet)	取缔民族协会（2016/17：2458）；反对逆向歧视（2014/15：2779）；反对强调民族多样性（2016/17：2442）；取消民族配额制（2016/17：2442）；禁止儿童佩戴面纱（2015/16：2753）；全面禁止佩戴面纱（2016/17：790）；脱离欧盟公投（2015/16：3170）；通过民族符号、国歌等增强认同感（2016/17：2417）
移民 (invandrade)	减少对难免营的投入（2016/17：2545）；削减难民享受的福利（2016/17：2545）；防范移民带来的恐怖主义威胁（2016/17：3409）；防止移民传播疾病（2016/17：2894）；防卫移民对公民房屋的侵犯（2016/17：2771）；就移民问题进行全民公投（2016/17：762）
领导/权力 (ledare/makt)	从欧盟收回权力（2015/15：2496）
刑罚 (straff)	加大对儿童色情的刑罚（2015/16：2814）；加大对使用兴奋剂的刑罚（2016/17：850）；加大对虐待动物的刑罚（2016/17：1750）；加大对谋杀的刑罚（2016/17：1745）；加大对未成年犯罪的刑罚（2016/17：2312）；加大对袭击孕妇的刑罚（2016/17：2312）；设立童婚罪（2016/17：2345）；惩罚街头赌博（2015/16：2829）；惩罚破坏文物（2016/17：2660）；惩罚对政客的威胁（2016/17：2297）；惩罚非法防污涂料（2014/15：1006）
家庭与社会 (familj och samhälle)	提供育儿津贴（2016/17：2506）；倡导家长培训（2016/17：2506）；限制堕胎（2016/17：751）
官僚 (byråkratiska)	简化建筑许可手续（2016/17：2256）；简化武器买卖许可（2014/15：2496）；精简旅游管理体系（2016/17：122）
腐败 (korruption)	国有化来控制腐败（2015/16：2831），通过独立机构来控制对外援助中的腐败（2016/17：463）

---

① 显然，部分议案会同时涉及诸多议题，也存在关于同一议题的系列议案，因此不便作数量上的统计，在此仅罗列其主要提议。每项提议后会附上相关动议在议会官方网站存档的编号以便查证，内容重复的动议仅举一例，不再赘述。

（续表）

议题关键词	主要提议
法律秩序 (lag och ordning)	加强司法机构的权力（2016/17：2284）；加强对暴力和反民主组织的监督和管制（2015/16：1841）；保护证人（2015/16：2820）；打击颠覆活动（2016/17：2911）；禁止乞讨（2016/17：2655）；禁止校园欺凌（2016/17：2364）
人权 (mänskliga rättigheter)	提倡盲文、保护盲人（2016/17：2595）；关于不同政治见解的非歧视立法（2015/16：2038）
宪政 (konstitutionella)	设立宪法法院（2015/16：2337）
历史 (historia)	在7—9年级的课本中增加国家社会主义的罪行（2016/17：791）；悼念极权主义的受害者（2016/17：45）
文化 (kultur)	重视教会文化（2015/16：1850）；保护文化遗产（2015/16：1839）；保护瑞典语方言（2015/16：1559）；推广瑞典食品文化（2016/17：2594）；推广游戏产业与文化（2016/17：2194）；推广文化（2016/17：689）
外交 (utrikespolitik)	强调外交政策中的人权问题（2016/17：470）
女性 (kvinnor)	提供免费孕检（2016/17：2488）；提供怀孕津贴（2016/17：2506）；强调性别平等（2015/16：2899）；致力于消除性别暴力、家庭暴力（2015/16：2899）；禁止阉割女性（2016/17：761）；禁止胎儿性别选择（2015/16：2072）；预防意外怀孕（2016/17：775）

根据上表梳理，我们可以很清晰地得出瑞典民主党在议会中的形象。在族裔问题上，瑞典民主党是非常强硬的，维持一个稳定而单一的瑞典民族无疑是其重要的奋斗目标。在移民问题上，瑞典民主党没有给予太多的同情，但它的反对理由基于财政、安全、卫生等现实原因，并非出于仇外心理。在领导与权力的问题上，瑞典民主党着墨不多，对于欧盟的认知问题主要受经济等因素的影响，与意识形态并无太多联系。在刑罚方面，瑞典民主党多次对多种行为提出加大刑罚的动议，体现出了相当的右翼特点，但它仍然不赞成死刑。在家庭与社会方面，瑞典民主党对于业已被瑞典广泛接受的同性恋问题并未提出异议，而对于堕胎自由也只是建议缩短

堕胎时限，可见其在这两个问题上都是温和的；其他有关家庭与社会方面的建议则是指导性的而非强制性的。在官僚和腐败方面，瑞典民主党只是在其他议题中一笔带过，相关动议中均没有表现出对精英的不满，也没有出现对中下层人民的煽动。在法律秩序方面，瑞典民主党体现出了一定的右翼特点，但从动议数量与内容来看，法律秩序在高度安全与稳定的瑞典并无太多需要改进的地方。在人权方面，瑞典民主党是较为先进的，它不仅充分贯彻了党章中有关人权的条款，还意图将某些普遍的权利扩展到胎儿[①]与动物[②]。在宪政方面的唯一一条动议是设立宪法法院，这与前文所述的威权主义直接相悖。在历史认知方面，瑞典民主党对纳粹和极权的反思是非常明显的，这也是西方政党的普遍做法，并不见其特殊性。在文化和外交方面，瑞典民主党的表现也比较中庸，没有惊人之举。在女性方面，瑞典民主党从女性的健康、平等、工作、福利等诸多方面都给予了充分的关注。

概言之，瑞典民主党在议会中的活动与其纲领性文件的精神是高度相符的，甚至在诸多方面朝着更温和的方向发展和补充了纲领性文件精神。仅仅在移民和刑罚问题上，瑞典民主党的动议表现出了明显强于纲领性文件的非温和化。即使如此，这些动议也往往是现实导向而非价值导向的。

根据这些结论，我们可以将表1补充为：

表4 瑞典民主党刻板印象的行为相关性

标签	子项	行为相符性
本土主义	民族主义	+
	仇外心理	0
威权主义	权威崇拜	0
	严厉惩罚	+
	传统道德	+

---

① 参见动议（2016/17：2312）。

② 参见动议（2016/17：2453）。

(续表)

标签	子项	行为相符性
民粹主义	纯粹民意	0
	反对精英	0
	法律秩序	+
	轻视人权	-
	轻视宪政	-
历史包袱	（新）法西斯主义	-
	（新）纳粹主义	-
种族主义	白人至上	0
	欧洲中心论	0
男子气概	性别歧视	-

五、结论与再思考：谁在强化刻板印象？

综合上文第三、第四部分的结论，我们可以得出关于瑞典民主党刻板印象与现实情况的完整对比。

表5 瑞典民主党刻板印象与真实情况

标签	子项	文本相符性	行为相符性	结果
本土主义	民族主义	+	+	相符
	仇外心理	-	0	不相符
民粹主义	纯粹民意	0	0	不相符
	反对精英	0	0	不相符
	法律秩序	+	+	相符
	轻视人权	-	-	不相符
	轻视宪政	0	-	不相符

(续表)

标签	子项	文本相符性	行为相符性	结果
威权主义	权威崇拜	0	0	不相符
	严厉惩罚	0	+	相符
	传统道德	+	+	相符
历史包袱	(新)法西斯主义	0	−	不相符
	(新)纳粹主义	0	−	不相符
种族主义	白人至上	−	0	不相符
	欧洲中心论	−	0	不相符
男子气概	性别歧视	−	−	不相符

如上表所示，只有在民族主义、传统道德和法律秩序三个子项上，瑞典民主党的态度和行为都与其刻板印象相符合。在此之外，除了在严厉惩罚上体现出一定的行为相符性，瑞典民主党在剩余所有子项上的态度和行为都是相悖或者不相关的。可见无论从文本角度还是从行为角度观察，瑞典民主党的温和化是客观存在的。另一方面，作为解释变量的温和化被确认后，用它来解释瑞典民主党崛起的路径也就成为可能。对于瑞典民主党崛起原因将另文作详细探讨。

然而，确认了瑞典民主党温和化倾向的存在，必然会引起更多的思考与质疑。

对于瑞典民主党的文本解读和行为分析虽然较为繁琐，但并没有太多的困难和阻碍。尤其是相比于笔者，瑞典的政治参与者与媒体有更多更好的机会去了解瑞典民主党的真实情况。既然如此，为何有关瑞典民主党的刻板印象至今仍然在广泛传播，甚至有不断强化的趋势？是谁在枉顾事实地强化刻板印象呢？

我们认为有三种群体有意无意地强化了这种刻板印象。

首先是媒体。在国外铺天盖地的报道中，瑞典民主党一次又一次被形容为极端右翼政党。而在国内为数不多的媒体关注中，瑞典民主党也被视为外国政治不正常发展的一个例证。然而仔细思考不难发现，媒体报道中的政党形象本身就具有很强的片面性。一方面，由于在野党无法真正施政，媒体倾向于通过领导人与成员的言辞来判断政党的意识形态。而媒体很少考虑，具体个人在具体场合作出的具体言论，是否具有非歧义性、代表性和稳定性。相比之下，通过会议审议并以文字形式固定下来，又经过仔细修订的文本，和明确以党员身份并严格按照法律程序发起的动议无疑更具有说服力，却很少得到媒体的关注。另一方面，媒体倾向于报道吸引眼球、不同常规的新闻。这就导致瑞典民主党被广泛报道的新闻本身很可能就是被选择过的极端案例。例如瑞典民主党对移民的态度被反复炒作，而其在经济、教育、卫生、福利、环保等方面的重要态度和行为则很少有人问津。

其次是对手。作为同一政治系统的主要参与者，其他政党应当有可能也有必要做到知己知彼。但瑞典民主党屡屡被其他政党形容为"极端"、"种族主义"乃至"（新）法西斯主义"。可见政治中的博弈常常会掩盖真相。不难理解，其他政党为瑞典民主党贴上种种标签，本来就不是为了让民众更科学地认识瑞典民主党。瑞典民主党带着种种负面标签游离于瑞典两大政党同盟之外，无疑加剧了传统政党对它的歧视，而这种歧视又使得执政党和反对派更不接受瑞典民主党。这种循环在互不信任中达到了均衡。①

最后是学者。几乎所有的文献都以民粹主义极端右翼政党的分类为基础展开对瑞典民主党的讨论。随着文献的反复引用和互相印证，这种类型学的尝试从一种模型慢慢地变成了"真理"。然而仔细梳理就能发现，这种基础缺乏严格的证明。

上述三类强化者是一直存在而且很可能继续存在的。对前两种强化者我们无能为力，但学者对于刻板印象的强化无疑引发我们更深层次的反思。

---

① 本届议会一度因为矛盾激烈而濒临提前选举的境地，可视作这种互不信任均衡的重要例证。参见"Sweden Calls Snap Election After Far-right Fails to Support Budget Plans"，2014年12月3日，http://www.telegraph.co.uk/news/worldnews/europe/sweden/11271906/Sweden-calls-snap-election-after-far-right-fails-to-support-budget-plans.html，2016年10月30日访问。

从若干政党的可能的相似点中，抽象出民粹主义极端右翼政党如此要求苛刻而又覆盖广泛的概念，这是否科学，又是否可行？政党政治发展到如今这个阶段，是否还有必要对世界范围内的政党进行精细的类型学划分？正如瑞典民主党所呈现的那样，政党不具有国家等其他政治单位常见的保守性，其性质以惊人的速度发生着流变，用类型学来规定或者预测政党的命运似乎永远都是徒劳。另一方面，从比较政治的角度而言，不同国家的相同类型政党和相同国家的不同类型政党，到底谁的差异更大，谁更具有被归类研究的价值？

结合上述问题，回到瑞典民主党的崛起与温和化，我们不得不重新思考一个被普遍认同的判断：极端右翼政党真的在欧洲乃至世界范围内崛起和成功了吗？还是如今每一个貌似极端右翼的政党崛起时，我们就再也看不到它温和的一面？

东非五国的民族融合与国族建构对东非联邦建设的影响分析
——语言、宗教与政治的视角

周嘉希[*]

摘　要：东非大湖地区包含了坦桑尼亚、肯尼亚、乌干达、布隆迪、卢旺达等国家。坦桑尼亚、肯尼亚、乌干达三国于1967年签订协议，共同组成东非共同体这样一个统一的经济互助组织。由于各成员国之间的政治纷争和经济摩擦日益加剧，导致了共同体于1977年解散，在1999年三国重新签署《东非共同体条约》并且另外吸收了布隆迪与卢旺达两国。这些国家都经历了民族独立的斗争与民主国家的建设的艰苦历程，建设一个国家共同体有助于各国的共同发展。但是民族融合与国族构建问题一直阻碍着这几个国家的政治、经济发展。本文希望通过建构主义与批判理论的视角考察这些国家的民族融合与国族建构，以及这些因素对东非联邦的未来发展的影响。

关键词：东非共同体；建构；民族融合；区域一体化

一、导论

（一）理论来源

本文主要的理论来源是建构主义。建构主义可以追溯到近现代的批判理论家们，它是西方批评社会理论的一种变体，建构主义广泛渗透于哲

---

[*] 周嘉希，上海国际问题研究院外交学研究生，研究方向：中东与非洲政治、大国关系、冲突研究。

学、经济学、社会学等等。① 建构主义的三大主要理论来源为：社会学、语言学、国际关系理论。尼古拉斯·奥努弗（Nicholas Onuf）第一个将建构主义引入国际关系领域，后来的亚历山大·温特（Alexander Wendt）的《国际政治的社会理论》成为了建构主义国际关系理论的经典。建构主义承认客观存在的物质因素，但同时它突出地强调了社会意义的概念。建构主义的核心观点认为观念不仅是指导行动的路线图，观念还具有建构功能，可以建构行为体的身份，从而确定行为体的利益。②

（二）分析视角与思路

本文的分析视角一共有三个：语言、宗教、政治制度。语言和宗教是在现代世界中文化差异的两个最社会化和政治化的相应领域，但以持续的方式比较这两种因素的努力很少。③

三者之间存在建构关系。语言的使用问题是国家内各个民族所需要面临的问题，直接相关的就是该国政府的官方语言的设定。除了原宗主国的语言作为官方语言，非洲的许多国家都将本民族的一种或多种语言作为官方语言，比如南非黑人执政后的官方语言设置。但是这样的语言设置使得国内占少数的民族的语言的地位下降，语言从某种角度来说也是一种群体利益，因此语言的设置确实关系到国家的政治稳定，南非的官方语言设置体现了政府充分尊重各个语言使用群体的利益，但造成了政府文本的印刷问题和教育方面的问题。

宗教与政治在非洲国家是脱离不开的，尤其是北非与撒哈拉以南非洲的界线地带的国家，这些国家是伊斯兰教与基督教的分界，所以如何处理好穆斯林与基督教徒之间的关系直接会导致该国政治是否稳定。东非各国处于印度洋的东岸，从古至今商贸往来不断，逐渐形成了多宗教并存的现状。

---

① 倪世雄等：《当代西方国际关系理论》，复旦大学出版社 2001 年版。
② 秦亚青：《建构主义：思想渊源、理论流派与学术理念》，载《国际政治研究》，2006 年第 3 期。
③ Rogers Brubaker, "Language, Religion and the Politics of Difference", *Nations and Nationalism*, Vol.19, No.1, January 2013, pp.1-20.

非洲各国政治制度很大程度上沿袭原欧洲宗主国之西方民主政治制度，但是在民族融合和国族建构尚未完成的情况下，西方民主政治制度面临水土不服的问题。具体来说，一些国家的国内民族划分众多，各个民族都有自己的利益。如上所述，个体民族的语言问题、宗教信仰都必须是中央政府需要关注的问题。当然，造成各民族之间的冲突的原因很多，但我们不能忽视语言和宗教的作用。各个民族在政府内掌握权力的平衡对于政治稳定至关重要，若没有一个平等的宗教政策、语言政策，易造成族群间的冲突。

语言、宗教、政治制度没有哪一个因素是可以被定义为第一位的，但是如果忽视了以上三个因素，就会失去分析成员国国内民族融合和国族建构的三个重要因素。

东非共同体代表了民族融合与国族建构尚未完成的地区一体化代表，而欧盟则代表了民族融合与国族建构完成的地区一体化代表，东盟则可能在这两点之间。分析东非一体化，也是为其他民族融合与国族建构尚未完成的地区一体化组织提供一个样板。①

二、东非共同体历史沿革与现状

（一）历史沿革

东非大湖地区包含了坦桑尼亚、肯尼亚、乌干达、布隆迪、卢旺达等国。其中坦桑尼亚、乌干达、肯尼亚三国于1967年成立了第一次东非共同体。

1. 合作背景

当时的坦、肯、乌三国均在20世纪60年代初期独立，均面临着经济重建问题。第一次东非共同体的成立在当时的时代背景下有以下几个条

---

① 关于东非共同体的国内外研究有很多，多集中于研究东非共同体的经济一体化，包括了关税同盟、共同市场、共同货币等。而本文通过三个视角分析希望从新的非经济角度论述其对东非联邦建设的影响，从而填补国内这方面的缺失。

件；首先，坦桑尼亚、肯尼亚、乌干达拥有共同的斯瓦西里文化基础，这是非洲班图人与外来的阿拉伯人、印度人、波斯人在长期的贸易交往过程中形成的一个新的共同文化，三国拥有共同的语言①；其次，虽然三国的经济发展水平不一，但是它们的经济互补性比较强；最后，三国领导人深受泛非主义的影响。正如尼日利亚的奥巴费米·阿渥罗渥（Obafemi Awolowo）所言：非洲既缺乏美国那样的种族、文化和语言，也缺乏中国和印度那样的悠久的文化②，尽管建立非洲合众国和东非联邦的尝试并不符合当时的实际情况，但渐进式地从经济方面的地区一体化开始是一种比较有力的尝试，符合当时的历史现状，故东非共同体同样也还是在慢慢地践行泛非主义的思想。

2. 发展阶段

五国组成的东非共同体主要经历了三个发展阶段：

（1）1967年—1977年：三国在殖民地时期已有经济上的合作，在脱离殖民统治之后，三国百废待兴，都致力于重建与发展本国经济。

（2）1978年—1996年：由于利益分配等因素的影响，三国关系恶化，共同体解散。这段时期是三国希望重建东非共同体的时期。1986年三国首脑在内罗毕自共同体解散以来首次聚首，会议同意将建立三国合作机制，为进一步的合作奠定基础。③ 此后在1993年和1994年分别召开了恢复东非合作的第一和第二次首脑会议。1996年在阿鲁沙成立了秘书处，自此宣告东非合作组织成立。

（3）1997年至今：1997年，三国发布了第一个发展战略（1997—2000）。1999年11月30日，三国签署《东非共同体条约》并于2001年1月15日在坦桑尼亚阿鲁沙举行了东非共同体正式成立仪式。2001年11月，东非议会和东非法院相继成立。2007年6月，东共体在乌干达召开特别首脑会议，吸纳卢旺达、布隆迪为其成员。2009年11月20日，东共体

---

① 刘鸿武、暴明莹：《东非斯瓦希里文化研究》，浙江人民出版社2014年版。
② 舒运国：《1900—2002年泛非主义史》，商务印书馆2014年版。
③ Kamanga Khoti, "Some Constitutional Dimensions of East African Cooperation," *Constitutional Development in East Africa for Year*, 2001, p.16.

五国共同签署了《东非共同体共同市场协议》。2010 年 7 月 1 日，东共体正式启动该协议。①

（二）现状与未来图景

东非共同体在 2005 年和 2010 年分别建立了关税同盟和共同市场。共同体已经签订了发行统一的货币的协议，最终目标是让东非共同体成为一个东非统一国家。在 2015 年 8 月，东非共同体提出了 2050 年愿景②，对东非共同体未来各方面的发展提出了具体的计划任务。我们可以看到，东非共同体已经有了一些发展成果，但现今面临的问题也是巨大的。具体来说有以下几个方面：各国国内的政治稳定问题、各国之间经济发展水平的差距、多国共同体开展对外贸易的利益分配问题。③

（三）成员国的民族与宗教现状

1. 坦桑尼亚：全国大约分有 126 个民族，这些民族大多属于班图血统民族，约占到了全国人口比重的 95%。苏库马族和斯瓦西里族（Swahili-Group）是该国最大的两个民族。④

2. 肯尼亚：全国共有 42 个民族，主要民族有基库尤族（Kikuyu）、卢希亚族（Luhya）。⑤

3. 乌干达：主要民族有布干达族（Baganda）、巴索伽族（Basoga）、巴基伽族（Bakiga）等 26 个部族。其中，布干达族在乌人口比例最高，为最大部族。

---

① 中国外交部网站：《东非共同体》，http://wcm.fmprc.gov.cn/preview/fzs/dqzzkk/t575948.html（访问时间：2015 年 12 月 1 日）。

② EAC：EAC Vision 2015, http://www.eac.int/index.php? option＝com_docman&Itemid＝238（访问时间：2015 年 12 月 2 日）。

③ 付吉军：《重建后的东非共同体》，载《西亚非洲》，2002 年第 1 期，第 60—63 页。

④ 中国驻坦桑尼亚大使馆网站：《坦桑尼亚的民族和宗教概况》，http://tz.china-embassy.org/chn/lqfw/tsgk/t1021063.htm，2015 年 12 月 2 日。

⑤ 中国驻肯尼亚大使馆网站：《肯尼亚国家概况》，http://www.fmprc.gov.cn/ce/ceke/chn/zjkny/kgjgk/（访问时间：2015 年 12 月 3 日）。

4. 卢旺达：国内主要有两个民族：胡图族（Hutu）、图西族（Tutsi）。以及少数特瓦族（Twa）。其中胡图族和图西族两大民族占国家的绝大多数人口。

5. 布隆迪：与卢旺达国内的情况类似，主要的两大民族为：胡图族和图西族。

五国的民族构成成分比较复杂，但主要的组成有三大民族集团：班图人族群（Bantu）、库希特人族群（Cushitic）、尼罗特人族群（Nilotes）。肯尼亚、坦桑尼亚、乌干达三国国内均没有一个占人口大多数的主导民族，其中斯瓦西里人并不指某一特定民族，而是指代了说斯瓦西里语的人。

图1展示了五国的宗教信仰情况，主要以基督教、伊斯兰教与当地传统的原始宗教为主。

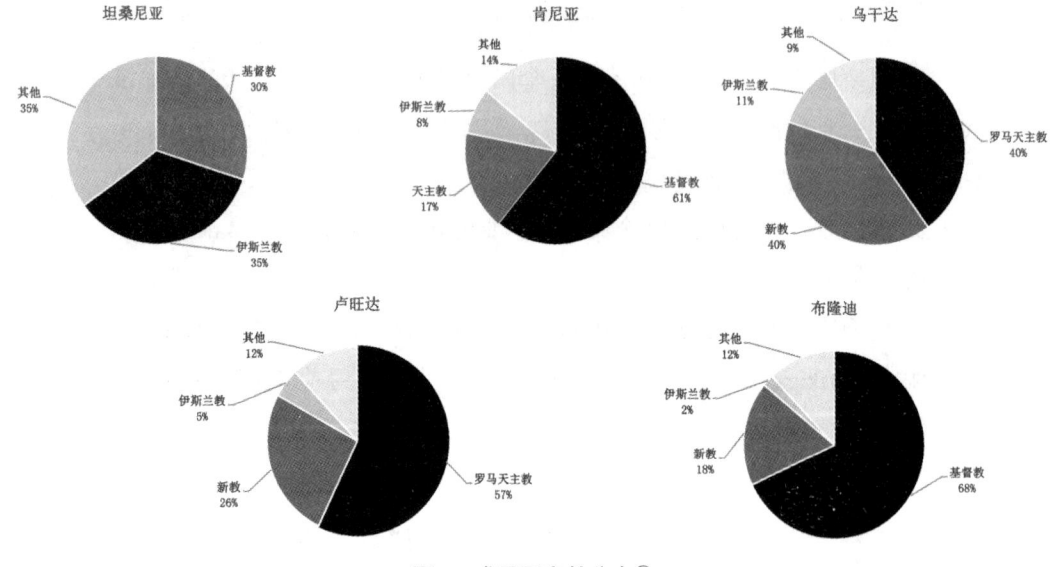

图1　成员国宗教分布①

---

① 宗教分布的资料来源：美国中央情报局世界概况，https://www.cia.gov/library/publications/resources/the-world-factbook/index.html（访问时间：2015年12月2日）。

三、成员国国内的民族融合与国族建构问题分析

在 1890 年，今天的坦桑尼亚、布隆迪、卢旺达原来划入德属东非成为德国的殖民地，在第一次世界大战后，坦桑尼亚被英国托管、卢旺达和布隆迪两国被比利时接管。如前文所述，东非共同体的五国都存在跨界民族问题和国内各民族争夺主导权的问题。直至 90 年代，民族问题仍然是部分国家发展过程中面临的巨大阻碍。

（一）国内语言问题

表1　成员国官方语言情况表①

坦桑尼亚	肯尼亚	乌干达	卢旺达	布隆迪
英语	英语	英语	英语	法语
斯瓦西里语	斯瓦西里语	斯瓦西里语	法语	基隆迪语
			卢旺达语	

语言问题是建构国家文化的一个重要部分。本文将五国分为两个部分，坦桑尼亚、肯尼亚和乌干达的官方语言设定是一致的，但国内其他各族语言不同；而布隆迪和卢旺达两国的官方语言并不相同。尽管斯瓦西里语也在卢旺达和布隆迪使用，但是在另外三国使用的人数更为广泛，且卢旺达和布隆迪两国在殖民地时期是一个统一体并且拥有几乎一致的民族结构与分布。

坦、肯、乌三个国家的共同基础是斯瓦西里文化，国内讲斯瓦西里语的人口比重大，同时在教育中重视斯瓦西里语的教学。斯瓦西里语委员会就早已指出"在一切学校采用斯瓦希利语，满足共同语的需要"②。因此，在东非共同体的发展过程中，除了英语以外，斯瓦西里语也是三国共同团

---

① 资料来自各国政府网站与维基百科。
② 史哈布丁·齐拉格丁：《斯瓦希利语在东非各国的民族意识、团结和文化上的作用》，载《当代语言学》，1965 年第 4 期。

结发展的重要纽带。其中推广斯瓦西里语的重要机构就是上文提到的斯瓦西里语委员会，该委员会促进了斯瓦西里语的发展、斯瓦西里语的研究工作。但近年来斯瓦西里语在坦桑尼亚的地位日趋下降，英语的地位上升，这既有国内的因素也有国际层面的因素。① 总体而言，三国已经形成了一个语言共同体，但是仍然面临英语与斯瓦西里语的地位之争、地方部族语言的问题。

卢旺达在1994年内战后转而将英语作为法语和卢旺达语之外的第三个官方语言，卢旺达政府将英语取代法语作为第二位的语言教授，并且2008年开始要求学校要教授英语，2011年在不使用卢旺达语的情况下开始全英语教学，但在中学之前并不强制。② 卢旺达的这种语言政策施行的原因有以下几点原因：首先，卢旺达内战之后，政府希望在国家形成统一的国族意识，在2003年宪法中表述了卢旺达作为拥有说同一种语言、共同文化历史的国家③；其次，邻国肯尼亚、坦桑尼亚、乌干达等，都有将英语作为官方语言，且部分是因为有助于东非共同体的语言统一；此外，英语作为一种通用全球的语言在提高竞争力方面有一定作用。作为民族、历史、文化背景相似的邻国布隆迪对英语的兴趣也在快速上升中，并且未来也会采取像卢旺达一样的政策，将英语纳入官方语言、施行英语教育。

需要注意的是，在维护统一的一种或两种官方语言的同时，如何平衡官方语言和使用人数较少的语言是未来的东非共同体国家需要面临的问题。语言的多样性也是一个国家文化的重要体现。官方语言和通用语言是不同的，在五国内的通用语言有百种，作为非官方语言，通用语言在某一地区的使用频率超过官方语言。语言统一的过程必须循序渐进，尊重少数语言的使用者。

---

① 李丹：《语言冲突视角下非洲教育语言政策研究》，北京外国语大学博士论文，2015年。

② Jacques Lwaboshi Kayigema & Davie E. Mutasa, "The Cohabitation of Three Official Languages in Post-Genocide Rwanda: Kinyarwanda, English and French", *South African Journal of African Languages*, 2014; Plonski, Patrick, Asratie Teferra, and Rachel Brady, "Why Are More African Countries Adopting English as an Official Language?" *African Studies Association Annual Conference*, 2013.

③ 舒展：《卢旺达民族和解探究与思考》，载《西亚非洲》，2015年第4期。

（二）国内宗教问题

东非共同体五国的宗教分布不均。由于受到历史上的部落传统文化、阿拉伯文化、殖民宗主国文化的影响，五国既有传统的原始宗教，又有欧洲殖民者传来的基督教、阿拉伯人传来的伊斯兰教。恩克鲁玛曾经说过，"宗教是一切非洲文化的基础"，可见宗教在民族融合和国族建构中的重要性。[①] 在东非共同体国家内也存在着不同宗教的分野，比较典型的伊斯兰教比例较大的是肯尼亚东北部、坦桑尼亚的桑给巴尔岛。而卢旺达、布隆迪的宗教分布是信仰基督教的人口占了大多数。（见前文宗教分布图）

肯尼亚的穆斯林虽然人口比重不多，但是具有十分重要的意义。穆斯林社区的稳定关系到了整个国家的稳定。发生在2013年的肯尼亚内罗毕西门购物中心恐怖袭击事件就是一起严重的具有宗教因素的袭击事件，由索马里青年党组织所为，可见肯尼亚的穆斯林对于维护国家稳定的重要性。肯尼亚历史上的特殊地理位置，受到了伊斯兰教深远的影响，斯瓦西里文字一度采用阿拉伯字母记写。尽管肯尼亚国内基督教人数还是占大多数，但国内信仰伊斯兰教的人口也在持续上升中。肯尼亚东北部邻近索马里，国内有约60万左右的索马里族，绝大多数信仰伊斯兰教，他们是国内特殊的群体，他们是一支不可忽视的政治力量，对于宗教身份的认同使他们难以融入肯尼亚社会。[②] 主要的担忧在于穆斯林难以融入主流社会后是否会继续受到伊斯兰激进主义极端思想的影响，这也反映在了肯尼亚的宪政改革也面临着宗教势力的问题，主要也是围绕伊斯兰教法庭的存废问题上。[③] 总体而言，肯尼亚必定会面临伊斯兰教和基督教势力并存的局面，不同的宗教势力之间的利益需要有效权衡。

坦桑尼亚大陆部分信仰基督教、原始信仰和伊斯兰教的人口数量大体相等，桑给巴尔岛95%以上的居民信仰伊斯兰教。坦桑尼亚施行了宗教平等、信仰自由的政策，分别建立了全国性的基督教协会和伊斯兰教协会，

---

① 李安山：《非洲民族主义研究》，中国国际广播出版社2004年版。
② 李文刚：《伊斯兰教与肯尼亚政治变迁》，载《亚非纵横》，2014年第3期。
③ 张怀印：《肯尼亚宪政改革述评》，载《西亚非洲》，2007年第6期。

并且每年举行年会,① 政府不会干预正常的宗教活动。虽然有零星的袭击事件,如2013年阿鲁沙教堂爆炸案②,但总体而言,坦桑尼亚国内各宗教群体相处和睦,没有发生太大的冲突。

其他三国均是基督教占人口多数,基督教中又分为一些其他派别,目前各宗教相处比较和睦。

(三) 国内政治

东非共同体五国有四个实行了总统制、一个(即卢旺达)实行的是半总统制,但在具体方面五国都不尽相同。

东非五国在政治制度上自然也面临着一些问题。首先是选举的问题,选举的公正性有时会遭到质疑,进而引发冲突。五国中以肯尼亚为典型代表,在2007年的肯尼亚大选后的冲突中,共有1502人因此丧生,通过SCAD (Social Conflict in Africa Database) 所作的报告中,该选举冲突造成的死亡人数是1990年至2010年间最多者。③ 肯尼亚在2010年通过了新的宪法,新的宪法使国家权力的分配更完善。④ 在2013年,肯尼亚总统大选中乌胡鲁·肯雅塔 (Uhuru Kenyatta) 当选新一任肯尼亚总统,选举过程平稳,权力交接比较顺利。但未来是否还是能够平稳进行选举仍待观察。

相信一般公众对于非洲的印象可能很多人会联想到一个词——政变。的确,在1950—2010年,非洲地区的政变总数有169次,并且有51.5%的成功率,两项数据都比世界其他很多地区要高。⑤ 政变发生的频率高也说明非洲国家政治的不稳定性。发生在2015年5月布隆迪发生的政变的失败

---

① 葛公尚:《初析坦桑尼亚的民族过程一体化》,载《民族研究》,1991年第2期。

② CRJOnline:《坦桑尼亚教堂遭炸弹袭击50多人死伤》,http://gb.cri.cn/42071/2013/05/07/3245s4106570.htm(访问时间:2015年12月4日)。

③ Salehyan Idean & Christopher Linebarger, "Elections and Social Conflict in Africa", *TEXAS UNIV AT AUSTIN ROBERT S STRAUSS CENTER FOR INTERNATIONAL SECURITY AND LAW*, February 2013.

④ 李勇:《肯尼亚宪法改革模式与埃及革命模式——非洲两国模式比较及启示》,载《政法论丛》,2012年第3期。

⑤ Jonathan M. Powell & Clayton L. Thyne, "Global Instances of Coups from 1950 to 2010: A New Dataset", *Journal of Peace Research*, Vol.48, No.2, March 2001, p.255.

让我们又看到了该国政治的不稳定性。政变的起因也是因为政变的一方认为现政府失去了统治的合法性。上文也提到卢旺达在内战后努力弥合国内的民族矛盾,但与之民族结构类似的布隆迪却并没有顺利解决这一问题。

与此同时,非洲国家的集权、独裁现象也不鲜见。在殖民地独立后,非洲地区沿袭了原宗主国的政治制度,这也可以说是宗主国留下的一项政治遗产,但源自于西方的民主发展道路并不适合非洲国家,有些非洲国家也学习了东方的苏联社会主义模式,但事实证明并不适合非洲各国的国情。乌干达是东非大湖地区的明珠,经历了阿明政府的独裁统治之后,我们也确实不可否认穆塞韦尼总统(Yoweri Kaguta Museveni)对于乌干达国家建设的贡献,但他已经四次连任,并且修改宪法取消了连任限制,这在未来也会埋下隐患,即权力交接问题。[①]

四、对东非联邦建设的影响

根据本·贝拉萨(Ben Belassa)定义了五种理想的地区一体化,程度从低到高分别是:自由贸易区、关税同盟、共同市场、经济共同体(联盟)、政治共同体(联盟)。[②] 东非共同体是第一个非洲国家所成立的经济共同体,它的最终目标是远大的。我们可以将现在的欧盟、东盟与之进行类比,东非共同体同样也是一个综合性的超国家的共同体组织,从经济方面逐步也涉及了政治、军事等其他方面。东非共同体的最终目标是联邦,联邦并完全不同于政治共同体,联邦制是指一个政治组织其中的两个或两个以上的国家(State)同意成立一个具有中央权力的政府,同时保留地方自治。东非共同体面临的问题众多,本文着重点在于民族融合与国族构建对于东非联邦建设的影响方面,这是东非共同体进一步发展乃至最终实现建设东非联邦目标过程中不可以回避的一个关键性问题。民族问题事关国家的政治稳定,而政治稳定发展是国家经济发展的基础之一。上文分析了

---

① 刘腾飞:《乌干达穆塞韦尼时期宪政改革研究》,湘潭大学硕士论文,2012年。

② Phillip A. Kasaija, "Regional Integration: A Political Federation of the East African Countries?" *African Journal of International Affairs*, Vol.7, No.1-2, 2004, pp.21-34.

语言、宗教与政治制度这三个因素的国内层面，本节将阐述这三个因素上升到理想中的东非联邦层面的影响。建构主义重视主体间的合作互动，而东非联邦的建设，即需要在五个国家经过互动成立的东非共同体基础上进一步深化。

(一) 语言

正如上文所言，语言问题是一个重要方面。东非共同体作为一个地区一体化组织，各个国家还是作为独立的主权国家行使对内的统治，语言问题也并非如此关键。但未来的东非联邦并不是像现在的东非共同体、欧洲联盟那样的超国家共同体，应是一个具有完全主权的独立国家，因此，设定官方语言一定会考验未来东非联邦领导人的一个问题。坦桑尼亚、肯尼亚、乌干达三国已经形成了一个语言共同体，同时在人口分布上也占了五国中的多数，而卢旺达、布隆迪两国国土面积狭小、人口较少，且未来的英语人口会上升，所以英语作为未来五国联邦的官方语言是毋庸置疑的。斯瓦西里语作为通行坦、肯、乌三国的语言未来也是官方语言之一，那么问题关键在于如何处理法语、卢旺达语、基隆迪语的地位问题。

不可否认的是，殖民宗主国的语言教育客观上帮助了这些国家统一语言的过程，并且作为一种"先进"的语言，帮助这些国家的知识分子从宗主国那里学到了西方现代的一些观念，如：民族主义思想、西方民主政治制度等，这其中就包括设立国家的官方语言。但在使用原宗主国的语言作为官方语言后，需要考虑的就是恢复非洲的传统语言文化，因此作为一种通用的做法，也是目前看来比较好的方法就是：另外设立一种使用人数较多的本国民族语言作为官方语言。作为主观行为体，东非共同体各个国家在国族构建中的语言建设过程中走的也就是这样一条道路。官方语言的数量越多，政府人员的雇佣成本会增加，不可能要求一个政府官员掌握所有官方语言。所以东非共同体各国官方语言设定的这样一个数量有利于构建一个统一的语言共同体。同时由于英语的通用，因此，在未来的经济发展中也会像印度那样掌握一定的语言优势。

与此同时，联邦的建立应该会带来的人口的流动，五国也面临少数语言的保护问题。所以未来的东非联邦面临的语言问题是：官方语言的设定、英语与本土语言的地位、本土官方语言与地方少数语言的竞争、地方语言的保护问题。若建立东非联邦，五国势必需要联手推行适当的语言政策，否则可能引起冲突。

(二) 宗教

东非各国的宗教群体是在千年的历史中建构起来的，五国的宗教分布基本是基督教、传统宗教与伊斯兰教三者，基督教仍要分罗马天主教、新教等不同教派。五国的宗教关系基本是稳定与和谐的。未来的东非联邦主要面临的问题主要是输入型的宗教间冲突风险，主要表现在恐怖主义与极端主义思想的输入。宗教间关系的平衡是比较脆弱的，稍微处理不当就有可能引起冲突。

目前在如国际格局之下，伊斯兰激进主义抬头。尤其是肯尼亚邻近索马里，索马里处于无政府状态，索马里青年党势力比较强大，如何防止伊斯兰极端势力的渗透是摆在政府面前的难题。同时，虽然各国政府致力于使各个宗教地位平等，但一些利益争夺仍然存在，所以还需要政府继续探索如何平衡不同宗教之间的利益矛盾的道路。

未来的东非联邦需要施行宗教平等的政策，同时必须要有一套机制来保障各个宗教团体的利益，以及防止输入型的宗教恐怖主义与极端主义。

(三) 政治

在如今的非洲，建立在法理型政府基础上的合法性才能维护国家统治权威。但是由于部族政治的继续存在，对非洲国家政权的合法性提出了挑战。[1] 非洲各国建立法理型政府的过程十分艰难，以至于许多国家走向了集权和独裁的道路。[2] 非洲国家有法律上的政治制度并不代表实际操作过程中的顺利实施。所以，成员国在解决国内政治制度体制的稳定性上仍有很多事情要做。

---

[1] 张宏明：《多维视野中的非洲政治发展》，社会科学文献出版社2007年版。

[2] 〔英〕阿莱克斯·汤普森：《非洲政治导论》，周玉渊、马正义译，民主与建设出版社2015年版。

联邦的建立是各个成员国让渡主权成立共同主权国家。五个国家的国情各自不同,政治制度也不同。东非共同体迈向统一国家的过程必然会面临联邦政府的职权、原各个国家在政府中的地位、联邦国家层面政党等问题。虽然一些成员国政治稳定,但在成立联邦过程中其他国家政治的不稳定性势必也会造成联邦的基础的崩塌。所以,联邦必须建立在各国政治稳定的基础之上,不稳定的国内政治上升至联邦层面也可能会造成联邦政治的不稳定性。

(四) 互动关系

东非联邦的联邦政府的架构目前还未明确。尽管联邦下属的五个国家可以继续在各自领土范围内进行有效的统治,并且维持各项制度。但是上升到东非联邦的层面,语言、宗教、政治的互动关系仍然存在于东非联邦国家与国家之间。

联邦政治对语言、宗教的影响:东非联邦的政府行政部门、司法部门、立法部门的组成人员之间的分歧。东非议会现有52个议席,对比欧洲议会拥有751个议席,东共体总人口约为1.5亿,欧盟总人口为5亿,从中我们可以看到东非议会一个议席代表了3千万人,而欧洲议会则是66万人,可以看到东非议会的明显议席不足,代表性不足。[①] 同时,元首、首脑、议长、最高法院院长的人选需要体现多民族平等原则,但是未来东非联邦国家的民族成分差异较大。上述不同的职务的担任者将来自不同的国家,属于不同的民族、宗教信仰,尽管可能都讲英语但民族语言可能不同,这样的在政治上多元化是由多元民族下语言、宗教的不同等因素引起的。联邦层面的多元化可能会导致权力者为各自所属的集团利益服务,而没有掌握权力的民族成为旁观者。如果关键部门的职务全由同一民族的人担任(尽管几乎不可能),就可能会使该民族上升至主导地位,而弱化其他民族。这将在联邦层面形成几个不同政治共同体。

---

① 维基百科:https://en.wikipedia.org/wiki/East_African_Federation, https://en.wikipedia.org/wiki/European_Union, https://en.wikipedia.org/wiki/East_African_Legislative_Assembly, https://en.wikipedia.org/wiki/European_Parliament(访问时间:2015年12月4日)。

随着跨成员国人口的流动，东非联邦将面临的是跨国语言共同体与跨国宗教共同体对联邦政治的影响。跨国不仅指联邦五国范围内，也指代了联邦成员国与联邦外国家。跨国语言共同体可以包含两个方面：西方语言共同体、本地语言共同体，两个分别指代的就是最大的英语共同体，以及斯瓦西里语共同体等。

三个共同体相互可以有一定的交集。而三个共同体的交汇可能会对联邦产生的影响有：联邦的选举问题、教育政策、宗教政策。东非联邦的建立在民族融合方面也有积极的一面。联邦的建成可以促进跨成员国人口的流动，增进不同成员国与不同民族之前的交流，从而有助于弥合不同的文化差异，共同建构联邦的国族认同。

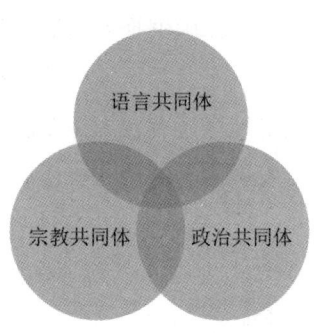

图 2　三个共同体

东非共同体已经走到了共同市场与共同货币的程度较高的一体化阶段，但国内仍然突出，且五国经济发展水平较低，联邦的建设虽然将会赋予成员国比较大的自治程度，但还是必须考虑国内的民族因素。

五、总结

从不同的角度分析，东非共同体国家还存在着许多问题。要建设东非联邦还有许多步骤要走。原先各国计划在 2015 年建设成东非联邦，但这个计划被延迟到了 2016 年。① 目前世界上还没有主权国家之间合并组成的联邦，而东非共同体各国的差异甚至超过了欧盟国家之间的差异，要建设东非联邦或者即使联邦建成也实在还有非常长的路要走。目前东非共同体国家需要做的是巩固现有的合作成果，努力完善国内的自身建设，在此基础上，建构共同的东非认同。具体来说，首先，东非共同体国家需要在解决

---

① all Africa, "East Africa: Further Delays for the EAC Political Federation", http://allafrica.com/stories/201412300998.html(访问时间:2015 年 12 月 4 日)。

文化上的融合问题上继续努力，语言问题只是其中的一个方面；次之，对各国国内的宗教派别的尊重和妥善的宗教政策是维护国家统一和稳定，乃至建设东非共同体的必要条件；东非共同体国家的政治制度也不尽相同，各国国内需要解决政治稳定性的问题，在各国政治稳定的基础上共同协商讨论未来东非共同体的政治体制。这之间存在的建构关系是不可忽视的。

总之，东非国家抱团发展不失为一种发展中国家发展道路过程中的一种有力尝试，东盟等区域一体化组织发展成效斐然。东非地区的发展水平较世界其他地区还有较大差距，东非共同体的尝试是否真能助力使东非国家摆脱低发展水平的现状，还有待观察。

方法介绍 ▶ ▶ ▶

实验法的基本逻辑和运用

段海燕[*]

摘　要：研究方法是服务于特定研究目的的，从整个政治学领域来看，实验法还是一个新兴的方法，由于其在因果关系识别上的优势，受到了越来越多的重视。但同时对于实验法是否能够服务于政治学研究，也存在很多质疑和限制，这其中既包括人们对实验逻辑的一些误解所带来的不恰当的期望，也存在社会科学领域的研究者很少接受这方面训练的事实。本文分两个部分来介绍实验方法，第一部分是实验方法的起源和逻辑，第二部分则集中介绍实验设计的不同类型及其在社会科学中运用的优劣。本文希望通过对实验法的介绍增进读者的了解，为实验法的使用和交流创造更加广阔的空间。

关键词：政治学；实验方法

一、引言：实验法运用的兴起

社会科学领域对于研究方法论的追求和探讨一直是非常重要的话题，学者在收集资料、分析资料时会选取适当的方法、工具、技术来展开研究，以达到描述、解释、解读、预测等不同的研究目标。与其他研究方法相比，实验的手段被看重则是较晚发生的。1909 年，时任美国政治学年会主席的 A. Lawrence Lowell 曾在其主席致辞中明确指出："我们是不可能运

---

[*] 段海燕，华东政法大学政治学与公共管理学院讲师。

用实验方法的。政治学是一项观察的科学，而非实验的科学。"[1] 从当时的研究状况看，实验方法的使用确实是微乎其微的，人们并不寄希望于通过实验这种微观观察的手段来了解宏大的政治现象。

20世纪六七十年代开始，伴随着行为主义革命，政治学领域对于实验研究方法的探究也逐渐兴起，实验相关的研究案例、方法探讨和政策检验的数量都显著增加。本文对政治学研究方法期刊《政治分析》（Political Analysis）近二十年间（1996—2016年）发表的研究进行了梳理，其中涉及实验方法的研究论文多达222篇；实验手段在实际研究问题中出现得也越来越多，通过《美国政治学评论》1906—2009年间的发表就可以看出20世纪60年代开始的这一趋势（见图1）。实验法在社会科学研究中开始被广泛运用，近年来更加成为方法界的新宠，大量的研究更加青睐以实验作为实证检验的工具，社会科学实验法也初步发展出自己系统的方法论体系。

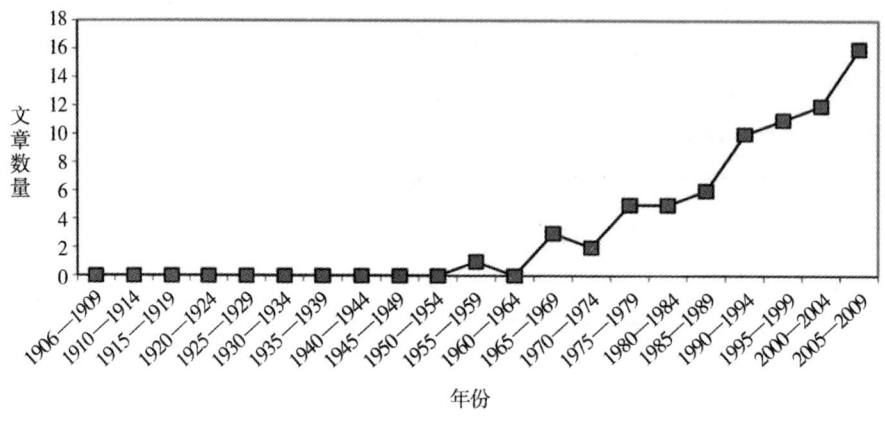

图1　《美国政治学评论》中实验研究的文章数，1906—2009年

资料来源：Cambridge handbook of experimental political science，2011，第17页。

从整个政治学领域来看，实验法还是一个新兴的方法，其运用受到了诸多的限制和质疑，这其中既包括人们对实验逻辑的一些误解所带来的不

---

[1] J.N.Druckman,D.P.Green, J. H.Kuklinski, et al."The Growth and Development of Experimental Research in Political Science", *American Political Science Review*, 2006, 100(04): 627-635.

恰当的期望，也存在社会科学领域的研究者很少接受这方面训练的事实。本文将分两个部分来介绍实验方法：第一部分是实验方法的起源和逻辑，第二部分则集中介绍实验设计的不同类型及其在社会科学中运用的优劣。在所有研究方法中，实验研究方法标准化程度较高，其运用需要建立在严谨的实验逻辑之上，并遵守相对严格的设计标准。本文希望通过对实验法的介绍增进读者的了解，为实验法的使用和交流创造更加广阔的空间。

二、差异实验逻辑

学界对于实验的定义有很多，简单来看实验是一种探究，在探究过程中调查者控制感兴趣的现象，并且设置观察和测量现象的条件（Lederman，1993）[1]。Holland（1986）的界定更为细致，他提出，与回答描述性或解读性问题的研究不同，研究人员通过设计实验来解决因果问题。一个因果问题需要对两种状态进行比较：前者是施加了某种干预（treatment）措施的状态，而后者则没有被施加干预。因果推论的一个基本问题是我们不可能同时观察一个人或是一个实体受到干预和没有受到干预的状态。[2] 总结来看，实验是这样的一项研究过程：研究者基于先定的研究目的，在特定的环境和情境下，通过主动干预、创设和控制研究对象，来分析不同现象之间的关系，验证研究假设。

实验法的概念有三层要点：一是实验要以理论假设为前提才能展开，即使是探索型实验，也需要在实施之前明确自变量、因变量以及需要控制的其他因素，否则实验无法展开；二是实验采取的是介入式风格，由研究者设置检验条件、决定实验刺激条件的施加与否，并测试结果变量的变化，因而实验法也被称为操纵法（manipulative strategy）；三是实验以探究因果关系为目的，不同于观察法，实验不仅要观察到两种现象之间的相关

---

[1] L.M.Lederman, D.Teresi, *The God Particle: If the Universe is the Answer, What is the Question?* Houghton Mifflin Harcourt, 1993.

[2] P.W.Holland, "Statistics and Causal Inference", *Journal of the American Statistical Association*, 1986, 81(396): 945-960.

性,还需要证实二者之间因果关系的存在与否,所以实验方法服务于解释性研究。

实验以探究因果关系为目的,因而每个实验都一定会涉及两个变量之间的因果关系,研究者在控制其他影响因素使其等同的条件下,通过改变研究者关心的那个原因的取值,来观察是否会引起另一变量的发生——进而确认研究假设中提出的两种现象之间的因果关系是否成立。因而,在实验中就存在三种变量及其之间的关系(见图2):首先是自变量,自变量是因果关系中作为原因的变量,在实验中由研究者操纵,通常受试者会被分为不同组,对各组施加不同程度的自变量刺激(stimulus),也称为实验处理(treatment),自变量的不同取值被称为水平(level)。和归纳性研究同理,实验中的因变量就是结果变量,实验过程中研究者要观察在施加不同的自变量处理水平下,因变量相对应发生的变化。控制变量也被称为无关变量,或是额外变量,是自变量和因变量之外的其他变量。更加确切地说,是除自变量之外有可能会造成因变量差异的其他变量。理想状态下,我们希望控制所有的其他因素,来更纯粹地观察自变量对因变量的影响。

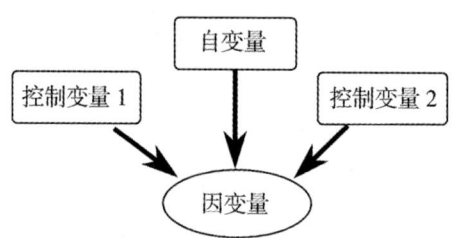

图 2　实验中的变量关系图

根据实验法中变量关系的确定,我们知道实验法的核心是求异法(method of difference)的实证检验逻辑。自然科学对实验的运用十分久远,可以说从伽利略对自由落体理论的验证开始,自然科学理论的发展就离不开实验方法,直到今天,物理、化学、生物学等领域都是以实验方法为验证理论的主要工具。1843年密尔在其著作《逻辑体系》中,提出了著名的"密尔五法",包括求同法、求异法、求同求异并用法、剩余法和共变法。这套归纳逻辑成为理论研究的重要依据,而其中最重要也最常见的就是求同法和求异法。求同法又称契合法，是异中求同，通过寻找唯一相同因素来确定因果关系的方法：假设 X、A、B、C、D 都是潜在的原因，因变量 Y 在多种情境中都有所发生，而所有潜在原因中只有 X 是唯一一个在所有情境中都出现的因素，因而我们可以判断 X 是 Y 发生的必要条件。求异法又称差异法，求异法是求异除同。同样是五个假设性因素 X、A、B、C、D，其中 A、B、C、D 在不同情境下都同样出现，唯独 X 只出现在其中一个情境下，而观察到 Y 也只出现在这个情境中，我们就能够识别 X 是 Y 的原因。与求同法相比，求异能够识别出的原因是充分原因，对于理论假设的检验就更强，因而被看做是能够更为有效地推论因果关系的工具。但密尔的逻辑体系内的任何一种方法，都致力于寻求或检验一种绝对意义上的关系，以求异法为例，想要得出 X 与 Y 之间的因果关系的结论，必须满足"所有条件"中"仅"有一个成立，因而所要进行比较的情境必须是完全相同，事件发生的方式也要完全相同，才能确认唯一的不同条件 X 对 Y 的影响。但我们知道这种"完全相同"的标准是不可能在现实中达成的——横向维度来看，不可能有任何的两个情景能够是出了一个因素 X 之外完全相同的；纵向来看，就算在同一条件下重复两次操作，使其中一次有 X 存在，另一次没有，我们也无法排除时间和实验测量、成熟等因素的影响，从这种意义上看，这两个情景并不是完全相同的。这样一来在实践中根本无法确认 X 是发生变化的唯一因素，也就无法确认 X 是 Y 的原因，密尔的归纳原则无从适用。

英国统计学家费舍尔从概率论的角度为人们提供了如何达成"相同"条件的依据，成为密尔之后对实验设计作出重大贡献的学者。从总体和样本的关系来看，任何一个来自总体的随机样本都能够用以推断总体，同一总体的不同样本之间的差异来自随机误差，因而可以认为只要样本量达到一定规模，根据随机原则得到的实验组和控制组都来自于同一个总体，它们之间不存在系统差异。费舍尔的随机分配法与求异法逻辑相结合，就使得分析 X 与 Y 之间的关系变得更加实际，尽管由于偶然性带来的随机误差仍然存在，研究者无法建立绝对意义上的规律，但可以找到概率意义上的规律。从假设检验的角度来看，这种规律的存在错误的可能性不是没有，但却是极低的。① 密尔与费舍尔，将经验主义方法规则化并使之具有可操作性，成为开启社会科学领域的因果推断大门的钥匙，我们今天才能看到实验研究方法在社会科学中的广泛运用，成为心理学、教育学、管理学、行为财政学、劳动经济学、社会学等领域的重要工具。

那么是否说非实验研究法是遵循密尔和费舍尔的归纳逻辑和概率论之外的法则进行归纳？答案是否定的。实验法与其他研究方法在归纳现象之间关系的基本逻辑上并无二致。核心差异在于实验是介入式研究，而其他非介入式研究，包括参与式观察、案例研究、社会调查法等，都是在已经给定的条件下进行观察和归纳分析，研究者的角色不同。实验的介入分为两个方面：

首先是操纵自变量。差异实验要求操纵一个变量（自变量），然后测量另外一个变量（因变量）的变化。研究者要将自变量这一概念进行操作化定义，并找到适宜的操作手段将其转变为实验过程中的自变量刺激或处理。例如在分析族群或者宗教身份对于工作机会的影响时，研究者常常使用操作简历中带有族群或宗教特点的名字（当族裔、宗教信息不允许直接出现在简历时）。由于是先操纵自变量，再测量因变量变化，实验还兼顾了因果时序，也就是说自变量的变化一定发生在因变量的变化之前，这就杜绝了反向因果的问题。

介入性的第二点体现在控制其他因素上，实验者要保证因变量不受自变量之外的因素影响，才能够确立 X 是真正的原因。实验关注的是自变量 X 与因变量 Y 之间的关系，但实践中会有很多其他因素存在，例如受试者的属性，环境条件的差异，实验操作对被试的影响等。控制其他因素的方法有很多，总结来看有三种②：第一种是保持变量恒定，即保持实验组和控制组之间其他变量的同等性——提供同样属性的受试者、环境条件以及实验操作方式，例如选取同样是 10 岁的男孩作为受试者参加实验，但恒定法存在的弊端是会极大限制研究的外部有效性，其得出的结论只能

---

① 5%的小概率标准也是从费舍尔的经验研究中得出的。

② F. J.Gravetter, L.A.B. Forzano, *Research Methods for the Behavioral Sciences*, Nelson Education, 2015.

适用于具有特定条件的受试者。第二种方法是匹配法，匹配法不要求实验组和控制组都按照其他变量恒定的标准执行，而是将所有受试者集中到一起，再按照研究者认为重要的控制变量属性进行分类，例如把所有受试者分到不同的年龄—性别组，提高不同类别内部的同质性，再将每个类别中的受试者平均地划分到实验组和控制组中。可以注意到的是，恒定法和匹配法都要求研究者来确定重要的、有影响的其他因素，还需要额外对受试者进行测量，而有时实验者并不能够考虑到所有潜在因素，又或者尽管知晓有些其他因素十分重要有控制的必要性，但是由于实验条件所限，在分组之前根本无法获知受试者的这些属性，因而我们常常要诉诸第三种控制变量的方法——随机化法。随机化法指的是将所有受试者随机分配到实验组和控制组中，例如当只有一个实验组一个控制组的情况下，最简单的方法是以掷硬币来决定每位受试者应该进入哪一组，这样每位受试者进入实验组和控制组的概率都是50%。随机化法对于其他变量的控制是非常全面的，同时操作也比较简单，不需要特别选取并测量对 Y 存在潜在影响的其他变量。当然也存在偶然性的偏差，尤其运用到一个短期或是较小规模样本的实验中时，偶然性的偏差很容易带来错误的结论，这个时候就要考虑结合利用恒定法或匹配法来进行控制。因而对这三种控制其他变量的方法，研究者要根据实际情况有所斟酌。不论研究者通过何种方式进行其他变量的控制，目的都是实现求异法同中寻异的目的，而观察法尽管也致力于通过求异法进行因果关系的识别，但研究者的角色的非介入的，对于其他因素的控制较为被动，易于出现反向因果、伪因果的风险。

总体来看，经典实验建立在求异法和概率论基础上，目的在于归纳现象之间的因果关系，它的介入性特点使其成为识别因果关系更为有效的工具。

三、研究实践中的实验法运用

在具体实践中，实验的类型可以从多个维度进行区分：前实验、实验与准实验、实验室实验、现场实验与调查实验，还有运用实验逻辑的，利用自然外生变量作为实验刺激的自然实验。为了科学地识别因果关系，实验介入要求随机性和控制性，但在一些现实约束条件下，研究者无法在严格意义上展开经典实验，因而前实验设计和准实验设计在解决实际问题中也常常出现。坎贝尔和斯坦利（Campbell & Stanley）共列举了16种实验设计方案①，包括3种前实验设计（pre-experimental designs）、3种真实验设计（trueexperimentaldesigns）以及10种准实验设计（quasi-experimental designs）。本文将对其中的8种较为常见的设计进行介绍。

表1 实验设计的不同类型

类型	代表方案
前实验设计	单次案例研究
	单组前后测设计
	静态组间比较设计
真实验设计	前后测控制组设计
	所罗门四组设计
	只后测控制组设计
准实验设计	时间序列实验
	非平衡组设计

前实验设计严格来讲不能算是实验设计，这类实验既不能控制其他因素，研究者也不能操纵自变量的有无，主要的设计类型有三种：第一种是单次案例研究（theone-shotcasestudy），也叫单组后测设计，在单次案例研究中只有一组被试作为实验组，研究者对这仅有的一组实施实验刺激，再对因变量进行测量（后测）。单次案例研究是最简单的设计，虽然施加了实验刺激，但由于只有一组存在，并不存在实验者操纵是否施加实验刺激的因素，因为缺乏前测和控制组参照，研究者无法确认后测的因变量是否

---

① D.T.Campbell, J.C.Stanley, *Experimental and Quasi-experimental Designs for Research*, Ravenio Books, 2015.

受到自变量的影响而发生变化。第二种是单组前后测设计（the one-group pretest-posttest design），与单次案例研究的不同之处在于，它添加了前测这一步骤，这样就有了因变量的前后变化，看做是自变量的效应。但由于缺乏控制组，求异的比较情景并不存在，因而不能够排除其他因素对因变量的影响。第三种前实验方法叫做静态组间比较设计（the static-group comparison），也被称为固定组间比较设计，这一设计添加了控制组设置，研究者仅对实验组施加自变量刺激，之后测量两组的因变量。但这一设计下没有前测，也没有考虑实验组和控制组的等同性，我们无法判断两组被试的初始状态因变量是否相同，因而不能够确认后测中因变量的差异来自于自变量的影响。可以看出，由于没有严格执行实验的控制性，前实验方案不能用以因果关系的检验，因此在研究过程中常被用在发现研究假设阶段，为后续的研究提供思路。

在真实验设计中，受试者是按照恒定法、匹配法或随机化法被分配到实验组和控制组中的，因而不同的实验情境下，无关变量之间不存在系统差异，能够将因变量的变化归因到自变量的差异上来。真实验的设计方案有很多，这里主要介绍三种：第一种是前后测控制组设计（the pretest-posttest control group design），这种设计是最为常见的经典实验设计。前后测控制组设计中首先要进行随机分组、并对各组的因变量都进行前测，在实验刺激施加后再对各组进行后测，这样的设计能够更好地将自变量的效应区分出来。当然控制分组和操作自变量的真实验也并不是完美的，前后测的设计存在一个隐患，就是实验本身对于受试者的影响，社会研究不同于自然科学研究，受试者有自己的主观能动性，当受试者接受前测时，很难排除其意识到实验意图的可能，因而会产生实验步骤（例如前测）与自变量之间的交互影响，使得实验的有效性受到损害。针对这样的风险，常见的真实验设计中常常没有前测，这就是我们看到的只后测控制组设计（the posttest-only control group design），研究者在平衡前测干扰和确认初始阶段因变量等同之间权衡，只后测设计要求采取控制其他因素的实验组和控制组的受试者分配，但不进行前测，只进行后测，能够避免前测的影响，但同时还需要证明实验组和控制组的等同性，这种情况尤其出现在小样本的情况下偶然因素会带来较大影响。真实验设计的第三种所罗门四组实验就是为了克服这一影响而设计的，所罗门四组设计（the Solomon four-group design），不仅致力于排除前测、实验刺激之间的交互作用，还将外部因素也考虑在内。所罗门四组设计中，所有的受试者被随机分配到四组中，对于每组进行不同的测量和实验刺激安排，如表2。为了将前测与实验刺激的效应区分开，设计中添加了无前测的控制组2，由于各组被试都是随机分配的，不管有没有前测，我们都认为各个组初始状态下的因变量是等同的，而控制组2和3没有进行前测，所以通过比较控制组1与实验组的后测差距和控制组2与3之间的后测差距就可以了解前测的效用是不是存在，其程度有多少，并且更加清晰地分辨出实验处理的效应。

表2 所罗门四组实验设计

分组	前测	刺激	后测
实验组	√	√	√
控制组1	√		√
控制组2		√	√
控制组3			√

准实验设计的形式很接近真实验，但不能够同时满足真实验操纵自变量和控制其他额外变量这两个条件。准实验在现实中的运用十分普遍，研究者往往受限于实际条件，无法进行真实验设计，最典型的应该是临床医学的实验数据，考虑医学伦理和研究伦理，病人的意愿需要得到尊重，因而研究者常常不能够以随机的方式决定病人接受哪一种医学实验。非平衡组设计（the nonequivalent control group design）和时间序列实验（the time-series experiment）是常见的两种准实验类型。非平衡组实验中，研究者无法操纵受试者的分组，但是可以利用现有条件按照自变量的差异对被试者进行分组，例如如果致力于分析不同性别的投票人对于候选人形象的不同

感知，由于投票人性别是无法操纵的，实验者可以采取非等组设计，将所有被试分为男性和女性两组，然后分别测量两组人对于特定候选人形象的感知的差异。非等组设计实践中按照复杂程度的不同有单纯的区分性实验、前后测非平衡组实验等。准实验的第二个大类是时间序列实验（the time-series experiment），时间序列实验设计包含时间线索。有时前实验中的单组前后测实验，也会被看做是时间序列的一种表现，但其实这不能构成准实验。真正的时间序列设计要求在实施刺激前后分别进行一系列的观测。在实验前后进行一系列的测量是非常重要的，例如，一系列的测量能够提供受试者在接受实验刺激前的因变量变化趋势，这种变化趋势是在没有自变量但是有其他变量影响下产生的，如果在实验刺激前的一系列测试中没有发生因变量的较大波动，而实验刺激带来了趋势的显著转变，那么自变量的效应就会被证实存在。

准实验和前实验设计方案的多样化，有助于研究者克服一些客观的限制条件，使得实验研究更具可操作性。但需要注意的是无论是前实验设计还是准实验设计，其内在有效性和外在有效性都存在一定的问题，在研究可操作性限制下，有时只能选择一种较为可行的方案，但仍然要清楚这些非真实验设计存在的不足，在因果推论中要加以说明，不能够过度的推论。

四、结论

综上所述，实验研究方法由于其介入性特征，相比起其他非介入研究方法在因果识别上具有突出的优势，我们可以看到很多非实验法中运用实验逻辑的例子，例如自然实验。同时实验看似复杂，具有一定的学习门槛，但却有较高的可行性，尤其是在我们了解了众多前实验、准实验和真实验的不同设计方案时，在做好严格控制的条件下实验法不需要像调查法那么庞大的样本量，对于科研资源和调查经验有限的青年政治学者而言，实验方法不失为一个实际之选。

当然不同的研究方法各有所长，每种研究方法的逻辑也各自不同——当我们对特定事件进行解读型研究时，历史比较分析和案例研究就更为适当；当我们需要对特定群体的心理状态、现象之间的因果机制进行探索时，实验也无法替代深度访谈、参与式观察的作用。对实验法的众多批评正是来自于不适宜的期望，研究者要根据自己的研究对象和研究目的进行适当的选择，以不同的标准去衡量不同研究方法的长短。